आर्मेनियाई जनसंहार

ऑटोमन साम्राज्य का कलंक

ARMENIAN HOLY CHURCH OF NAZARETH

★ KOLKATA ★

ARMENIAN CULTURAL CENTRE

आर्मेनियाई जनसंहार

ऑटोमन साम्राज्य का कलंक

सम्पादक

सुमन केशरी

माने मकर्तच्यान

राजकमल प्रकाशन

ISBN : 978-93-90971-36-7

मूल्य : ₹895

पहला संस्करण : 2021

प्रकाशक : राजकमल प्रकाशन प्रा. लि.
1-बी, नेताजी सुभाष मार्ग, दरियागंज
नई दिल्ली-110 002

शाखाएँ : अशोक राजपथ, साइंस कॉलेज के सामने, पटना-800 006
पहली मंजिल, दरबारी बिल्डिंग, महात्मा गांधी मार्ग, प्रयागराज-211 001
36 ए, शेक्सपियर सरणी, कोलकाता-700 017
वेबसाइट : www.rajkamalprakashan.com
ई-मेल : info@rajkamalprakashan.com

मुद्रक : यश प्रिंटोग्राफिक्स
ग्रेटर नोएडा-210 310 (उत्तर प्रदेश)

ARMENIAYI JAN SANHAR : OTTOMAN SAMRAJYA KA KALANK
Edited by Suman Kesari & Mane Mkrtchyan

आभार

यह पुस्तक आपके सामने है तो इन लोगों के सक्रिय सहयोग के ही कारण। सुश्री माने मकर्तच्यान और मैं इन सबके प्रति हृदय से आभारी हैं :

आर्मेनिया गणतंत्र के राष्ट्रपति महामहिम श्री आर्मेन सार्खस्यान

आर्मेनिया गणतंत्र के पूर्व राष्ट्रपति महामहिम सेर्ज सार्खस्यान

भारत गणराज्य में आर्मेनिया गणतंत्र के विशिष्ट एवं पूर्ण शक्ति युक्त राजदूत महामहिम श्री आर्मेन मार्तिरोस्यान

भारत गणराज्य में आर्मेनिया गणतंत्र के पूर्व राजदूत महामहिम श्री आरा हाकोब्यान

आर्मेनिया गणतंत्र में भारत गणराज्य के पूर्व राजदूत महामहिम श्री सुरेश बाबू

आर्मेनिया साहित्य और कला इंस्टिट्यूट के निदेशक डॉ. कारो वार्थान्यान

आर्मेनिया गणतंत्र के संस्कृति मंत्रालय के पूर्व उपमंत्री श्री नेर्सेस तेर वार्थान्यान

इस पुस्तक के लिए अपनी रचनाएँ देनेवाले सभी कवि, कहानीकार एवं लेखक

आर्मेनियाई कविताओं के अनुवाद में मदद करने के लिए श्री गौतम कश्यप

प्रोफेसर पुरुषोत्तम अग्रवाल, चिन्तक-लेखक एवं पूर्व सदस्य लोक सेवा संघ आयोग, भारत सरकार

सुश्री मारिया तितिज़ियान, सिविलनेट, येरेवान, आर्मेनिया

आर्मेनिया का जनसंहार म्यूज़ियम एवं संस्थान

भारत गणराज्य में आर्मेनियाई दूतावास की सुश्री हेलेना सिमोंयान एवं श्री गेवोर्ग हाख्वेर्द्यान

आर्मेनिया में हमारे निवास एवं कार्य को सम्भव करनेवाले श्री सेनेखेरिम मकर्तच्यान, श्रीमती सुसान्ना ग्रिगोर्यान, श्री हराग्र मकर्तच्यान, श्रीमती ग्रेता मकर्तच्यान, अब स्वर्गीय श्रीमती तान्या खाछातर्यान, अब स्वर्गीय श्री आवो खाछातर्यान, श्रीमती सोनिक खाछातर्यान एवं श्री राज़्मिक आब्राहाम्यान।

राजकमल प्रकाशन समूह के प्रबंध निदेशक श्री अशोक महेश्वरी

एवं

ऋत्विक तथा ऋतंभरा जिन्होंने अनेक बहुमूल्य सुझाव दिए और सामग्री जुटाने में भी हमारी मदद की।

क्रम

खंड-2

खंड-3

खंड-4

परिशिष्ट

महामहिम श्री आर्मेन मार्तिरोस्यान

भारत गणराज्य में आर्मेनिया गणतंत्र के विशिष्ट एवं पूर्ण शक्ति युक्त राजदूत

महामहिम श्री आर्मेन मार्तिरोस्यान ने सन् 2015 में भारत में आर्मेनिया गणतंत्र के राजदूत का कार्यभार सँभाला। इससे पहले वे आर्मेनिया के विदेश मंत्री के परामर्शदाता के रूप में कार्यरत थे। सन् 2009 से 2013 तक उन्होंने जर्मनी में आर्मेनिया के राजदूत के रूप में काम किया। सन् 2003 से सन् 2009 तक श्री मार्तिरोस्यान संयुक्त राष्ट्र में आर्मेनिया के स्थायी प्रतिनिधि थे। सन् 2009 में उन्होंने स्त्रियों की स्थिति पर संयुक्त राष्ट्र द्वारा गठित कमीशन की भी अध्यक्षता की। वे आर्मेनिया में अनेक महत्त्वपूर्ण पदों पर कार्यरत रहे हैं। उन्होंने कृषि सहकारी बैंक की परियोजना बनाने में भी सहभागिता की है।

श्री आर्मेन मार्तिरोस्यान ने इलेक्ट्रिकल इंजीनियरिंग की पढ़ाई येरेवान पौलीटेक्निक इंस्टिट्यूट, येरेवान, आर्मेनिया से की तथा, कोलम्बिया यूनिवर्सिटी, न्यूयॉर्क, अमेरिका से पब्लिक एडमिनिस्ट्रेशन में मास्टर्स की डिग्री भी हासिल की।

वे आर्मेनियाई भाषा के साथ-साथ अंग्रेजी तथा रूसी भाषा के भी जानकार हैं।

उनकी रुचि राजनीतिक अर्थशास्त्र, वैमानिकी तथा तैराकी में है।

पुरोवाक्

भारत गणराज्य में आर्मेनिया गणतंत्र के विशिष्ट एवं पूर्ण शक्ति युक्त राजदूत महामहिम आर्मेन मार्तिरोस्यान का उद्‌बोधन

ऑटोमन साम्राज्य में आर्मेनियाइयों के त्रासद जनसंहार पर सोचते हुए जब मैं यह लिख रहा हूँ, 12 दिसम्बर, 2019 को, तब संयुक्त राज्य अमेरिका के सीनेट ने एस. रिजोल्यूशन 150 के द्वारा एकमत से यह प्रस्ताव पारित किया है—"सीनेट, संयुक्त राज्य अमेरिका द्वारा आधिकारिक तौर पर आर्मेनियाई जनसंहार के स्मरण एवं मान्यता की नीति की घोषणा करता है।" निस्सन्देह यह एक सदी पूर्व ऑटोमन तुर्की द्वारा किए आर्मेनियाई जनसंहार को अन्तर्राष्ट्रीय मान्यता देने के मार्ग में बड़ा और महत्त्वपूर्ण कदम है। मेरे और मेरे अनेक साथियों के लिए यह हमारे राष्ट्र के त्रासद अध्याय पर सोचने का एक और मौका है।

हम सभी आर्मेनियाइयों के लिए तीन अनुल्लंघनीय बातें हैं—पहला—ईसाई मत, जिसे 17 सदी पहले विश्व में पहली बार राज्य धर्म के तौर पर अपनाया गया था। दूसरा—1600 साल पहले माश्तोत्स द्वारा निर्मित आर्मेनियाई लिपि, जिसने हमारी राष्ट्रीय पहचान को अक्षुण्ण बनाए रखने में बड़ी भूमिका निभाई। इन दो महत्त्वपूर्ण बातों के साथ एक तीसरी बात भी है, और वह है ऑटोमन साम्राज्य द्वारा अत्यन्त योजनाबद्ध तरीके से किया गया बीसवीं सदी का पहला भयंकर जनसंहार, जिसमें 15 लाख लोग मार डाले गए।

अन्तर्राष्ट्रीय स्तर के विद्वानों ने ऑटोमन साम्राज्य में घटित आर्मेनियाइयों की त्रासदी के मूल कारणों की विभिन्न व्याख्याएँ प्रस्तुत की हैं। भूराजनीतिक व्याख्याएँ अक्सर प्रथम विश्वयुद्ध में रूस और आर्मेनिया के बीच हुई संधि की बात करती हैं। आर्थिक व्याख्याओं के अन्तर्गत इसके मूल में आर्मेनियाइयों के पास अकूत सम्पत्ति और आर्थिक शक्ति की बात होती है। तीसरी व्याख्या युवा तुर्कों द्वारा राजनीतिक बदलाव के लिए इस देश के इतिहास में पहली बार बहुदलीय लोकतंत्र को बढ़ावा देने के सम्बन्ध में है।

उन्नीसवीं सदी के ब्रिटिश विचारक जॉन स्टुअर्ट मिल के अनुसार बहुसंजातीय समाजों में लोकतंत्र लगभग असम्भव है और इसकी सम्भावना तभी बनती है जब

संजातीय-समाधान की जरूरत वाले मुद्दे कम ही हों। यद्यपि यह जरूरी नहीं है कि लोकतंत्र के लिए समाज पूर्णत: एकरूप से संजातीय हो, किन्तु यह तो जरूरी है कि विभिन्न संजातीयताओं में विश्वास और एकता के कुछ तत्त्व मौजूद हों। ऐसी स्थितियों के अभाव में उन समूहों के बीच शान्तिपूर्ण सहअस्तित्व कायम नहीं हो सकेगा और कोई भी परस्पर विरोधी बात हिंसात्मक रुख अख्तियार कर सकती है।

प्रसिद्ध अमेरिकी समाजवैज्ञानिक सीमोर मार्टिन लिप्सेट के अनुसार मिल के सिद्धान्त की सबसे घातक व्याख्या इस ओर संकेत करती है कि किसी भी बहुसंजातीय समाज में लोकतंत्र की स्थापना करने का एक तरीका यह हो सकता है कि वह समाज चार सम्भावित तरीकों द्वारा संजातीय बहुलता को समाप्त कर दे। वे चार तरीके हैं—जनसंहार, निर्वासन, आत्मसातीकरण अथवा विभाजन।

एक सदी पहले विश्व के हमारे हिस्से में संजातीय तनाव के इतिहास ने ऊपर बताए कयास और उसकी व्याख्या को सही साबित कर दिया। उन्नीसवीं सदी के अन्त में ऑटोमन साम्राज्य में अल्पसंख्यक आर्मेनियाई संजातीय प्रतारणा के और बीसवीं सदी के आरम्भ में नरसंहार के शिकार हुए। साथ-ही-साथ ऑटोमन साम्राज्य में बचे हुए अधिकांश आर्मेनियाइयों और अन्य संजातीय अल्पसंख्यकों को बलात् आत्मसातीकरण अथवा तुर्की से निर्वासन के कष्टों को झेलना पड़ा। आर्मेनियाई तथा अन्य ईसाई अल्पसंख्यकों, यूनानियों ओर असीरियाइयों के सन्दर्भ में प्रमुख इज़रायली इतिहासकार बेनी मॉरिस और ड्रोर जे'वी की किताब का शीर्षक "द थर्टी ईयर जेनोसाइड" (तीस साला जनसंहार) ही इस बात का प्रमाण है कि "1894 से आरम्भ करके...1924 तक के अपने तीन अभियानों में तुर्कों ने पश्चिम मध्य एशिया के क़रीब चालीस लाख ईसाइयों को खत्म कर दिया था।"

आर्मेनियाई जनसंहार वस्तुत: बीसवीं सदी में समझ-बूझकर की गई सामूहिक हत्याओं और संजातीय संहार का आद्यरूप है। पिछले 105 वर्षों में राज्य द्वारा प्रायोजित जनसंहार की तमाम घटनाएँ इस बात की ओर संकेत करती हैं कि बड़े पैमाने पर हुई तबाही, पीढ़ियों तक रहनेवाला भय, मूक दर्शकों की भूमिका और उनकी निष्क्रियता दरअसल जनसंहार के योजनाबद्ध क्रियान्वयन के लक्षण हैं।

आर्मेनियाई जनसंहार के दौरान विश्व के सैन्य एवं राजनीतिक तंत्र के प्रमुख खिलाड़ियों ने ऑटोमन तुर्कों द्वारा एक पूरे राष्ट्र में की जा रही मार-काट को राजनयिक पत्राचार तक और उसमें हस्तक्षेप के फलस्वरूप होनेवाले भूराजनीतिक परिणामों की सम्भावना तक सीमित कर दिया। और इस तरह से विनाश-नीति अन्तर्जातीय विवादों से निपटने का एक "मान्य" तरीका बन गई, राजनीतिक संस्कृति का हिस्सा बन गई।

न तो होलोकास्ट ही "जनसंहार के युग" का अन्तिम अध्याय बना और न ही संयुक्त राष्ट्र द्वारा 1948 में पारित जातिनाश सम्बन्धी करार तथा उसका

विश्वव्यापी समर्थन ही। विश्व ने बाल्कान्स, रवांडा, कंपूचिया और डारफुर होते अपनी आँखों से देखा।

आर्मेनियाई जनसंहार से विश्व समुदाय ने एक बात नहीं सीखी और वह है—मानवता के विरुद्ध किसी भी भयानक अपराध के मूल में उसे नजरअन्दाज करते रहना, (अपराधियों को) माफ़ कर देना और निष्क्रियता होती है।

हमारे मतानुसार, इस जघन्य अपराध के उन्मूलन और इसकी पुनरावृत्ति को रोकने के लिए जरूरी है कि बिना बहाने बनाए आर्मेनियाई जनसंहार को जनसंहार के रूप में स्वीकार किया जाए। यह हमारा दृढ़ विश्वास है मानव-अधिकार के इस चरम उल्लंघन को रोकने के लिए जरूरी है कि ऐसे कुकृत्यों का पर्दाफ़ाश किया जाए तथा अपराधियों को किसी भी हाल में माफ़ी न दी जाए। यह करना पीड़ितों के कष्टों के समाहार के लिए भी जरूरी है।

आर्मेनियाई जनसंहार एक निर्विवाद तथ्य है। इसके अकाट्य सबूत मौजूद हैं। इस अमानवीय कृत्य को ऑटोमन साम्राज्य के उत्तराधिकारियों के साथ अपने संवेदनशील राजनयिक सम्बन्धों की परवाह किए बिना अनेक देशों ने न केवल मान्यता प्रदान की है, बल्कि मेरे देश के विरुद्ध हुए जनसंहार के अपराध की भर्त्सना भी की है।

वर्तमान पीढ़ी, जो कि दोषी नहीं है के द्वारा, पहले की सरकारों के कृत्यों की स्वीकृति तथा उसकी निन्दा एवं (जनसंहार को) मान्यता आर्मेनियाइयों एवं तुर्कों के बीच शान्ति के लिए महत्त्वपूर्ण है। इसका नकार दोनों ही पक्षों के लोगों के लिए दुःखदायी है। वह अतीत से वर्तमान एवं भविष्य को अलग करने का उपाय भी है। आर्मेनियाई एवं तुर्कों के परस्पर सौहार्दपूर्ण सम्बन्ध के अलावा यह हमारे क्षेत्र के भविष्य के लिए भी जरूरी है। आर्मेनियाई और तुर्कों के बीच शान्ति स्थापित करने से दक्षिण कॉकेशिया की भूराजनीति को भी लाभ होगा और इस क्षेत्र की सुरक्षा और स्थिरता भी सुदृढ़ होगी...

भारत में मेरा कार्यकाल मई 2015 को—यानी कि आर्मेनियाई जनसंहार के शताब्दी वर्ष पर विश्व-भर में हो रहे स्मरण-कार्यक्रमों के एक महीने बाद आरम्भ हुआ। दिल्ली पहुँचने पर ज्ञात हुआ कि भारत में मेरे देश की इस त्रासदी के बारे में बहुत ही कम लोग जानते थे। पहले की तरह के धनी-मानी और सक्रिय आर्मेनियाई समुदाय की अनुपस्थिति में भारत में मानव-इतिहास के इस सर्वाधिक त्रासद अध्याय के बारे में—जिसमें एक समूचे राष्ट्र को नष्ट कर दिया गया और उन लोगों को निकाल बाहर किया गया जो तीन हजार सालों से वहाँ रह रहे थे—आवश्यक जानकारी देना असम्भव-सा हो गया था। अतः इस बारे में समुचित जानकारी देना जरूरी था, ताकि भारत के लोग उस जनसंहार के बारे में जान सकें, जिसमें पन्द्रह लाख से अधिक लोग, बिना किसी अपराध के मार डाले गए थे।

नई दिल्ली में आर्मेनियाई सांस्कृतिक केन्द्र के साथ हुई मेरी पहली ही बैठक में आर्मेनियाई जनसंहार पर हिन्दी में लिखी जा रही पुस्तक की बात उभरकर आई। यह कमाल का काम था, किन्तु उतना ही कठिन। डॉ. सुमन केशरी और पी.एच.डी. शोधछात्रा माने मकर्तच्यान इस भगीरथ प्रयास में जुटी हुई थीं। इस यज्ञ में कोलकाता आर्मेनियाई नाज़ारेथ के पवित्र चर्च के वार्डनद्वय श्री सुनील सोबती और श्रीमती सुसान रुबेन की आहूति बहुत महत्त्वपूर्ण है। वे ही इस पुस्तक को प्रायोजित कर रहे हैं।

मुझे विश्वास है कि यह पुस्तक पाठकों को आर्मेनियाई जनसंहार के बारे में उचित जानकारी प्रदान करेगी। इस भयानक कृत्य को कभी नहीं भूलना चाहिए क्योंकि किसी भी जनसंहार के मूल में अस्वीकृति और इनकार होते हैं। इन्हीं के चलते अपराधियों को सजा नहीं मिलती और भविष्य के लिए जनसंहार के रास्ते खुल जाते हैं।

मैं इस पुस्तक के लिए किए गए अथक प्रयासों एवं दृढ़ निश्चय के लिए डॉ. सुमन केशरी एवं सुश्री माने मकर्तच्यान की हृदय से सराहना करता हूँ। और बिना किसी प्रतिदान की आकांक्षा के समर्थन देने एवं उदारता के लिए श्री सुनील सोबती और श्रीमती सुसान रूबेन का आभार व्यक्त करता हूँ। मैं अपनी कृतज्ञता एवं धन्यवाद उन सभी को प्रेषित करना चाहता हूँ, जिन्होंने इस पुस्तक में योगदान दिया है और उसे प्रकाशित करने में भूमिका निभाई है।

क्यों याद करें आर्मेनियाई जनसंहार को?

24 अप्रैल, 2015 को आर्मेनियाई जनसंहार के सौ वर्ष पूरे हो गए...हममें से कितनों को याद है यह?

'आखिर आज कौन आर्मेनियाइयों की हत्या और तबाही की बात करता है?'

—एडोल्फ़ हिटलर, सन् 1939

ऐसा माना जाता है कि ऑटोमन साम्राज्य (वर्तमान तुर्की) द्वारा, 19वीं सदी के अन्त और 20वीं सदी के आरम्भिक तीन दशकों में किए आर्मेनिया के भीषण जनसंहार पर टिप्पणी करते हुए सन् 1939 में हिटलर ने यह कहा था। इतिहास गवाह है कि खुद हिटलर ने यहूदियों और अपने विरोधियों का संहार अत्यन्त निर्ममतापूर्वक किया था। आज भी 'हिटलर' के नाम-भर से रीढ़ में ठंडक दौड़ जाती है...पर आर्मेनियाई जनसंहार? इसे विडम्बना ही कहेंगे कि आज भी विश्व में या खुद भारतवर्ष में कितने लोग आर्मेनिया और आर्मेनियाई जनसंहार के बारे में जानते हैं? तथ्य तो यह है कि कई लोग तो इस देश के अस्तित्व तक से अनभिज्ञ हैं। जबकि सच्चाई यह है कि आर्मेनियाई जनसंहार को निर्विवाद रूप से बीसवीं सदी का पहला जनसंहार कहा जा सकता है!

प्रथम विश्वयुद्ध के पहले ऑटोमन साम्राज्य में क़रीब 20 लाख आर्मेनियाई रहते थे और उनमें से क़रीब 15 लाख आर्मेनियाई ई. सन् 1915-1923 के बीच मार डाले गए। तुर्की ने आज तक इस जनसंहार को स्वीकार नहीं किया। आज भी भारत समेत संसार के अधिकांश देश चुप हैं। इस पुस्तक को तैयार किए जाने तक आर्मेनियाई जनसंहार को स्वीकृति देनेवाले कुल 34 देश हैं, जिनकी सूची परिशिष्ट में दी गई है। फरवरी 2020 में सीरिया तथा हाल ही में 12 दिसम्बर, 2019 को अमेरिका के सीनेट ने आर्मेनियाई जनसंहार को मान्यता दी है। जिन प्रमुख देशों ने मान्यता दी है वे हैं—अमेरिका, रूस, फ्रांस, जर्मनी, इटली, कनाडा, बेल्जियम, अर्जेन्टिना, नीदरलैंड, सीरिया, बोलीविया, चिली आदि। तुर्की में प्रसिद्ध आर्मेनियाई पत्रकार हरान्त दिन्क की 2008 में हत्या के विरोध में 'मैं क्षमाप्रार्थी हूँ' अभियान भी लगातार चलाया जा रहा है। यहाँ नोबेल पुरस्कार विजेता उपन्यासकार

ओरहान पामुक को भी याद करना जरूरी है। उन्होंने अभिव्यक्ति की स्वतंत्रता के सवाल को उठाते हुए आर्मेनियाइयों के जनसंहार पर तुर्की की खामोशी को प्रश्नांकित किया। कार्स पर आधारित उनके उपन्यास "स्नो" में भी इसकी छाया दिखाई पड़ती है।

किन्तु तुर्की शासकवर्ग के अनुसार आर्मेनियाइयों पर हुआ अत्याचार दरअसल तहक़ीर क़ानून और प्रथम विश्वयुद्ध का परिणाम था। उसे जनसंहार नहीं कहा जा सकता!

यूँ तो क़ानूनी रूप से 'तहक़ीर' अर्थात् 'स्थानान्तरण' 27 मई, 1915 को लागू किया गया, किन्तु 24 अप्रैल, 1915 को, तलत पाशा के आदेश पर आन्तरिक मामलों के तत्कालीन मंत्री महमद पाशा बे ने कांसटेंटिनोपॉल (आज का इस्ताम्बुल) में सैकड़ों बुद्धिजीवियों, कलाकारों, नेताओं, डॉक्टरों, वकीलों, इंजीनियरों और बड़े व्यापारियों आदि को निर्वासित कर या तो मरवा दिया था, अथवा उन्हें कैद कर लिया गया था। चूँकि अपने अधिकांश बुद्धिजीवियों और नेताओं को एक राष्ट्र ने एक रात में ही खो दिया था, इसीलिए 24 अप्रैल को "आर्मेनियाई जनसंहार दिवस" के रूप में याद किया जाता है। 1915 से लेकर 1923 तक के कुल आठ सालों में एक अत्यन्त प्राचीन सभ्यता की उन्नत कर्मठ आबादी ने अपने 15 लाख लोग खो दिए। कहते हैं कि आज विश्व में उँगलियों पर गिने जा सकनेवाले ही आर्मेनियाई परिवार होंगे, जिन्होंने अपने किसी सदस्य को न खोया हो, वरना तो इस जनसंहार में अनेक परिवारों ने अपने किसी न किसी सदस्य को गँवाया ही है। सारा राष्ट्र कुछ खो जाने की पीड़ा से व्यथित है। इस भयानक जनसंहार को एक सौ पाँच वर्ष हो गए, किन्तु एक राष्ट्र है, जो आज भी विश्व से न्याय माँग रहा है!

यूँ तो आर्मेनियाइयों की हत्या और निर्वासन का दौर बहुत पहले से शुरू हो गया था। पर हम शुरुआत करते हैं, उन्नीसवीं सदी के अन्तिम दशक से। 1890 के दशक में आर्मेनियाई क्रान्तिकारी फ़ेडरेशन, डाशनाक्त्सुथ्यून ने आर्मेनियाइयों को स्वायत्तता प्राप्ति के लिए एकजुट करने की कोशिश के साथ ही तत्कालीन सत्ता के विरुद्ध फ़िदायीन भी बनाए। यह राष्ट्रवादी विचारधारा के पनपने का काल था। यह सुल्तान अब्दुल हामिद द्वितीय के शासन के कमजोर होकर टूटने का भी समय था। ऐसी हालत में सुल्तान ने 1894-96 के बीच स्वायत्तता और अधिकार माँगने के आरोप में हजारों-हजार आर्मेनियाइयों को मौत के घाट उतार दिया। किन्तु स्थितियाँ इससे बदली नहीं और बेहतर शासन के लिए सारे साम्राज्य में अब्दुल हामिद की निरंकुश राजशाही के ख़िलाफ़ युवा तुर्कों द्वारा जब विद्रोह शुरू हुआ तो उसमें आर्मेनियाइयों ने बढ़-चढ़कर इस उम्मीद के साथ हिस्सा लिया कि वे एक लोकतांत्रिक शक्ति का साथ दे रहे हैं, जो अल्पसंख्यकों के हितों की भी रक्षा

करेगी। पर हुआ इसका उल्टा ही क्योंकि प्रथम विश्वयुद्ध का माहौल बन चुका था और ऑटोमन साम्राज्य, जर्मनी-इटली के जिस खेमे के नजदीक था उसमें कट्टर राष्ट्रवाद के बीज अंकुरित होने लगे थे। दरअसल युवा तुर्क अपने हथियार वहीं पैना करना सीख रहे थे और प्रथम विश्वयुद्ध ने तुर्कों को आर्मेनियाइयों को सबक सिखाने का यह मौका दे दिया।

दुर्भाग्य से सामरिक महत्त्व के भूखंड में स्थित होने के कारण, ऐतिहासिक रूप से आर्मेनियाइयों का निवास माने जानेवाले पूर्वी भाग पर रूस और पश्चिम में ऑटोमन साम्राज्य का कब्जा हो गया था। आर्मेनियाई मुख्यतः ईसाई और एपोस्टोलिक चर्च के अनुयायी हैं। पहली सदी में ही आर्मेनियाई एपोस्टोलिक चर्च की स्थापना हो गई थी और 301 ईस्वी में आर्मेनिया दुनिया का पहला राज्य था, जिसने ईसाइयत को राज्यधर्म का दर्जा दिया। दूसरी ओर ऑटोमन साम्राज्य की बहुसंख्यक आबादी मुसलमान थी। ऐसे में जब दो परस्पर युद्धरत देशों का कब्जा, अल्पसंख्यक नस्ल अथवा जातीयता पर होता है, तो अमूमन उस अल्पसंख्यक नस्ल के लोगों का देशप्रेम सन्देह का विषय बन जाता है। और अगर धर्म भी जुदा हों तो सन्देह को और पुख्ता आधार मिल जाता है। आर्मेनिया इसका अपवाद न हो सका। जब ऑटोमन साम्राज्य, रूस के ख़िलाफ़ युद्ध में उतरा तो पूर्वी इलाकों में रहनेवाले आर्मेनियाइयों से अपेक्षा की गई कि वे रूस का साथ छोड़कर ऑटोमन का साथ देंगे। ऐसा न होने पर युवा तुर्कों को आर्मेनियाइयों के दमन का ठोस बहाना मिल गया। याद रहे कि 1913-1918 तक युवा तुर्कों की कमान मुख्यतः तीन पाशाओं—एनवेर पाशा, तलत पाशा और जेमाल पाशा के हाथ में थी। वे घोर राष्ट्रवादी थे और जर्मनी के बहुत निकट थे। प्रथम विश्वयुद्ध में तुर्की जर्मनी के साथ था जबकि रूस उसके ख़िलाफ़ मित्र राष्ट्रों के साथ था। ऑटोमन साम्राज्य में आर्मेनियाई समस्या को "अन्तिम रूप" से हल करने के उपाय खोजे जा चुके थे। और शुरुआत हुई 24 अप्रैल, 1915 को, नेताओं-बुद्धिजीवियों-व्यापारियों आदि के दमन के रूप में। एक बार फिर इसे रेखांकित करने की जरूरत है कि कहा जाता है कि हिटलर ने अपने कुख्यात 'फ़ाइनल सोल्यूशन' की प्रेरणा यहीं से ली थी।

इसके बाद, हजारों आर्मेनियाई पुरुषों को सेना में भर्ती के नाम पर इकट्ठा किया गया। इनमें किसान, अध्यापक, दुकानदार, चरवाहे सब मौजूद थे। हुक्म हुआ था कि वे जैसे और जहाँ हैं, चले आएँ। वे आए तो फिर लौट नहीं पाए और न उन्हें अलविदा कह पाए, जो उनकी राह देख रहे थे। जो राह देख रहे थे उनमें से भी कुछ ही बचे अपना हाल सुनाने को। पकड़े गए पुरुष सैनिक नहीं बनाए गए, बावजूद इसके कि तुर्की सेना को सैनिकों की जरूरत थी। वे बनाए गए मजदूर और हम्माल। काम कर लेकिन माँग न कर। वे भूख और जहालत

से तड़प कर बीमार पड़ते तो उन्हें या तो मार डाला जाता या वे रास्ते में तड़प-तड़प कर मर जाते। यही नहीं, हजारों को तो रास्ते में ही जलाकर-तड़पाकर मार डाला गया।

क्रूरता यहीं नहीं रुकी। बचे हुए तमाम बूढ़ों, बच्चों और औरतों को सीरिया के रेगिस्तानों की ओर जाने का हुक्म दे दिया गया। अपने दुश्मनों को सबक सिखाने के लिए औरतों-बच्चों के साथ दुनिया-भर की सत्ताएँ जो करती हैं, उनसे भला ऑटोमन कैसे अछूते रहते। तो तुर्की सैनिकों के साथ-साथ वे कुर्दों और दूसरे कबीलों द्वारा भी उत्पीड़ित किए गए और भुखमरी, अकाल और महामारियों का शिकार हुए। कइयों ने गिरजाघरों या रास्ते में पड़े भवनों या खलिहानों में पनाह ली तो उन्हें वहीं जला दिया गया। बिटलिस, आकन और खापेर्त जिलों में हजारों बच्चों को जिन्दा भूना गया और कइयों को जहर दे दिया गया। यूफ्रेटस नदी में डुबाने और काट कर फेंक देने की घटनाएँ भी सामने आई हैं। कहते हैं कि यूफ्रेटस का पानी लाल हो गया था। इस बात के भी संकेत हैं कि हजारों औरतों-बच्चों का बलपूर्वक धर्म-परिवर्तन भी करवाया गया। यही नहीं उस दौरान खड़ी फसलों को तहस-नहस कर दिया गया। नष्ट होनेवालों में केवल आर्मेनियाई ही शामिल नहीं थे वरन् असीरियन, यूनानी और अन्य अल्पसंख्यक भी थे।

आर्मेनियाइयों के नरसंहार को पूरी सदी बीत गई, दुनिया कहीं की कहीं पहुँच गई। इन सौ सालों में कई साम्राज्य और उपनिवेश प्रत्यक्षतः अपने स्पष्ट रूप में तो समाप्त हो ही चुके हैं। दुनिया, सम्प्रभुतासम्पन्न राष्ट्रराज्यों की व्यवस्था में प्रवेश कर चुकी है। समाज-कल्याण के क्षेत्र में, टेक्नालॉजी के सहारे बेहतर जीवन सम्भव करने के क्षेत्र में, इन सौ सालों में हुई तरक्की को कौन नकार सकता है?

लेकिन क्या यह तरक्की हर धरातल पर मानवीय संवेदना की प्रगति भी दर्शाती है? क्या दुनिया आर्मेनियाइयों, यहूदियों के जनसंहार से सीख कर जनसंहार-मुक्त, क्रूरता-मुक्त होने की दिशा में भी आगे बढ़ी है?

ऐसी मुक्ति सम्भव करने के इरादे से ही, दूसरे महायुद्ध की पृष्ठभूमि में संयुक्त राष्ट्र ने 1948 में जातिनाश सम्बन्धी करार मंजूर किया, जो 1951 से लागू हुआ। जुलाई 2019 तक 152 देश इसे स्वीकार कर चुके थे। जातिनाश की मूल धारणा के विभिन्न रूपों को यह करार परिभाषित करता है। इसके अनुसार किसी समुदाय के सदस्यों की हत्याएँ करना, उन्हें शारीरिक या मानसिक यंत्रणा देना, जान-बूझकर ऐसी स्थितियाँ उत्पन्न करना जिनके कारण कोई समुदाय आंशिक या पूर्ण रूप से नष्ट हो जाए, समुदाय में बच्चों के जन्म की सम्भावनाएँ समाप्त करनेवाले कदम उठाना, बच्चों को जबरन किसी और समुदाय के हवाले करना—यह सब जातिनाश की इस परिभाषा में समाहित है। स्पष्ट है कि सैद्धान्तिक

रूप से संयुक्त राष्ट्र—दूसरे शब्दों में दुनिया के अधिकांश देश—यह मान चुके हैं कि जातिनाश केवल बड़े पैमाने पर होनेवाली हिंसा का नहीं, बल्कि खास तरह के मिज़ाज का मामला है। इस मिज़ाज या मानसिकता के शिकार किसी ऐतिहासिक पल में बहुत सारे लोग हो सकते हैं, तो किसी अन्य पल में सम्भवत: कुछ कम लोग। लेकिन, संयुक्त राष्ट्र की आम राय साफ़ है : बात पैमाने की नहीं इरादे की है।

क्या हम कह सकते हैं कि आर्मेनियाई जनसंहार के सौ साल बाद, और इस करार की मंजूरी के सत्तर से ज़्यादा साल बाद, मनुष्य की चेतना में जातिनाशी प्रवृत्तियाँ पूरी तरह समाप्त हो गईं हैं, या निर्णायक रूप से कम हो गई हैं?

मनुष्य के बारे में बहुत नकारात्मक रवैया अपनाए बिना भी इस दु:खद तथ्य से मुक्ति सम्भव नहीं कि जातिनाश और क्रूरता की मनोवृत्ति अभी भी हमारे मन में बहुत गहरे पैठी हुई है। 1945 के बाद अनेक घटनाएँ जातिनाश की परिभाषा के दायरे में आएँगी ही, पैमाने के लिहाज से बात करें तो भी स्थितियाँ बहुत संतोषजनक नहीं हैं, इंडोनेशिया, बांग्लादेश, कम्बोडिया, सोमालिया, रवांडा, बोस्निया, इराक और सीरिया...और न जाने कितनी जगहों पर जातिनाश के मामले सामने आए हैं। सबसे बड़ी विडम्बना यह है कि यहूदियों पर अत्याचार के निराकरण के प्रायश्चितस्वरूप गढ़ा गया राष्ट्र-राज्य इज़राइल स्वयं जातिनाशी मानसिकता की गिरफ़्त में है। हम फ़िलीस्तीनियों के मारे जाने की खबरें लगभग रोज ही पढ़ते हैं।

ऐसा नहीं कि जातिनाशपरक मिज़ाज और इससे प्रेरित नस्लपरक-सम्प्रदायपरक हिंसा किसी एक विचारधारा तक ही सीमित है। नस्ल की हो, देश की हो या विचार की, शुद्धता के नाम पर भयानक हिंसा को तरह-तरह के लोग जायज ठहराते रहते हैं। कितनी हृदय-विदारक सच्चाई है कि सारी प्रगति के बावजूद मनुष्यता के मन के किसी कोने में अकल्पनीय क्रूरता लगातार निवास करती है। जातिनाश की मानसिकता केवल हिंसा की नहीं मनोविकृति की मानसिकता है। आखिर उस व्यक्ति को मानसिक रूप से स्वस्थ कैसे माना जा सकता है, जिसे लोगों को जिन्दा जलाने में सुख मिलता हो, जिसे बच्चों के सामने माँओं के साथ बलात्कार करने में, गर्भवतियों के गर्भ से बच्चों को खींच लेने में मर्दानगी महसूस होती हो? उस विचार या भावना को कैसे मानवीय माना जा सकता है जो इस तरह की क्रूरता को जायज़, बल्कि जरूरी मानता हो? यह भी ध्यान देने की बात है कि ऐसी क्रूरता का शिकार औरतों को बनाने में जातिनाशी मर्दानगी बहुत सार्थकता महसूस करती है, और खुद औरतें भी 'अन्य' के विरुद्ध ऐसी जातिनाशी हिंसा और क्रूरता का समर्थन करती देखी जातीं हैं। औरत हो या मर्द, किसी को विचार के नाम पर रूस, चीन और कम्बोडिया में हुई हिंसा जायज़

लगती है तो किसी को अपने देश में हो रही भीड़-हत्याओं (मॉब लिंचिंग) से कोई समस्या नहीं होती।

सच कहें तो समस्या की जड़ यही है। जब हम राष्ट्र या विचार के नाम पर मूलभूत मानवीय नैतिकता और सहज विवेक से कतराने लगते हैं, तब-मेरा देश (या विचार) सही या गलत...मुझे तो हर हाल में समर्थन ही करना है—की मानसिकता की जकड़ में आ जाते हैं। हिंसा करनेवालों से कहीं ज़्यादा चिन्ताजनक है, उनकी मानसिकता, जो हिंसा और क्रूरता को जायज़ ठहराते हैं। साम्प्रदायिक हिंसा की जिम्मेवारी जो लोग "गुंडों" पर डाल कर फ़ारिग हो लेना चाहते हैं, उन्हें गांधीजी बारम्बार याद दिलाते थे कि 'गुंडे आकाश से नहीं आ टपकते, न ही वे जमीन फाड़ कर निकल आते हैं, उन्हें समाज ही पालता है, हमीं बढ़ावा देते हैं'।

जातिनाशी मानसिकता के विष-बीज नफ़रत की जमीन में पनपते हैं, क्रूरता इन बीजों का फल है। इसका इलाज बदला नहीं है, बदलाव है। जो हुआ, उसे स्वीकार करने का अर्थ यह नहीं कि बदले की वकालत की जाए। आर्मेनियाइयों का जातिनाश और जनसंहार हो या यहूदियों का, या किसी भी समुदाय का, उसे नकारने से न तो वह गायब हो जाएगा, न उसकी यादें। बेहतर यही है कि जिसे इसका सामना करना पड़ा, वह और जिसके नाम पर यह किया गया दोनों समुदाय नये सिरे से संवाद के जरिए, विवेक और संवेदना के आधार पर आपसी सम्बन्धों का निर्धारण करें।

ऐसा न करने पर हम कितनी भी प्रगति कर लें, क्रूरता हमारे स्वभाव में कभी खुलेआम तो कभी छुप-छुपाकर बैठी ही रहेगी।

साहित्य और रचनात्मकता के अन्य रूप मानवीय चेतना को बनाए रखने के अनुष्ठान ही हैं। इसीलिए साहित्य में स्मृति का सवाल इतना महत्त्वपूर्ण है, स्मृति को बदले की कार्यवाही बनाएँ या बदलाव की शुरुआत? इस सवाल का जवाब खोजने में साहित्य हमारी बहुत मदद करता है। यहाँ संकलित रचनाएँ इस बात का एक और प्रमाण हैं।

किन्तु सबसे पहले तो यह कि आखिर इस विषय के प्रति मेरे मन में रुचि उत्पन्न कैसे हुई?

दरअसल, सन् 2011 में भारत के संघ लोक सेवा आयोग के प्रतिनिधि के रूप में विश्व-भर के लोक सेवा सम्बन्धी एक सम्मेलन के सिलसिले में पुरुषोत्तम अग्रवाल आर्मेनिया गए थे। इस यात्रा का विस्तृत वृत्तान्त उन्होंने अपनी पुस्तक "हिन्दी सराय : अस्त्राखान वाया येरेवान" (राजकमल प्रकाशन, 2012) में लिखा है। येरेवान, आर्मेनिया से लौटकर उन्होंने मुझे आर्मेनिया के स्वतंत्रता सेनानी और

लेखक-कवि येगीशे छारेन्त्स के बारे में अत्यन्त मार्मिक ढंग से बहुत विस्तार के साथ बताया। मेरे कानों में आज भी उनकी मर्मभेदी आवाज़ गूँजती है—"जानती हो, छारेन्त्स की कविताओं और उनके लेख आदि को बचाने के लिए शब्दशः उन्हें जमींदोज़ करना पड़ा। एक बक्से में बंद करके छारेन्त्स की मित्र रेगीना ने उन्हें जमीन में गाड़ दिया। छारेन्त्स की मृत्यु के सालों बाद जब उस बक्से को बाहर निकाला गया तो उनमें से कई रचनाएँ नष्ट हो चुकी थीं, पर कुछ बच गईं।...अगर वे गाड़ी न गई होतीं तो सम्भव था, कुछ भी न बचा रहता।" ओह! ऐसा भी हो सकता है कि रचनाओं को बचाने के लिए उन्हें जमीन में गाड़ना पड़े। मुझे याद आई अंडमान-निकोबार की यात्राएँ, जहाँ मैंने अनाज रखने के वे बड़े-बड़े मटके जैसे पात्र देखे थे, जिनमें जापानी सैनिकों से लड़कियों और स्त्रियों को बचाने के लिए उन्हें उनके भीतर छिपा दिया जाता था और उनके ऊपर अनाज आदि भर दिया जाता था। कई तो दम घुटने से ही मर गई थीं! ओह! इन कागजों का भी तो दम घुटा ही होगा?...इसके बाद मैंने आर्मेनिया के बारे में और जानकारियाँ हासिल करने की ठान ली। और जब मैंने इस छोटे-से राष्ट्र के इतिहास का पहला ही पन्ना पलटा तो मुझे उन्नीसवीं सदी के अन्त और बीसवीं सदी के पूर्वार्द्ध में ऑटोमन साम्राज्य द्वारा कराए भीषण जनसंहार के बारे में पता चला। ये सूचनाएँ मुझे भीतर तक हिला गईं। इस सूचना ने मुझे एक ओर तो माइक डेविस के हवाले से उन अकालों की याद दिला दी, जो हमारे देश में अंग्रेजों के आने के बाद पड़े थे और जिनमें अनुमानतः डेढ़ से ढाई करोड़ लोग मारे गए थे। डेविस ने स्पष्ट लिखा है कि ये अकाल प्राकृतिक नहीं बल्कि मनुष्यों की करनी के परिणाम थे यानी कि मैन मेड! यही नहीं आजादी के वक्त भारत विभाजन के दौरान हुए दंगों और विस्थापन में भी अनुमानतः 15 लाख लोग मारे गए थे और 30 लाख से अधिक विस्थापित हुए थे। क्या ये घटनाएँ जनसंहार के अन्तर्गत नहीं आतीं? आखिर इनके द्वारा क्या एक उपनिवेशवादी ताकत भारत को भीतर-ही-भीतर कमजोर और खोखला करने की साजिश नहीं रच रही थी? एक ओर तो यह यहाँ की अर्थव्यवस्था को खत्म करके यहाँ के सस्ते मजदूरों को गिरमिटिया के रूप में उपलब्ध कराने और उसी के साथ-साथ अपनी औद्योगिक उपज के लिए कच्चा माल और निर्मित वस्तुओं के लिए एक बाजार उपलब्ध कराने की तरकीब थी तो दूसरी ओर भारत विभाजन द्वारा देश को सदा-सदा के साम्प्रदायिक तनाव की हालत में झोंक देने की साजिश और इसी के साथ भारतीय उपमहाद्वीप को कमजोर करने की राजनीति! लेकिन इन घटनाओं में चूँकि यहीं रहनेवाले दोनों धर्मों के लोग शामिल होकर एक दूसरे को मार-काट रहे थे, इसीलिए इसे दंगा-फसाद कहकर निबटा दिया गया। आज भी इन दोनों धर्मों के लोगों के बीच परस्पर विश्वास का रिश्ता कायम नहीं हुआ। आज भी ये एक दूसरे को "अन्य" कहकर दोषी करार देते हैं और मार डालते

हैं। किसी भी सत्ता के लिए अपनी आर्थिक सामाजिक नाकामयाबी से ध्यान हटाने का यह सुगम तरीका है, जिसे बार-बार आजमाया जाता है। आह! हम मानव अपनी क्षुद्र लालसाओं के चलते अपने ही जैसे प्राणी को सता-सताकर मारने से गुरेज़ नहीं करते! यह लिखते हुए मुझे पुन: येगीशे छारेन्त्स याद आ रहे हैं। उन्हें आर्मेनिया की आत्मा कहा जाता है। अपने जीवन के आरम्भिक दिनों में छारेन्त्स की आस्था खूनी क्रान्ति में थी। उन्होंने पहले विश्वयुद्ध के दौरान आर्मेनियाइयों के संहार के कारण रूस के साथ इस उद्देश्य से हाथ मिलाया कि रूस उनके राष्ट्र की स्वतंत्रता में सहायक होगा। किन्तु रूस की बोल्शेविक क्रान्ति के बाद आर्मेनिया एक स्वतंत्र देश नहीं बल्कि सोवियत संघ की ही एक इकाई बना दिया गया। स्वभावत: छारेन्त्स और अन्य लोगों ने इसका विरोध किया और अपना संघर्ष जारी रखा। इस विरोध को दबाया गया। इस संघर्ष के दौरान ही छारेन्त्स को गांधी की शान्तिपूर्ण अहिंसक लड़ाई और असहयोग आन्दोलन की जानकारी मिली। वे समझ चुके थे कि हिंसा से हिंसा ही उपजती है। किन्तु तब तक बहुत देर हो चुकी थी और उन्हें गिरफ़्तार कर लिया गया। उसी दौरान उनकी मृत्यु हो गई। छारेन्त्स के घर में बुद्ध के अनेक चित्र और मूर्तियाँ आदि हैं और उन्हीं में एक ऐसा चित्र भी जिसमें वे बुद्ध की तरह ध्यान मुद्रा में हैं और उस पर उनकी अपनी लिखावट में लिखा है—"तपस्वी, योग्य, सूर्य बनो, जैसे महात्मा गांधी...।" छारेन्त्स ने गांधी से सीखा और उन्हें अपना गुरु माना। आज विश्व महात्मा गांधी से सीखने की बात करता है। यह सब जब मैं लिख रही हूँ तब हम गांधी जी के जन्म के एक सौ पचासवें साल का उत्सव मना रहे हैं। किन्तु क्या हम अहिंसा, करुणा और संयम पर उनके बल को भली-भाँति समझ भी पा रहे हैं? सच तो यह है कि हम मनुष्य ही नहीं बल्कि प्रकृति और पर्यावरण को भी अपने लालच के चलते लगातार नष्ट करते जा रहे हैं। यह सोचने की बात है।

जनसंहार, आर्मेनियाई चेतना में इतने गहरे पैठा हुआ है कि अधिकांश लेखकों-कलाकारों ने उसे अपनी रचनात्मकता का केन्द्र बनाया है। दरअसल बाइबल की प्रसिद्ध आरारात पर्वत श्रेणी जिससे नूह ने अपनी नौका बाँधकर जलप्लावन के समय सृष्टि को बचाया था, के आसपास बसा आर्मेनिया का मूल नाम प्राचीन मेसोपोटामिया के देवता "हाय" पर आधारित है। इसीलिए आज भी आर्मेनियाई स्वयं को हाय और देश को हायास्तान कहते हैं। इसे आर्मेनिया नाम, हाइक के प्रपौत्र आरमेनक या आराम के कारण मिला। इस संस्कृति की जड़ें ताम्र युग में ईसा पूर्व 4 हजार साल से भी पहले ढूँढ़ी जा सकती हैं। मेस्रोप माश्तोत्स ने ईस्वी 405-406 में ही आर्मेनियाई भाषा की विशेषता को ध्यान में रखते हुए उसकी अपनी विशिष्ट लिपि का आविष्कार किया था, जिसके बाद माना जाता है कि आर्मेनिया के स्वर्णयुग की शुरुआत हुई, और न्याय, ज्योतिष और भूगोलशास्त्र आदि विषयों

पर अनेक पुस्तकें लिखी गईं। आज भी वहाँ मेस्रोप माश्तोत्स को बहुत सम्मान के साथ याद किया जाता है। येरेवान की एक महत्त्वपूर्ण सड़क का नाम मेस्रोप माश्तोत्स है। लेखकों-कलाकारों के नाम पर सड़कें होना वहाँ आम बात है, जैसे संत ग्रीगोर नारेकात्सी, येगीशे छारेन्त्स, खाछातुर आबोव्यान, कोमितास आदि। जनवरी 2015 में आर्मेनिया की पहली यात्रा के दौरान यह देखकर मन आन्दोलित हो उठा। मातेनादारान में तो प्राचीन पांडुलिपियों का संग्रहालय ही है। इतिहास, साहित्य और कलाओं के संग्रहालय अपनी धरोहरों को सँभाले हुए हैं। एक फ़ोन उठाकर यहाँ आप कोमितास का संगीत सुन सकते हैं। वही कोमीतास जो 1915-23 के नरसंहार को देखकर शब्दशः पागल हो गए।

यूँ तो आर्मेनिया के साथ भारत का पुराना सम्बन्ध है। कहते हैं कि भारत में पहले-पहल आर्मेनियाई, सैनिक के रूप में अलेक्जेंडर के साथ आए थे। भारत के साथ उनके व्यापारिक रिश्ते भी हजारों साल पुराने हैं। पहली आर्मेनियाई बसावट 7वीं सदी में केरल के मलाबार तट पर मानी जाती है। अकबर के शासनकाल में आगरा, कलकत्ता, मद्रास, ग्वालियर, सूरत, लाहौर, ढाका, पटना आदि अनेक जगहों में आर्मेनियाई रहते और व्यापार आदि करते थे। कहा जाता है कि अकबर की एक रानी आर्मेनियाई थी और उनके जनानखाने की डॉक्टरनी भी आर्मेनियाई थी। अकबर ने आर्मेनियाइयों को यहाँ आकर बसने और व्यापार आदि करने की सुविधा प्रदान की थी। मैंने इस सन्दर्भ में जब प्रसिद्ध इतिहासकार हरबंस मुखिया से बात की तो उन्होंने भी आर्मेनियाइयों के साथ व्यापारिक सम्बन्धों की ताईद की। इस विषय पर अनेक लेखों से उन्होंने मेरा परिचय कराया। लगभग सौ वर्ष पहले मेस्रोब जैकब सेठ ने अपनी पुस्तक 'हिस्ट्री ऑफ़ द आर्मेनियंस इन इंडिया फ्रॉम द अर्लियस्ट टाइम्स टू द प्रेजेन्ट डे' में आर्मेनिया के इतिहास तथा भारत में आर्मेनियाई व्यापार एवं रिहाइश के बारे में विस्तार से लिखा है। यह पुस्तक भारत स्थित आर्मेनियाई व्यापारियों के ईस्ट इंडिया कम्पनी से सम्बन्धों पर भी अच्छा प्रकाश डालती है। इसी से मुझे यह भी सूचना मिली कि 18वीं शताब्दी में मद्रास में आर्मेनियाइयों ने एक प्रिंटिंग प्रेस भी स्थापित किया था और लाहौर में बन्दूकें बनाने का कारखाना भी। कलकत्ते में तो इनकी आबादी इतनी ज़्यादा थी कि वहाँ 1821 में आर्मेनियन कॉलेज भी बना, जो अब तक कायम है। आज भी वहाँ का आर्मेनियाई चर्च सक्रिय है, पर वहाँ की आर्मेनियाई आबादी दिनोंदिन कम होती जा रही है। कलकत्ता ही वह जगह है, जहाँ पर जनसंहार के दौरान अनाथ हुए बच्चों को भी बसाया गया था। यहाँ मुझे बरबस आर्मेनियाई चर्च और खासतौर से बंगाल के आदिवासियों पर उसके प्रभाव को रेखांकित करनेवाला महाश्वेता देवी

का बाल उपन्यास 'आर्मेनियाई चंपा पेड़' याद आता है। बूनो जनजाति का मातो अपने मेमने के साथ अन्ततः वहीं तो पनाह पाता है। एक धर्म की ज़्यादतियों से बचने के लिए दूसरे धर्म में पनाह खोजते हमारे आदिवासी इस छोटी-सी कहानी में बहुत मार्मिक ढंग से सामने आते हैं।

इन दिनों आर्मेनियाई सरकार एवं भारत सरकार की देखरेख में हैदराबाद स्थित कब्रगाह के पुनरुद्धार पर काम हो रहा है, जहाँ ऐतिहासिक दृष्टि से अनेक महत्त्वपूर्ण तथ्य उपलब्ध हो रहे हैं। उम्मीद है कि आगामी वर्षों में आर्मेनिया के साथ हमारे सम्बन्धों पर और भी प्रकाश पड़ेगा।

भारत में आर्मेनियाइयों की इस महत्त्वपूर्ण उपस्थिति के बावजूद, जब मैंने 2015 में आर्मेनियाई जनसंहार के सौ वर्ष होने पर इसके बारे में 'जनसत्ता' में लिखा तो कई लोगों ने यह बताया कि उन्होंने न तो आर्मेनिया के बारे में सुना है और न ही जनसंहार के बारे में। इस बात ने मुझे विचलित कर दिया। यह पुस्तक इसी का परिणाम है और इसीलिए यह संकलन जनसंहार सम्बन्धी विषय पर केन्द्रित है।

जब मैंने काम की शुरुआत की, तब खोजने पर ज्ञात हुआ कि आर्मेनियाई साहित्य का कुछ भी हिन्दी में उपलब्ध नहीं है। अंग्रेजी में भी अभाव ही दिखा। तब मैंने जवाहरलाल नेहरू विश्वविद्यालय में हिन्दी साहित्य पर शोध कर रहीं माने मकर्तच्यान से सम्पर्क किया। इस संकलन में शामिल आर्मेनियाई साहित्य का चयन माने ने ही किया है। जैसा कि ऊपर बताया गया है कि आर्मेनिया का रूस से पुराना रिश्ता है और प्रथम विश्वयुद्ध के पश्चात् सोवियत संघ का गठन होने के बाद आर्मेनिया विधिवत् सोवियत संघ का हिस्सा रहा है, अतः लगभग सभी आर्मेनियाई रूसी भाषा अच्छी तरह से जानते हैं। वहाँ रूसी भाषा का अध्ययन-अध्यापन भी होता है। ऐसे में अच्छी रूसी जाननेवाले गौतम कश्यप ने आर्मेनियाई साहित्य से हिन्दी में अनूदित सामग्री के सुधार में महत्त्वपूर्ण भूमिका निभाई है। तो इस तरह आर्मेनियाई साहित्य का अनुवाद सुश्री माने और गौतम के साथ मिलकर मैंने किया है।

इस किताब की योजना के बारे में जब मैंने भारत में आर्मेनिया के राजदूत महोदय को बताया तो उन्होंने मेरे काम का स्वागत किया और सहयोग करने का भी वचन दिया। आप इस पुस्तक में सबसे पहले राजदूत महामहिम श्री आर्मेन मार्तिरोस्यान का उद्‌बोधन पढ़ेंगे। महामहिम मार्तिरोस्यान ने आर्मेनियाई जनसंहार पर गहरे सरोकार के साथ लिखते हुए सभी को एक चेतावनी भी दी है, जिसे गौर से पढ़ा जाना जरूरी है।

आर्मेनियाइयों पर हुए हमलों की सूचना बाहरी देशों को कैसे मिल रही थी इसे जानने के लिए मैंने आर्मेनिया (तत्कालीन ऑटोमन साम्राज्य) स्थित संयुक्त राज्य अमेरीका के दूत लेज़ली डेविस और हेनरी मोर्गेनथाउ के विवरण दिए हैं, जो उन्होंने

1915 में भेजे थे। उसके तुरन्त बाद हैं जनसंहार के कहर से सौभाग्य से बचे रह गए लोगों के रोंगटे खड़े करनेवाली दास्तानें। ये दास्तान मनुष्य की जिजीविषा के साथ-साथ करुणा एवं संवेदना को भी रेखांकित करती हैं। कहते हैं न कि मारनेवाले से ज़्यादा बड़ा बचानेवाला होता है। जो बचे रह गए, उन्हें बचा लेनेवालों के प्रति हमारी कृतज्ञता कि उन्होंने कठिन परिस्थितियों में अपनी जान पर खेल कर मानवता के प्रति विश्वास को बनाए रखने में मदद की। इन गवाहियों को श्रमपूर्वक संग्रहित किया है सुश्री वेर्जीने स्वाज़ल्यान ने। इसी खंड में भारत में आर्मेनियाई पिता और एंग्लो-इंडियन माता से उत्पन्न कवि-लेखक कीथ गारेब्यान के संस्मरण भी पढ़ेंगे। शीर्षक से ही आप कथ्य का बखूबी अन्दाज लगा सकते हैं—'पेन : जर्नीज़ अराउंड माय पेरेन्ट्स'। इसके कुछ हिस्से शामिल किए गए हैं। इसी खंड में आप प्रसिद्ध लेखक एवं ज्ञानपीठ पुरस्कार से सम्मानित अमिताभ घोष के रास अल-ऐन के बंदी शिविरों में 1916 से 1918 तक बंदी बनाए गए हिन्दुस्तानियों और आर्मेनियाइयों के बारे में 'साँझा संताप' शीर्षक लेख पढ़ेंगे। उनका यह लेख बंदी सिसिर (शिशिर) सर्बाधिकारी के नोट्स के हवाले से लिखा गया है। यह आलेख, जिसका अनुवाद 'हंस' पत्रिका में छपा था, ऐतिहासिक और सामाजिक-सांस्कृतिक दृष्टि से अत्यन्त महत्त्वपूर्ण है।

अगले हिस्से में आप येरेवान स्थित साहित्य एवं कला के संग्रहालय के निदेशक डॉ. कारो वारथान्यान से हमारी बातचीत पढ़ेंगे। डॉ. वारथान्यान ने बहुत प्रेम से हमें संग्रहालय दिखाया और अनेक दस्तावेजों के फोटो लेने की अनुमति दी। यहाँ हमने अनेक लेखकों और राजनेताओं के पत्र देखे और उनका जायजा लिया। यही वह संग्रहालय है, जहाँ मैंने फोन उठाकर कोमितास का संगीत सुना। यह भी बताती चलूँ कि कारो वारथान्यान भारतीय फिल्मों के शौकीन हैं और रूस में उन्होंने अनेक हिन्दी फिल्में देखी थीं। हम उन फिल्मों पर देर तक बातें करते हुए हँसते रहे। उन्हीं ने हमें कलकत्ता से छपे एक आर्मेनियाई प्रेम आख्यान (उपन्यास) के बारे में बताया। हमने कोशिश की किन्तु उसे प्राप्त नहीं कर पाए।

उसके बाद का खंड आर्मेनियाई जनसंहार सम्बन्धी कविताओं को समेटे हुए है। संकलन पर काम का आरम्भ हमने कविताओं के अनुवाद से किया था। जिन आर्मेनियाई कवियों का हमने चयन किया है, वे सब ऑटोमन साम्राज्य के विरुद्ध आर्मेनिया की स्वतंत्रता के लिए लड़ रहे थे। सभी कविताओं का भाव उसी से सम्बद्ध है। इन कविताओं में पुनर्जागरण के तत्त्व बहुत स्पष्ट दिखाई पड़ते हैं। भाव की एकांगिता भी इनमें दिखती है। अगर हम इन कविताओं की तुलना हिन्दी, अंग्रेजी और अन्य भाषाओं में उस दौर में लिखी कविताओं से करेंगे तो भावबोध, प्रांजलता और निर्वाह का अन्तर साफ़ दिखाई देगा। अधिकांश कविताएँ पदबद्ध हैं। इन कविताओं की पदात्मकता को बनाए रखना चुनौती रही। चूँकि मेरा पहला

परिचय येगीशे छारेन्त्स से हुआ था और उनके जीवन ने मुझे भीतर तक झकझोर दिया था, अत: जाहिर है, छारेन्त्स ही हमारे पहले कवि होते। हमने उनकी लम्बी कविता 'दान्तेयन किंवदंती' ली है। शिराज का चंपु काव्य 'आर्मेनियाई दांते' का अनुवाद करना बेहद रोचक रहा। पारुइर सेवाक आर्मेनिया के महत्त्वपूर्ण कवि हैं। उन्होंने संगीतकार कोमितास पर एक कविता लिखी—'अन्तहीन घंटियाँ'। कोमितास से आपका परिचय कवि पारुइर सेवाक के माध्यम से तो होगा ही, साथ ही यहाँ हमने उनकी जीवनी भी शामिल कर दी है, ताकि आप उनके बारे में कुछ विस्तार से जान सकें। बहुत कम उम्र में ही ऑटोमन साम्राज्य की क्रूरता के शिकार हुए दानियेल वारुजान की तीन कविताएँ हमने इस संकलन में शामिल की हैं—'भेंट', 'राख के सामने' और 'शुभकामनाएँ'। थुमानयान की भी तीन कविताएँ आप पढ़ेंगे—'आर्मेनियाई पीड़ा', 'फ़ातहा' और 'मेरा जीवन मैदान की तरह'। सिआमान्थो भी 1915 की बर्बरता के शिकार हुए। उनकी कविताएँ—'दमघोंटू मौत', 'मुट्ठी-भर राख' और 'नृत्य' का अनुवाद करते हुए आर्मेनियाइयों की पीड़ा और गहरी हो गई। रुबेन सेवाक भी अप्रैल 1915 में गिरफ़्तार कर लिए गए थे और अगस्त में उन्हें मार डाला गया। उनकी चार कविताएँ 'अन्तिम हाय', 'सिलिशिया के गीत', 'घंटियाँ' और 'हायास्तान' आप पढ़ सकेंगे। आप जानते ही हैं कि इन कविताओं में 'हाय' का उपयोग आर्मेनियाइयों के लिए किया गया है। और हायास्तान माने आर्मेनियाइयों का देश। कीथ गारेब्यान, जिनके संस्मरण आप पढ़ेंगे, उनकी ही 'आरारात की संतानें' (चिल्ड्रन ऑफ़ आरारात) की दो कविताएँ भी यहाँ शामिल की गई हैं। कनाडा के ही एक अन्य कवि एवं संगीतकार फ़ोर्टनर एन्डरसन की कविता 'आर्मेनिया से पहले' आर्मेनिया के लोगों के जीवन के विकट इतिहास को प्रस्तुत करती है। आप यहाँ फ़लीस्तीन के महत्त्वपूर्ण कवि नज़वान दरवेश की आर्मेनिया पर लिखी दो कविताएँ पढ़ेंगे।

आप देखेंगे कि आर्मेनियाई कवियों-लेखकों का जीवन परिचय हमने कुछ विस्तार से दिया है। कारण यह कि आर्मेनियाई साहित्य के बारे में हिन्दी में कम ही काम हुआ है। लोग वहाँ के बारे में लगभग अनभिज्ञ ही हैं। हिन्दी में तो यह पहला सुविस्तृत प्रयास है। यह भी कि इनमें से अधिकांश तुर्क-बर्बरता के शिकार हुए थे और छारेन्त्स तो तुर्क के साथ रूसी बर्बरता के भी। उनका जीवन तो छल से बिंधा जीवन है। आप लोग इसमें इस सुविस्तृत सम्पादकीय के अलावा मेरी कुछ कविताएँ भी पढ़ेंगे।

हमने इस पुस्तक में मुशेग गाल्शोयान की कहानी 'पुकार' और हामास्तेग की कहानी 'काश कि वे दिन होते...' भी अपने पाठकों के लिए संकलित की है। इन कहानियों का अनुवाद सीधे आर्मेनियाई से किया गया है। ये कहानियाँ विकट कष्ट को झेलने के बाद मानव-स्वभाव में आए परिवर्तन को रेखांकित करती कहानियाँ

हैं। जो बातें-व्यवहार आम जीवन में अजीब लगेंगे, उनके बारे में यहाँ पढ़ते हुए सचमुच आँखें नम हो जाती हैं। कष्ट से मानस का विस्तार और परिष्कार भी होता है, ये कहानियाँ यही बताती हैं। इन लेखकों का परिचय भी विस्तार से दिया गया है। 'पुकार' कहानी 'सदा' शीर्षक से 'हंस' के अप्रैल 2017 के अंक में छपी थी। हंस का आभार।

हमने इस पुस्तक में फ्रान्त्ज़ वरफ़ेल के उपन्यास 'मूसा दाग़ में चालीस दिन' के कुछ हिस्से शामिल किए हैं। यह अनुवाद सीधे अंग्रेजी से श्री परितोष मालवीय द्वारा किया गया है। मूसा दाग़ वह जगह थी, जहाँ आर्मेनियाइयों ने तुर्कों के साथ सशस्त्र संघर्ष किया था। और वहीं पर सबसे ज़्यादा कत्लेआम भी हुए थे। मूसा दाग़ से ही सम्बन्धित मोव्सेस फानोस्यान की गवाही तो आप पढ़ेंगे ही।

आर्मेनियाई इतिहास और साहित्य पढ़ते हुए और उनका अनुवाद करने के क्रम में मुझे लगा कि बात केवल साहित्य तक सीमित रहेगी तो उसमें जनसंहार जैसे गम्भीर विषय पर सांगोपांग दृष्टि से समग्र चर्चा न हो सकेगी। इस बात ने मुझे जनसंहार को आलोचनात्मक ढंग से देखने के लिए प्रेरित किया। इसी बीच आर्मेनिया सरकार ने मुझे 'आर्मेनियाई जनसंहार दिवस' पर अपनी बात रखने के लिए 15 से 17 अप्रैल, 2016 को येरेवान, आर्मेनिया में आमंत्रित किया। यह आर्मेनियाई जनसंहार का एक सौ एकवाँ वर्ष था और वहाँ विश्व-भर के अनेक बुद्धिजीवी, कलाकार और राजनेता इस विषय पर बातचीत करने के लिए एकत्रित थे। वहाँ उस त्रिदिवसीय कार्यक्रम में मेरी मुलाकात अनेक ऐसे लोगों से हुई जो इस विषय पर गम्भीर चर्चा के लिए आए हुए थे। चर्चा जनसंहार के सामाजिक-राजनीतिक-आर्थिक कारकों से लेकर इस विषय तक पर हो रही थी कि जनसंहार के बारे में अध्ययन किस तरह से किया जाए या लोगों में इसके प्रति संवेदनशीलता किस तरह विकसित की जाए। कलाकारों और फिल्मकारों ने भी इस पर रचनात्मक हस्तक्षेप के अनेक रूप प्रस्तुत किए।

इस यात्रा ने मुझे गहरी दृष्टि दी। मेरे फलक का भी विस्तार हुआ, जिससे कि इस संकलन का फलक भी व्यापकतर हुआ। पहला लेख आर्मेनियाई नरसंहार के अकादमिक अध्ययन के प्रारम्भिक विद्वान और होलोकॉस्ट व नरसंहार के अग्रणी विचारक वाहाक्न एन दाद्रयान का है, जिसका शीर्षक है—'जनसंहार के रूप'। यह लेख जनसंहार को परिभाषित करने का प्रयास करते हुए उसके अनेकानेक रूपों में प्रतिबिम्बन से पाठक को परिचित कराता है। जिस बात को कोई समाज अचानक घट जानेवाले कृत्य की तरह देखेगा, उसे यह लेख परिप्रेक्ष्य देते हुए बताता है, कि वह छिटपुट दिखाई पड़नेवाली घटना जनसंहार की पूर्वापर घटना हो सकती है। दाद्रयान स्पष्ट करते हैं कि जनसंहार वस्तुतः अन्तर्समुदायों के बीच शक्ति-परीक्षण है। दरअसल कई बार शासक वर्ग ऐसी स्थितियाँ निर्मित करता है,

जिनमें बलशाली समूह द्वारा किए गए जनसंहार सम्बन्धी अत्याचारों को टकराव दूर करने के उपायों के तौर पर मान लिया जाए, अथवा प्रस्तुत किया जाए। मेरे लिए यह बहुत हर्ष और संतोष की बात है कि तुर्की के इतिहास के अध्येता, डॉ. साईत छेतिनोलू, जिनसे मेरी मुलाकात अप्रैल, 2016 में येरेवान में हुई थी, उनका एक अत्यन्त महत्त्वपूर्ण लेख 'दूसरे महायुद्ध के दौरान तुर्की में पूँजी कर तथा कार्यवाहिनी : अल्पसंख्यकों को आतंकित करने की युक्ति' को मुझे इस संकलन में आप लोगों के सम्मुख लाने का मौका मिला। साईत ने अपने लेख में आर्थिक रूप से आर्मेनियाइयों को तबाह करके उनको खत्म करने की बात अनेक सन्दर्भों के साथ युक्तिपूर्ण ढंग से रखी है। इस लेख के तथ्य कई मायनो में आँखें खोल देनेवाले हैं। हम अपने आसपास ऐसी नीतिपरक घोषणाएँ होते देखते हैं और उन्हें नजरअन्दाज कर आगे बढ़ जाते हैं। यह लेख हमें उन छिटपुट-सी लगनेवाली नीतियों को सारगर्भित तौर पर समझने की दृष्टि देता है। इसके अलावा इस संकलन में रटगर्ज़ विश्वविद्यालय के प्रोफेसर एलेक्सजेंडर लाबान हिंटन का लेख 'जनसंहार का आलोचनात्मक अध्ययन' शामिल है, जिसमें होलोकास्ट और जनसंहार के अन्तर को स्पष्ट करते हुए, इस अध्ययन के विभिन्न पड़ावों पर प्रकाश डाला गया है। हिंटन यह सवाल उठाते हैं कि जनसंहार की परिभाषा और कसौटीकरण के मुद्दे मूल्यनिरपेक्ष नहीं हैं, वरन वे वर्चस्व और ज्ञान के मुद्दों से जुड़े हुए हैं। हमें यह जरूर पूछना चाहिए कि जनसंहार के कुछ मुद्दों को क्यों भुला दिया जाता है। इसी तरह स्वीडन के उपसाला विश्वविद्यालय में जनसंहार तथा आधुनिक यूरोप के राजनीतिक इतिहास के अध्येता डॉ. पॉल ए लेविन का लेख 'संग्रहालय से कक्षा में : विभिन्न देशों में होलोकास्ट का इतिहास पढ़ाने के विषय पर कुछ विचार' होलोकास्ट के अध्यापन से जुड़े सवालों से जूझता है और होलोकास्ट को उसके ऐतिहासिक परिप्रेक्ष्य में देखने की माँग करता है। उनके अनुसार इस विषय को संवेदनशील किन्तु समग्र ढंग से देखना अत्यन्त आवश्यक है। ये सभी लेख आज विश्व-भर में हो रही हिंसा को समग्रता से समझने का सन्दर्भ प्रदान करते हैं।

इसके साथ ही इस पुस्तक में उन देशों और संस्थाओं आदि की सूची भी शामिल है, जिन्होंने आर्मेनिया में हुए जनसंहार को मान्यता दी है।

इस पुस्तक का एक लक्ष्य लोगों में आर्मेनियाई जनसंहार के बारे में बताना और उन्हें जागरूक करना भी है, ताकि इसे व्यापक मान्यता मिल सके।

इसे एक बार फिर से रेखांकित किए जाने की जरूरत है कि इस पुस्तक को तैयार करने का एक बहुत बड़ा कारण इन दिनों फैलता जा रहा वैमनस्य है, जिसमें धर्म, जाति, भाषा, देश आदि किसी भी प्रकार की भिन्नता के प्रति अस्वीकार का भाव है। जो कोई भी हमसे भिन्न है वह "अन्य" (अदर) है, और यदि वह बहुसंख्यक का

हिस्सा नहीं है तो उसे हर तरह से दबाकर रखना है, औकात में रखना है। आर्थिक संकट के क्षणों में और अपना वर्चस्व बनाए रखने की राजनीति में यह 'अन्य' कब दुश्मन में बदल दिया जाता है, यह बात साधारण जनमानस बूझ ही नहीं पाता, क्योंकि शासकवर्ग तमाम प्रचार-तंत्रों के माध्यम से अपनी असफलता को इन्हीं 'अन्यों' के मत्थे मढ़ देता है। ऐसे में आम लोगों में भी दुश्मन को खत्म कर देने का जज्बा इतनी तेजी से फैलता है कि वे कब खुद हैवान में बदल जाते हैं, नहीं जान पाते। वे सोचते हैं कि इन अन्यों को मारकर या इनको नुकसान पहुँचाकर वे देश के लिए अथवा धर्म के हित में काम कर रहे हैं। यह समझ लेना बहुत जरूरी है कि जब तक आम लोगों का साथ न मिले, तब तक न छोटे-मोटे दंगे हो सकते हैं न जनसंहार जैसी भयानक मार-काट। एक बार फिर दोहराऊँ कि गांधी जी ने सही कहा था कि गुंडे आसमान से नहीं टपकते, वे समाज में उगते हैं और उन्हें जीवित रहने का आधार भी वहीं से प्राप्त होता है। आखिर ऐसा कैसे हो जाता है कि समाज और परिवार जानते-बूझते उन लोगों को पनाह देता है, जो मार-काट में लिप्त होते हैं, बलात्कारी और हत्यारे होते हैं। कई बार ऐसे लोगों को सम्मानित और पुरस्कृत होते हुए भी देखा जाता है। यह पुस्तक ऐसे मुद्दों पर सोचने के लिए प्रेरित करना चाहती है।

हम जानते हैं कि जब ऐसी घटनाओं की शुरुआत होती है, तो यदि इसका विरोध मुट्ठी-भर लोग भी सुसंगत ढंग से करें तो सम्भव है कि कुछ समय बाद बाकी लोगों का भी विवेक जागे और वे भी ऐसी घटनाओं के पीछे छिपी राजनीति, चन्द लोगों या समूहों के छिपे स्वार्थ को जान जाएँ और ऐसी घटनाओं की पुनरावृत्ति रोकी जा सके। जरूरी है, हिंसा को रोकना, लोगों के कष्टों को, उनके भयों को कम-से-कमतर करना। लोगों में लोकतांत्रिक चेतना का विकास करना जिसमें कि वे अपने से अलग लोगों को सम्मान के साथ, सहृदयता के साथ स्वीकार कर सकें, उन्हें अपना-सा जान सकें।

आर्मेनिया बहुत ही दिलचस्प जगह है। वहाँ की यात्राओं ने मुझे भारतीय आतिथ्य की परम्परा खूब याद दिलाई। ढेरों व्यंजन, जिसमें एक तो बिलकुल अपने पुए जैसा होता है, जिस पर चीनी पीसकर बुरक दी जाती है, तो मेहमानों को तब तक मनुहार कर करके खिलाया जाता है, जब तक पेट फटने को न हो जाए। सबसे जरूरी बात यह कि आर्मेनियाई भाषा में ढेरों तुर्की शब्द हैं...भले ही कोई भी कौम, जमीन से उखाड़ दी गई हो, भाषा तो दूध में घुली मिलती है। माने के पिताजी श्री मकर्तच्यान ने मुझे ढेरों शब्द बताए।

मैं हृदय से आभारी हूँ भारत गणराज्य में आर्मेनिया गणतंत्र के विशिष्ट एवं पूर्ण शक्ति युक्त राजदूत महामहिम आर्मेन मार्तिरोस्यान की, जिन्होंने हमें न केवल मार्गदर्शन दिया बल्कि हमें हर प्रकार की सहायता भी दी।

लेकिन एक बात अन्त में एक कवि, लेखक और कलाकार की चाह को रेखांकित करते हुए, उसके मन में उतरते हुए...जब मैं आर्मेनिया में माने के संग घूम रही थी, तो अनेक सड़कों के नाम छारेन्त्स, कोमीतास, रूबेन सेवाक आदि के नामों पर थे...काश अपने देश में भी शब्द-साधकों, राग-साधकों अन्य कलाकारों को इसी तरह का सम्मान मिलता तो शायद हम कुछ अधिक संवेदनशील और उदारमना होते!

—सुमन केशरी

नई दिल्ली, 2 अक्टूबर, 2019
गांधी जी का एक सौ पचासवाँ जन्मदिन

तर्पण

सन् 1915 में युवा तुर्क सरकार द्वारा प्रायोजित आर्मेनियाइयों का जनसंहार बीसवीं शताब्दी का पहला नरसंहार था और इतिहास के जघन्यतम नरसंहारों में से एक! लाखों निर्दोष लोग अकाल मृत्यु के मुँह में धकेल दिए गए थे और बचे-खुचे लोग अपरिवर्तनीय रूप से प्रभावित हुए थे।

मेरे पिता के पूर्वज चूँकि पूर्वी आर्मेनिया के थे तो भौतिक विनाश से बच गए किन्तु माँ के पुरखे जो पश्चिमी आर्मेनिया के तारोन राज्य के मूश शहर के नज़दीक ख़ास नामक गाँव के निवासी थे, उन्होंने इस मानव-निर्मित विभीषिका में अपना सब कुछ गँवा दिया था। माँ के परदादा एक भरे-पूरे समृद्ध परिवार के मुखिया थे। उनके 11 वर्षीय बेटे आराम ग्रिगोर्यान जो मेरी माँ के दादा थे, के अलावा इस जलजले ने सबको निगल लिया था।

आराम ग्रिगोर्यान ने अपने गाँव में हुए जनसंहार पर एक डायरी छोड़ी थी जो बाद में प्रकाशित भी हुई। वे लिखते हैं : "...घाटी में जाकर देखा तो पाया कि गाँव के जिन लोगों को पुलिस के साथ बैठक के नाम पर पिछली रात बुलाया गया था उनके गोलियों से छलनी शव एक-दूसरे के ऊपर छितराए पड़े हैं। हर गड्ढे में खून जमा हुआ था। कुछ ही दूर मुझे अपने पिता का शव दिखा, जिनका विशाल शरीर मुँह के बल मिट्टी में दबा पड़ा था...जल्द ही तुर्क और उनके सहयोगी कुर्द हमलावरों की कड़ी निगरानी में हम एर्शतेर गाँव ले जाए गए। हम सब को बथानों में ठूँस दिया गया। फिर दरवाजा बंद कर खिड़कियों से जलती मशालें अन्दर फेंक दी गईं। औरतें और बच्चे एक-दूसरे को कुचलते-चीखते धू-धूकर जलने लगे। बेहतर होता कि वे सबको गोली मार देते। आग बुझाने का कोई उपाय नहीं था। मैं बथान में एक नाँद पर खड़ा हो गया और दीवार में पड़ी दरारों से मुँह सटाकर साँस लेने की कोशिश करने लगा...पास में एक लकड़ी का टूटा फट्टा पड़ा हुआ था। उसी फट्टे से दीवार के निचले हिस्से में मैंने किसी तरह छेद कर दिया...ताज़ी हवा से शक्ति मिली और मैं बाहर निकल आया। वहीं से मैंने नाँद के पास खड़े कई बच्चों को एक-एक कर बाहर खींच निकाला किन्तु उनमें मेरे भाई नहीं मिले...! हमने एक पेड़ पर चढ़कर देखा कि गाँव के 14 घर

धू-धू कर जल रहे थे।...हम उस गाँव से भागे। तुर्क हमारा पीछा कर रहे थे। एक लड़के ने मेग्रागेत नदी में छलाँग लगा दी। बाद में पता चला कि वह बच गया था। भागते हुए मुझे भी पैरों में गोली लगी। मैं गिर पड़ा। हमलावर मुझे मरा समझ वापस लौट गए। मैं खेतों में छिपा रहा। जब वापस अपने घर लौटा तो देखा कि हमारा गाँव भी खँडहर में तब्दील हो चुका है। पाँच हज़ार निवासियों में से मात्र 150 लोग ही बचे थे।"

दादा के इन विवरणों का असर माँ के बचपन पर कैसा पड़ा होगा इसका अन्दाज़ा मैं उन्हीं कहानियों को माँ से सुनने के बाद लगा सकती हूँ। चार पीढ़ियों को एक सूत्र में पिरोते वैसे ही ख़ौफ़नाक किस्से पश्चिमी आर्मेनिया के घर-घर में बसे हुए हैं। और हमें बताते हैं कि कैसे जनसंहार जैसी त्रासदियाँ आनुवंशिक स्मृति की तरह सभ्यताओं के अवचेतन का अँधेरा कोना बन जाती हैं और उसे सदियों तक व्याकुल रखती हैं।

जब मैं हिन्दी का अध्ययन करने भारत आई, मैंने पाया कि यहाँ के लोगों को आर्मेनिया और इस जनसंहार की इतनी बड़ी घटना के बारे में कोई जानकारी नहीं है। सम्भवत: इसी कारण माँ का सुझाव आया कि नरसंहार से सम्बन्धित आर्मेनियाई साहित्य का हिन्दी में अनुवाद होना चाहिए।

सन् 2013 की अगस्त में, पुरुषोत्तम अग्रवाल जी के यात्रा-वृत्तान्त 'हिन्दी सराय : अस्त्राखान वाया येरेवान' पर जेएनयू में चर्चा हो रही थी। एक तो पहली बार हिन्दी साहित्य जगत में आर्मेनिया का ज़िक्र हो रहा था जो मेरे लिए अत्यन्त हर्ष का विषय था। दूसरे, माँ का सुझाव लगातार दिमाग में कौंधता रहता था। इस सिलसिले में जेएनयू में ही पुरुषोत्तम और सुमन जी के साथ चर्चा हुई। यह विचार सुमन जी को बहुत भाया और उन्होंने मुझे अपने घर आमंत्रित किया। वहीं से इस पुस्तक के बीज पड़े।

मेरी सहपाठी और सहेली मीनाक्षी रॉय के माध्यम से रूसी भाषा के अध्येता गौतम कश्यप से मुलाकात हुई। जल्द ही विषय से प्रभावित हो गौतम कश्यप भी इस परियोजना से जुड़ गए। मैं आर्मेनियाई से हिन्दी में सीधा अनुवाद करती थी जिसे गौतम और मैं मिलकर परिष्कृत किया करते थे।

सुमन जी के साथ तय हुआ था कि 24 अप्रैल, 2015 को आर्मेनियाई जनसंहार की शताब्दी पर इस पुस्तक का विमोचन होगा। मुझे अपनी एम.फिल. की पढ़ाई भी पूरी करनी थी और यह ज़िम्मेदारी भी कन्धों पर आ गई थी, अत: युद्ध-स्तर पर दिन-रात कार्य बढ़ने लगा। किन्तु जैसे-जैसे हम इस पर शोध करते गए हमें लगा कि इसमें बहुत-सी महत्त्वपूर्ण सामग्री छूट रही है। नतीजा यह हुआ कि हमने इस पर और श्रम करने का निर्णय लिया।

रचनाओं के चयन में उनकी लोकप्रियता और महत्त्व मेरे मापदंड रहे। तुर्की के

भिन्न प्रान्तों से आते पीड़ितों के ब्यानों के चयन में इस बात का ख्याल रखा गया कि वे इस नरसंहार की व्यापकता का ईमानदार चित्र प्रस्तुत कर सकें। मुझे आर्मेनियाई साहित्य की अध्यापिका जेन्या माकार्यान और इतिहास की अध्यापिका सुसान्ना ग्रिगोर्यान जो सौभाग्य से मेरी माँ भी हैं, से बहुमूल्य सहयोग मिला। उनके मार्गदर्शन, निर्बाध समर्थन और सतत् परिश्रम का आभार शब्दों में व्यक्त नहीं किया जा सकता।

इस तथ्य का ज़िक्र करना आवश्यक है कि पश्चिमी आर्मेनिया जो सन् 1639 से तुर्की का हिस्सा है, वहाँ की भाषा में और आज के आर्मेनियाई गणराज्य (पूर्वी) की भाषा में उल्लेखनीय अन्तर है। अत: हमारे प्रिय पश्चिमी आर्मेनियाई साहित्यकारों—सिआमान्थो, रुबेन सेवाक और दानिएल वारुजान की लोकप्रिय कृतियों, जिन्हें हम बचपन से रटते आए थे, के अनुवाद में मुझे ख़ासी कठिनाई का सामना करना पड़ा। उन कृतियों को शब्दश: समझने के लिए मैंने जेन्या माकार्यान के साथ कितने ही रात-दिन एक किए। अनुवाद के क्रम में कुछ ऐसा ही संकट मेरे सामने आर्मेनियाई नामों के उच्चारण को लेकर उभरा। मेरा भरसक प्रयास रहा कि हिन्दी में उन नामों का निकटतम उच्चारण प्रस्तुत कर सकूँ। उम्मीद करती हूँ यह प्रयास सफल रहा होगा और हिन्दी के पाठक आर्मेनियाई नामों को मूल स्वरूप में उच्चारित कर सकेंगे।

अनुवाद की शुरुआत छारेंत्स की 'दान्तेआकान आरास्पेल' (दांतेई दंतकथा) से हुई जो एक लम्बी तुकांत कविता है। गौतम जी के सहयोग से हिन्दी अनुवाद में भी तुकबंदी बैठ गई। इस पुस्तक में उनके विशेष योगदान के लिए गौतम कश्यप को सादर धन्यवाद!

शोध करते वक्त कैनेडा में बसे भारतीय-आर्मेनियाई मूल के साहित्यकार कीथ गारेब्यान की रचनाओं ने मुझे बेहद प्रभावित किया। हमने कीथ से रचनाएँ मँगवाईं। इसके लिए कीथ गारेब्यान का बहुत आभार!

सन् 2015 में सुमन जी ने आर्मेनियाई समाज और उसके इतिहास को नज़दीक से देखने-समझने के लिए साथ में वहाँ की यात्रा की जिसमें स्थानीय सहयोग व मार्गदर्शन मेरे परिजनों का रहा। इस पुस्तक के लिए अपने पिता सेनेखेरिम मकर्तच्यान, बड़े भाई ह्राइर, बहनों गायाने, नारे और आनी सहित तमाम स्वजनों के अगाध प्रेम और प्रोत्साहन से अभिभूत और अनुगृहित हूँ।

आर्मेनिया में सुमन जी और मैं आर्मेनियाई कवियों की मूल पांडुलिपियाँ देखने और उनका छायांकन करने के उद्देश्य से येगिशे छारेंत्स म्यूज़ियम ऑफ़ लिटरेचर एंड आर्ट्स में भी गए जहाँ के निदेशक श्री कारो वार्थान्यान बहुत गर्मजोशी से मिले और हमारी हर तरह से सहायता की। उनके साक्षात्कार को इस पुस्तक में शामिल करने का सुमन जी का निर्णय सर्वथा उपयुक्त था।

प्रसिद्ध एथनोग्राफ़र-लेखिका सुश्री वेर्जीने स्वाज़ल्यान की महत्त्वपूर्ण कृति

'द आर्मेनियन जेनोसाइड : टेस्टिमोनीज़ ऑफ़ द आई विटनेस सर्वाइवर्स' से भी अंश लेना अत्यन्त आवश्यक जान पड़ा। जिस उत्साह से सुश्री वेर्जीने स्वाज़ल्यान और श्री कारो वार्थान्यान ने इस पुस्तक में सहयोग दिया, वह अनमोल है। आपका हार्दिक आभार!

वर्ष 2015 में भारत में 'आर्मेनियन कल्चरल सेंटर' के उद्घाटन समारोह में आर्मेनिया के नवनियुक्त महामहिम राजदूत श्री आर्मेन मार्तिरोस्यान से मेरी पहली मुलाकात हुई जिसमें इस पुस्तक पर चर्चा हुई। उन्हें यह विचार बहुत अच्छा लगा और उन्होंने हर तरह से हमारी सहायता की। इसके लिए राजदूत महोदय के प्रति असीम कृतज्ञता प्रकट करती हूँ। साथ ही इस पुस्तक के प्रकाशन में अमूल्य सहयोग के लिए कलकत्ता की श्रीमती सुज़ान रूबेन और श्री सुनील सोबती सहित सेंट नाज़ारेथ चर्च की संचालन समिति की भी आभारी हूँ!

इस पुस्तक में 'आर्मेनियन कल्चरल सेंटर' का महत्त्वपूर्ण योगदान है। सेंटर की निदेशिका डॉ. गायाने मोव्सिस्यान सईद बड़ी बहन की तरह हर ज़रूरत में साथ खड़ी रहीं। आपके स्नेह को मैं भूल नहीं सकती!

मुशेग़ गाल्शोयान की कहानी 'कान्छ' (सदा) और अमिताभ घोष के आलेख 'शेयर्ड सौरोज़...' (साझा संताप...) के मेरे अनुवाद को इस पुस्तक में पुनर्प्रकाशित करने की अनुमति देने के लिए हिन्दी साहित्य के प्रगतिशील कथा मासिक 'हंस' और अमिताभ घोष जी को विशेष धन्यवाद!

बहुमूल्य मार्गदर्शन और निरन्तर प्रोत्साहन के लिए संजय सहाय के प्रति हृदय से धन्यवाद जिन्होंने मेरे लिए ज्ञान के नये-नये कपाट खोले।

भारत में जिन गुरुजनों ने मुझे आगे बढ़ने की प्रेरणा दी और हिन्दी भाषा में साहित्यिक अनुवाद के योग्य बनाया उनमें डॉ. सुनीता दुरंगल, डॉ. सुमन रानी शर्मा, डॉ. स्वर्णप्रभा अग्राहरी, डॉ. राजेन्द्र गौतम, प्रो. अपूर्वानन्द झा, डॉ. आशुतोष कुमार, डॉ. अल्पना मिश्र, प्रो. पूरनचन्द टंडन, प्रो. राम बक्ष और मेरे पी-एच.डी. शोध के निर्देशक डॉ. रमण प्रसाद सिन्हा जी के प्रति असीम कृतज्ञता व्यक्त करती हूँ। आपकी छात्रा होने का मुझे सौभाग्य प्राप्त हुआ, इस पर मुझे गर्व है। शोध-पत्र के साथ-साथ इस पुस्तक के लिए भी डॉ. रमण प्रसाद सिन्हा जी के अमूल्य परामर्श मिलते रहे। इसके लिए उनका हृदय से आभार!

मैं आर्मेनिया से आकर भारत में पढ़ाई कर सकी इसका श्रेय भारत सरकार की उदार नीतियों को और भारतीय सांस्कृतिक सम्बन्ध परिषद् (आईसीसीआर) को भी जाता है जिन्होंने मुझे आवश्यक छात्रवृत्ति प्रदान की।

इस सफ़र में अनेक मित्रों के स्नेह ने मेरे आत्मविश्वास को बढ़ाया। विशेष तौर पर मैं मीनाक्षी रॉय, हिमांशु बत्रा, अभिनव प्रकाश, गौरव शर्मा, कुमार गौरव, गुरमीत सेम्बी और मुकेश चन्द्र पाण्डेय को तहे-दिल से धन्यवाद देती हूँ! साथ ही

अमन, शबाहत, मेहरान, अजय, अनुराग और अनिमेष की भी आभारी हूँ!

इस पुस्तक के लिए सुमन केशरी जी को जितना भी धन्यवाद दिया जाए, वह कम है। कार्य के प्रति उनकी प्रतिबद्धता और मानवीय मूल्यों के प्रति उनकी आस्था हम सबके लिए अनुकरणीय हैं। समय-समय पर उनके आवश्यक स्नेह-भरे उलाहनों ने मुझे लक्ष्य से भटकने नहीं दिया। आप जैसी वरिष्ठ कवयित्री के साथ काम करते हुए मुझे बहुत कुछ सीखने का अवसर प्राप्त हुआ। मैं कृतज्ञ हूँ!

आर्मेनियाई होने के नाते चित्रों के चयन ने भी मुझे जब-तब अशान्त किया। यह उस त्रासदी से पुनः गुजरने जैसा था। कुछ ज़रूरी चित्रों को उपलब्ध कराने के लिए छारेंत्स म्यूजियम ऑफ़ लिटरेचर एंड आर्ट्स की सुश्री ह्रिप्सिमे हाख़वेर्द्यान की शुक्रगुज़ार हूँ।

इस पुस्तक को प्रकाशित करने के लिए राजकमल प्रकाशन, श्री अशोक महेश्वरी और श्री अलिंद महेश्वरी का विशेष आभार!

यहाँ मैं इस बात का उल्लेख आवश्यक समझती हूँ कि आज आर्मेनियाइयों के हृदय में तुर्क जनों के लिए कोई दुर्भावना नहीं है। हम सब बस चाहते हैं कि कूटनीति से ऊपर उठकर दुनिया इस जनसंहार को स्वीकार करे और तुर्की भी अतीत में हुए इस पाशविक कृत्य की ज़िम्मेदारी लेते हुए खेद व्यक्त करे। सम्भवतः इससे हमारे पुरखों की बैचेन आत्मा को मोक्ष मिलेगा और आर्मेनियाई राष्ट्र को अपने दुःस्वप्नों से मुक्ति!

आशा करती हूँ कि हमारा यह प्रयास आप पाठकों की अपेक्षाओं पर खरा उतरेगा और आर्मेनिया के इस दुखद अध्याय से गुज़रकर नरसंहारों के विरोध में एक नई चेतना जागृत करेगा!

यह पुस्तक नरसंहार में निर्ममता से तबाह कर दिए गए पन्द्रह लाख आर्मेनियाइयों को सादर समर्पित है!

नई दिल्ली
29.01.2020

—माने मकर्तच्यान

खंड-1

पीड़ितों के बयान, संस्मरण और साक्षात्कार

तुर्की में अमेरिका के राजदूत हेनरी मोर्गेनथाउ का संयुक्त राज्य के सचिव को भेजे गए तार तथा दूत लेज़ली डेविस की रिपोर्ट

(1)

अमेरिकी दूत लेज़ली डेविस द्वारा लिखित देर-ज़ोर के रास्ते हारपूत के मैदानों को पार करते आर्मेनियाई निर्वासितों का विवरण।

"सभी चिथड़ों में थे, और कई तो लगभग नंगे थे...कृशकाय, बीमार, गंदे, गर्द और जूओं से भरे हुए...हफ़्तों तक भूखे-प्यासे पशुओं की झुंड की तरह खदेड़े जाते हुए। उनमें पुरुषों की संख्या कम थी। अधिकांश की तो हारपूत के रास्ते में ही कुर्दों द्वारा हत्या कर दी गई थी। बहुत-सी औरतें और बच्चे भी मार डाले गए थे और अनेक ने रास्ते में दम तोड़ दिया था...जितनों ने यात्रा शुरू की थी, उनमें से कुछ थोड़े से ही बचे थे और वे भी जल्दी-जल्दी मर रहे थे...अनेक तुर्क अधिकारी और अन्य तुर्क लोग कैम्पों में सुन्दर लड़कियों को चुनने आते थे और उनका चिकित्सकीय परीक्षण करने के लिए अपने साथ डॉक्टरों को भी लाते थे...कैम्प में चारों तरफ सैकड़ों मृत तथा मृतप्राय लोग छितराए हुए थे...एक अधेड़ पुरुष की देह वहाँ पड़ी थी जो अभी-अभी या तो मरा था या मार डाला गया था। औरतों और बच्चों की मृत देहें इधर-उधर बिखरी हुई थीं। बूढ़े बैठे असंगत और अस्पष्ट-सा कुछ बुदबुदा रहे थे और उलझे बालों तथा धँसी आँखों वाली औरतें पागलों की तरह ताक रही थीं। एक जिसका चेहरा मेरी स्मृति को लगातार परेशान करता रहा है, वह इतनी क्षीणकाय थी कि उसकी चमड़ी उसकी मुखाकृति पर मढ़ी हुई लग रही थी और उसका सिर एक प्राणविहीन खोपड़ी। दूसरे लोग मृत्यु की जकड़ में थे। फूला पेट लिये बच्चे जमीन पर गंदगी में लिथड़े पड़े थे। कुछ बेहोशी की हालत में थे। कैम्प में मदद के रूप में कुछ भी कर पाने की हालत नहीं थी।"

आर्मेनियाई जनसंहार पर संयुक्त राज्य के सरकारी दस्तावेज़ 1915-17, पृ. 644,
डॉक. एन ए/ आर जी 59/867.4016/392

(2)

संयुक्त राज्य के राज्य सचिव को राजदूत मोर्गेनथाउ द्वारा भेजा गया गोपनीय टेलीग्राम कॉन्सटेन्टिनोपोल, 16 जुलाई, 1915

अमेरिकी राजदूत हेनरी मोर्गेनथाउ

शान्तिप्रिय आर्मेनियाइयों के निष्कासन और उनके खिलाफ़ ज़्यादतियाँ लगातार बढ़ रही हैं और प्रत्यक्षदर्शियों की हौलनाक रिपोर्टों से यह पता चलता है कि विद्रोह के दमन की आड़ में उनका जातीय विध्वंस किया जा रहा है। आर्मेनियाइयों का विरोध प्रदर्शन और चीखना-चिल्लाना आदि सब व्यर्थ हो गए हैं। ऑटोमन सरकार इसी बहाने ज़्यादा कड़ी कार्रवाई करने के लिए उत्तेजित हो रही है क्योंकि वे संधि-पत्र की अवहेलना की कोई भी ज़िम्मेदारी खुद पर लेने को तैयार नहीं हैं। और मेरा विश्वास है कि सचमुच बल प्रयोग से ही वे बाज आ सकते हैं, जिसके लिए संयुक्त राज्य (अमेरिका) अभी तैयार नहीं है। मेरा सुझाव है कि आप युद्धरत राष्ट्रों और सम्बद्ध लोगों को इसकी सूचना दे दें।

आर्मेनियाई जनसंहार 1915-1917 के बारे में संयुक्त राज्य के सरकारी दस्तावेज,
पृष्ठ सं. 55, दस्तावेज़ एन ए/आर जी 59/867.4016/76

(3)

अमेरिकी वाणिज्य दूतावास

संख्या 71 कॉपी
हारपूत, 24 जुलाई, 1915
महामहिम हेनरी मोर्गेनथाउ, अमेरिकी राजदूत, कॉन्सटेन्टिनोपल

महोदय,

मैं इस क्षेत्र से आर्मेनियाइयों के निष्कासन, अथवा सही शब्द होगा उनकी समूल हत्या के सन्दर्भ में 30 जून और 11 जुलाई की अपनी रिपोर्टों में यह भी सादर जोड़ रहा हूँ (फ़ाइल सं. 840.1) कि...यह कोई रहस्य की बात नहीं है कि यह आर्मेनियाई जाति के जातिनाश की योजना थी। इसके लिए जो तरीका अपनाया गया वह उससे कहीं अधिक निर्मम और बर्बर था, जैसा कि मैंने पहले समझा था, भले ही वह तरीका उतना कारगर न रहा हो।

यह बात पूरी तरह अब स्थापित हो चुकी है कि जिन्हें भी निष्कासित किया गया था, उन्हें उनके निष्कासन के एक-दो दिन के भीतर ही या तो गोली मार दी गई अथवा उनकी इरादतन हत्या कर दी गई। यह काम अकेले कुर्दों का नहीं है, बल्कि व्यापक रूप से सशस्त्र बलों का है, जिन्हें इन लोगों के साथ रवाना किया गया था या फिर उन सशस्त्र (चेतेह?) के सज़ायाफ्ता मुजरिमों का है जिन्हें आर्मेनियाइयों को मारने के लिए ही जेलों से मुक्त किया गया था।

...मुझे यकीन है कि विश्व-भर के इतिहास में इतना सम्पूर्ण और व्यापक हत्याकांड नहीं हुआ होगा, जैसा कि इस क्षेत्र में हो रहा है, मनुष्य के मस्तिष्क ने इतनी शैतानी और पैशाचिक योजना अब तक न सोची होगी...।

...यह वैसा ही है मानो सभी व्यक्तियों को रास्ते पर खात्मे की स्वीकृति दे दी गई हो। क्योंकि उनमें से अधिकांश कत्ल कर दिए गए हैं और इसमें कोई सन्देह नहीं कि यह सब सरकार के आदेश के तहत हो रहा था...इसमें कोई भी बहाना नहीं बन सकता कि जो कार्रवाई हुई है वह सामूहिक हत्याकांड की नहीं थी।

सादर,
आपका आज्ञाकारी सेवक
हस्ता/-
लेज़ली ए. डेविस
दूत

स्रोत: एन ए/आरजी 59/867.4016/269.
आर्मेनियाई जनसंहार 1915-1917 सम्बन्धी संयुक्त राज्य के सरकारी दस्तावेज़।
आमुख के साथ संकलन-आरा साराफ़्यान, लन्दन, 2004, पृ. 461-462.

(4)

तलत पाशा के साथ हुई बातचीत सम्बन्धी हेनरी मोर्गेनथाउ की रिपोर्ट 8 अगस्त 1915

"मैंने उनसे हर प्रकार से बहस की, किन्तु उन्होंने कहा कि इन सब का कोई फ़ायदा नहीं है, क्योंकि उन लोगों ने तीन-चौथाई आबादी को तो निपटा दिया है, कि अब बिटलिस, वान, एर्जुरुम में कोई नहीं बचा है और उनके प्रति इतनी अधिक घृणा है कि अब इसे अन्त तक ले ही जाना होगा। मैंने उन्हें वाणिज्यिक घाटे के बारे में कहा तो जवाब था, कि उन्हें इसकी कोई चिन्ता नहीं है, उन्होंने हिसाब लगा लिया है और बैंकों के लिए वह नुकसान पचास लाख पाउंड से अधिक नहीं होगा। उन्होंने कहा कि वे आर्मेनियाइयों के साथ वैसा ही व्यवहार करना चाहते हैं, जैसा कि हम अश्वेतों

के साथ करते हैं। शायद उनका आशय (रेड) इंडियंस से था। मैंने उनसे कुछ लोगों के लिए अपवादस्वरूप रियायत करने को कहा, तो उन्होंने उसका वादा कर दिया।”

वोसफ़ोरस पर संयुक्त राज्य की कूटनीति :
राजदूत मोर्गेनथाउ की डायरी, 1913-1916, पृ. 298

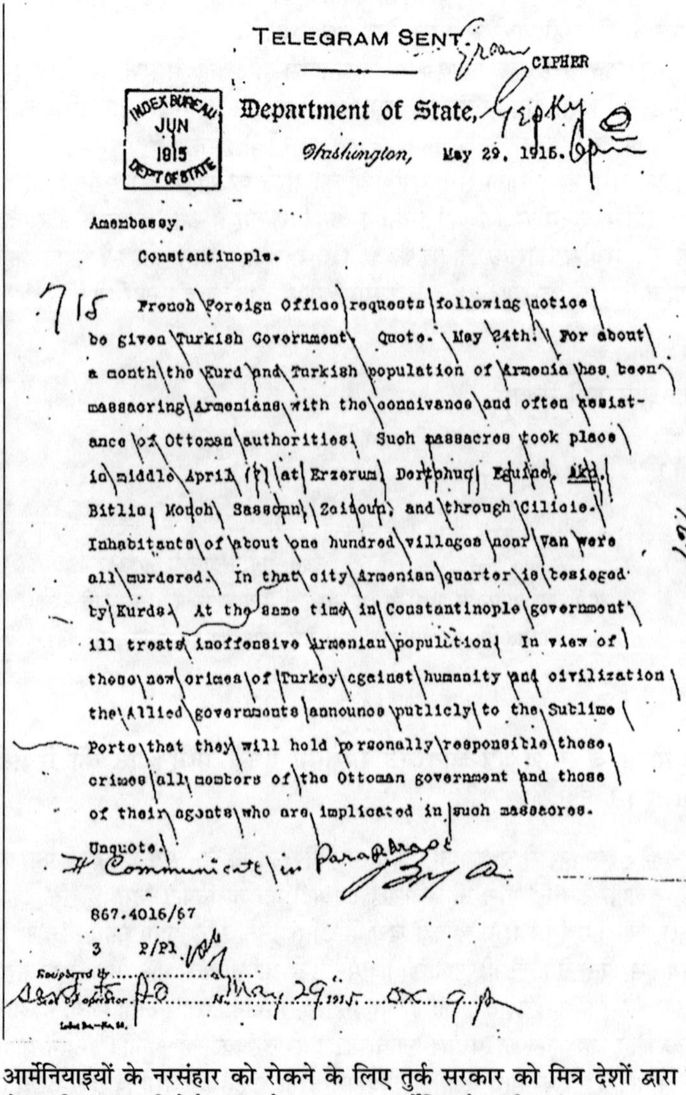
TELEGRAM SENT

CIPHER

INDEX BUREAU JUN 1915 DEPT OF STATE

Department of State,
Washington, May 29, 1915.

Amembassy,
Constantinople.

715 French Foreign Office requests following notice be given Turkish Government. Quote. May 24th. For about a month the Kurd and Turkish population of Armenia has been massacring Armenians with the connivance and often assistance of Ottoman authorities. Such massacres took place in middle April (?) at Erzerum, Dertchun, Eguine, Akn, Bitlis, Mouch, Sassoun, Zeitoun, and through Cilicia. Inhabitants of about one hundred villages near Van were all murdered. In that city Armenian quarter is besieged by Kurds. At the same time in Constantinople government ill treats inoffensive Armenian population. In view of these new crimes of Turkey against humanity and civilization the Allied governments announce publicly to the Sublime Porte that they will hold personally responsible these crimes all members of the Ottoman government and those of their agents who are implicated in such massacres.
Unquote.

Communicate in paraphrase

867.4016/67

3 P/P1

May 29 1915

आर्मेनियाइयों के नरसंहार को रोकने के लिए तुर्क सरकार को मित्र देशों द्वारा दी गई चेतावनी पर एक रिपोर्ट, 29 मई, 1915, © आर्मेनियाई राष्ट्रीय संस्थान

वेर्जीने स्वाज़ल्यान

वेर्जीने स्वाज़ल्यान, नृवंश वैज्ञानिक एवं लोकगीतकार हैं। वे आर्मेनिया के राष्ट्रीय विज्ञान अकादमी के अन्तर्गत पुरातात्विक एवं नृवंशविज्ञान संस्थान में अग्रणी शोध-कर्ता हैं। वे एक सम्मानित वैज्ञानिक हैं।

1950 के आसपास उन्होंने जनसंहार से पीड़ित लगभग 500 लोगों का साक्षात्कार लेकर उनकी आपबीती को लिपिबद्ध किया, जिसके चलते उस समय हुए कत्लेआम और अन्य ज़्यादतियों के बारे में हमें आँखों देखा विवरण मिलता है। इसी के साथ-साथ उन्होंने आर्मेनियाई और तुर्की के लोकगीतों, कहावतों आदि को भी एकत्रित करके नष्ट होने से बचाया। उनका खुद का परिवार भी ऑटोमन साम्राज्य के कहर का शिकार हुआ था।

वेर्जीने को अनेक पुरस्कार व सम्मान मिले हैं। 2008 में आर्मेनिया की सरकार ने उन्हें "21 वीं सदी की श्रेष्ठ मति (माइंड)" की उपाधि से नवाजा।

अगले पृष्ठों में जिन गवाहियों को हम पढ़ने जा रहे हैं, उनका संकलन वेर्जीने स्वाज़ल्यान ने ही किया है। यह सारे दस्तावेज़ वेर्जीने की 'द आर्मेनियन जेनोसाइड : टेस्टीमोनीज़ ऑफ़ द आई विटनेस सर्वाईवर्स'। (येरेवान, 2011) की पुस्तक में प्रकाशित हो चुके हैं तथा आर्मेनियाई जनसंहार संस्थान-संग्रहालय के वेबपृष्ठ पर भी उपलब्ध हैं।

रेहान मानूक मानूक्यान

जन्म : 1910 तारोन, औराज़न गाँव

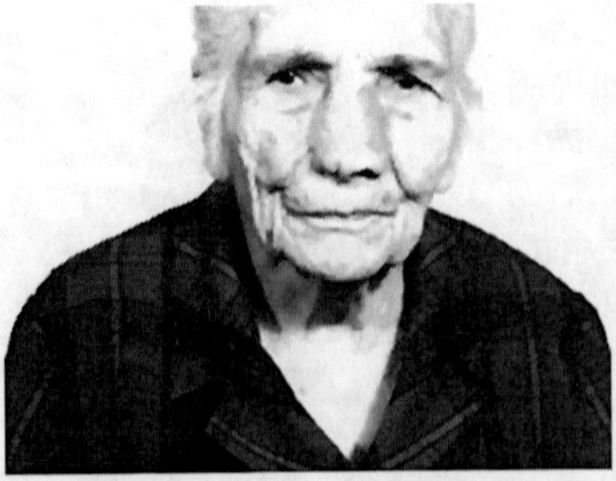

मेरा जन्म तारोन में हुआ था। आर्मेनियाई वर्णमाला के निर्माता मेस्रोप माश्तोत्स भी तारोन के ही थे। हमारे गाँव में एक चर्च था और सेन्ट आस्त्वाज़ाज़ीन की मॉनेस्ट्री भी थी। तारोन में ढेरों श्रद्धालु आते थे। तारोन के नजदीक ही खाउत भी था।

मेरे पिता की माँ यानी मेरी दादी वहीं की थीं।

24 अप्रैल, 1915 को हम मुँह-अँधेरे ही उठ गए थे क्योंकि पिता को खेतों में जाना था और माँ को रोटियाँ सेंकनी थीं। मेरा एक छोटा भाई भी था। अचानक ही कंधों पर राईफ़ल लटकाए तुर्क सिपाही हमारे घर में घुस आए और बोले : "युद्ध शुरू हो गया है और हमारे सुल्तान का आदेश है कि आर्मेनियाइयों को निष्कासित कर दिया जाए।"

पन्द्रह-बीस मिनटों में ही उन्होंने हमें घर से बाहर कर दिया। हमें अस्कयारों ने घेर रखा था और वे चिल्ला रहे थे, "जल्दी करो...जल्दी करो!" इस तरह से उन्होंने हमें गाँव से बाहर कर दिया। हमने देखा कि उन्होंने पड़ोसी गाँव खूंब के आर्मेनियाइयों को भी निष्कासित कर दिया था। इस ओर से हम लोग मॉनेस्ट्री की ओर चढ़ रहे थे और उस तरफ़ से खूंब के लोग। वे हमें खाउत ले गए। मैंने पहले ही आपको बतलाया कि मेरी दादी खाउत की थीं और वे वहीं रह रही थीं। खाउत की आधी आबादी आर्मेनियाइयों की थी और आधी येज़्दियों की। उन्होंने हमें भेड़-बकरियों की तरह हाँका। पीछे उन्होंने हमारे घरों को लूट लिया। इस तरह से भूखे, प्यासे थके-हारे चलते हुए हम लोग वान-आर्तामेत पहुँचे। वहाँ हमने कुछ समय आराम किया। वहाँ मेरी दादी और भाई की मृत्यु हो गई। मेरे पिता ने उन्हें अपने हाथों से दफ़नाया।

हम वान से निकले। सुरक्षा के लिहाज से हम रातों को चलते। अँधेरा हो चुका था और हम चलते-चलते तुर्कों के टेंट में पहुँचे। उनके कुत्ते भौंकने लगे। तुर्क आए और उन्होंने आदमियों की तलाशी ली। उन्हें वे एक ओर ले गए और अपनी बन्दूकों से उन्हें मार डाला। वे औरतों और बच्चों को अपने टेंटों में ले गए। उन्होंने सुना था कि रूसी सेना आ रही है। वे आए और बोले, "जो भी रूसियों के पास जाना चाहता है, हम उन्हें उनके पास ले जाएँगे।" मेरी माँ बोली, "तुम तुर्क हो, तुमने मेरे बेटे को मार डाला। मैं तुम्हारे पास नहीं रुकूँगी, मैं रूसियों के पास जाऊँगी।"

तुर्कों ने हमें आगे कर दिया। वे एक घाटी के सिरे तक हमें ले गए और गोली चला दी। मेरी माँ को उन्होंने मार दिया। मैं रोते-रोते उसके ऊपर गिर गई। मेरी नाक में चोट लगी और मेरा हाथ टूटकर लटक गया। मैं बेहोश हो गई। तुर्कों ने सोचा कि मैं भी मर गई हूँ और वे हमें वहीं छोड़कर चले गए। मैं लाश पर पड़ी रही। सब ओर शान्ति छा गई। मुझे नाक और बाँह में बहुत दर्द हो रहा था। तारे चमकने लगे थे। फिर सुबह हुई और सूरज निकल आया। मुझे पता नहीं था कितना समय बीत चुका था। तब मैंने अपनी चाची के भाई को देखा, जो कि नौ-दस साल का रहा होगा। उसने देखा कि मैं अपनी माँ की लाश पर बैठी हुई हूँ। मेरी उम्र इतनी नहीं थी कि समझ सकूँ कि माँ मर चुकी है। लड़के ने मेरा हाथ थामा और हम वहाँ से चल पड़े। वहाँ कोई न बचा था। चारों ओर लाशें ही लाशें थीं। तुर्क सबको मारकर चले गए थे। हम दोनों बच्चे एक-दूसरे का हाथ थामे चले जा रहे थे। जब शाम हो गई तो हम एक-दूसरे की बाँहों में सो गए। मैं घायल थी। मेरी नाक की चोट से खून बहकर सूख चुका था। बाँह टूटकर लटक गई थी, किन्तु हम भूखे-प्यासे चलते रहे। पूरे रास्ते हमें एक भी इनसान नहीं दिखा। अचानक ही हमें एक टेंट दिखा। मेरे दोस्त को येज़दी भाषा आती थी और वे लोग समझ गए कि तुर्कों ने हमें सताया है। उन्हें हम पर दया आ गई, वे हमें अन्दर ले गए और फिर एक मेमना मारा। तिरासी साल बीत गए हैं किन्तु मैं उस दिन को भूल नहीं सकती। उन्होंने मेमने की खाल उधेड़ी और उससे मेरे हाथ और नाक को लपेट दिया। फिर उन्होंने मेरे भाई के हाथ में एक बर्तन थमाया और उसे पानी लाने को कहा। भाई को जाते देख मैं बिलख-बिलखकर रोने लगी। मैं तभी चुप हुई जब वह लौट आया।

येज़िदयों ने हमसे कहा कि हम सप्ताह-भर रुक जाएँ और जब घाव भर जाए तो हम जा सकते हैं। किन्तु हम रुके नहीं। उन्होंने हमें डबलरोटी और चीज़ खाने को दिया और हम निकल पड़े। हम रूसियों के पास पहुँच गए। मेरी चाची ने हमें देखा और वह हमें अपने साथ ले गई। फिर उसने मेरे हाथ में टिन का एक डिब्बा पकड़ाया और कहा कि, "तुम्हें चोट लगी है, तुम रूसियों के पास जाकर उनसे भीख माँगकर ले आओ। मैं गई, कुछ खाना ले आई और तब हमने खाया।"

रूसी, रूस की ओर रवाना हो गए और हम भी उनके साथ चले। एक ओर से मेरी चाची ने मुझे थामा था और दूसरी ओर से उसके भाई ने। तभी दो औरतें मेरी चाची से बोलीं, "यह तो बेकार की जान है, इसे क्यों ढो रही हो।"

उन्होंने उन औरतों की बात सुनी और मुझे रूसी सैनिकों के हवाले कर दिया। मुझे छोड़ते हुए मेरे भाई की आँखें नम हो आई थीं। सैनिकों ने मुझे मोमजामे से ढँकी पशु-गाड़ी में बिठा दिया, जिसमें कई घायल सैनिक बैठे हुए थे। उन्हीं के साथ मैं इग्दीर पहुँची।

मेरा परिवार खासा बड़ा था। मेरे दादा, मेरे चाचा, उनकी पत्नी, मेरे पिता, माँ, मेरा छोटा भाई। सबों को तुर्कों ने मार डाला। खाली मैं खरगोश की तरह की कटी नाक और टूटी बाँह लिए बच गई। देखो मेरी एक उँगली नहीं है, वह टूट गई और मुझे आप लोगों से बात करते हुए शर्म आ रही है, पर मेरी किस्मत कुछ ऐसी ही है। वे मुझे ग़ाराखिलिसा के अनाथालय में ले गए जहाँ मैं डेढ़ साल रही। उन्होंने मुझे कपड़े और जूते दिए। फिर जार की सत्ता जाने के बाद वे हमें टिफ़लिस ले आए। टिफ़लिस (थबिलिसी) के नेर्सिसियान स्कूल को अनाथालय बना दिया गया था। वहाँ उन्होंने बहुत से अनाथों को रखा था। बरामदे तक भरे हुए थे।

वहाँ अनेक शरणार्थी थे, जो कि जमीन पर बैठे हुए थे। रूसी सिपाही आए और उन्होंने मेरा नाम पूछा, किन्तु मुझे अपना नाम नहीं मालूम था। यह खबर फैला दी गई कि मानूक की बेटी घायल है, किन्तु जिन्दा है। तब एक लड़की आई, उसने मुझे देखा और कहा, "मैं इसे जानती हूँ, यह मानूक की बेटी है।" उसने मेरा नाम रेहान मानूक मानूक्यान लिखवाया। तब कुछ भले लोग मुझे येरेवान ले आए।

1918 में हमें कार्स लाया गया। अमेरिकियों ने अनाथों को सहारा दिया। वे ही हमें कार्स ले आए थे। जब कार्स का युद्ध आरम्भ हुआ तो हम उस समय रात का खाना खा रहे थे...

मोव्सेस फानोस्यान

जन्म : 1885, मूसा लेर (पर्वत)

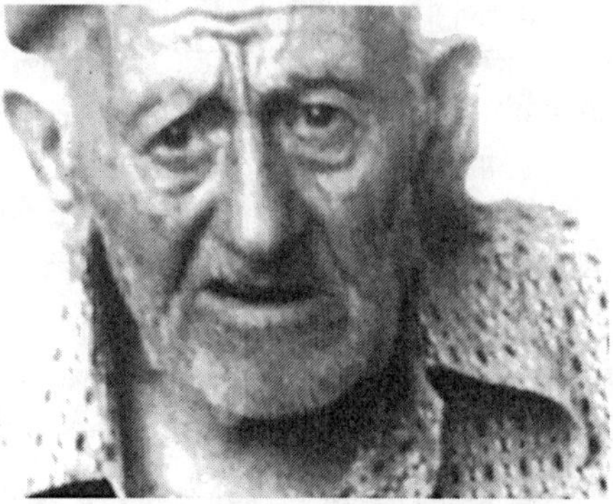

"मैं मूसा लेर प्रतिरोध का अन्तिम योद्धा हूँ"

"मैं मूसा दाग़ की वीरतापूर्ण लड़ाई में भाग लेनेवाला आखिरी व्यक्ति हूँ, और मैं जीवित हूँ..."

13 जुलाई, 1915 को तुर्क सरकार ने एक आदेश जारी किया, जिसमें कहा गया था, "सात दिनों में सभी आर्मेनियाइयों को यह जगह छोड़ देनी चाहिए।" सातों गाँवों के मुखिया योउनोलुक में मिले और उन्होंने कहा, "मैं यहाँ पैदा हुआ था। मैं यहीं मरूँगा। मैं दुश्मन के आदेश का पालन करता हुआ उत्पीड़न सह कर गुलाम की तरह नहीं मरूँगा; मैं यहीं मरूँगा, बन्दूक हाथ में लेकर, किन्तु प्रवासी की तरह कतई नहीं।" [अपनी गवाही देते हुए, मोव्सेस फानोस्यान बीच-बीच में मूसा दाग़ की बोली बोलने लगते थे—वी एस] और यही किया हमने। हम पर्वतों पर चढ़ गए। जिसके पास जो था, वही लिए हुए : गद्दे, कंबल, बर्तन-भाँडे, जानवर, चूजे। हम हर चीज पहाड़ों पर साथ ले गए।

संसार तब भी वैसा ही अच्छा-बुरा था, जैसा अब है। मूसा दाग़ की लड़ाई के पहले खेदर बेक के हमारे हंछाक श्रीमान आग़ासी थुरसाख्र्सस्यान के साथ ज़ेय्थून में तुर्कों से लड़ने गए थे। इसीलिए जब मूसा दाग़ की लड़ाई शुरू हुई तो श्रीमान आग़ासी ने कहा था, "ये बीज मैंने ही बोए हैं।" पहाड़ों से युद्ध के पहले मेरे पिता रात को प्रशिक्षण के लिए जाते थे और मेरी माँ, मेरे दादा से कहा करती थी : "तुम्हारा बेटा रात को प्रशिक्षण के लिए चला जाता है और सुबह लौटकर हल लेकर खेतों में निकल जाता है। वह घर पर कभी नहीं रुकता।"

मेरे दादा ने अपनी बहू से कहा, "हमें हरदम इसी तरह तैयार रहना चाहिए।"

इस तरह पूरी तैयारी के साथ हम पर्वतों पर जा चढ़े। हमारे दो कॉर्पोरलों साबिनज्यान और मीनास के दादा ने (वे रेशमी कीड़ों के उस्ताद थे) हमें दो समूहों में बाँट दिया। थाथारालांग पठार है। उन दिनों तातारों ने हँसिए से आर्मेनियाइयों को मारने की कोशिश की किन्तु आर्मेनियाइयों ने उन्हीं को काट डाला। इसीलिए इस जगह को थाथारालांग कहते हैं, यानी कि वह जगह जहाँ तातार लोग काट डाले गए।

हमने थाथारालांग दर्रे पर अपनी पोजीशन ले ली। तशेन्ज़ पोगोस भी वहीं थे। वे तुर्क सेना में सिपाही थे। अंग्रेजों ने उन्हें गोली मार कर घायल कर दिया था। वे बिगुल बजाना जानते थे। वे अच्छी तरह से समाचार देना जानते थे, तुर्कों के बिगुल की अलग-अलग आवाज़ों को समझते थे, कि यह संकेत शुभ है या बुरा। बिगुलची पोगोस ने हमसे कहा, "आगे बढ़ो, किन्तु तुर्कों की गोलियाँ तुम्हें मार देंगी। वह छोटी-सी गोली की तरह धँसती है, किन्तु घाव बड़ा करती है...अत: सावधानी से।"

मेरे पास शिकार करनेवाली राइफ़ल थी, जिसके सिरे पर बैरल में गोली भरी जाती थी। उसे इस्तेमाल करना कठिन था। मैं जिस तरह से तुर्कों से लड़ना चाहता था, वैसी बन्दूक मेरे पास न थी। वहाँ मार्जिमाग घायल हो गया। मैंने देखा किन्तु घबराकर मैंने अपनी जगह बदल ली। बलाग आगूप का दामाद वहीं डटा रहा। उसे एक गोली लगी और वह मेरी आँखों के सामने ही मर गया। मेरा भाई दाविथ जो कि तीस साल का था, वह भी वहीं मारा गया। हमने सैनिक सम्मान के साथ उसे दफ़नाया। हाजी हबीब्ली के बहुत से लड़के थे और योउनोलुक से भी अनेक लड़ाकू आए थे। हमने तुर्क कमांडर और उनके ढिंढोरची को मार गिराया। यह देखकर तुर्क सैनिक भाग गए। लड़ाई के बाद हम नीचे उतरे और उनकी लाशें देखीं। भागते तुर्क अपने पीछे बहुत-सा खाद्यान्न और पशु छोड़ गए थे। मैंने तुर्क भेड़ों को दलिया खाते देखा। मैंने गेहूँ उठाकर ऊपर पर्वत पर ले जाने के लिए अपनी पीठ पर लाद लिया। हम ग़ेजेलजेख पहुँचे और मेरा परिवार सावालोख में था। मैं चलता गया और अपने लोगों तक पहुँच गया। मेरी माँ और बहन मुझे देखकर फूली न समाईं। उन्होंने पहले ही मेरे भाई हाकोब को तुर्की की सेना में भर्ती कर लिया था और उसे घाटी में ले जाते हुए रास्ते में सभी आर्मेनियाइयों के साथ मार डाला था। अत: मेरा भाई हाकोब पर्वत वाले युद्ध के पहले ही मारा जा चुका था।

तुर्कों ने हम पर चार दफ़े हमला किया और हर बार उन्हें करारा जवाब मिला। मूसा दाग़ के लड़कों ने खूब अच्छी तरह लड़ाई की। औरतों और लड़कियों ने हमारी मदद की। वे हमारे लिए जग भर-भर के पानी लाईं। कइयों ने तो राइफ़लें उठाकर हमारे साथ कंधे से कंधा मिलाकर युद्ध भी किया। उनमें से एक नाशाल्यान थी, वह बहुत बहादुर थी। बच्चों ने हरकारों का काम किया, वे एक मोर्चे से दूसरे मोर्चे तक समाचार पहुँचाते थे। सभी लोग काम पर लगे हुए थे। एक दिन एक तुर्क पर्वत पर लूट के इरादे से आया। औरतों ने उसे पकड़ लिया और पत्थरों से मार दिया। औरतों

ने यह अच्छा किया। पर्वतों पर सफ़ेद कोहरे के बादल से छाए रहते थे। मैं तो कहूँगा कि यह परमात्मा की हम पर कृपा थी, क्योंकि हम तो पर्वतों के ऊपर से दुश्मनों को देख सकते थे, किन्तु वे हमें नहीं देख सकते थे। तुर्क ऊपर चढ़ने की कोशिश करते थे लेकिन जो भी करता मारा जाता। "मुहम्मद आओ...मुहम्मद आओ" हम कहते और गोली चलाते। तुर्क इसे दो घंटे भी न झेल पाते और भाग जाते।

पहाड़ों पर अकसर बारिश होती और वर्षा की बूँदें हमारी देह में सूइयों की तरह चुभतीं। एक दिन जब बारिश हो रही थी तो हम एक चट्टान के नीचे बचने के लिए छिप गए। शेख फानोस का बेटा भी हमारे साथ था। उसकी काँख तले हमेशा एक किताब दबी रहती थी। हमने उससे कहा, किताब खोल कर देखो, हमारे भाग्य में क्या है?

शेख फानोस के बेटे ने किताब खोली और भविष्यवाणी की, "स्वर्ग से एक सीढ़ी उतरेगी और हम सब बचा लिये जाएँगे।"

उसने ऐसा कहा था किन्तु हमने उसकी बातों पर विश्वास नहीं किया था, क्योंकि हम चालीस से अधिक दिनों से युद्ध कर रहे थे। हम थक चुके थे। हमारा खाना और युद्ध की सामग्री दिनों-दिन कम होती जा रही थी। भूमध्यसागर हमारे पीछे था। रात को हम रोशनी करते थे, ताकि आते-जाते जहाज रोशनी देखकर हमारी ओर आ जाएँ। रेवेरेंड आन्द्रेआस्यान ने एक चादर पर रेड क्रॉस बना दिया था, उसे हम दिन के समय पर्वत की ढलान पर टाँग देते थे। कुछ दिन बीत गए और फिर दूर समुद्र में एक जहाज आता दिखा। खेरेख्यान का बेटा अच्छा तैराक था, उसने समुद्र में छलाँग लगाई और तैरते हुए जहाज तक पहुँच गया। उसके गले में धातु का एक डिब्बा टँगा था, जिसमें फ्रांसीसी भाषा में लिखा हुआ एक ख़त था। जहाज से वे दूरबीन से देख रहे थे, उन्होंने उसे देख लिया था। उन्होंने उसे जहाज पर चढ़ा लिया। मोव्सेस घुटनों के बल बैठ गया और उसने अपने चेहरे पर क्रॉस बनाया, जिससे उन्हें मालूम हो जाए कि वह ईसाई है, क्योंकि उसे फ्रांसीसी भाषा नहीं आती थी। उसने कैप्टन को चिट्ठी दे दी। उन्होंने उसे पढ़ लिया था और अब वे जानते थे कि मूसा दाग़ में क़रीब पाँच हजार आर्मेनियाई अपने उद्धार की बाट जोह रहे हैं। कैप्टन ने उससे पूछा कि वे कितनी दूरी पर हैं, दुश्मन के ठिकाने कहाँ हैं और कहा, "आप लोग बस आठ दिनों तक और प्रतिरोध करें, जितने में मैं अपनी सरकार से आप लोगों को ले जाने अथवा आप तक हथियार आदि पहुँचाने का आदेश ले लूँ।" उन्होंने हमें कोई हथियार नहीं दिए किन्तु वे युद्धपोत लेकर आए और हमें सुरक्षित निकाल ले गए। जैसा फानोस के बेटे ने कहा था, ठीक वैसा ही हुआ। उन्होंने जहाज से सीढ़ियाँ नीचे कर दीं और हम लोग उस पर चढ़कर जहाज में दाखिल हो गए। जो उसने कहा था, वह हमेशा मेरे दिमाग में रहता था, मैंने कभी आशा नहीं छोड़ी और हम लोग बच निकले...

शोग़ेर तोनोयान

जन्म : 1901, मूश, वार्देनिस गाँव

"मैं कभी नहीं चाहूँगी कि मेरे दुश्मन भी वह सब देखें जो मैंने उन दिनों देखा..."

1915 में वारथावार के दिन...तुर्क आस्क्यार दागेस्तान से चेचेन लुटेरों को हमें कत्ल करने के लिए लाए। वे हमारे गाँव में आए और सब कुछ लूटकर चले गए। वे हमारी भेड़ें, बैल और सम्पत्ति ले गए। जो सुन्दर थे उन्हें भी लेते गए। मेरी चाची का नौजवान लड़का, जो मेरे साथ रहता था, उसे भी शहर के तमाम मर्दों के साथ ले गए। उन्होंने छोटे बच्चों और बूढ़ों को आव्जुथ गाँव की घुड़साल में इकट्ठा किया और जिन्दा जला डाला। पशुओं को रखनेवाले वे बाड़े इतने बड़े थे, जितने कि सामूहिक खेत होते हैं। उन्होंने मालखास मार्दो के घुड़सालों में लोगों को बंद कर दिया और उसके आस-पास भूसा रखकर उसमें मिट्टी का तेल डालकर आग लगा दी। मैं कभी नहीं चाहूँगी कि मेरे दुश्मन भी वह सब देखें जो मैंने उन दिनों देखा। केवल मैं और मेरे भाई बच पाए। वे सुन्दर दुल्हनों और लड़कियों को तुर्क बनाने के लिए ले गए और वे माँओं की गोद से उनके बेटे भी छीन कर ले गए, ताकि भविष्य में उन्हें सिपाही बनाया जा सके। घुड़साल धुँए और आग से भर गया, लोग खाँसने लगे, उनका दम घुटने लगा।

माँएँ अपने बच्चों को भूल गईं। वहाँ सचमुच की बदहाली थी। लोग आग पर इधर-उधर भाग रहे थे। दीवारों से चिपक रहे थे। अपने नन्हों को और बच्चों को जो भगदड़ में जमीन पर गिर पड़े थे, उन्हें अपनी आड़ में छिपा रहे थे। लाओ (बेटा), जो मैंने अपनी इन आँखों से देखा है, मैं नहीं चाहती कि उसे पहाड़ के भेड़िए भी देखें। कहते हैं कि इन भयानक दृश्यों को देखकर एक तुर्क मुल्ले ने

फाँसी लगा ली थी। उस हादसे में ज़्यादातर लोग दम घुटने और जलने से मर गए। उस घुड़साल की छत जल कर मृतकों पर गिर गई। काश मैं और मेरा छोटा भाई भी उसी में जल मरते और हमने साठ लोगों की इतनी दर्दनाक मौत न देखी होती। काश मैंने उन अधर्मियों की क्रूरता न देखी होती। पड़ोसी गाँवों—वारदेनिस, मेशाख़शेन, आग़बेनिस, आव्जुथ, खेवनेर के आर्मेनियाइयों को भी उनकी घुड़सालों में इसी तरह जला दिया गया। मैं कभी नहीं चाहूँगी कि मेरे दुश्मन भी वह सब देखें जो मैंने उन दिनों देखा। हमारे बीच एक बहुत बूढ़ी औरत थी। जो उसे जानते थे, वे उसे आर्शाक की सास, पोलो कहकर पुकारते थे। वह क़रीब सौ साल की रही होगी। जब धुआँ घुड़साल में भरने लगा तो उसने सारे बच्चों को इकट्ठा करके उन्हें जमीन में अपना चेहरा और नाक धँसाकर लेट जाने को कहा और फिर उनकी माँओं को कहा कि वे उनके ऊपर उसी तरह से लेट जाएँ। उसने अपना ऐप्रन उतारकर मेरे भाई को उढ़ा दिया और उसे भी उसी तरह लिटा दिया और मुझे उस पर लेटने को कहा और यह भी कि यदि वह रोए तो भी उसका मुँह ऊपर न होने पाए। ईश्वर उसकी आत्मा को शान्ति दे।

उस औरत ने कहा, "बेटा, रोने से क्या फायदा, हम कुछ ऐसा करें कि प्रत्येक घर से एक बच्चा बच जाए, ताकि उस घर में हमेशा चूल्हा जलता रहे और वह दुनिया को बताए कि दुष्ट तुर्कों ने क्या-क्या जुल्म ढाए। लोगों निराश मत होवो, अपना आपा मत खोवो, अपनी आस्था पर कायम रहो, ईश्वर महान है, वह रास्ता बना देगा।" मैंने अपने भाई को अपनी देह के नीचे छिपा लिया। उस गर्द में नाक के बल पड़े रहने से उससे साँस नहीं ली जा रही थी। वह बाहर निकलना चाहता था। वह रोता रहा, रोता रहा और इतना रोया कि वह बेहोश होकर शान्त हो गया। जब छत गिरी तो आग और धुआँ दोनों कम हो गए और घुड़साल में हवा का झोंका आया।

मैं और मेरी चचेरी बहन आरेग बेहोश भाई को डंगा-डोली करते हुए, जलती लकड़ियों और लाशों पर चलते हुए किसी तरह से एक दरार से बाहर निकले। वहाँ हमने तुर्क सिपाहियों को गोल-गोल घूमते अपने नेजों को तानते-डुलाते, प्रसन्नचित्त नृत्य करते देखा। (नाचो, तुर्क मेरे बच्चो, नाचो!) आज तक वह गाना मेरे कानों में गूँजा करता है। लाओ*, वह नृत्य कभी किसी आर्मेनियाई के घर में नाचा नहीं जाना चाहिए। वह नृत्य क्रूर, अधर्मी, जंगली जानवरों का नृत्य है। अपने नाच में मगन उन्होंने हमें नहीं देखा। मैंने अपने भाई को अपनी पीठ पर लादा और भागने लगी। मैं कितनी दूर किस ओर दौड़ती चली गई, मुझे नहीं मालूम। अचानक मैंने कुछ लोगों को अपनी ओर आते देखा। मैंने अपने भाई को एक झाड़ी के नीचे छिपा दिया। मैंने अचानक सुना कि वे आर्मेनियाई में बात कर रहे थे। मैं भागकर उस समूह में

* लाओ—अर्थात बेटा

शामिल हो गई। वह आंद्रानिक का दल था। मैं उसके पाँवों की धूल तले मर जाऊँ। हम चले। हम जहाँ भी जाते तुर्क हमारा रास्ता काट जाते। हम आंद्रानिक के संग ईरान चले गए। खोय के रास्ते तुर्क हमारे सामने थे। हम नाखिजेवान, ग़ाराबाग, गाफान, गोरीस, सिस्यान और सेवान गए। आह लाओ, हम कहाँ-कहाँ नहीं छिपे, कहाँ-कहाँ नहीं हमें परेशानियाँ झेलनी पड़ीं। गोरीस के चारागाहों से हम थालीन पहुँचे। कैसे-कैसे दिन मैंने देखे हैं, लाओ, मैं कभी नहीं चाहूँगी कि मेरे दुश्मन भी वह सब देखें जो मैंने उन दिनों देखा।

सिस्यान या गोरीस के निकट का गाँव था, जिसका नाम आगुदी-वागुदी था। वहाँ रिफ्यूजियों ने पाँच-छह किलो गेहूँ इकट्ठा कर लिया था। आठ-दस बच्चों को साथ लेकर वे लोग घाटी की चक्की में पिसवाने चले गए। वे बच्चे लौटकर नहीं आए। बड़े लोग जब देखने गए कि बच्चे क्यों नहीं लौटे, पता है उन्होंने क्या देखा? काश मैं यह देखने से पहले ही अंधी हो जाती। आजेरी तुर्कों ने उन बच्चों को ही चिमनी में भरकर फूँक दिया था। लाओ, वहाँ के तुर्क यहाँ के तुर्क से अलग नहीं हैं। सच कहूँ तो यहाँ वालों की तुलना में वहाँ वाले तुर्क और भी बुरे हैं।

उन्होंने आकर आंद्रानिक को बतलाया कि तुर्कों ने बच्चों को चिमनी में डालकर जिन्दा जला दिया है। जोरावर आंद्रानिक ने अपना पापाख उतारा और भूमि पर घुटनों के बल बैठकर प्रतिज्ञा की कि वे उन लड़कों की मौत का बदला लेंगे। उन्होंने उस गाँव के तुर्कों से इन मौतों का बदला लिया। मैं आंद्रानिक के चरणों की गुलामी करूँ।

1922 में हम मेहरीबान, थालीन क्षेत्र में आए। जो अब काथ्नागफ्यूर कहलाता है। यह एक आर्मेनियाई गाँव था। तुर्कों ने इस पर कब्जा करके हमारे चर्चों को नष्ट कर दिया था। जब उन्होंने रोड बनाने के लिए जमीन खोदी तो अनेक ख़ाचखार मिले। मैंने सासून के आर्फी गाँव के ग्रीगोर तोनोयान से शादी कर ली। मेरे पति ग्रामसभा के पहले अध्यक्ष बने। वे पढ़े-लिखे नहीं थे, किन्तु वे बहुत बुद्धिमान थे। मेरे दुर्भाग्य से वे 1955 में मर गए। मुझे अपने नौ बच्चों का लालन-पालन करना पड़ा। उनके नाम आगाव्नी, वार्थूश, गुलनाज़, सार्खिस, मकर्तिच, वाछागान, ह्वेगेन, आनाहित और शूशिक हैं। मेरे छत्तीस नाती-पोते हैं। वे अच्छे हैं। उनमें से कोई बदमाश-आवारा नहीं है।

मार्याम बाग़दिश्यान

जन्म : 1909, मूसा लेर, गाँव हाजी हबीब्ली

"तुर्की के पुलिस अधिकारी अपने हाथों में कोड़े लिए आए और हमें मारते हुए देर एज़ जोर की ओर खदेड़ने लगे..."

1914 में मेरे पिता को मूसा दाग़ क्षेत्र के हाजी हबीब्ली गाँव से ऑटोमन सेना में भर्ती कर लिया गया। मेरी जवान माँ अपने तीन बच्चों के संग पहाड़ों पर न चढ़ सकी, इसीलिए हम अरब के रेगिस्तान की ओर निष्काषित लोगों के कारवाँ में पहुँच गए। मुझे याद है कि तुर्क पुलिस अधिकारी अपने हाथों में कोड़े लिए हुए आए और हमें मारते हुए देर एज़ ज़ोर की ओर खदेड़ने लगे। उन्होंने हमें इतना मारा कि एक बूढ़ा गिरकर मर गया। बहुत से लोग थे। आर्मेनिया के अनेक भागों—दोर्त्योल, हाजिन, ज़ेथ्थून आदि के लोग थे। उन्होंने आर्मेनियाइयों को लाकर वहाँ इकट्ठा कर दिया था। हम वहाँ धूप में पड़े रहे। वे हम सभी को देर ज़ोर ले गए। मेरे दादा जो हमारे साथ थे, नहीं गए क्योंकि उनका बेटा तुर्की की सेना में सिपाही था। इस तरह हम देर ज़ोर जाने से बच गए। तब हम होम्स ले जाए गए। सरकार ने एक आदेश जारी किया—"कुत्तों को जहर दे दो"—इसका अर्थ था आर्मेनियाइयों को खत्म कर दो। किन्तु जेमाल पाशा जो कि अदाना का प्रीफ़ेक्ट था, उसने हमें बचाया। उसने आदेश दिया कि गली के सचमुच के कुत्तों को मार डालो, इस तरह उसने आर्मेनियाइयों को बचा लिया, किन्तु उसने उनसे कहा कि वे अपना नाम बदल लें...सुनने में आया कि बचपन में उसने एक आर्मेनियाई माँ का दूध पिया था और इसीलिए उसे आर्मेनियाइयों से सहानुभूति थी। तब उसने आदेश दिया कि हम नाम बदल लें। एक व्यक्ति शुक्री बना तो दूसरा अहमद और तीसरे का नाम हुसैन पड़ा। औरतों और लड़कियों की सुरक्षा को देखते हुए, उनके नाम भी बदले गए।

इस तरह हम आर्मेनियाई बने रहे। उन्होंने हमें बताया कि हमें अलेप्पो ले जाया जाएगा, पर वह हुआ नहीं। हम होम्स में ही रहे। वहाँ सब जगहों के लोग थे। सूरज

तपता था। लोगों ने अपनी रजाइयों के खोल उतारकर उन्हीं से टेंट जैसा कुछ बना दिया था। बहुत ज़्यादा गर्मी थी। पानी भी नहीं था। यदि आप थूकें तो थूक जमीन तक नहीं पहुँचती थी। मेरी एक छोटी बहन थी, जिसका नाम वार्थुही था। वह रोती रहती थी। वह अंगूर माँगती थी। मेरी माँ बहुत सुन्दर थी। वह अपनी छाती पीटती और रोती, "हमारी बेलें अंगूरों के भार से टूट-टूट जाती थीं, मेरी बच्ची अंगूर माँग रही है और मैं उसे दे नहीं सकती।"

तब मेरी नन्ही बहन पानी माँगती, पानी भी नहीं था। बेचारी "पानी...पानी" रटते हुए मेरी माँ की बाँहों में ही चल बसी। दादा के साथ मिलकर हमने जरा-सी जमीन खोदी और उसमें उसे गाड़कर आगे बढ़ गए।

हम एक जगह पहुँचे, जहाँ हमने पत्थरों और चट्टानों के बीच रात गुजारी। हमारे साथ कुछ बीमार, बूढ़े, लँगड़े-लूले और अंधे लोग थे। बाकी सब औरतें और बच्चे। अचानक तुर्क लूटने आ गए। मेरे दादा उसी में मारे गए।

मुझे याद है कि रात में सोने के लिए कोई जगह नहीं थी। माँ जमीन पर सोई। मैं और मेरी बहन खाथून माँ के सिरहाने बैठीं उसकी कंघी कर रही थीं। एक औरत वहाँ से गुजरी, "बेचारियों को तो यह भी नहीं पता कि इनकी माँ मर गई है।" हम बच्चे थे, भला हमें कैसे मालूम होता कि माँ चल बसी है?

हमारी एक पहचान वाली औरत, मार्खार की बीबी कढ़ाई का काम करती थी और उन्हें अरबों को बेचती थी। एक दिन एक अरब औरत ने कहा कि उसे एक लड़की काम के लिए चाहिए। उस औरत ने मुझसे कहा कि, "चलो मैं तुम्हें एक अरब औरत के घर ले चलती हूँ।" मैं उसके साथ चली गई। वह अरब बहुत अमीर और दयालु स्त्री थी। यदि वह मर गई हो तो उसकी आत्मा को शान्ति मिले। वह पोशाकें बनाया करती थी। अमीर औरतें वहाँ आतीं, कॉफ़ी पीतीं, सिगरेटें पीतीं। मैं बहुत दूर से पानी जगों में भरकर लाया करती। उस समय मेरी उम्र क्या रही होगी, यही कोई पाँच-छह साल। मैं वहाँ चार साल रही।

बाद में जब जर्मनों ने होम्स छोड़ दिया और तुर्क हार गए, तब वहाँ अंग्रेज और फ्रांसीसी आए। एक दिन जब मैं कुएँ पर पानी का जग भर रही थी, तब एक ग्रीक पादरी आए और उन्होंने मुझसे पूछा, "बच्ची क्या तुम आर्मेनियाई हो?"

मैंने जवाब दिया, "भाषा से मैं मुसलमान हूँ, हृदय से आर्मेनियाई।"

उन्होंने कहा, "जल्दी करो, चलो, मैं तुम्हारे लोगों तक तुम्हें पहुँचाता हूँ।"

मैं पानी का जग घर ले गई, कोई आवाज़ न हो, इसीलिए अपने जूते उतार दिए और धीरे-से निकलकर पादरी के पीछे चली गई। ईश्वर को धन्यवाद। पादरी मुझे रोमन जिले के एक अनाथालय में ले गए। वहाँ मुझे अपनी बहन खाथून मिल गई। हम बहुत खुश हुए। किन्तु मैं अपनी आर्मेनियाई भाषा भूल चुकी थी। मुझे खाली अरबी बोलनी आती थी। मैं अपनी भाषा भूल चुकी थी...

नोएमज़ार मेल्खोन मुराद्यान

जन्म : 1883, मूश, मक्रागोम गाँव

वारथावार के दिन तुर्कों ने मेरे पति को मार डाला। उसी दिन मूश के मैदानों में आर्मेनियाइयों की मार-काट की शुरुआत हुई।

वह वारथावार वाला रविवार का दिन था। अभी सूरज उगा ही था कि गाँव में हलचल मच गई। ऐसी अफवाहें फैलनी शुरू हो गईं कि कुर्द मूश के मैदानों में हमला करके बालिग मर्दों को इकट्ठा करके ले जा रहे हैं और औरतों तथा बच्चों को खलिहानों में इकट्ठा करके जला रहे हैं। मैं अपने बच्चों सहित अपने खलिहान में जा छुपी, कुछ देर वहीं रुकने के बाद मैंने छत पर चढ़कर देखा। मैंने देखा कि हमारे गाँव की सीमा पर स्थित घर जल रहे थे। खूब धुआँ उठ रहा था और आसमान पर छा रहा था। मेरी छोटी बेटी दुधमुँही थी। मेरे पाँच बच्चे थे—अविसार, ग्रिगोर, सोसे, ख्याराम और सातिक। मुझे कुछ सूझ नहीं रहा था, समझ ही नहीं आ रहा था कि क्या करूँ, कहाँ जाऊँ। आखिरकार हम थक-हारकर घर से बाहर भागने के लिए निकल गए। कुर्दों ने हमें दूर से देख लिया और हमें पकड़कर बड़े से खलिहान में बंदी बना लिया। वहाँ हमारी पड़ोसन भी अपने बच्चों के साथ कैद थी। सभी रो रहे थे, चिल्ला रहे थे। मेरी नन्ही बच्ची भी रोने लगी। कुर्दों ने खलिहान का दरवाजा बंद कर दिया और बाहर चले गए। हम कुछ देर वहीं पड़े रहे। मैंने अचानक देखा कि खलिहान के एक कोने में दरार थी, जहाँ से बाहर की रोशनी भीतर आ रही थी। मैंने मेहनत से वहाँ की कुछ ईंटें सरकाईं और अपने बच्चों को उस दरार से बाहर निकाल दिया। किन्तु वहाँ फैली अस्त-व्यस्तता के चलते मैं अपनी बेटी सोसे को नहीं ढूँढ़ पाई। मैं भी वहाँ से उकड़ूँ होकर निकल गई और हम दौड़कर साथ वाले खलिहान में जा छिपे। हम भूसे के नीचे जा छिपे। अचानक ही उस खलिहान

से जहाँ से हम भागे थे, चीखें सुनाई पड़ने लगीं। कुर्दों ने उसमें आग लगा दी थी और उसके टूटने-गिरने की आवाज़ें आ रही थीं। ओह! मेरी बच्ची...कितने भयानक दिन थे वे। मैं उन्हें कभी नहीं भूल सकती। वहाँ से भागने के बाद हजारों परेशानियों का सामना किया मैंने। हजारों बार मौत सामने आई किन्तु मैं अपने तीन पुत्रों को साथ लिए आखुर्यान नदी के तट तक आ पहुँची। मेरी खूबसूरत बच्ची सोसे उस दिन सदा के लिए बिछुड़ गई।

किसी को नहीं मालूम कि वह उस दुर्भाग्यशाली दिन को ही जल मरी, या निकल गई और निष्कासन में कहीं खो गई, या नदी में डूब गई या किसी कुर्द के हाथ लग गई। मेरी दुधमुँही बच्ची सातिक भी निष्कासन के दौरान प्यासी तड़प-तड़पकर मर गई।

मैं तो चमत्कार से ही अपने बेटों के साथ उस मार-काट से बच गई। मैंने दुबारा शादी करके घर बसा लिया। मैं आज भी अपने ईश्वर को रोज शुक्रिया अदा करती हूँ और प्रार्थना करती हूँ कि वे आखिरी दिन तक मुझे आँसुओं से दूर रखें।

मार्तिरोस आशेक्यान

जन्म : 1927, अलेप्पो

"तुर्की आततायी झाड़ियाँ, पेड़ों के तने लाए और उनको इकट्ठा करके चालीस हजार लोगों को उसमें भून डाला..."

मैं मार्तिरोस आशेक्यान, सीरिया के अल्लेपो कैम्प में 1927 में पैदा हुआ था, जहाँ हफ्तों पैदल चल कर आर्मेनियाई जनसंहार से बच गए लोग पहुँचे थे।

1948 में मैं डाल्ला के मरुस्थल में पाल्मीरा के नजदीक एक सीरियाई पेट्रोल कम्पनी में काम करता था, जहाँ हम तेल के कुएँ खोद रहे थे।

जब हम उस कैम्प में काम कर रहे थे, तो वहाँ एक अरब चौकीदार अकसर पानी लेने आता था। मैं और ज़ेऽथून में रहनेवाले येर्जानिक का बेटा गार्निक नोराशख़ार्यान रोज ही अरब पोशाकें पहने छोटी-छोटी लड़कियों को देखते थे, जिनके बाल भूरे थे और आँखें नीली। वे हमें काम करते हुए देखा करती थीं।

एक दिन उस अरब चौकीदार ने उन नन्हीं लड़कियों को बुलाया और अरबी भाषा में कहा, नजदीक आ जाओ, शर्माओ मत, ये तुम्हारे अंकल लोग हैं।

हमने उनसे पूछा, "तुम्हारी माँ कहाँ है?"

अगले दिन वे अपनी माँ को ले आईं। वह चालीस साल की भूरे बालों और नीली आँखों वाली एक दुबली-पतली स्त्री थी।

हमने उससे अरबी में पूछा, "तुम्हें कैसे याद है कि तुम आर्मेनियाई हो?"

"मुझे केवल यह याद है कि हम खेबेज़ (अरबी में रोटी) को हात्स (आर्मेनियाई) कहते थे और माए (अरबी में पानी) को ज़्योर (आर्मेनियाई में पानी को ज़ूर कहते हैं) कहते थे," ऐसा उसने बतलाया।

जो बोली वह बोल रही थी, उससे हम समझ गए कि वह ज़ेऽथून की है। हमने उससे पूछा, "आप ज़ेऽथून में कहाँ से हैं?"

"हम ज़ेऽथून में द्सोव्ख नामक जगह के थे। यह एक घाटी थी, जिसमें एक छोटी-सी नदी बहती थी।"

"क्या आपको अपने माता-पिता का कुलनाम याद है?"

"हाँ, वह दोव्लाथियान था।"

अब हमें निश्चित तौर पर पता चल गया कि वह ज़ेऽथून से सम्बन्ध रखनेवाली आर्मेनियाई थी।

बाद में हमें डक्का के दक्षिण में स्थानान्तरित कर दिया गया। वहाँ तेतमोर के रास्ते में डाल्ला नामक एक क्षेत्र था, जहाँ हम तेल के कुएँ खोद रहे थे। उसके बाद हमें जेज़ीरे में स्थानान्तरित कर दिया गया।

1950 में ब्रिटिश लोगों ने वहाँ एक कैम्प बनाया और हम सब वहीं काम करने लगे। वह खाबूर नदी के पूरब में था, वहाँ से इराकी सीमा क़रीब 40-50 मील दूर थी। सिंजार पर्वत से पहले। इस पर्वत का एक हिस्सा इराक में है और दूसरा सीरिया में। हमारा कैम्प "हूनाहुएज़िया" कहलाता था। हम रोज वहाँ तेल के कुएँ खोदने जाते थे। ब्रिटिश एस बी सी कम्पनी हमें दोपहर का भोजन देती थी। जब हमारा पेट भर जाता तो हम अरब बेडुइन गडरियों को खाने के लिए बुला लेते। वे जबूरी जनजाति के घुमंतू अरब थे। हम उनसे उनकी भाषा में ही बात करते, "अरब! यहाँ आओ।"

एक दिन एक अरबी गडरिया हमारे पास आया। हमने उससे पूछा कि, "तुम्हारी भेड़ें कहाँ हैं?" वह बोला, "यहीं पास में ही...आर्मेनियाई खाई के पीछे..."

हमारे कान खड़े हो गए, "क्या तुम वह जगह हमें दिखा सकते हो?"

वह राजी हो गया। मैं और मेरा दोस्त गार्निक उसके साथ चले। वह जगह हमारे काम की जगह से क़रीब एक मील दूर खाबूर नदी के पास जेस्सेर शेद्दादिए नाम का कस्बा था। चिबिसी के पास जहाँ इराक को जानेवाला पुल था। एक समय जर्मन लोगों ने वहाँ तेल के कुएँ खोदने का काम शुरू किया था, किन्तु दूसरे महायुद्ध में हारने के बाद जर्मन तो चले गए किन्तु अब उन्हीं कुओं को खोदने का काम ब्रिटिश कर रहे थे। जहाँ अब हम काम करते थे।

हम उस अँधेरी गुफ़ा के भीतर पहुँचे। मैं अपने साथ एक टॉर्च और बोरी ले गया था। उस अरब गडरिये ने बताया था, "हम लोग जेस्सेर शेद्दादिए की 7-8 किलोमीटर लम्बी गुफ़ा में सोले के ब्रेसलेट, जड़ाऊ दाँत या दूसरे गहनों को लेने जाते हैं।"

हम गुफ़ा में क़रीब 50-60 मीटर गहरे पहुँचे और वहाँ हमें 10-15 मीटर व्यास की एक खाई दिखी। खाबूर नदी की तरफ़ वह और गहरी होती जा रही थी।

अरब ने अपनी बात जारी रखी, "देर-ज़ोर के बाद, 70 मील उत्तर-पूर्व में मरुस्थल है, जहाँ न पानी है, न वहाँ खेत बोए जाते हैं। तुर्क वहाँ किसी तरह बच

गए 40 हजार आर्मेनियाइयों को रास्ते-भर तकलीफें देते हुए पैदल चलाते ले आए। 70 मील के इस मरुस्थल में तेज गर्मी में उन्होंने उन्हें एक बूँद पानी भी न दिया। वे उन ग़रीब बदहाल आर्मेनियाइयों को जो अब ठठरी-भर रह गए थे, यहाँ लाए और जीवित ही इस खाई में ढकेल दिया। उसके बाद वे झाड़ियाँ और पेड़ के तने लाए और गुफ़ा के मुँह को उससे ढाँपकर उसमें उन्होंने आग लगा दी। मैं अब 65 साल का हूँ और मुझे सब कुछ बिलकुल सही-सही याद है। मैंने यह सब अपनी इन्हीं आँखों से देखा था। वे क़रीब 40 हजार बदहाल आर्मेनियाई थे।

हम गुफ़ा में टॉर्च और बोरी लिये हुए और गहरे उतरे, क़रीब 200 फीट। मनुष्यों की हड्डियाँ और खोपड़ियाँ हमारे पैरों तले थीं। हमने बोरी में कुछ हड्डियाँ और खोपड़ियाँ भर लीं। हमारी टॉर्च की रोशनी धीमी होती-होती गुल हो गई। हम अँधेरे में फँस गए, एक दूसरे का हाथ थामे। किसी तरह गिरते-पड़ते-धँसते हमको रोशनी की एक किरण दिखाई दी। हम खुश थे कि परमात्मा ने हमें रोशनी की किरण दिखाई। और हम वापस दुनिया में आ पाए। मैंने परमात्मा से प्रार्थना की और गुफ़ा के द्वार पर एक बड़ा सा क्रॉस उकेर दिया। मैंने हड्डियों से भरी उस बोरी को अपने बिस्तर के नीचे रख दिया। मुझे उन अवशेषों को चर्च को दे देना चाहिए था, किन्तु उस समय मैं बहुत छोटा था और मुझे यह सूझा नहीं। बाद में मैंने उन्हें अपनी बहन की कब्र में गाड़ दिया।

बाद में जब मैं अलेप्पो गया, तो मैंने अपने इस एडवेंचर के बारे में ज़ेऽथून के लोगों को बतलाया। सबने बहुत ध्यान से मेरी बातें सुनीं और तभी एक चकित स्वर में बोल उठा, "मैं उस खाई से बाहर भाग निकला था। मैं शवों के नीचे से निकला हूँ, जब बरसात का पानी उस जगह से खाई में घुसने लगा, जहाँ खाबूर नदी है। निर्वासन की तकलीफों के बाद बूढ़े और बच्चे, जो भूखे-प्यासे ठठरी-भर रह गए थे, किन्तु अब तक जिन्दा बच गए थे। उन्हें उस खाई में भर कर जिन्दा फूँक दिया गया था।"

हाय्क आहारोन्यान

जन्म : 25 मई, 1905, सेबास्टिया

"हमारा परिवार मार डाला गया क्योंकि हम आर्मेनियाई थे।"

आर्मेनियाई जनसंहार में बच गए हाय्क आहारोन्यान के संस्मरणों को उनके पुत्र इमानुएल सेर्गिओ आहारोन्यान ने लिखा है। इस काम को करते हुए उन्होंने कहा है कि जब इन कथाओं को खुद बच गए लोग नहीं लिखते तो उसकी "धार" खो जाती है।

इस संस्मरण को लिखनेवाले के पिता हाय्क आहारोन्यान का जन्म 25 मई, 1905 को सेबास्टिया में हुआ था। उन्होंने अपनी आरम्भिक शिक्षा एक प्राइवेट स्कूल में प्राप्त की। एक दिन तुर्कों ने उन्हें बतलाया कि वे लोग सभी आर्मेनियाइयों को निष्कासित कर रहे हैं। उन्होंने उन्हें कहा कि यदि वे इस्लाम धर्म को कबूल कर लेते हैं, तो वे यहाँ रह सकते हैं, किन्तु हाय्क के पिता मानुएल ने कहा कि वे ईसाई पैदा हुए हैं और मरेंगे भी ईसाई के रूप में। आर्मेनियाई जनसंहार के दौरान, आहारोन्यान ने अपने 84 सम्बन्धी गवाँ दिए। केवल एक, लेवोन दार्फिन्यान ही रूसी सीमा को पार करके, पूर्वी आर्मेनिया में शरण पाने में सफल हुए।

हाय्क को एक तुर्क, मालाथ्या के अपने फार्म में ले गया, जहाँ उसने नौ सालों तक काम किया। हायक जिक्र करते हैं कि इस तरह से तुर्क ने उनकी जान बचाई क्योंकि छह-सात साल या उससे बड़े बच्चों को आर्मेनियाई तथा ईसाई मानकर खत्म कर दिया गया था। मालिक के कहने पर हाय्क ने दो पड़ोसियों को गोली मारी, जिसके बाद उन्हें मालाथ्या भागने की छूट मिल गई। 19 साल के हाय्क ढेरों मुसीबतें झेलकर सेबास्टिया वापस चले आए। वे अपने पिता के घर पहुँचे, जहाँ पता चला कि एक तुर्क परिवार वहाँ रहने लगा था। जब उन्होंने कहा कि यह घर उनके परिवार का है तो तुर्क ने कहा कि काफ़िर भाग जाओ, वरना हम तुम्हारा सर उड़ा देंगे।

तब हाय्क ने दूसरी खतरनाक यात्रा की और कॉन्सटेन्टिनोपोल जा पहुँचे। वे वहाँ से फ्रांस या अमेरिका जाना चाहते थे। किन्तु वहाँ उन्हें देश छोड़कर भाग जाने के आरोप में गिरफ्तार कर लिया गया। कारागार में उनकी मुलाकात गेवोर्ग हालाज्यान (ताफारागान/वीलर) से हुई और उनकी इस मुलाकात का वर्णन हालाज्यान के संस्मरण "फाँसी के फंदे की ओर" में है। ताफारागान लिखते हैं कि "इस युवा आहारोन्यान ने निष्कासन के दौरान अपने माता-पिता खो दिए, मरुस्थल में जलते सूरज के नीचे अपनी चमड़ी जला डाली, अपने सम्बन्धियों को खो देने का दर्द झेला, मरुस्थल की रेत में अपने हाथों उनकी कब्र खोदी और उसने अपनी बहन, पिता और माँ को दफ़्न किया। किन्तु उसने अपनी हिम्मत न खोई।" 40-45 दिन कारागार में सड़ने के बाद एक आर्मेनियाई ने उन्हें देख लिया और चौकीदार की मुट्ठी गर्म करके उन्हें छुड़वा दिया। हाय्क एक ईतालवी जहाज में चढ़ गए, जहाँ उन्होंने कैप्टन को अपनी कहानी अंग्रेजी में सुनाई, जिसे सुनकर कैप्टन ने उन्हें जहाज में छिपा दिया। और इस तरह हाय्क के प्राण बचे।

कीथ गारेब्यान

जन्म : 15 जुलाई, 1943 मुम्बई

ये हिस्से संस्मरण "पेऽन : जर्नीज़ अराउंड माय पेरेन्ट्स" (2000) से लिए गए हैं।

कीथ गारेब्यान का जन्म 15 जुलाई, 1943 में मुम्बई में हुआ था। उनकी शिक्षा-दीक्षा भारत में हुई। उसके पश्चात् पूरा परिवार कनाडा जाकर बस गया। उनके पिता आर्मेनियाई और माता एंग्लो-इंडियन थीं। उनके पिता को जनसंहार के दौरान अपना देश आर्मेनिया छोड़ना पड़ा था, जिसमें वे अपने परिवार से न केवल बिलकुल अलग हो गए बल्कि परिवार के भी कई सदस्य उसमें मारे गए। कीथ ने अपने संस्मरण 'पेऽन : जर्नीज़ अराउंड माय पेरेन्ट्स' शीर्षक से लिखे हैं, जिसका एक अंश आप पढ़ेंगे। इसके अलावा उनकी पुस्तकें हैं : 'द मेकिंग ऑफ़ वेस्ट साइड स्टोरी', 'द मेकिंग ऑफ़ कैबरे', 'इम्मोर्टल शैडो : द लाइफ़ ऑफ़ विलियम हट'।

कीथ गारेब्यान कविताएँ भी रचते हैं। इस संकलन में आप कविताओं की उनकी सीरीज़ 'चिल्ड्रन ऑफ़ आरारात' की दो कविताएँ भी पढ़ेंगे।

कीथ गारेब्यान को अनेक पुरस्कारों एवं सम्मानों से नवाजा गया है।

पेऽन : जर्नीज़ अराउंड माय पेरेन्ट्स

भाग-1
भारत

जनवरी 1991

जनवरी की एक रात जब बर्फ़ पड़ रही थी, माँ मर गई। मैं रोया और मेरा रोना अब तक जारी है...

उस निस्तब्ध सर्द रात में मर कर वह शून्य में खो गई। उस समय बर्फ़ से ढँकी किसी डाल पर कोई चिड़िया तक न फड़फड़ाई, आसमान से कोई नीला रंग तक न फूटा और खुद मर कर वह मेरी यादों में ऐसी अनेक बातें छोड़ गई जिनका भावावेग ही वस्तुतः मेरी इस रचना का कारण है।

यहाँ वह मेरे शब्दों में बँधी है, उसकी क्षणभंगुरता मेरी क्षणभंगुरता है। मेरे शब्द दरअसल उसके दुःख हैं, जो उस समय की पीड़ा की आग को व्यक्त कर रहे हैं।

[...]

सच तो यह है कि मैं इस बात से क्रुद्ध हूँ कि मेरे पिता उसकी जिन्दगी पर छा गए थे। वह मरी भी तो उन्हीं के नाम के साथ। वह लोर्ना कोंस्तांस गारेब्यान के नाम के साथ मरी। अलीमो, यानी माँ का नाम बचा ही नहीं। उसका उपनाम हमेशा पिता का नाम ही रहेगा क्योंकि अलग हो जाने के बावजूद उसने अपना मूल नाम फिर से नहीं अपनाया।

अस्पताल में उनका दुःख मेरे शोक में बाधक रहा। मेरी भावात्मक स्थिति कैसी भी हो, काबू में रही हो या बेकाबू, साबुत बची हो या टूटी-फूटी उस पूरी प्रक्रिया में वे शामिल थे। मृत्यु ने कैसे उनके नाम को उसके साथ जोड़ दिया था, वे हमेशा केन्द्र में रहे, हाशिए पर कभी गए ही नहीं।

[...]

मेरा शोकगीत हमेशा मेरे जीवित पिता तक लौट जाता है, मेरी सतत् वेदना के अनिर्वचनीय स्रोत तक, मेरे दुहरे ब्रह्मांड के अराजक आधे हिस्से तक, क्योंकि मरने के बाद भी वे बने रहेंगे।

तो फिर क्या निराशा के परे की पुनर्निर्मिति?

किन्तु अपनी कँपकँपाती देह को मैं झेल नहीं सकता, उन दुस्सह स्मृतियों से बचने के लिए ही गढ़े मैंने बहानों के अभेद्य कवच। खो चुकी माँ और गोया पहले से ही जो निर्धारित था—पिता को खोने का बवंडर झेला मैंने।

मेरी देह की कँपकँपी तो मेरे साहित्यिक होने का मोल है, नक्शे के बाहर के क्षेत्रों को मापने की चुनौती लेनेवाले तकनीशियन की वेदना।

यह मेरी पहचानी जमीन नहीं है। इसे स्पष्ट और सन्तुलित भी नहीं कहा जा सकता। मेरे भीतर छिपे दलदल के बीच से जो भी सूखी जमीन मिल जाती है, उसे मैंने सँजो लिया है।

शून्य से शब्द झर रहे हैं—नृत्य की अद्‌भुत मुद्राओं में...

स्मृतियाँ पंक्तिबद्ध नहीं होतीं, वे तो घुमावदार ही होती हैं...

[...]

दो शहरों की कहानी

यह दो शहरों की कथा हो सकती है। एक बम्बई जहाँ की माँ थी। महा अंबा का तद्‌भव—मुम्बई। दूसरा वो शहर, जहाँ से मेरे पिता अपने होश-ओ-हवास खोकर भागे थे—अपनी जड़ों से काट दिए जाने के आतंक और मृत्यु के भय से—(वह शहर) अनाम रहना चाहता है। मैं पहले शहर का एक साफ़-स्पष्ट नक़्शा बना सकता हूँ और ठीक-ठीक बता सकता हूँ एक भरे-पूरे महाद्वीप में वह एकदम कहाँ स्थित है, मैं बता सकता हूँ कि वह भारतमाता के स्तन को कैसे चूस रहा है, किन्तु मैं दूसरे का नक़्शा कैसे बनाऊँ, जो अनाम रहा, किसी नृशंस-हत्यारे जादूगर के ओझल हो जाने जैसी जादूगरी लिए, घोर अमानवीयता के अधोलोक के दूत-सा?

पहले शहर को लोककथा का स्वप्न कहा जाए, इसलिए नहीं कि उसमें स्वजात सौन्दर्य है बल्कि इसलिए कि वह बहुलोकात्मक है, जो अक्सर ही घटिया भ्रमों के महाजाल में खो जाता है।

दूसरे को विकृत दुःस्वप्न कहा जाए, लौट-लौटकर आता है जो, इतिहास की विकृतियों का चक्रजाल, किसी जनजाति को एक लापरवाह "अचानकता" से तितर-बितर करता।

मैं अजीबोग़रीब राशिचक्र के अन्तर्तल में बहती एक विभाजित धारा...

मेरे पिता आर्मेनियाई थे—बीसवीं सदी के पहले अभिलिखित जाति-संहार से बच निकला भयभीत मनुष्य—और मेरी माँ ऐंग्लो-इंडियन थी जिसकी धमनियों में दो दिशाओं से बहती रक्त की धाराएँ थीं।

यहाँ तक कि बम्बई में भी, जहाँ कि मैं जन्मा था, मैं कभी भी पूरी तरह से एक जगह का न हो सका।

[...]

मेरे जीवन में भारत और आर्मेनिया बड़े अजीब ढंग से एक दूसरे के आमने-सामने एक दूसरे को काटते हुए-से स्थित हैं। किन्तु इन सबके बावजूद सब कुछ उतना अनोखा भी नहीं, जैसा कि वह पहली नजर में दिखता है।

मेरी माँ मिश्रित नस्ल की एंग्लो-इंडियन थी, वैसे एंग्लो-इंडियन का मूल अर्थ वे अंग्रेज स्त्री या पुरुष हैं जो लम्बे समय से भारत में रह रहे हैं। 1617 में भारत में आनेवाली पहली अंग्रेज औरत दरअसल भारत में जन्मी एक आर्मेनियाई स्त्री की साथिन थी। अत: आर्मेनियाई भारत में अंग्रेजों के आने से बहुत पहले ही आ बसे थे। टॉमस काना नामक एक आर्मेनियाई व्यापारी के कदम वास्को-डि-गामा से 7 सदी पहले ही मालाबार तट पर पड़ चुके थे। मलमल और मसालों के व्यापार से उसने इतनी समृद्धि हासिल की कि जैकब और एलिजाबेथ के लगभग समकालीन अकबर महान के शासनकाल (1542-1602) तक आते-आते वह अनेक आर्मेनियाई व्यापारियों के लिए प्रेरणास्रोत बन गया। व्यापारी के रूप में आर्मेनियाई मुख्यत: थल मार्ग—ईरान, अफ़गानिस्तान (तत्कालीन बैक्ट्रिया) और तिब्बत—से होते हुए आए। मेस्रॉब जैकब सेठ की पुस्तक "भारत में आर्मेनियाई" के अनुसार, "दरअसल यह भारत के मार्कस ऑरेलियस अकबर की सूझ थी कि आर्मेनियाई व्यापारी मुगल राज्य में साइबेरियाई चिड़ियों की तरह न आएँ बल्कि यहीं रहवास करें।" आगरे में जल्दी ही एक पूरे का पूरा समुदाय बस गया जहाँ 1562 में एक आर्मेनियाई चर्च की भी स्थापना हो गई। न केवल अकबर की एक बेगम आर्मेनिया की थी बल्कि उसके अन्त:पुर में एक लेडी डॉक्टर भी वहीं की थी।

अठारहवीं सदी तक आते-आते उनका व्यापार प्रभावी रूप से बढ़ चला था। और तो और लाहौर में एक आर्मेनियाई क्रुप तक बन चुका था जहाँ काँसे की बड़ी-बड़ी बन्दूकें तैयार होती थीं, जिनमें से एक को किपलिंग ने अपनी रचना "किम" में आग उगलनेवाले ड्रैगन—ज़मज़म—के रूप में अमर कर दिया है। दिल्ली, सूरत, काबुल, चन्द्र नगर, जुल्फ़र, मद्रास और लखनऊ के अलावा बम्बई और कलकत्ता जैसी जगहों पर आर्मेनियाई व्यापार का प्रभाव स्पष्ट था। कलकत्ते में आर्मेनियाइयों का सबसे बड़ा समुदाय था जिसमें तीनों तरह के आर्मेनियाई बसे हुए थे—तथाकथित कलकतिया आर्मेनियाई, यानी वे लोग जिनके पूर्वज वहाँ 18वीं-19वीं सदी में आ बसे थे और जिन्हें अंग्रेजी शिक्षा हासिल थी, दूसरे जुल्फा आर्मेनियाई जो 19वीं सदी के उत्तर में इस्फ़हान से आकर बसे थे और तीसरे चारमहली या प्रवासी जो बीसवीं सदी में ईरान के चारमहल क्षेत्र के आर्मेनियाई गाँवों से यहाँ आए थे।

[...]

आर्मेनियाई लोग प्रकाशन समेत अनेक महत्त्वपूर्ण कामों में लगे हुए थे। दक्षिण भारत में दो आर्मेनियाई लेखकों ने एकदम नये ढंग की पुस्तकें प्रकाशित कीं। 1772 में शाहामीर शाहामिर्यान ने पहले-पहल मोव्सेस बाग्राम्यान की आर्मेनियाई राजनीतिक दर्शन की पुस्तक प्रकाशित की, जिसमें लेखक ने अपने लोगों से विनती की थी कि वे यूरोप के विचारों से प्रेरित होकर "नींद और आलस्य" त्यागकर अपनी मातृ-भूमि के निर्वासन से मुक्त हों। और 1773 में हाकोब शाहामिर्यान ने भविष्य में लोकतांत्रिक आर्मेनिया के गठन से सम्बन्धित नियमावली-नुमा एक पुस्तक लिखी थी। मेस्त्रोब सेठ की पुस्तक के अलावा भारत में आर्मेनियाई लोगों के आने, रहने अथवा सामुदायिक अनुभव सम्बन्धी और कोई विषद् रिकॉर्ड नहीं मिलता।

[...]

विवाहिता के तौर पर मेरी माँ का जीवन बहुत कुछ 19वीं सदी की अंग्रेज मेमसाहिबों की तरह था किन्तु वे एंग्लो-इंडियन समुदाय के जीवन का उपयोगी हिस्सा बनने को उत्सुक न थी। मेरी माँ दोस्ती, मनबहलाव और सुरक्षा के लिए पूरी तरह से एंग्लो-इंडियन समुदाय पर आश्रित न थी और इस तरह से भारतीयों से कतई कट न गई थी। वह एक एंग्लो-इंडियन पत्नी की तरह सुन्दर और सुविधापूर्ण कपड़े पहनती थी जिसका अर्थ यह हुआ कि वह कुछ हद तक यूरोपीय फैशन का ध्यान रखती थी। उसके वस्त्रों में स्थानीयता नहीं थी तो दिखावा भी नहीं होता था। उसका सर्वाधिक स्टाइलिश ड्रेस, बैंगनी रंग के मखमल का, शरीर के कटावों पर बिछलता-सा टखनों तक आता और छोटे मखमली फूल लगे बेल्ट वाला गाउन था। वह इसे पियर्स साबुन से नहाने के बाद इंग्लिश टेल्कम पाउडर लगाकर (यदि मुझे ठीक से याद है तो) अपने गले, कान और कुहनियों पर टोस्का 4711 मल कर, रात्रिभोज व नृत्य के समय पहना करती थी।

यूँ तो खरीदारी के लिए टैक्सी या विक्टोरिया का इस्तेमाल होता था, किन्तु रोजमर्रा के खाने-पीने का सामान हमारा रसोइया सुबह-सुबह ट्रामकार से क्रॉफ़र्ड मार्केट जाकर ले आया करता था। मुझे याद है कि माँ नियमानुसार हर शाम उससे हिसाब लिया करती थी। गोश्त, गोमांस और मछली सब आने के दर से मिलाकरते थे। लाल-लाल बड़े-बड़े टुकड़ों में कटा कच्ची चर्बी और माँसपेशियों वाला मांस। भूरे रंग के सूखे-टेढ़े-मेढ़े तेज गंध वाले चमड़े की तरह चीमड़ 'बॉम्बे-डक' एक के ऊपर एक ढेरों शीशे की-सी आँखों और चोंइटा के साथ साबुत की साबुत मछलियाँ (आमतौर पर पॉम्फ्रेट)। हाँ, वहाँ जीवित केकड़े ही मँगाए जाते थे। वे सींक की टोकरियों में होते थे और ढक्कन खुलते ही वे अपने पिंसर्स से हवा को महसूसते, एक दूसरे पर चढ़ते-गिरते बाहर निकलने की कोशिश करते दिखाई पड़ते थे। और पाँव-बँधी पंख फड़फड़ाती मोटी-ताजी मुर्गी। कभी-कभी तीतर और बटेर भी होते

थे। पर वे बाजार से नहीं मँगवाए जाते थे वरन् उन्हें हमारे पारिवारिक मित्र अल्वारेज़ पहुँचा देते थे। ये अक्सर बड़े-बड़े पिंजरों में जोड़े में आते थे।

जब मैं इन जीवित पक्षियों के बारे में लिख रहा हूँ तो अपनी कँपकँपी रोक नहीं पा रहा, क्योंकि मैं उनके वध का गवाह हूँ। हमारा रसोइया पहले तो सिल पर छुरी तेज करता था, फिर एक ही झटके में उनके नत पड़े मस्तक को काटकर उन्हें ठंडे फर्श पर फेंक देता था जहाँ वे खून बहाते और सेकेंड-दर-सेकेंड धीरे पड़ती जाती गति से पंख फड़फड़ते मर जाते थे। बड़े-बड़े हंडों में उबला पानी तैयार रहता था, जिसमें उन्हें डुबो दिया जाता था, ताकि उनके पंखों को रसोइया और नौकरानी सहजता से उखाड़ सकें।

मैं खून, पंख और कच्चे मांस की गंध को कभी भूल नहीं सकता। इसमें हैरानी की बात नहीं कि मैं उन दिनों मुर्गी का शोरबा नहीं खा पाता था।

[...]

कर्क राशि का होने के नाते मुझमें जल तत्त्व प्रधान है। और बम्बई में इसकी बहुतायत है। बम्बई-विवाह में दिया गया शाही दहेज! बम्बई प्रायद्वीप पर बसी माणिक जड़ी झोपड़पट्टी गोया मनोविभाजित रोगी। यहाँ अंग्रेजों के आने के बहुत पहले से मछुआरे रहते आए थे। वस्तुतः यहाँ सात द्वीप हैं—वर्ली, माहिम, सलसेट (एक समय में यह पुर्तगालियों की शहरपनाह थी), माटुंगा, कोलाबा (पहले यह यूरोपीय कपास दबाने की मशीनों और सैनिक छावनियों के तौर पर जानी जाती थी) मझगाँव और बम्बई। फिर ब्रिटिश आए, जिन्होंने हिस्सों-हिस्सों में समुद्र को जमीन में बदल कर नक़्शानवीसों को भ्रमित कर दिया कि जमीन से पहले समुद्र कहाँ तक समाया हुआ था।

नक्शों पर भरोसा नहीं किया जा सकता। यहाँ यानी कि मुम्बई पर देवी मुम्बादेवी अथवा मुम्बाबाई का ही साम्राज्य था। फिर पुर्तगाली आए और उन्होंने इस स्थान का नाम रखा—बोम बहिया—माने वो बन्दरगाह जहाँ व्यापारिक और युद्धपोतों को सुरक्षित रखा जा सके। अंग्रेजों के हाथ बम्बई विवाह के बाद ही आया, जब ब्रगांजा की कैथेरिन को इसे इंग्लैंड के चार्ल्स द्वितीय को अपने दहेज के रूप में देना पड़ा।

किन्तु सागर सागर ही रहा....

डोम मॉरिस ने "गॉन-अवे" नामक अपनी भारतीय पत्रिका में लिखा है कि "मुम्बई का समुद्र अमीरों की रोशन खिड़कियों के नीचे भीतर से आती कॉकटेल की आवाज़ों को सुनता-सिर धुनता प्रतीत होता है। ऐसा लगता है कि अगर यहाँ समुद्र न होता तो गोया पार्टियाँ ही न होतीं"।

मुझे याद है शक्ति से मत्त सागर का चट्टानों से टकराकर कै करना...जिसमें से लावे की-सी गंध आती है। मुझे सागर किनारे की वे पार्टियाँ याद हैं, कोलाबा की पार्टियाँ जिनमें एक मशहूर फिल्म अभिनेता को शराब में धुत कामुकों के लिए एक

काल्पनिक फिल्म में खुद अपने से रति-क्रिया करने के लिए उकसाया गया था। या फिर मड आइलैंड की वे पार्टियाँ जहाँ (रूमानिया के पूर्व ग्रीको-रोमन ओलम्पिक खिलाड़ी) पहलवान जीजी गोल्डस्टाइन को, जिसने एक लगभग अनाम दक्षिण भारतीय तुनकमिजाज से शादी की थी, चिढ़ा-चिढ़ाकर कम्पनी के एक जोकर से पंजे लड़ाने के लिए बाध्य कर दिया गया था। यह वही जोकर था, जिसकी पत्नी अपने विदेशी प्रेमी के साथ विदेश भाग गई थी और पार्टी के लिए की गई उस जोकर की हास्य-प्रस्तुति जिसमें उसने विदेशी भाषा की नकलें निकाली थीं, पर इस सबने भी उस जोकर के टूटे दिल को कोई राहत न पहुँचाई थी।

वे पार्टियाँ जिनमें मुसलमान परिवार का व्यभिचारी मुखिया, अली, अपनी ईसाई रखैल को साथ लिये बहुतेरे ताम-झाम के साथ आता था और फिर वापस अपनी पर्दानशीं बीवी के पास घर चला जाता था। या वे पार्टियाँ जिनमें नफ़ील्ड या शेफ़ील्ड या केन्ट अथवा लंडन से हाल ही में आए किसी व्यक्ति को बुलाकर महज उसके एक्सेंट को सुनने के लिए उसकी चापलूसी की जाती थी।

पार्टियाँ जहाँ गैर-क़ानूनी शराब, जो आमतौर पर रबर की हॉटवाटर बोतलों में बालू के नीचे दबाकर बनाई जाती थी, को पवित्र पेय के स्थानापन्न की तरह तब तक पेश किया जाता था जब तक कि शिवांबु पान करनेवाले मोरारजी देसाई की निषेधाज्ञा का अनुपालन करते हुए कोई सीआईडी अफसर आकर रेड न मार दे। वैसे रेड मारना उन दिनों आमफ़हम बात थी। ऐसे छापे से औरतें आतंकित हो जाती थीं और बच्चे उत्सुकता से भर जाते थे। पुरुष बेपरवाही दिखाते हुए सबूतों को संडास में बहा देते और खाली बोतलों को घर के पिछवाड़े पड़े कूड़े के ढेर पर फेंक देते।

बम्बई ने मुझे सिखाया कि प्रकृति शायद ही किसी से घृणा करती है।

[...]

मैं जिन लड़कों के साथ स्कूल में था, उनमें कुछ तो संकोची भारतीय राजकुमार थे और कुछ शेखों के कामुक लड़के जिनके पास वीभत्स चुटकुलों का खजाना था, जिनमें से बहुत सारे लोंडेबाजी और पशुगमन के बारे में थे। मेरे सहपाठियों में अग्निपूजक ईरानी भी थे और उन्हीं की तरह वे जुरत्थास्त्री और पारसी भी, जो अपने मृतकों को चील-गिद्धों के खाने के लिए मौन की मीनारों में डाल दिया करते थे। उन दिनों एक अफ़वाह बहुत आम थी कि यदि कोई मलाबार हिल पर गाड़ी से जाए तो वहाँ ऊँचाई पर कोई उँगली या मांस का टुकड़ा गाड़ी के शीशे पर आ गिरेगा। मुझे तो कभी ऐसा कोई अनुभव नहीं हुआ पर यह पर्यटकों को आतंकित करने के लिए अद्‌भुत रूप से घिनौनी अफ़वाह रही होगी।

मैं ऐसे स्कूल में था, जहाँ गोवा का एक लड़का फ्रांसिस को लगातार तीन साल तक एक ही कक्षा में फेल होता रहा। वह लगातार अपने आप से बात करता

और हँसता रहता था। मुझे तो उसका भविष्य किसी पागलखाने में ही नजर आता था। वहाँ अशोक साठे सरीखा अकाल-प्रौढ़ बालक भी था,जो स्कूल के दिनों में अपने खाली समय में एज़रा पौंड का 'कैन्टॉस' पढ़ा करता था और डोम मॉरिस भी जिसे सबसे कम उम्र में साहित्य के लिए हॉथोर्नडेन पुरस्कार से नवाजा गया था। मैं ऐसे लड़के के साथ भी स्कूल में था, जिसकी माँ को उसके त्यक्त प्रेमी ने गोली मार दी थी, और इस भय से वह ताजिन्दगी मुक्त न हो सका। एक दूसरा भूरे बालों और नीली आँखों वाला फ्रांसीसी लड़का भी था, कहते हैं कि उसकी नानी किसी समय बम्बई का खासुलखास वेश्यालय चलाया करती थी।

मेरे स्कूल में एक भोंडा एंग्लो-इंडियन हिग्गींस भी था, जिसे सिनेमाघरों के अँधियाले में हस्तमैथुन करने की गोया आदत ही हो गई थी। वह अपने सहपाठियों की माँओं में से सर्वाधिक आकर्षक औरत के साथ सम्भोग की कल्पना किया करता था।

मेरे साथ कुछ मुझ सरीखे लड़के भी थे, जिनकी रगों में भारतीय खून नहीं बहता था, पर वे अपनी वास्तविकता से भी अनभिज्ञ थे।

[...]

यह खोज कोई रोमांस नहीं है।

यह खोज कोई रोमांस नहीं है। इसमें परिवार का कोई बदनाम "चरित्र" नहीं है, कोई रसपूर्ण कलंक-गाथा भी नहीं है। सारी भंगिमाएँ सत्य हैं, काल्पनिक नहीं। सारे प्रेत बेआवाज़...बेखटके स्मृतियों में घुस बसे हैं...

यदि यह गल्प होता तो मैं अपनी बात की शुरुआत वास्तुशिल्प के घालमेल के बीच बने एक अजीब से विक्टोरियाई घर से करता। इसे विडम्बना ही कहेंगे कि "द रिट्रीट" नामक यह बाड़ा वस्तुतः ऊबड़-खाबड़ गली के बहुभाषी देशी घरों के झुंड से बस कुछ ही गज दूर था। यह धूल-धूसरित बंगलों, खपरैलों वाले घरों, ढलुआ लोहे के जंगलेदार बरामदों वाले दुमंजिले घरों का समूह था, जिसे ब्रिटिश उपनिवेश का हास्यास्पद विकृत उच्छिष्ट ही कहना उचित होगा। पपीते, अमरूद और सब्जी वाले केले के बगीचे, जिन पर यहाँ रहनेवाले बच्चों की डकैत निगाहें सदा लगी रहती थीं, इन घरों को एक दूसरे से अलगाते थे। ये बच्चे भी कमाल के थे, इन्हें कभी भी चिकों के पीछे से इन पर निगाहें जमाए बाशिंदे दिखाई ही न देते थे। यहाँ अंजीर के पेड़ भी थे और जंगली शहतूत की झाड़ियाँ भी उन बच्चों के लिए, जो तनिक खट्टी-मीठी बेरियों के बदले उँगली में काँटे चुभने या हल्की-फुल्की खरोंचों की परवाह न करते थे। आसमान में चीलें चक्कर काटतीं और हवा में उनके सम्भोग-केकी की आवाज़ें गूँजतीं। वातावरण कौवों की काँव-काँव, गौरय्यों की चहचहाहट, बिल्लों की कामातुर आवाज़ों और मुर्गियों की कुड़कुड़ाहट से भरा रहता था।

उस आयताकार बाड़े के तीन ओर घर थे और चौथी तरफ हरदम खुला रहनेवाला जंगी दरवाजा। बाड़े के पिछवाड़े छोटी-छोटी झोपड़ियाँ, परित्यक्त गैरेज, एक दूसरे से सटे गोदाम आदि थे, जिनमें ग़रीब-गुरबों का निवास था। वहीं एक ढँका हुआ गहरा कुआँ भी था, जिसे सफेद रंग से पोत दिया गया था। उस कुएँ में रहनेवाले भूत-प्रेतों की कई कहानियाँ प्रचलित थीं, शायद ये कहानियाँ हम बच्चों को उससे बरकाने के लिए ही गढ़ी गईं थीं। टिनों की लहरदार छतों वाली झोपड़ियों से बारिश के दिनों में टापुर-टुपुर का संगीत फूटता था। भीतर धुआँ-भरे और अँधेरे इन घरों में अपने प्राइमस स्टोवों पर मूँगफली के तेल में खाना पकाते, बीड़ी पीकर खाँसते-खखारते कृशकाय हिन्दू रहते थे। इन झोपड़ियों के बाहर दीवारों पर उपले पाथे जाते थे पर मिट्टी-गोबर लिपे आँगन रँगोली से यूँ सजे रहते थे मानो सौन्दर्य ग़रीबी को पछाड़ने में लगा हो।

गैरेजों में ढेर ढेर बच्चों सहित गोवानी परिवार रहते थे। उनके घरों के चारों ओर तार बँधे रहते थे और वहाँ बच्चों की, उनके माँ-बापों की इतनी चिल्ल-पों मची रहती थी जैसे कि वे पुर्तगालियों द्वारा अपनी मातृभूमि छीन लिए जाने की यादों में पैवस्त हों। गोदामों में मारवाड़ी और मुस्लिम परिवार रहते थे। अपने आसपास रहनेवालों की तुलना में वे हट्टे-कट्टे थे और अच्छे कपड़े पहनते थे। इन तीनों समूहों में सबसे शान्त और अपने में सीमित परिवार मारवाड़ियों के थे, पर हाँ शादी-ब्याह और त्योहारों के अवसरों पर वे भी गोवानी और अन्य हिन्दू परिवारों की तरह दिखावा और शोर-शराबा करते थे। एक बंदा अपने में इतना मगन रहता था कि मुझे सालों-साल इसकी कोई खबर नहीं हुई कि साफ-सुथरे पहनावे में सभ्य ढंग से मुस्कुराता वह आदमी, जिसके कंधे पर हमेशा कैमरा लटका रहता था, दरअसल कोई प्रोफ़ेशनल फ़ोटोग्राफर नहीं बल्कि वेश्यालय का मालिक था।

ये पूरा समुदाय कूड़े के ढेरों के पास रहता था और अपने बर्तन वगैरह धोकर, घर के बाहर ही लगे सिल्ली पर कपड़े पछीट कर पानी बस बाँह-भर दूर फेंक देता था, जिसके चलते उस बाड़े में काले गंधाते पानी की धार हमेशा बहती रहती थी। ये एक समुदाय की तरह रहते थे। वे सब "द रिट्रीट" के भीतर ही बसे थे, पर खुलेआम यह बात कोई नहीं कहता था। वे सब इस बहुलतावादी शहर की अपरिहार्य उलझन थे। वे छाया-संसार थे, उनकी गंदगी की तरह ही उनके जीने की क्षमता भी अदम्य थी।

बेलासिस रोड के "द रिट्रीट" का मतलब था—अकाउंटेंटों, दुकानदारों, अध्यापकों, सरकारी कर्मचारियों और सेवानिवृत्त विधवाओं के घर। क्योंकि ज़्यादातर ये ही लोग वहाँ रहते थे। वे अब अतीत हैं और उनकी छायाएँ ही इन पन्नों पर घूमती मिलेंगी।

[...]

मेरे पिता का परिचय क्षेत्र बहुत वृहद था और खरीदार भी अनेक थे। उनमें शल्यचिकित्सक और चिकित्सक (एक नीम-हकीम ने तो कम उम्र में ही हो गए मेरे सफेद बालों के लिए संखिए का घोल तक सुझा दिया था) से लेकर हाईकोर्ट के जज, पत्रकार (जिनमें सेसिल और रॉन हेंड्रिक्स नामक दो भाई भी थे जिन्होंने नेविल कार्ड्स की तर्ज पर यहाँ बहुत अच्छी क्रिकेट कमेंटरी लिखी थी), वकील, मेहली मेहता (जिन्हें मेरे पिता ने प्रेरित किया कि वे जुबीन को सिंफनी कंडक्ट करने के कैरियर को आगे बढ़ने के लिए विदेश भेज दें) और अभिनेता-अभिनेत्रियाँ (जिनमें से बहुतों ने निम्न हैसियत से उठे होने की सच्चाई को छिपाने के लिए अपने नाम बदल लिये थे)। सोरस बहनें जो हमारे घर के नीचे वाले घर में रहती थीं, उनके बारे में हम जानते थे कि वे मर्ले ओबेरॉन की सम्बन्धी हैं, वही मर्ले जो न्यूजीलैंड में अपने जन्मे होने की बात करती थी और नहीं चाहती थी कि कोई यह बात जाने कि जिसे वह लन्दन से आई अपनी नौकरानी कहती है, वह वास्तव में उसकी अपनी माँ है।

हमारे पड़ोसियों में खुर्शीद ईरानी नाम का हड़ियल दर्जी था, जिसने कभी कमर्शियल आर्ट की ट्रेनिंग ली थी और जो ऑयल पेंटिंग का मेरा पहला गुरु था, कवि और नाटककार निस्सीम इजेकियल, उसका अर्थशास्त्री भाई हन्नान जिसका अमेरिकी विश्वविद्यालय में बड़ा नाम था और डॉ. प्रिज़िल्ला सोरस (डॉक के नाम से मशहूर) जो लाइसेंस के बिना कार चलाती थीं। किसी साधारण से ट्रैफिक उल्लंघन पर जब पुलिसवाले ने उन्हें पकड़ लिया और उनके कागजात माँगे तो उन्होंने अपनी अनभिज्ञता दिखाते हुए तर्क दिया कि "ऑफिसर मुझे नहीं मालूम था कि रिटायर हो जाने के बाद कार चलाने के लिए मुझे लाइसेंस की जरूरत होगी!"

कुछ नमूने "द रिट्रीट" के हिस्से भी आए थे : उम्र और गठिए के प्रकोप से चिड़िया के पंजों जैसे हाथों वाली ऐंठी-ऐंठी श्रीमती डेविडसन, चिर अविवाहित उनकी बेटी एडी, जिसकी बफ़ी नाम की गहरी आवाज़ वाली महिला मित्र थी, जो पुरुषों की तरह ट्वीडसूट पहनती थी और सिगरेटें धोंकती रहती थी। बफ़ी शिमला की थी। अपने गठिआए पंजों पर लड़खड़ाती श्रीमती सलधाना, जिनके पास हमेशा मजेदार चटपटे किस्से भी होते थे और कैथलिक उपदेश भी। गोल्डन वैफ़र्स (इतने स्वादिष्ट वैफ़र्स मैंने कभी नहीं खाए) का मालिक खोड़ी इरानी, जो पैसे न होने की हालत में शराब की जगह वार्निश का नशा करने लगा और तीस-पैंतीस साल की उम्र में मर गया। धूबी और तमीना बहनें जो अपने वृहद् परिवार के साथ एक लम्बाई में बनी सफ़ेद विला में रहती थीं। उनके दो भाई थे, एक रसिक कुँवारा तो दूसरा एकदम संत, जिसे वहाँ का सेंट फ्रांसिस कहा जाता था। यह संत भाई रोज चहकती गौरैयों को रोटी के टुकड़े डालता था। उन बहनों के पास बहुत सुन्दर, पर एकदम बोदा गोल्डन रिट्रीवर था और गिलट के शानदार पिंजरे में बंद दो बुढ़ाते काकातुआ भी थे, जो आगंतुकों को देखकर सीटी बजाते और उनकी आवाज़ों की नकलें उतारते और फिर अपने ही

चुटकुलों पर कहकहे लगाते। और सबसे बेहतरीन श्री और श्रीमती........., पारसी जोड़ा, सच कहें तो बम्बई में रहनेवाले उपनिवेशकों का सर्वोत्तम उदाहरण तो यही जोड़ा था। हर शाम सात बजे वे दो डेक कुर्सियों के साथ अपने बाड़े में आते और फिर शुरू होती उनकी रोज की रस्म—श्री.........अपना हिज़ मास्टर्स वॉयस का ग्रामोफ़ोन चला देते जबकि उनकी पत्नी हथपंखा झलती रहतीं। यूँ तो इस दम्पति को जॉन फ़िलिप सौसा और ब्रिटिश मार्च पसन्द थे, किन्तु उनका कार्यक्रम शुरू होता था "रूल ब्रिटेनिया" से और खत्म होता था—"गॉड सेव द किंग" से!

[...]

बम्बई जातीयताओं का समूह था—नस्लों, धर्मों, रंगों और भाषाओं का रंगपटल। यहाँ इतनी सारी भाषाएँ तरह-तरह के उतार-चढ़ावों के साथ, अलग-अलग शब्दावली, अलग-अलग लय और धुन में बोली जाती हैं, कि इस दुनिया से बाहर वालों को तो वे शोरशराबा ही लगेंगी। मैं जरा बहुत हिन्दी बोल लेता था, उससे भी कम मराठी। गुजराती, संस्कृत, उर्दू, अरबी या कोंकणी तो बिलकुल भी नहीं। अत: अपनी मातृ-भाषा के अलावा अन्य सभी भाषाओं में अपने अज्ञान के कारण मैं भारतीय समाज से विलग ही रह गया। दरअसल कभी-कभी व्यक्ति अपने वास्तविक अज्ञान को सार्वभौमिक भाषा के सुनहले स्वप्नजाल में छिपाता है।

"द रिट्रीट" बेलासिस रोड, भायखला। शायद पुनर्कल्पित अतीत को किंचित उद्भासित करता, यह नाम मन को सुकून देता है।

अप्रैल 1942 में अपनी शादी के कुछ बाद ही मेरे माता-पिता इस घर में आए थे।

विवाह की तस्वीर

मेरे माता-पिता की शादी की तस्वीर आडम्बरहीन और औपचारिक-सी है। यह तस्वीर गहरे रंग के परदों और रँगी दीवाल वाले स्टूडियों में ट्रायपॉड पर रखे उस कैमरे से खींची गई है, जिसमें फोटोग्राफर अचानक ही एक काले कपड़े के भीतर सिर घुसाकर फ्लैशलाइट जलाता था। उस तस्वीर में सहजता का नामो-निशान नहीं है, लगता है कि फोटोग्राफर नये जोड़ों की तस्वीरें खीचने की महारत हासिल कर चुका था। मेरे माता-पिता सीधे-सीधे कैमरे को देख रहे हैं। शादी के बाद वे असाधारण रूप से गम्भीर लग रहे हैं, अपनी साँस ऐसे रोके हुए कि कहीं कैमरे का फोकस ही धुँधला न जाए।

या उन्होंने अपनी साँस किसी गूढ़ कारण से ही रोकी हुई है? अपने गोरेपन के कारण मेरी माँ जो बीस वर्ष से भी कम आयु की लग रही है इस तस्वीर में कुछ यूँ तनी खड़ी है, कि कोई दुल्हन खड़ी हो ही नहीं सकती। उसका गाउन धवल जल की तरह फैला हुआ है, जिसमें उसके बुके से गिरे और शादी के बाद उस पर वारे

गए फूल बिखरे पड़े हैं। मेरे पिता आत्मविश्वास से तने खड़े हैं पर खुश नहीं दिख पड़ते। क्या उनकी कामना उन्नीसवीं सदी के विक्टोरियाई पति की तरह अपनी पत्नी को एक और संग्रहणीय चीज की तरह देखकर उसे त्रस्त करने की रही होगी? या वे सिर्फ अपने भाग्य पर इतरा रहे हैं—आरारात में छीन लिए गए अपने बचपन की तुलना में वर्तमान के वैवाहिक सुख की स्पष्ट स्थिति में?

क्या उसे उसके भय या हिंसक वृत्ति का भान हो गया है? क्या वो उसके चित्त को समझ रही है कि वो आइंदा अपने जीवन में किन यादों को ढूँढ़ता फिरेगा?

इस तस्वीर को देखकर यह अनुमान लगाना असम्भव है कि उन दोनों के मन में प्यार का क्या मतलब है। और बावजूद इसके एक नवविवाहित दम्पति के तौर पर उन्होंने एक दूसरे के चेहरों को चूमती निगाहों से तो देखा ही होगा।

1942, और युद्ध अभी खत्म नहीं हुआ था।
उस आदमी के लिए तो युद्ध कभी खत्म होगा भी नहीं।
[...]

इस पल के लिए वो जिन्दा क्यूँकर बचा? नक्शे में शहरों को याद रखने की महारत उसे हासिल न थी। रेतीली सीमारेखा...जरूर वो जहर भरी गर्म हवा तुर्की के समाल से आई होगी जिसने उसके चित्त से पूर्वजों के चेहरों को मिटा डाला, लोगों के जखीरों और शवों की यादों को जला डाला।
सारा यूरोप तीन महाद्वीपों में युद्धरत था, किन्तु अपने अनाथ लड़कपन में वो यूरोप कहाँ था जब जीवित रह पाना उसी तरह असम्भव था जैसे कमजोर उँगलियों में पानी का बचे रहना।

मेरे पिता ताजिन्दगी लगभग अनाम रहे। उनके पास ऐसा कोई नक़्शा नहीं बचा था कि अपनी सभ्यता को इंगित करते। युद्ध ने उन्हें स्मृतिहीन कर छोड़ा था। उनके साथ अनेक रहस्य जुड़े हुए थे। वे एक ऐसे बीमार आदमी थे, जो कभी भी पूरी तरह स्वस्थ न हो सका। वे अपने पूर्वजों के नामों को याद न रख सके, बावजूद इसके कि वे आरारात की ओर जाती हवाओं में उनके नाम अपना प्यार भेजना चाहते थे। वे तो उन बेतों की झाड़ियों और पर्वतीय फूलों में, जो उन्हें अब तक याद थीं, उनके चेहरे नहीं देख पाते थे और जब कभी वे चाँद को देखते उन्हें परछाइयों के सिवा कुछ न दिखता।

[...]

मेरे पिता एक विस्थापित आर्मेनियाई थे। उन्होंने पहले फारस की खाड़ी में वेटर और मोटर मैकेनिक के तौर पर काम किया और फिर वे बम्बई में एक फ्रांसीसी मोटर कम्पनी में अधिकारी बनकर आ गए। उन्होंने कामचलाऊ पढ़ाई की थी,

पर वे बिजनेस रिपोर्ट और चिट्ठियाँ बखूबी लिखवा लेते थे (जिसे बाद में या तो उनका सेक्रेटरी सुधार देता था, या मेरी माँ)। किन्तु उनका गुस्सा उनकी भाषिक क्षमता का कबाड़ा कर देता। जब वे लिखते तो उनका लिखा पढ़ना मुश्किल था, आड़ी-तिरछी कँटीली लिखावट थी उनकी। उन्हें अखबार पढ़ना अच्छा लगता था, पर वे उन्हीं रिपोर्ताजों को पसन्द करते जिनके मत उनसे मिलते।

मेरी माँ औपनिवेशिक उपज थी पर उसे अपने परिवेश से कोई शिकायत न थी। वह अपनी मध्यवर्गीय सुख-सुविधाओं और एंग्लो-इंडियन रहन-सहन की रीतियों में मस्त रहती थी, जिसमें आलस और बोरियत के विशेषाधिकार को दूर करने के लिए अन्तहीन पार्टियों, माउद डाइवर के शब्दों में स्वछंद-सम्भोगी मिलनसारिता के दौर चलते रहते थे। मेरे पिता के व्यवहार की रुक्षता, जो गुस्से में खासी अनर्थकारी हो जाती थी, उससे छिपी न थी, पर उसके लिए वे गुदड़ी का हीरा थे और वह बजाय उनके दुर्गुणों पर रोने के, सदा उनके स्वभाव के सद्गुणों की चर्चा करती थी। वह उनके विखंडित अतीत अथवा खो गई संस्कृति के प्रति उत्सुक नजर नहीं आती थी।

मैं आर्मेनिया के लिए बाहरी व्यक्ति था, क्योंकि मैं पिता के जीवन की जड़ों और उनकी भाषा से कटा हुआ था और मैं एंग्लो-इंडियनों की अपव्ययी जीवनपद्धति से भी शर्मसार था। वैसे तो एंग्लो-इंडियन का मतलब है ब्रिटिश मूल का ऐसा व्यक्ति जो भारत में बस गया है, पर कालान्तर में इसका अर्थ हो गया मिश्रित मूल का आदमी यानी कोई ऐसा जो आधा यूरोपीय और आधा एशियाई हो। ब्रिटिश राज में जरूर ही अनेक नामी एंग्लो-इंडियन रहे होंगे, पर बम्बई निवास के मेरी किशोरावस्था के दिनों में मुझे कोई बहुत नामी एंग्लो-इंडियन याद नहीं हैं। मैं कई अन्य एंग्लो-इंडियनों की भाँति नेसबिट रोड, मझगाँव में जेसुइटों द्वारा "द प्रेसीडेंसी ट्रस्ट" के तत्वावधान में चलाए जा रहे सेंट मेरी स्कूल में पढ़ने जाता था, पर मेरी याद में तो वहाँ भी अच्छे विद्यार्थी हिन्दू और पारसी ही थे। ज़्यादातर एंग्लो-इंडियन, जिन्हें मैं जानता था वे दिशाहीन किशोर थे। वे या तो किसी कल्पित देशनिकाले की मनोदशा में रहते थे अथवा भारत और ब्रिटेन दोनों ही देशों द्वारा खुद को परित्यक्त माने हुए थे।

मेरे स्कूली दिनों में एंग्लो-इंडियन लेखन में यह प्रजाति कहीं नहीं थी और न ही एंग्लो-इंडियन लेखन में इस समुदाय का कोई प्रतिबिम्बन ही था।

एंग्लो-इंडियन की मेरी वाली पीढ़ी एक खत्म होती प्रजाति थी। न केवल संख्या की दृष्टि से बल्कि सांस्कृतिक महत्त्व की दृष्टि से भी। हाँ, बस एक गनीमत यह थी कि बीते जमाने के लेखकों—रुड्यार्ड किप्लिंग, ई.एम. फ़ोर्स्टर, ज़ॉन मास्टर्स और पॉल स्कॉट के उपन्यासों में उनकी साहित्यिक उपस्थिति दर्ज थी और इन तमाम पुस्तकों का देशकाल बम्बई से दूर किन्हीं (वास्तविक अथवा कल्पित) जगहों में स्थित था। यह सही है कि किप्लिंग के एंग्लो-इंडियन वे नहीं हैं, जो फ़ोर्स्टर या मास्टर्स अथवा पॉल स्कॉट के उपन्यासों में हैं, पर उन सबका भाग्य साम्राज्य

के उत्पीड़ितों का है क्योंकि वे अवमानना के अर्द्ध-संसार के जातिच्युत वाशिंदे हैं—बेदखल, आत्म-अवमानना व वंचना के शिकार, अभियुक्त सरीखे।

[...]

मेरे पिता अपने व्यवसाय के राजा थे। उनके खरीदारों को उनकी कुशलता पर पूरा भरोसा था और वे उनकी ईमानदारी पर भी विश्वास करते थे। अपने वर्कशॉप में अपनी मशीनों और मैकेनिकों पर उनका पूरा कब्जा था। उनके मैकेनिक उनके नारकीय यातना सरीखे गुस्से के डर से थर-थर काँपते थे। पर मुझे लगता है कि वे अपने पुत्र के पिता की भूमिका की तुलना में अपने काम के प्रति ज़्यादा समर्पित थे। एक जगह अल्बर्ट कामू ने लिखा है, "कला दरअसल मनुष्य द्वारा उन कतिपय बिम्बों की तलाश है जिनकी उपस्थिति को उसके हृदय ने पहले-पहल महसूस किया था।" मेरे पिता के लिए ऑटोमोबाइल मैकेनिक्स "कला" ही थी किन्तु उनके हृदय के विस्तार में इस चिपचिपे गंदे से काम का क्या योगदान हो सकता था? सम्भवत: उनके लिए यह उपासना का पर्याय थी जिससे वे संतोष, समाज में स्थान और अपने कृतज्ञ खरीदारों द्वारा बेशुमार तोहफ़े पाते थे। वे अकसर ही घर में संतरों, आमों या खरबूजों के बड़े-बड़े टोकरे, स्कॉच अथवा क्रीम दे मॉन्ट की बोतलें लाते थे। उनके बच्चों के जन्मदिन की पार्टियों में जॉय आइसक्रीम वाले के सौजन्य से आइसक्रीम केक आते थे। जॉय आइसक्रीम वाले ने अमेरिका से बिजनेस पढ़ा था और वह मेरे पिता का महत्त्वपूर्ण आसामी था। हर नये वर्ष की पूर्व संध्या पर हमारे घर में खूब अच्छी तरह से भुना हुआ कुरकुरी महीन नमकीन त्वचा के भीतर नर्म लज्जतदार माँस वाला सूअर आता था, जिसके मुँह में सेव ठुँसा रहता था।

यद्यपि मैंने आग्रहपूर्वक अपने लिए बिलकुल जुदा काम ढूँढ़ा पर मैं मन-ही-मन उनकी व्यावसायिक उपलब्धियों पर गर्व करता था। मैं मशीन चलाने में कतई अक्षम था और मुझे इसकी कोई शिकायत भी नहीं। मैं उनके सामर्थ्य, गुस्से और प्रतियोगी वृत्ति से अवगत था और यह भी जानता था कि ये मजबूत वृत्तियाँ ही दरअसल उनकी स्वाधीन चेतना, साहस, तकनीकी दक्षता और ईमानदारी का स्रोत हैं। उनके सहकर्मी और आसामी उनका बहुत सम्मान करते थे पर कर्मचारियों की निगाह में वे रूखे और सख्त-मिजाज व्यक्ति थे। वे मीनमेख निकालनेवाले और बात-बात में झगड़ा करनेवाले व्यक्ति थे। वे अपमान और तिरस्कार को न भूलते थे और न माफ़ ही करते थे। उनके व्यवहार में निर्दयता का पुट रहता था, जिसकी वजह से निहायत बचपन से ही मैं उनका सम्मान नहीं कर पाया।

यद्यपि आर्मेनियाई इतिहास की असह्य तकलीफ़ें झेलने के बाद उनकी उपलब्धियाँ अभूतपूर्व कही जाएँगी, किन्तु सारे घर को अपनी छाया से ग्रस्त कर देने के चलते मैं उन्हें कभी पसन्द नहीं कर पाया।

[...]

भाग-दो
आर्मेनिया

अस्सी साल से भी ज़्यादा जीने के बावजूद उनमें वह बच्चा कभी मर नहीं पाया जिसके पेट में हरदम भूख की ज्वाला धधकती रहती थी, जिसकी जीभ में कचांध भर कर रह गई थी। वे इस तरह खाने पर टूटते मानो बचपन की उस भूख का बदला निकाल रहे हों, जब वे क्षुधा तृप्ति के लिए जंगली घास या खाने के फिंके टुकड़े बटोरते फिरते थे। और वयस्क होने पर जब वे मीट, किशमिश-बादाम डली बिरयानी या बटर चिकन और ककड़ी का रायता खा रहे होते तब भी उन्हें शवों से बदबदाती नालियों की दुर्गंध सताने लगती। वे शव जिन्हें गहरे गड्ढों में फेंक दिया गया था अथवा गहरे सागर की उबकाई से फिंके पानी में फूले शव। उनकी क्षुधा इन्हीं भयानक यादों का नतीजा थी, वे ज्वार की तरह प्रलाप करते थे अथवा भूकंप का वैसा शोर जिसमें आरारात टूट-बिखर कर एक सार हो जाए।

इस बात में कोई सार तो होगा कि उसका नाम आदम था, वैसे मेरा मानना है कि मूल पाप की उनकी अपनी ही अवधारणा होगी। उनके लिए मनुष्य के पतन की शुरुआत 24 अप्रैल 1915 को हुई थी।

[...]

मेरे पिता का जन्म 26 दिसम्बर 1909 को दियार्बेकिर प्रान्त के तिग्रानाकेर्त में हुआ था। इस प्रान्त ने अपना नाम राजा तिग्रान जिसे आमतौर से तिग्रान महान के नाम से भी जाना जाता है, से प्राप्त किया है। इस शासक के बारे में आज हम जो कुछ भी जानते हैं, वह प्राय: उसके रोमन दुश्मनों के वर्णनों से हमें प्राप्त हुआ है अथवा उसके द्वारा चलाए अद्भुत चाँदी के सिक्कों के माध्यम से। यह शासक ईसा पूर्व 95 वें वर्ष में गद्दी पर आसीन हुआ जब कि पोन्टस के राजा मिथ्रिदातेस यूपेटर अनातोलिया से और समूचे एशिया से रोम साम्राज्य को उखाड़ फेंकने पर प्रतिबद्ध था। तब मौका ताक कर तिग्रान ने मिथ्रिदातेस से समझौता किया और उसकी 13 वर्षीया बेटी क्लियोपेट्रा से विवाह कर लिया। तिग्रान बहुत महत्त्वाकांक्षी था और उसने अपनी सैन्य शक्ति द्वारा अनेक राजाओं को हराया। उसने रोमी, पार्थियाई, सेल्युसिद, सिलिशियाई, फ़ीनीशियाइयों को हराकर उन सभी सूबों को इकट्ठा कर लिया जिनमें आर्मेनियाई निवास करते थे। सीरिया को हरा कर वह उत्तरी फ़िलीस्तीन की ओर बढ़ा। शक्ति के अहंकार में डूब कर उसने स्वयं को देवता या दिव्य कहने से पहले राजाओं के राजा की उपाधि धारण की।

तिग्रान का साम्राज्य कैस्पियन सागर से मैडिटेरेनियन तथा मेसोपोटामिया से पोन्टिक आल्प्स तक फैला हुआ था। उसकी राजधानी तिग्रानाकेर्त बहुत शानदार

थी। उसके चारों ओर पचास हाथ ऊँची इतनी मोटी दीवाल थी कि दीवाल के खोखल में ही घुड़साल बने हुए थे। इसके बाहर ही एक बड़ा राजमहल था और किला था। शिकार के लिए बागान और मछलियों के लिए तालाब भी। कहना न होगा कि सचमुच में दर्शनीय यह स्थान हेलेनिस्टिक विज्ञान, कला और साहित्य का केन्द्र था। किन्तु राजाओं का यह राजा आखिर घमंड का शिकार हो गया और कालान्तर में इसके एक पुत्र ने इसके ख़िलाफ़ बगावत कर दी और अन्ततः यह रोम से युद्ध में पराजित हो गया।

एक खालिस आर्मेनियाई कहानी की तरह तिग्रान की कहानी भी अशान्तिपूर्ण उतार-चढ़ावों, पारिवारिक मतभेद और शर्मिन्दगी की कहानी है। जिसे कई इलाकेदार कर देने को बाध्य थे, अब वही रोम के दरबार की दया के लिए हाथ बाँधे खड़ा था।

उस राजाओं के राजा के भाग्य की अधोगति को कतई भुलाकर तिग्रान के यश को याद करते हुए मेरे पिता मुझे बहुत शान से बताते थे कि, "मेरा जन्म वहीं हुआ था, जहाँ राजा देकरान (तिग्रान) रहा करते थे"।

मेरे दादा स्तेफान खेती और सिंचाई में काम आनेवाली मशीनों और औजार बनानेवाले परिवार में पैदा हुए थे। एक दिन अचानक उन्हें तुर्क सेना में भर्ती कर लिया और वे लश्कर के साथ सीमा पर लड़ाई करने के लिए भेज दिए गए। वे एक बार को गए तो फिर घर वापस न लौटे। मेरी दादी का नाम एल्मास था (जो कि मेरे पिता के ब्रिटिश पासपोर्ट में गलती से एल्मा दर्ज हो गया था।)

मैंने पूछा, "देखने में वे कैसी लगती थीं?"

"बिलकुल तुम्हारी बहन एल्मा की तरह।" [एल्मा मेरे पिता की प्रिय संतान थी, जो 36 साल की आयु में कैंसर से मर गई।]

मेरे पिता की तीन बहने थीं, एक बड़ी और दो उनसे छोटी। बड़ी बहन रोज़ (वार्थी) उनसे चार साल बड़ी थी, दूसरी का नाम उन्हें याद ही न रहा था और सबसे छोटी आर्शे उनसे लगभग चार वर्ष छोटी थी। उसके बाल सुन्दर घुँघराले थे।

गोधूलि से पहले जब तुर्क मुअज़्ज़िनों ने मुसलमानों को इबादत के लिए बुलाया तो गलियों में झुंड के झुंड लोग निकल पड़े। कुर्दों ने खरबूजों से भरी बैलगाड़ियाँ बाजार की ओर बढ़ा दीं, घुड़सवार सशस्त्र सैनिक निकल पड़े, सुराहियाँ उठाए स्त्रियाँ झरनों के पास गप्पें लगा और चुगलियाँ भिड़ा रही थीं, पुराने किस्सागो किस्से बटोर रहे थे और कहवाघरों में चाय पीनेवाले, जो अकसर ही जुआ अथवा पासे खेलते थे जुट गए थे, दुकानदार उन्हें तिल की पट्टियाँ आदि बेच रहे थे। खाने-पीने की चीजें बिकना तो रोजमर्रा की बात थी। वहाँ तेज राकी भी बिकती थी, जो पानी या बर्फ़ मिलाने पर दूधिया हो जाती थी। लाल ट्रे में रंगबिरंगी मछलियाँ, सींक कबाब और मीठा पसन्द करनेवालों के लिए दही और लोकुम।

आर्मेनियाई मिले और उसी तरह जोर-जोर से और बेरुके उन्होंने बातें कीं, जैसी कि उनकी आदत थी, फिर वे अपने लाल खपरैलों और छज्जों वाले घरों में लौट गए। गोधूलि के समय मुसलमानों के लिए अजान गोया अधिकृत रूप से आतंक फैलाने के लिए गुप्त संकेत था।

पूरे अनातोलिया में, छोटे गाँवों से लेकर शहरों तक सभी आर्मेनियाई घरों के दरवाजों को तुर्कों ने यह कहते हुए जोर-जोर से भड़भड़ाया कि सभी लोग अपने अपने घरों से सब कुछ यथावत् छोड़कर निकल जाएँ। औरतों को नहाने के टबों से बाहर खींच लिया गया, बच्चों को उनके बिस्तरों से। पर्वतों के पास, जहाँ पोपलर के पेड़ आसमान में जाली-सी बुन रहे थे, वहाँ काम कर रहे किसानों को अपने हलों और बैलों को छोड़कर "पुनर्स्थापन" के लिए चल पड़ने के लिए बाध्य कर दिया गया। तुर्कों ने मौत का भय दिखाकर इस 'पुनर्स्थापन' की तस्वीरें नहीं उतारने दीं, तो भी कुछ जर्मन लोगों ने होटल के कमरों की खिड़की से एक-आध तस्वीरें जल्दी जल्दी खींच लीं। जैसे ही खच्चर गाड़ियाँ रास्तों पर घड़घड़ाती चलीं और जैसे ही हजारों निस्सहाय आर्मेनियाइयों का यह कारवाँ चिथड़ों के गठ्ठर की तरह आगे बढ़ा, तुर्कों ने अपराधियों और कुर्द जनजातियों के ऐसे गिरोह तैनात कर रखे थे, जो इन निःशस्त्र लोगों पर टूट पड़े। औरतों और बच्चों के साथ बलात्कार किया गया और आदमी तो गायब ही कर दिए गए। तुर्कों ने बहाना बनाया कि पुरुषों को सेना में भर्ती कर लिया गया है पर बाद में बहुतों की लाशें खड्डों में पड़ी मिलीं। तुर्कों को खंजर से छातियाँ और हाथ काट देने और बच्चों को जलती झाड़ियों में फेंक देने में महारत हासिल थी। माँस और हड्डियों के ढेर से कुत्तों की तो दावत ही हो गई थी।

मेरे पिता बच्चों के उस दल में थे, जिन्हें एक ऐसी जगह ले जाया गया, जहाँ घुड़सवार सैनिक चमचमाती तलवारें लिए घूम रहे थे। वे बच्चे घंटों भय के मारे काँपते रहे पर बाद में कोई मुफ्ती या मौलवी आया जिसने सैनिकों को उन बच्चों को न मारने का आदेश दिया। अगले दिन सभी बच्चों और उनकी माँओं को जबरन शहर से निकाल दिया गया। उन्हें आदेश था कि वे पहने कपड़ों में ही अपने घरों को खुला छोड़ के बाहर निकल जाएँ, क्योंकि युद्ध होनेवाला था। सच्चाई तो यह थी कि 26 जनवरी 1913 के तख्तापलट के बाद एनवेर, तलत और जेमाल के तुर्की के निर्विरोध अधिनायक के रूप में मजबूत होने के बाद उनके संग मिलकर ही युद्ध की रणनीतियाँ बनाई गई थीं। इस त्रिमूर्ति ने नृशंसता की शिक्षा इस क्षेत्र के सर्वश्रेष्ठ शिक्षकों से पाई थी। युद्धमंत्री बनने से पहले लड़कियों की-सी लम्बी बरौनियों और अपने पंजों पर उचक-उचककर चलनेवाला यह मरियल-सा एनवेर, 1909 से लेकर 1911 तक बर्लिन में ऑटोमन साम्राज्य का अटैशी था, जहाँ उसने धाराप्रवाह जर्मन बोलना सीखी और जैसा कि 'द आर्मेनियन्स'(ए पीपल इन

एक्जाइल) में डेविड मार्शल लैंग ने हमें बताया है कि एनवेर, प्रशा के "सैन्यवाद का निर्लज्ज समर्थक" था और अपनी स्त्रियोचित कद-काठी के बावजूद वह कैसर विल्हेम की तरह "ऊपर को ऐंठी हुई" बड़ी-बड़ी मूँछें रखता था। "सजीले युद्ध देवता" के रूप में ख्यात इस व्यक्ति ने अपनी वीरता और साहस के पागलपन की सैकड़ों कहानियाँ प्रचलित कर दी थीं। एक बार उसने सिगरेट मुँह में दबाए, विद्रोहियों की तोप के सामने खड़ा होकर उन्हें तोप चलाने की चुनौती दे डाली थी। कभी तुर्की की तृतीय सेना में कर्नल रहा जेमाल, मूलतः लड़ाकू था, जिसने घुमक्कड़ फकीरों तक को युद्ध में लड़ा दिया था। वह नौसेना का मंत्री बना। दुहरी ठोड़ी, उभरी तोंद, काली मूँछों और विशाल सिर वाला तलत, जिसकी कनपट्टियों के बाल सफेद हो चले थे और जिसके हाथ आम आदमी के हाथ से दुगने आकार के थे, आन्तरिक मामलों का मंत्री था। अपने अन्य धर्मांध सैनिक साथियों की तरह यह भी युवा तुर्क का सदस्य था, जिनकी क्रूरता ने अब्दुल हामिद की क्रूरता के भी कान कतर दिए थे।

शुरुआती दौर में आर्मेनियाइयों ने हामीदी ज़्यादतियों के खिलाफ इस त्रिमूर्ति का समर्थन किया था। हामिद ने आर्मेनियाइयों का कत्लेआम 1894 में गोलीबारी, घुड़सवार सेनाओं से तलवारों द्वारा कटवाकर या फिर लोगों को फाँसी चढ़ाने जैसे तरीकों से शुरू किया था। तुर्कों की भीड़ को आर्मेनियाइयों को मार डालने की छूट हासिल थी। तुर्कों की भीड़ के सामने आर्मेनियाइयों के लिए न तो कोई शरणस्थली थी न ही किसी प्रकार की दया। छुपने के लिए चर्च भी उपयुक्त न थे, क्योंकि तब भीड़ बाहर से दरवाजा बंद करके चर्च में आग लगा देती थी, जिसमें अधिकतर तो अन्दर फँसे रह जाते थे, और जो दो-एक बाहर निकलने में किसी भी तरह सफल हो जाते उन्हें पकड़कर फिर से लपटों के हवाले कर दिया जाता।

तुर्की में आर्मेनियाई पैदा होना वस्तुतः एक गलत स्थान में होना था। उनसे इतनी चिढ़ इसीलिए थी क्योंकि वे संभ्रान्त थे—वे पढ़े-लिखे थे—वकील, डॉक्टर, व्यापारी, धातु-विशेषज्ञ और प्रशिक्षित दस्तकार, एक तरह से तुर्की की ताकत। अधिकांश विदेशी व्यापार आर्मेनियाइयों के हाथ में था। ऐसी कंपनियाँ, जिसमें कच्चे माल और तैयारशुदा माल का कारोबार होता था, तथा जिनकी शाखाएँ यूरोप तक में थीं, वे भी आर्मेनियाइयों के ही हाथों में थीं। हजार साल पहले जब तुर्कियों ने सत्ता पर कब्जा किया तब आर्मेनियाई मेहनतकश किसान थे, जिन्होंने इस क्षेत्र को मालामाल कर दिया था। जिस समय तुर्की छोटे-छोटे भूखंडों पर किसानी कर रहे थे, तब अनातोलिया का कृषि विज्ञान बहुत उन्नति कर चुका था। सिलिशिया में रहनेवाले आर्मेनियाइयों ने तो यूरोप से थ्रेशिंग मशीनें और भाप से चलनेवाले हल तक आयात किए थे। हीन भावना से ग्रस्त तुर्कों को आर्मेनियाइयों की सफलताओं से चिढ़ होती थी। उन्होंने मशीनें तोड़ डालीं। आर्मेनियाई डॉक्टरों, अध्यापकों, इंजीनियरों

और बुद्धिजीवियों के उत्पीड़न से जाहिर है कि उस देश के तुर्क, बुद्धिहीनता के कायल हो गए थे। किन्तु उनकी चिढ़ को अभिव्यक्ति का एक बहाना चाहिए था, युद्ध ने उन्हें वह बहाना दे दिया।

जब ऑटोमन साम्राज्य विघटन के कगार पर था, तो तुर्कों ने सेना की शरण ली। साम्राज्य के युवा तुर्कों ने एक गुप्त राजनीतिक पार्टी का गठन कर राजनीतिक और सामाजिक पुनर्निर्माण की सौगंध खाई। यह विडम्बना ही है कि शुरू में युवा तुर्कों ने पश्चिमी तर्ज पर उदार बहुराष्ट्रीय राज्य की स्थापना के विचार से प्रेरित होकर आर्मेनियाई और अन्य अल्पसंख्यकों के साथ तालमेल बिठाया था, किन्तु प्रथम विश्वयुद्ध ने साम्राज्य की इस सोच को ही उलट-पलट दिया। तुर्की ने जर्मनी के राजशाही का समर्थन किया और बदले में कैसर ने तुर्की की सेना को न केवल प्रशिक्षित किया बल्कि उसे अस्त्र-शस्त्र से लैस भी किया। यही नहीं उन्होंने तुर्की सेना को अपनी डरावनी बत्तखी मार्चिंग शैली भी सिखला दी। इस बात से अनवगत कि ऐसे राष्ट्रवाद और सैन्यवाद से अन्ततः वे ही मारे जाएँगे, आर्मेनियाई ऑटोमन सेना की ओर से लड़े। कइयों ने यह भी महसूस किया कि अनेक आर्मेनियाई तुर्की के दुश्मन रूस की ओर से लड़ रहे थे। युवा तुर्कियों ने भावी उपद्रव से आशंकित होकर एक ओर तो आर्मेनियाई सैनिकों को मारना शुरू कर दिया तो दूसरी ओर युद्ध क्षेत्र से आर्मेनियाइयों को खदेड़ना।

निर्वासन का यह तरीका कैसर और बारोन वॉन वांगन्हाइम से सीखा गया था, जिन्होंने स्मिरना और आसपास के इलाके से ग्रीकों के निकालने की वकालत की थी। इसी तरीके को कई गुना बढ़ा-चढ़ा खुद हिटलर ने यहूदियों को निकालने के लिए अपनाया। 1915 का प्रलय, जिसने जाति-संहार के प्रति तुर्की की कट्टर वृत्ति को जगजाहिर कर दिया था, उसकी पूर्वपीठिका में 1895 का नरसंहार था। इतिहास बताता है कि "ऑटोमन किलिंग्स" और बड़े पैमाने पर हुई इन तबाहियों को बड़ी बेशर्मी से अंजाम दिया गया था। तुर्क छोटी-सी घटना को भी आर्मेनियाइयों के खिलाफ इस्तेमाल करते थे। आर्मेनियाई उनके लिए मनुष्य न थे (जैसा कि बाद में नाज़ी जर्मनी में यहूदियों की स्थिति थी)। गाँवों और शहरों में आग लगा दी गई और आर्मेनियाई चर्च या तो तोड़ डाले गए अथवा उनका उपयोग घुड़साल या मस्जिद की तरह किया गया। ऐतिहासिक दस्तावेज इतने विषद् और खून से रँगे हुए हैं कि एशिया का कोई जलस्रोत उन धब्बों को नहीं धो सकेगा।

ट्रेबिजोंड, अखिसार, एर्जिन्दज़ान, बिटलिस, गुमुश-हाना, बाईबूर्त, उर्फ़ा, एर्ज़रूम, आराबकीर। 1915 में भी यही नाम उभरते हैं—कुछ अन्य नामों के साथ। बाकू, मस्किनाह, ज़ेऽथून, एर्जिन्दज़ान, ट्रेबिज़ोंड, बिलटिस में जेवडेत, मूश और सासून, शाबिन काराहिसार, खारपुत, सिवास, अंगोरा, मार्सोवान, दियार्बेकिर, मूसा दाग़, रास-एल-ऐन। हत्या स्थलों के ये नाम अधूरे ही हैं, किन्तु ये उस नामावली

को बनाने के लिए काफी हैं, जिन्हें आज शायद ही कोई सुमिरता है। ये कठिन नाम हैं, इनका उच्चारण भी कठिन ही है,पाश्चात्य समझ और रुचि के लिहाज से भी बाहरी है, किन्तु ये ऑस्विट्ज़ तक एक लम्बे साए की तरह जा पहुँचते हैं।

जब हिटलर नरसंहार की योजना बना रहा था, तो उसने रसीली मुस्कान के साथ कहा था, "आर्मेनियाइयों को अब कौन याद करता है?"

"हमने आर्मेनियाइयों की समस्या के समाधान के लिए जितना तीन महीनों में कर दिया है, उतना अब्दुल हामिद ने तीस वर्षों में नहीं किया," डींग हाँकी थी तलत पाशा ने। इस्लामी तुर्की में आर्मेनियाई होना नस्ली साजिश का शिकार होना था। धर्मांधता से आक्रान्त हो उसने आगाह किया था, "या तो वे खत्म होंगे या फिर हम!" उनका पूर्ण निर्मूलन किया जाना था, छोड़ संग्रहालय में रखे एक शव के!

"आर्मेनियाइयों का ख्याल रखना" मीठी छुरी की तरह चुभनेवाला कोड था।

अप्रैल 1915 में आर्मेनियाइयों का ख्याल रखने का तरीका अपनी पराकाष्ठा पर पहुँच गया। एनवेर पाशा के बहनोई जेवडेत बे ने उत्तर-पूर्वी ईरान में भयानक सैनिक कार्रवाई की। अपनी सेना के खात्मे के बाद उसने आर्मेनियाइयों से वान नामक क्षेत्र से चार हजार सैनिकों की माँग की। आर्मेनियाई नेताओं ने चार सौ सैनिक मुहैया कराते हुए बाकी के बदले पैसे देने की बात की। जब बे ने इस प्रस्ताव को अस्वीकार कर दिया, तब चार नेताओं की एक मंडली 16 अप्रैल को उससे बातचीत के लिए रवाना हुई, जिसे रास्ते में ही मार दिया गया। तीन दिन के बाद जेवडेत बे ने यह घोषणा करवाई, "आर्मेनियाइयों का नाश कर दिया जाए। यदि कोई मुसलमान किसी ईसाई की रक्षा करता है तो पहले उस मुसलमान का घर जला दिया जाए, फिर उस ईसाई को उस मुसलमान की आँखों के सामने मार दिया जाए, फिर उस मुसलमान के परिवार को मारा जाए और अन्त में खुद उसको।" उसी दिन रूसी सीमा के नजदीक आकांज़ में सभी 2500 पुरुष मार डाले गए।

वैसे तुर्क सेना के लिए आर्मेनियाई पुरुषों की जरूरत थी, पर नस्ली राष्ट्रवाद के दौर में आर्मेनियाई सैनिकों की स्थिति बड़ी अवांछनीय हो गई थी। शस्त्र छीनकर उन्हें जबरन मजदूर बना दिया गया था, उनका काम पशुओं की देखरेख करना था। उन्हें भूखा रखा जाता था और जब वे कमजोर और बीमार हो जाते थे, तो उन्हें भगा दिया जाता था।

किसी भी शहर अथवा गाँव में किसी एक तारीख को (ये तारीखें बहुत मानीखेज हैं) मुनादी करनेवाला, गली-गली जाकर घोषणा करता था कि सभी आर्मेनियाई पुरुष तत्काल प्रभाव से सरकारी भवन जाएँ...आदमी अपने कामकाजी वस्त्रों में ही वहाँ पहुँचते थे, अपनी दुकानों या कारखानों को खुला छोड़कर, अपने हलों को खेतों में ही छोड़कर, अपने पशुओं को पर्वत तले छोड़कर। और जब वे वहाँ पहुँचते तो कुछ बताए बिना ही उन्हें जेलों में ढकेल दिया जाता था। दो-तीन दिनों

बाद उन्हें कतार में रस्सी से बाँधकर दक्षिण अथवा दक्षिण पूर्व की तरफ जानेवाले रास्तों पर भेज दिया जाता था। उन्हें बताया जाता था कि उन्हें एक लम्बी यात्रा पर भेजा जा रहा है—मोसुल अथवा बगदाद...वे अपने परिवार को अलविदा भी न कह पाते थे...किन्तु उन्हें अपनी हालत पर सोचने का ज़्यादा मौका भी न मिलता था, क्योंकि रास्ते में पड़नेवाले पहले एकाकी स्थल पर उन्हें रोककर मार डाला जाता था। (विकांट ब्राइस-अर्नोल्ड टॉयनबी रिपोर्ट से)।

अगले दौर में अब औरतों और बच्चों की बारी थी। युवा तुर्कों ने इस मसले में कोई मौलिकता नहीं दिखाई। सीधे-सीधे मार डालने की बजाय वे अपने शिकार को वीरान जगह पर ले गए। आखिरकार नरसंहार की मर्यादा के यह सर्वथा अनुकूल था कि मार डालने के अलावा पीड़ितों को बेइज्जत भी किया जाए। देर-एज़-ज़ोर के क़रीब के पेट्रोलियम-समृद्ध रेगिस्तानी इलाके में ऐसी अनेक अँधेरी गुफाएँ थीं, जिनमें आर्मेनियाइयों को तड़प-तड़पकर भूखों मरने के लिए ठूँस दिया गया अथवा जल्दी मरने के लिए आग में झोंक दिया गया। कुछ बचने के लिए सुरंगों में दुबक गए और जिन्दा रहने के लिए उन्होंने अपने ही जल गए साथियों का मांस खाया।

और तुर्कों ने कभी पश्चाताप नहीं किया।

"यह सब अपरिहार्य है" तलत ने गजब ठंडे स्वर में कहा था।

जब बर्लिन के एक पत्रकार ने उससे जवाब के लिए दबाव डाला तो लच्छेदार भाषा में उसने जवाब दिया, "हमें इस बात के लिए प्रताड़ित किया जाता है कि हमने दोषी आर्मेनियाइयों और निर्दोषों के बीच भेद नहीं किया। किन्तु वह एकदम असम्भव था क्योंकि आज जो निर्दोष थे वे कल बखूबी अपराधी हो सकते थे।"

[...]

अपने अहंकार में तुर्कों ने सोचा ही नहीं कि ये बचे हुए आर्मेनियाई ही उनकी करतूतों के साक्षी रहेंगे। किन्तु ऐसी आवाज़ें बची रह गईं जो शून्य से चीख बनकर उभर आती हैं, जो मृतकों की ओर से बोल पड़ती हैं। वे नामों के साथ या अनाम रहकर भी बचे हुओं की स्मृति में बोलने लगती हैं और मैं उनमें से हूँ जिसे हाथ पकड़ गोल-घेरे में तुर्क सैनिकों की गालियों और चेहरे, पीठ या छातियों पर कोड़ों की फटकार के साथ नाचने का आदेश सुनती औरतें अब तक याद हैं। और वे औरतें समवेत स्वर में प्रार्थना करती हुईं, बिखरे बाल लिये अपनी अधनंगी रक्तरंजित देहों के साथ नाचती रहीं। उनके अपने ही बच्चे उन्हें घेरे हुए तालियाँ बजाकर उनके बेतुके नृत्य को ताल देने के लिए बाध्य किए जा रहे थे। तुर्कों के कोड़े, समान भाव से माँओं और बच्चों पर बरस रहे थे। यदि वे तालियाँ जोर से न बजाते तो उन पर कोड़े जम कर बरसने लगते। दो-तीन साल के बच्चे लगातार रोए जा रहे थे। उनसे और तेज, और भी तेज, जरा और जोर से तालियाँ

बजाने को कहा जा रहा था। तब कुछ सैनिकों ने उन नाचती औरतों पर लकड़ी की बाल्टी से किरासन तेल डाला और जलती मशालें उस ओर फेंक दीं। नाचती औरतों के कदम आग बुनने लगे, बच्चे तालियाँ बजाते रहे, इस डर से कहीं उन्हें भी आग में न झोंक दिया जाए।

टेलिविज़न पर चल रही डॉक्यूमेंटरी, "द हिडेन हॉलोकास्ट" को दुबारा देखते हुए मुझे आश्चर्य हुआ कि मैं कितना कुछ भूल चुका हूँ, जैसे कि कई आर्मेनियाइयों के तलवों पर घोड़ों की नालें ठुकवा दी गईं थीं, कि कई औरतें तो बच्चा जनते ही बिस्तर क्या घर से ही निकाल दी गईं थीं, वे बेचारी तो शायद ही कुछ खा पाईं, या एक ओढ़ना तक उठा पाईं थीं, बूढ़ों को गलियों में घसीटा गया और पुजारियों की उनकी वेदियों पर ही क्रूस से टाँग दिया गया। ऐसे भयंकर समय में किसी की भी आत्मा बची रह सकती थी क्या? मेरे पिता के सन्दर्भ में तो गोया शव में से एक नया आदम जन्म ले रहा था, एक बार फिर से।

[...]

मेरे पिता को याद है कि वे एक झरने के पास एक गुफा में पहुँचे थे। रात को तुर्क सैनिकों ने औरतों और जवान लड़कियों के साथ बलात्कार किया। मेरे पिता को याद था कि उनकी पन्द्रह साल की चचेरी बहन ने एक सैनिक को अपने मुक्के से मार गिराया था और जब तक वह उठकर उसे काट पाता तब तक उसने अपनी माँ के साथ नदी में छलाँग लगा दी थी। लड़की नदी में गिर लहरों के साथ बह गई थी किन्तु माँ चट्टानों के बीच जा फँसी थी, जहाँ से उसे उठवाकर उसका जो हाल किया गया वह...

नदी पार करने के लिए उन सैनिकों ने एक टूटा-फूटा-सा लकड़ी का तख्ता लगाया, जिससे फिसलकर एक जवान माँ जिसकी गोदी में छह माह का बच्चा था, नदी में जा गिरी। डूबती औरत चिल्लाती रही पर कोई भी उस माँ या बच्चे के लिए कुछ भी न कर पाया। दूसरे अत्याचारों की भी प्रत्यक्षदर्शी रिपोर्टें हैं। आदमी औरतों को एक साथ ही रस्सियों में बाँधकर उन्हें उफनती नदी में ढकेल दिया गया। तुर्कों ने जब उनमें से एक को गोली मार दी तब उस डूबते मृतक के साथ सारे जीवित भी काल के गाल में समा गए।

लगभग तीन दिनों तक आर्मेनियाई भूखे-प्यासे चलते रहे। भूख, क्रूरता और थकान से चूर मेरे पिता की माँ ने हारकर अपनी सबसे छोटी बेटी आर्शे को एक संतानहीन कुर्द दम्पति को सौंप दिया। मेरे पिता की छिटपुट यादों में नामहीन होकर दर्ज रह गई उनकी मंझली बहन को जल्दी ही माँ ने एक पेड़ के पास रोता बैठाकर यह कहकर छोड़ दिया कि वह इन्तजार करे, जल्दी ही माँ आकर उसे ले जाएगी।

मेरे पिता के मन में उस पाँच साल की, घुँघराले बालों वाली नामहीन बच्ची की पेड़ के पास एकाकी रोती तस्वीर जमकर रह गई थी...

[...]

जब वे एक छोटे-से गाँव में पहुँच गए तब आर्मेनियाइयों को उबला गेहूँ परोसा गया। काफी दूर चलने के बाद, वे मेसोपोटामिया पहुँचे जहाँ पानी के तो कुछ नलके थे पर खाने को कुछ भी न था। पहुँचने के अगले दिन उन्हें फफूँद लगी रोटियाँ खाने को दी गईं और उन्हें एक घुड़साल में बंद कर दिया गया जहाँ भूख से बिलबिलाती और जानवरों की लीद में अन्न के दाने ढूँढ़ती हुईं कई औरतें तो पागल हो गईं। सैकड़ों औरतों में से इस यात्रा में केवल तीस ही बच पाईं।

मेसोपोटामिया में ही मेरे पिता ने अपनी माँ को खो दिया। उनकी यादों में सब कुछ गड्ड-मड्ड हो गया था। उन्हें कुछ याद था कि वे अपनी माँ और बहिन रोज़ के साथ एक कब्रगाह में भी सोए थे। आधी रात में अपनी माँ की भारी-उखड़ी साँसें सुनकर वे उसे पिलाने के लिए कुछ लाने को भागे गए थे, पर जब वे लौटे तो उसकी साँसें थम चुकी थीं। बाद में उन्हें अनुमान है कि तुर्कों ने हैजा फैलने के अन्देशे से ढेरों शवों के साथ उसकी देह को भी एक खाई में फेंक दिया था।

[...]

किसी समय, किसी रहस्यात्मक ढंग से ही वे, रोज़ और उनके चचेरे भाई दिकरान और बेदरोस आर्मेनियाई प्रशासन द्वारा चलाए जा रहे एक अनाथालय में पहुँच गए, जहाँ पर एक रूसी डॉक्टर भी रहता था। ब्रिटिशों द्वारा पोषित इस दुमंजिले अनाथालय में ऊपर पच्चीस लड़कियाँ और नीचे पचास लड़के रहते थे। सभी अनाथों के पास पीतल का नम्बरवाला बिल्ला था। मेरे पिता का नम्बर 75 था। उन्हें सुबह के खाने में डबल रोटी का छोटा-सा टुकड़ा चावल की मांड के साथ दिया जाता था। घंटे-भर की कड़ी मेहनत के बाद जब अनाथ बच्चे भूख से बिलबिलाने लगते तब उन्हें प्याला-भर काली चाय पकड़ा दी जाती थी। शाम को उन्हें एक कटोरा सूप के साथ माँस के जरा से टुकड़े परोस दिए जाते थे। शाम को रोटी नहीं मिलती थी। मेरे पिता के अनुसार, इस अनाथालय को देखने खुद टी.ई.लॉरेंस आए थे। उनकी स्मृति में टी.ई. लॉरेंस लाल बालों वाले गोरे आदमी थे, बताया कि लॉरेंस के सम्मान में उन्होंने गाना गाया था।

[...]

वहाँ उन बच्चों को सालाना तौर पर बटन लगा एक हरा ऊनी कोट, दो जोड़ी खाकी कमीज-पैंट, मोजे और एक जोड़ी जूता दिया जाता था। मेरे पिता जूते टूट जाने के डर

से आमतौर पर नंगे पाँव ही घूमा करते थे और जूता केवल खास मौकों पर पहना करते थे। वहीं रहते हुए एक दिन रोज के गायब हो जाने के बाद, वे अपनी बहन से जुदा हो गए थे (वे उससे फिर तब मिले जब कुछ सालों बाद ब्रिटिश सत्ता ने इराक पर कब्जा किया और वहाँ की गलियों से अनाथ बच्चों को उठाया।) चौदह साल की उम्र में छह अन्य लड़कों के साथ अमेरिका जाने के लिए मेरे पिता अनाथालय से निकल भागे। ब्रिटिश उन्हें यरुशलम ले जाना चाहते थे। उन्होंने एक मल्लाह से प्रार्थना की कि वह उन्हें बसरा तक ले जाए, जहाँ पहुँचकर उन्होंने एक आर्मेनियाई चर्च का दरवाजा खटखटाया। उन्हें अहाते वाले बड़े घर में आसरा मिला, जहाँ उन्हें भात और सूप खाने को दिया गया। खाने के बाद उन्हें फर्श पर सुलाया गया।

उनकी किशोरावस्था भूख से बेहाल और अल्पजीवी पर बहुत सिखाऊ रही। मेरे पिता ने एक संतानहीन इराकी ईसाई दम्पति के घर नौकरी कर ली जिसने उन्हें अरबी सिखलाई। उनका काम पति महोदय के लिए दोपहर का खाना पहुँचाना था, जिसके लिए उन्हें एक महीने में एक डॉलर से भी कम पैसा मिलता था। उनके पड़ोस में एक भारतीय कस्टम का अधिकारी रहता था, जो अपने मकान मालिक की लड़की से प्रेम करता था। उसने मेरे पिता को दुगने पैसों में नौकरी पर रख लिया। यहीं से उनके जीवन में ब्रिटिश दुबारा आए। वे बसरा से 30 कि.मी. दूर बने आरएएफ़ में वेटर बन गए, जहाँ उन्होंने अंग्रेजी सीखी। एक साल बाद उन्हें बसरा के एक अस्पताल में वैसी ही नौकरी मिल गई। ब्रिटिशों को अबादान में अच्छी तनख्वाह पर एक वेटर चाहिए था। उन्हें नौकरी के साथ ब्रिटिश पासपोर्ट तो मिला ही साथ ही लगभग डेढ़ साल के लिए इंजीनियरों और अफ़सरों का साथ भी। उनके हौसले बढ़ गए थे। उन्होंने चीफ़ इंजीनियर से कार मैकेनिक बनने की इच्छा जताई। चीफ़ इंजीनियर ने स्वीकृति दे दी। पर दुर्भाग्य से उन्हें मलेरिया हो गया। ठीक बारह बजे उन्हें कँपकँपी के साथ बुखार चढ़ता और चार बजे तो उनकी देह बुखार से तप जाती फिर उसके बाद वह उतरना शुरू होता। तीन महीने यह सिलसिला चला। एक टुकड़ा तरबूज की खुराक पर रहते हुए जहाँ एक ओर वे सूखकर काँटा हो गए वहीं उनकी सारी बचत भी हवा हो गई थी। पर भाग्य के वे धनी थे, पत्तों के खेल में उन्होंने लगभग 35 डॉलर जीत लिए जिसमें से अच्छा-खासा हिस्सा अपने दोस्तों को इराक पैलेस होटल में पार्टी देने में खर्च कर दिया।

यह उनके इराक प्रवास की आखिरी स्मृति है जिसे उनके भारत आ बसने के प्राक्कथन के रूप में भी पढ़ा जा सकता है।

अमिताभ घोष

जन्म : 11 जुलाई, 1956 कलकत्ता

ज्ञानपीठ पुरस्कार से सम्मानित लेखक अमिताभ घोष ने दून स्कूल से पढ़ाई करने के बाद सेंट स्टीफेंस कॉलेज, दिल्ली तथा दिल्ली स्कूल ऑफ़ इकॉनोमिक्स से आगे की पढ़ाई की। उन्होंने सेंट एडमंड हॉल, ऑक्सफोर्ड से सोशल एन्थ्रोपोलोज़ी में डी फ़िल की उपाधि प्राप्त की। उनकी पहली नौकरी इंडियन एक्सप्रेस में लगी।

न्यूयॉर्क में रहनेवाले अमिताभ घोष को वर्ष 2007 में पद्मश्री से सम्मानित किया गया। 2009 में वे रॉयल सोसाइटी ऑफ़ लिट्रेचर के फ़ैलो बने।

उनकी रचनाएँ हैं—'सर्कल ऑफ़ रीज़न', 'द शैडो लाइंस', 'द ग्लास पैलेस', 'द हंगरी टाइड', 'द सी ऑफ़ पॉपीज़', 'रीवर ऑफ़ स्मोक' आदि। उन्हें 'द शैडो' के लिए साहित्य अकादमी पुरस्कार प्राप्त हुआ।

उन्होंने कथेतर गद्य भी लिखा है।

'गन आइलैंड' उनका नया उपन्यास है, जो वर्ष 2019 में प्रकाशित हुआ है।

साझा संताप : रास अल-ऐन के बंदी शिविरों में हिन्दुस्तानी और आर्मेनियाई 1916-18

स्टीवेन वर्थानेस (1959-1978) की स्मृति में

आर्मेनियाइयों का भारत से पुराना रिश्ता रहा है। इस उपमहाद्वीप में आर्मेनियाई समुदाय के इतिहास के अग्रणी लेखक मेस्रोब जैकब सेठ लिखते हैं कि महान मुगल सम्राट अकबर के अनुरोध पर 16वीं शताब्दी में आर्मेनियाई आगरा में आकर बसे। अकबर ने आर्मेनियाई मूल की मरियम जमानी बेगम से निकाह भी किया था। जब मुगल दरबार में अंग्रेजों का आगमन हुआ, उसके पहले से ही आर्मेनियाई वहाँ पर स्थापित हो चुके थे। आर्मेनियाइयों की मदद से ही ईस्ट इंडिया कम्पनी ने बंगाल की दीवानी हासिल की थी, जो ब्रिटिश साम्राज्य के निर्माण में एक महत्त्वपूर्ण शुरुआत थी। मेरी जन्मस्थली कोलकाता वर्षों तक भारत में आर्मेनियाई समुदाय का सबसे बड़ा और सबसे जीवंत केन्द्र रहा। मेरे बचपन तक भी इस शहर में आर्मेनियाइयों की महत्त्वपूर्ण उपस्थिति थी। युवावस्था में मैं प्रसिद्ध आर्मेनियाई मुक्केबाजों के बारे में सुनता था, मेरे पिता आर्मेनियाइयों द्वारा संचालित पुराने होटलों और अतिथिशालाओं के बारे में जब-तब जिक्र किया करते थे। मैं अकसर उस आर्मेनियाई विद्यालय के सामने से गुजरता था, जो संयोगवश उस जगह के हिस्से में बना हुआ था जहाँ अंग्रेजी उपन्यासकार विलियम मेकपीस थाकरे का जन्म हुआ था।

मेरी पुस्तकों में आर्मेनियाई पात्रों की उपस्थिति मेरी उन्हीं स्मृतियों और सम्बन्धों से समझी जा सकती है। मेरे उपन्यास 'द कैलकटा क्रोमोजोम' के प्रमुख पात्रों में श्रीमती आराथून्यान हैं (इस नाम का एक परिवार कोलकाता में कभी होटल चलाया करता था)। मेरी नवीनतम पुस्तक 'रिवर ऑफ स्मोक' में भी जादिग काराबेद्यान नाम का एक आर्मेनियाई पात्र है जो मिस्र में घड़ीसाज है (वह प्रसिद्ध आइकन-चित्रकार ओर्हान काराबेद्यान का भतीजा है, जिनका काम अभी भी काहिरा के मुआल्लखा चर्च में देखा जा सकता है)।

कथाकार के रूप में मैं पात्रों को गढ़ने और किस्सों का आविष्कार करने का अभ्यस्त हूँ। लेकिन मैं अकसर ऐतिहासिक स्रोतों से भी सरोकार रखता हूँ और

जब-तब मेरा वास्ता ऐसी चीजों से पड़ ही जाता है, जो मुझे याद दिलाती हैं कि कभी-कभी हकीकत कल्पना से अधिक अनोखी होती है। निश्चित रूप से मैं कोई ऐसी कहानी कभी नहीं गढ़ सकता था जिसे यहाँ कहने जा रहा हूँ। ये घटनाएँ प्रथम विश्वयुद्ध के उत्तरार्द्ध में घटी थीं, जब हिन्दुस्तानी सैनिकों और सैन्य-चिकित्सकों के दल रास अल-ऐन (अब सीरिया में) के इलाकों के इर्द-गिर्द बंदी बनाकर रखे गए थे। आर्मेनियाई नरसंहार के दौरान अनेक भयानक कत्लेआम इस शहर के आसपास भी अंजाम दिए गए थे। परिस्थितियों की मार के दौरान हिन्दुस्तानियों और आर्मेनियाइयों की नियति अकसर गुँथी मिलती है।

खैर, इस कहानी के अब तक बचे रहने का कारण यह रहा कि हिन्दुस्तानी बंदियों में से एक ने इन घटनाओं के चालीस वर्षों बाद उसे लिख डाला। उसका नाम शिशिर (शिशिर) सर्बाधिकारी था और उसकी पुस्तक 'अभी ले बगदाद' (या 'ऑन टू बगदाद') 1958 में प्रकाशित हुई थी। यह पुस्तक स्व-प्रकाशित थी और सम्भवत: गिने-चुने लोग ही इसे पढ़ पाए थे। महत्त्वपूर्ण बात यह है कि इस कथा का मुद्रण हुआ और इसी वजह से यह जीवित रह पाई। कारण कि हर मुद्रित पुस्तक की एक प्रति कोलकाता के राष्ट्रीय पुस्तकालय में जमा करवानी पड़ती थी और वह वही अकेली बच गई प्रति थी जिसे मैंने पिछले वर्ष पढ़ा था।

शिशिर सर्बाधिकारी मेरी तरह ही कोलकाता के मध्यवर्गीय बंगाली हिन्दू परिवार का सदस्य था। हालाँकि इससे कहानी की असम्भाव्यता और बढ़ जाती है, क्योंकि बीसवीं सदी की शुरुआत में ऐसी पृष्ठभूमि से आया युवक किसी सैन्य अभियान में शरीक होगा इसकी सम्भावना लगभग शून्य थी, क्योंकि बंगालियों को ब्रिटिश साम्राज्य की हिन्दुस्तानी सेना में भर्ती के लिए उपयुक्त नहीं समझा जाता था और ब्रिटिश अधिकारी सैनिकों का चयन खास 'जातियों' से ही किया करते थे।

सेना में भर्ती की नीतियाँ अधिकांश हिन्दुस्तानियों को बहाली से दूर रखती थीं और जिसका बहुत विरोध भी होता था—एक तो यह नस्ल भेद था और दूसरे कि औपनिवेशिक अर्थव्यवस्था में रोजगार के सबसे महत्त्वपूर्ण स्रोत-सैन्य बहाली में यह रोड़ा बन बैठा था। लेकिन यह जातिवादी प्रथा सेना के प्रशासनिक और चिकित्सा विभागों पर लागू नहीं होती थी। इसी वजह से अनेक बंगालियों ने इन विभागों के जरिए सेना में जगह पा ली थी। जब प्रथम विश्वयुद्ध शुरू हुआ तब अनेक प्रतिष्ठित बंगालियों ने तय किया कि सेना में चिकित्सा सेवाएँ नियमित भर्ती के लिए एक जरिया हो सकती हैं। इसके लिए उन्होंने युद्ध में पीड़ितों की सेवा हेतु स्वैच्छिक ऐम्ब्युलेंस सेवकों की एक इकाई बनाने की पेशकश की। उन्होंने यह अनुमान लगाया था कि ऐसे प्रस्ताव को संकट के इस समय में अस्वीकार नहीं किया जाएगा और वे बिलकुल सही थे। उन्हें तुरन्त एक इकाई बनाने की अनुमति मिल गई जिसे बंगाल ऐम्ब्युलेंस कोर (बीएसी) के नाम से जाना जाने लगा।

यही वह इकाई थी जिसमें शिशिर सर्बाधिकारी 1915 में एक स्वयंसेवक के रूप में दाखिल हुआ। वह बीस वर्ष का था और हाल ही में उसने स्नातक की डिग्री प्राप्त की थी। बीएसी में शामिल होने की उसकी इच्छा इतनी बलवती थी कि उसने हर तरह के हथकंडे अपनाए। कालान्तर में जिसे उसने 'खतरों से खेलने' का शौक कहा है, जिसका स्वाद उसे जरूरत से ज़्यादा ही चखना पड़ा था। हालाँकि वह ऐसा अकेला बेताब स्वयंसेवक नहीं था, कुछ तो ऐसे भी थे जिन्होंने भर्ती के लिए अपनी उम्र तक को गलत दर्शा दिया था। उनमें भोला नाम का एक युवक था, जो मात्र सोलह बरस का था। वह शिशिर का क़रीबी दोस्त बन गया था और उसकी किस्मत में भी रास अल-ऐन के शिविरों में पहुँचना लिखा था।

बीएसी कुल 117 स्वयंसेवकों से बनी छोटी इकाई थी, जिसमें एक-तिहाई लोग रसोइये, सफाई कर्मचारी, जलवाहक जैसे 'पिछलग्गू' थे। इस यूनिट का नेतृत्व पाँच ब्रिटिश अफसरों और लगभग एक दर्जन हिन्दुस्तानी नॉन कमिशंड अधिकारियों के हाथ में था। शेष लगभग साठ सदस्य साधारण प्यादे थे, जिनमें शिशिर भी एक था।

हालाँकि शिशिर सेना में निम्न पद पर था, किन्तु वह पढ़े-लिखे मध्यवर्गीय पेशेवर परिवार से आता था—एक ऐसा वर्ग जिसे बंगाल में 'भद्रलोक' कहा जाता है। शिशिर अंग्रेजी और बंगाली भाषाओं में निपुण था। उसकी पुस्तक में अंग्रेजी और बांग्ला काव्यांश भरे पड़े हैं, और उसमें अकसर यूनानी दार्शनिक ज़ेनोफोन के साथ-साथ अन्य प्राचीन विभूतियों का उल्लेख मिलता है।

ऐसा प्रतीत होता है कि वहाँ कार्यरत अनेक अन्य स्वयंसेवक शिशिर जैसी पृष्ठभूमि से ही आते थे। ये वैसे लोग नहीं थे जो सेना में एक मामूली प्यादे के पद पर शरीक होने में बहुत रुचि रखते—इस अवसर के आसानी से उपलब्ध होने के बावजूद! ऐम्ब्युलेंस कोर द्वारा इन लोगों से भर्ती की अपील सम्भवत: इस बात को ध्यान में रखकर की गई थी कि चिकित्सा दल से जुड़ना इन लोगों को अवश्य मध्यवर्गीय गरिमा का एहसास कराएगा।

बीएसी के स्वयंसेवकों को तीन महीने का प्रशिक्षण देने के उपरान्त उन्हें बम्बई भेज दिया गया, जहाँ से वे मेजर जनरल चार्ल्स टाउनशेंड के नेतृत्व में छठी पूना डिवीजन के साथ मेसोपोटामिया की ओर रवाना हो गए। वे चिकित्सा पोत 'मद्रास' में 2 जुलाई, 1915 को बम्बई से निकले और सप्ताह बाद बसरा पहुँच गए. वहाँ से छठी सेना के साथ वे निर्विराम उत्तर में बगदाद की ओर बढ़ने लगे।

अभियान के शुरुआती महीनों में ब्रिटिश-हिन्दुस्तानी सैनिकों को ऑटोमन सेना से बहुत कम प्रतिरोध का सामना करना पड़ा। सब कुछ इतना आसानी से हो रहा था कि इस अभियान को 'रिवर पिकनिक' कहा जाने लगा था। लेकिन ठीक बगदाद के दक्षिण, प्राचीन शहर टेसिफॉन में, जनरल टाउनशेंड की सेना एक बड़ी और सुव्यवस्थित ऑटोमन सेना से टकरा गई। बढ़ती हुई ब्रिटिश फौजों को रुक जाना

पड़ा और छठी सेना को कुट अल-अमारा नाम के छोटे-से शहर में डेरा डालना पड़ा। वहाँ मात्र एक महीने की रसद के साथ ब्रिटिश-हिन्दुस्तानी फौज को पाँच महीने की भीषण घेराबंदी का सामना करना पड़ा। अनेक सैनिक भूख व व्याधि से मर गए। अन्ततः जनरल टाउनशेंड ने 29 अप्रैल, 1916 को ऑटोमन कमांडर खलील पाशा के सामने समर्पण कर दिया। अपने वक्त में यह बर्तानिया की एशिया में सबसे बड़ी पराजय मानी जाती है।

12 मई को शिशिर सर्बाधिकारी और युद्ध के अन्य कैदियों को एक स्टीमर से बगदाद भेज दिया गया। कुछ महीनों तक वहाँ रखने के उपरान्त 19 जुलाई को उसे कुछ कैदियों सहित ट्रेन से लगभग 60 मील दूर समारा भेज दिया गया। फिर मेसोपोटामिया की जलती गर्मी में कठिन पदयात्राओं की शुरुआत हुई। बंदियों को बड़े अमानुषिक तरीके से, बहुत कम भोजन और पानी के साथ इस दुर्गम देश में उत्तर की ओर ले जाया गया। ब्रिटिश वृत्तान्त इन पदयात्राओं में भयानक भुखमरी और क्रूरता का लोमहर्षक वर्णन करते हैं जिसमें अकसर बेंत और कोड़ों से पिटाई का जिक्र भी मिलता है। जो बंदी सैनिक भूख और थकावट की वजह से कतार से अलग रह जाते थे उन्हें वहीं मरने के लिए या फिर अरबों द्वारा मार दिए जाने के लिए छोड़ दिया जाता था।

शिशिर की पुस्तक में भी क्रूरताओं और कष्टों का जिक्र है, बावजूद इन सबके उसका लिखने का अन्दाज आवेग से परे है—निर्लिप्त है। वह बीच-बीच में इतिहास तथा ग्रामीण सौन्दर्य पर भी टिप्पणी करने के लिए ठहरता है। स्मृतियों में अंकित हो जानेवाली भयावह यादों में वे चीखें शायद सबसे तीव्र हैं, जो पहरेदार आधी रात के बाद कैदियों को जगाने के लिए लगाया करते थे।

पच्चीस दिनों में कैदियों ने समारा से तिकरित, सरगत और हम्माम अली से गुजरते हुए मोसुल तक की यात्रा की। मोसुल छोड़ने के बाद ही इनको पहली बार उन क्षेत्रों में आर्मेनियाइयों पर हुई तबाही के संकेत मिलने शुरू हुए थे।

(2)

इससे पहले कि मैं आगे बढ़ूँ, यहाँ शिशिर सर्बाधिकारी की पुस्तक के बारे में कुछ शब्द कहना चाहूँगा। 'ऑन टू बगदाद' स्व-प्रकाशित थी, जैसा कि मैं पहले भी कह चुका हूँ और यह शीघ्र ही अंधकार में लुप्त हो गई। मुझे इस पुस्तक के अस्तित्व के बारे में पहली बार एक सैन्य इतिहासकार कौशिक रॉय के काम से पता चला, किन्तु शिशिर की पुस्तक को खोज निकालने के लिए जिस चीज ने मुझे बाध्य किया वह था मेधावी युवा साहित्य-आलोचक शान्तनु दास का एक निबन्ध! शान्तनु इस विषय पर अब विस्तार से अध्ययन कर रहा है जिसके प्रकाशन के बाद ही हम

ऐतिहासिक सन्दर्भों, लेखन शैली और मेसोपोटामियन युद्ध पर लिखे गए अन्य वृत्तान्तों के बरक्स शिशिर की पुस्तक का उचित स्थान समझ पाएँगे।

'ऑन टू बगदाद' के रचना-क्रम पर शान्तनु द्वारा किया जानेवाला विस्तृत शोध न केवल शिशिर की पुस्तक के लिए अमूल्य होगा बल्कि उस खामोशी को भी समझने के लिए, जहाँ से वह प्रस्फुटित हुई है। 'ऑन टू बगदाद' के बारे में सबसे महत्त्वपूर्ण बात यह है कि वह लिखी गई। यह लगभग अकेली आवाज़ है, जो भ्रमित करनेवाले अगाध मौन को वेधती है।

शिशिर सर्वाधिकारी की पुस्तक 'ऑन टू बगदाद' © अमिताभ घोष

प्रथम विश्वयुद्ध के डेढ़ सौ वर्ष पहले से हजारों हिन्दुस्तानी सैनिक ब्रिटिश साम्राज्य के लिए देश-विदेश में लड़े थे। सिर्फ प्रथम विश्वयुद्ध में ही पन्द्रह लाख से अधिक हिन्दुस्तानियों को भिन्न-भिन्न मोर्चों पर तैनात किया गया था। हिन्दुस्तानी सैनिक रणभूमि में भले ही पराक्रमी रहे हों, किन्तु इनका शौर्य प्रेतों की फ़ौज सरीखा गुमनाम ही रहा। उनके बारे में जो कुछ भी जानकारी मिलती है, वह इन सिपाहियों के स्वामी अंग्रेजों की जबान में ही मिलती है। प्रथम विश्वयुद्ध से डेढ़ सौ साल पहले तक हिन्दुस्तानी सैनिकों द्वारा लिखे गए वृत्तान्तों की संख्या इतनी कम है कि वे एक हाथ की उँगलियों पर गिने जा सकते हैं। एक भारतीय द्वारा प्रथम विश्वयुद्ध पर प्रकाशित 'ऑन टू बगदाद' अपनी तरह का अकेला संस्मरण है।

प्रथम विश्वयुद्ध पर भारत की साहित्यिक खामोशी विशेष रूप से रेखांकित करने योग्य है, क्योंकि दूसरे राष्ट्रों के सैनिकों की रचनात्मकता में यह महायुद्ध बड़ा ही प्रेरक रहा है। इंग्लैंड, फ्रांस, जर्मनी और अन्य जगहों पर व्यापक रूप से इस पर भिन्न विधाओं में साहित्य सृजन हुआ। बावजूद इसके इस विशिष्ट विषय के कोष में 'ऑन टू बगदाद' पुस्तक खास महत्त्व रखती है और वह सिर्फ इसलिए नहीं कि इसे एक हिन्दुस्तानी द्वारा रचा गया था बल्कि इसलिए क्योंकि युद्ध पर अधिकांश लेखन सेना के उच्च अधिकारियों द्वारा ही किया जाता रहा है—शिशिर का संस्मरण निम्नतम पद के किसी सैनिक द्वारा लिखी जानेवाली विरल रचनाओं में से एक है। दूसरे किसी निम्न पद के सैनिक द्वारा लिखा गया संस्मरण एरिक मारिया रिमार्क का 'ऑल क्वायट ऑन द वेस्टर्न फ्रंट' है, जिसे प्रथम विश्वयुद्ध का महानतम संस्मरण माना जाता है।

'ऑन टू बगदाद' इसलिए भी महत्त्वपूर्ण है क्योंकि यह एक बहुत ही असामान्य स्रोत पर आधारित है—एक ऐसी डायरी पर—जिसे सर्बाधिकारी ने मध्य पूर्व में बिताए समय के दौरान लिखा था और जिसमें मुख्य रूप से उसकी कैद के वर्ष भी शामिल हैं। उसके नोट्स दुर्गम पद-यात्राओं पर भी उसके साथ रहे—उसके जूतों में छिपे हुए। रास अल-ऐन के शिविर में जहाँ यह भेद खुल जाने पर शिशिर के लिए एक बड़ा खतरा हो सकता था, वहाँ शिशिर ने उन्हें जमीन के नीचे गाड़ दिया था। खतरों के बावजूद जब भी मौका मिला शिशिर ने अपनी डायरी में नियमित प्रविष्टियाँ लिखना जारी रखीं। सिर्फ मार्च, 1917 और अप्रैल, 1918 के बीच एक लम्बी चुप्पी मिलती है।

18 मार्च, 1917 की अपनी प्रविष्टि में शिशिर इस चुप्पी और अपने नोट्स लेने के तरीके पर लिखता है—'इसके बाद मैं अपनी डायरी में लगभग एक वर्ष तक कुछ लिख नहीं पाया। पहली बात तो यह थी कि अवसर मिलना मुश्किल था, इसके अलावा मुझे अपने अनेक नोट्स इस डर से फाड़ देने पड़े थे कि वे पकड़ में न आ जाएँ। मैंने उनमें से कुछ को बाद के दिनों में अपनी याददाश्त से दोबारा लिखा, कुछ को नहीं लिख पाया। आप (पाठकों) को यह नहीं समझना चाहिए कि मैंने जिस डायरी को अभी तक सन्दर्भित किया है और जिसे मैं आगे भी करूँगा, वह मेरी मूल डायरी है। कुट में समर्पण के बाद मैंने डायरी को चिंदी-चिंदी कर अपने जूतों में भर दिया था। बाद में बगदाद में उन चिंदियों को जोड़-जोड़कर एक नई डायरी बना ली। टाइग्रिस नदी को पार करते वक्त वह भी बर्बाद हो गई। लेकिन सारी लिखाई धुली नहीं थी क्योंकि मैंने इसे पेंसिल से लिखा था। मैंने इस डायरी को सुखाया और समारा से रास अल-ऐन तक की पदयात्रा के नोट्स भी इसी पर लिए। रास अल-ऐन में मुझे कुछ समय के लिए इस डायरी को जमीन में दबाकर भी रखना पड़ा लेकिन उससे कोई खास नुकसान नहीं हुआ। अलेप्पो के एक रुग्णालय में मैंने इसे दोबारा लिखा।

वह डायरी शिशिर के साथ कोलकाता वापस लौटी और फिर दशकों तक धूल खाती रही। 'ऑन टू बगदाद' के लेखन के संक्षिप्त विवरण में शान्तनु दास का मानना है कि यदि शिशिर को अपनी बहू रमोला सर्बाधिकारी की तरफ़ से प्रोत्साहन और समर्थन न मिला होता तो यह पुस्तक शायद कभी प्रकाश में नहीं आती। हालाँकि युद्धभूमि में लिखे गए नोट्स के आधार पर रचित संस्मरणों को पढ़ना कोई अनोखी बात नहीं है फिर भी कैद में जिस तरह की विषम परिस्थितियों से शिशिर अपने नोट्स बचा लाया था वह निस्सन्देह अनोखी बात थी। दरअसल इस डायरी का चमत्कारिक रूप से बच जाना ही वह कारण था, जिसने शिशिर की पुत्र-वधू को इसे पुस्तक का रूप दिलवाने के लिए प्रेरित किया था।

शिशिर के नोट्स 'ऑन टू बगदाद' को एक विलक्षण तात्कालिकता प्रदान करते हैं—कभी-कभी इस पुस्तक में एक डायरी की गुणवत्ता भी आ जाती है। युद्धों,

पदयात्राओं तथा बंदी-शिविरों के शिशिर के वर्णन आश्चर्यजनक रूप से जीवंत हैं। तिथियों सहित ब्योरेवार विवरण उनकी कहानी को असामान्य रूप से ठोस और विश्वसनीय बनाते हैं। यहाँ निजी कठिनाइयों और कष्टों पर किसी तरह का दिखावा नहीं है। सम्भवत: समय ने शिशिर के अनुभवों की तीक्ष्णता को भोथरा कर दिया था क्योंकि वह कठिनतम स्थितियों के बारे में भी नृवंश वैज्ञानिक-सी निर्लिप्तता के साथ लिख रहा था। उसकी पुस्तक आश्चर्यजनक रूप से विद्वेष से मुक्त है—वह शायद ही किसी को बुरा-भला कहता है, अपने शत्रुओं तक को नहीं। उन भयावहताओं के बावजूद जो शिशिर ने झेली और देखी, उसने कभी दूसरों में मानवीयता महसूस करने की क्षमता नहीं खोई, अपने बंदीकर्ताओं और जेल के अधिकारियों तक में उसने इनसानियत को देखा। प्रथम विश्वयुद्ध पर लिखी गई पुस्तक के इस गुण को विशिष्ट माना जाना चाहिए—आखिर यह वह समय था जब अधिकांश यूरोपीय लेखकों के लिए, राष्ट्र की बात तो छोड़ ही दें, अपने वर्ग-विशेष से बाहर मानवीयता को देख पाना सम्भव नहीं हो पा रहा था। उदाहरण के लिए सुप्रसिद्ध अंग्रेजी युद्ध-लेखक सिगफ्रीड सास्सून भी कुछ समय तक मध्य-पूर्व में था किन्तु वह अपने परिवेश के प्रति काफी हद तक उदासीन दिखता है, जबकि (या शायद इसलिए कि) उसका स्वयं का सम्बन्ध मेसोपोटामिया के यहूदी परिवार से था।

इन्हीं सब कारणों से 'ऑन टू बगदाद' न सिर्फ पढ़ने में मनोरंजक है बल्कि प्रेरित करनेवाली भी है।

(3)

अब हम वापस शिशिर की कहानी पर लौटते हैं। 25 अगस्त को जब शिशिर अपने बंदी साथियों के साथ मोसुल पहुँचा तब उसे यह नहीं पता था कि उन्हें कहाँ ले जाया जा रहा है। मोसुल पहुँचने के बाद ही उन्हें उनके गंतव्य के बारे में बताया गया—हिन्दुओं (और सिखों) को ब्रिटिश और मुस्लिम सैनिकों से पृथक् कर रास अल-ऐन भेजा जा रहा था जहाँ उनका काम रेल की पटरी बिछाने का था।

हालाँकि शिशिर ने इस पर ज़्यादा कुछ नहीं लिखा है फिर भी उसके द्वारा इस्तेमाल किए गए 'हिन्दू' शब्द में कुछ खास अर्थ छिपा लगता है। यह शब्द अक्सर मूल पाठ में बहुत कम बार प्रयोग में लाया गया है और इससे पहले इसका इस्तेमाल इस आशय से नहीं हुआ था कि गैर-मुस्लिम ब्रिटिश हिन्दुस्तानी सैनिक खुद को अपने मुस्लिम साथियों से किस प्रकार अलग समझने लगे थे। यहाँ पर हिन्दू शब्द का इस्तेमाल पढ़कर मुझे लगा कि शिशिर और उसके साथी चकित और परेशान हुए होंगे कि वे हिन्दुस्तानी सैन्य-बंदी जो रणभूमि में साथ-साथ लड़े थे, अब धार्मिक आधार पर विभाजित कर दिए गए हैं।

उनमें से अनेक ने शायद यह निष्कर्ष भी निकाल लिया होगा कि चूँकि हिन्दू व सिख न तो यूरोपीय हैं और न ही मुसलमान तुर्कों के सहधर्मी, अत: उन्हें बदतर शिविरों में भेजा जाएगा। उनकी आशंकाएँ निश्चित रूप से और गहरा गई होंगी जब उन्हें यह पता लगा होगा कि उन्हें उसी जगह पर भेजा जा रहा है जहाँ हजारों आर्मेनियाइयों को कॉन्संट्रेशन शिविरों में बंदी बनाकर रखा गया है। समान दुर्दशा के लिए तय कर दी गई नियति ने सम्भवत: हिन्दुस्तानियों और आर्मेनियाइयों को परस्पर सहानुभूति के सूत्र से जोड़ दिया था।

मोसुल से बंदियों को तेल कईफ तक ले जाया गया। यहाँ का सारा परिदृश्य पहले से बिलकुल भिन्न था।

"यहाँ सारी चीजें बदली लगीं", शिशिर लिखता है—"मौसम से लेकर भू-दृश्य और घरों की बनावट तक! पिछले पड़ाव की तुलना में यह जगह अधिक शीतल है और रातें काफी ठंडी हैं। यहाँ की भूमि सपाट नहीं है, अब हम पहाड़ी क्षेत्र में बढ़ रहे हैं, घरों की दीवारें और छतें मिट्टी की नहीं होकर पत्थरों से बनी हुई हैं। हम पहले जहाँ थे वहाँ कोई पेड़-पौधे नहीं थे, हरियाली नहीं थी, ऊसरता फैली हुई थी। जबकि यहाँ वृक्ष देखे जा सकते हैं। पत्थरों से बने वे घर जो साफ, सुसज्जित और आकर्षक हैं—वे सबके सब ईसाइयों ('नसरानी') के हैं। अब हम कुर्दिस्तान की सीमा पर हैं। कुर्दों के गाँव अधिकतर पर्वत-शिखर और दुर्गम स्थानों पर हैं। यह लोग वहाँ कैसे पहुँचते हैं, हमारी समझ से परे है। कुर्द बदूईन ('बद्दू') की तरह बंजारे नहीं हैं, वे खेती भी करते हैं।"

शिशिर की डायरी में आर्मेनियाइयों का उल्लेख इसके कुछ दिनों बाद 18 अगस्त को ही मिलता है। उस दिन की परेड के दौरान बंदियों को आठ-दस साल के गुलाबी गालों वाले दो आर्मेनियाई बालक दिखे। शिशिर लिखता है कि उनके सीने पर क्रूस का निशान बना हुआ था। "जो कुछ उन्होंने टूटी-फूटी अरबी में हमें बताया वह यह था कि तुर्कों ने उनके पिता और बड़े भाइयों का कत्ल कर दिया था और उनकी माँ कहाँ है, उन्हें कोई खबर नहीं थी।"

23 अगस्त को सारे बंदी एक छोटे-से गाँव में पहुँच गए। "दूर से दिखते पहाड़ों की गोद में बसे पत्थर के छोटे-छोटे घर एक तस्वीर की तरह मनमोहक थे। नजदीक जाते ही हमने देखा कि वे सब-के-सब खाली थे। एक कुत्ता एक उजाड़ घर से निकला...उस समय तक हमें नहीं पता था कि इन गाँवों के निवासी आर्मेनियाई थे। पुरुषों की हत्या कर दी गई थी और महिलाओं व बच्चों को बाहर निकाल फेंका गया था।"

शिशिर ने इस गाँव का हुलिया देते हुए ऑलिवर गोल्डस्मिथ की कविता 'द डेज़र्टेड विलेज' की कुछ पंक्तियाँ उद्धृत की हैं—

"...तेरे वन-मार्गों पर अकेला पथिक...

तेरे कुंजों के बीच तानाशाह का हाथ दिखता है,
और वीरानी तेरी सारी हरीतिमा को उदास कर देती है..."

शिशिर इस गाँव की एक और घटना को याद करता है—जब वह जाकर गाँव के किसी कुएँ में झाँकता है तो कीड़ों का बादल उसमें से निकल उड़ता है। शिशिर बताता है कि वह वहाँ कुएँ का पानी पीने नहीं गया था। उसने महज जिज्ञासावश कुएँ में झाँका था। वह लिखता है, "उन कुओं का जल पीने योग्य नहीं रह गया है, उनमें से अनेक में आर्मेनियाइयों के शव सड़ रहे हैं।"

अगले कुछ दिनों तक उत्तर की ओर बढ़ते हुए कैदियों को और बहुत सारे दूसरे सुनसान गाँव मिले, उनमें से कुछ जले हुए भी थे। कोई चालीस दिनों तक चलने के बाद वे निसिबिन (नुसायबिन) नाम के गाँव पहुँचे, जो वर्तमान में तुर्की और सीरिया की सीमा पर बसा हुआ है। शिशिर लिखता है कि "निसिबिन एक प्राचीन रोमन शहर रहा है। रोमन शैली की इमारतों के नमूने वहाँ अब भी देखे जा सकते हैं। नदी पर रोमनों द्वारा बनाया हुआ पुल अब भी खड़ा है और यह सेना के भारी वाहनों के लिए भी उपयुक्त है...निसिबिन काफी बड़ी बस्ती है, खाने की चीजें यहाँ आसानी से मिल जाती हैं। खाबुर नदी (बाइबिल में उद्धृत हाबुर नदी) शहर के बीच से बहती है इसलिए यह बस्ती जल से भी समृद्ध है। यह जगह उन सबसे अलग है जो हमने अभी तक देखी थीं—सेना के पड़ाव के लिए एक उम्दा जगह! यहाँ लोग सुसंस्कृत लगे और अच्छी पोशाकों में दिखे। किन्तु एक भी आर्मेनियाई नहीं मिला। बचे हुए तमाम लोग या तो मुसलमान हैं या फिर सीरियाई ईसाई।"

शिशिर का निसिबिन में यह पड़ाव बहुत अल्पकालिक रहा लेकिन वह फिर यहाँ लौटनेवाला था। जल्द ही कैदियों को उत्तर की ओर ले जाया गया और वे 2 सितम्बर को रास अल-ऐन पहुँच गए। समारा से रास अल-ऐन तक की अपनी 46 दिनों की पदयात्रा में उन्होंने लगभग 500 मील की दूरी तय की थी।

शिशिर रास अल-ऐन के शिविरों का ब्योरा इस प्रकार देता है—"सर छुपाने के लिए हमारे पास बद्दुओं से तम्बू हैं जैसे बगदाद के विश्राम-शिविरों में हुआ करते थे। हर समय चारों तरफ चक्कर काटते रेतीले बवंडर हैं जो शरीर में, सुइयों की तरह चुभते हैं। अस्थायी-सा अस्पताल एक छोटे-से कमरे में बना दिया गया है, जहाँ गम्भीर रोगियों का इलाज किया जाता है, दवाइयाँ और अन्य आपूर्तियाँ नाम मात्र की हैं पर कम-से-कम बारिश और हवा से बचने के लिए छत है... राशन की आपूर्ति अनियमित है...दो या तीन दिनों के बाद ही मिल पाता है। उन्होंने खाना पकाने के लिए हमें जलावन उपलब्ध नहीं कराया है। हमें ऊँट की लीद और टहनियाँ इकट्ठा करने के लिए तीन-चार मील तक भटकना पड़ता है। यहाँ वृक्ष भी नहीं हैं जिनसे टहनियाँ तोड़ी जा सकें।"

7 सितम्बर से सौ बंदियों ने रेल की पटरी बिछाने का काम करना आरम्भ कर दिया। कुछ ही हफ्ते बाद, तलाशी के दौरान सुरक्षाकर्मियों ने अधिकारियों के आवास को तहस-नहस कर दिया। यह वही समय था जब शिशिर ने एहतियातन अपनी डायरी को रेत में दफना दिया था कि कहीं वह सुरक्षाकर्मियों के हाथ न लग जाए। जब तक यह हंगामा चलता रहा तब तक शिशिर ने उसे ज़मींदोज़ ही रखा।

अगले कुछ हफ्तों में शिविर की चिकित्सकीय सुविधाओं में विस्तार हुआ। कुछ नये डॉक्टर आए, जिनमें कुछ आर्मेनियाई भी थे। हिन्दुस्तानी चिकित्साकर्मियों और आर्मेनियाई डॉक्टरों के बीच सम्बन्ध हमेशा मधुर नहीं रहे।

शिशिर लिखता है, "एक दिन अस्पताल के एक आर्मेनियाई डॉक्टर ने चंपती नाम के एनसीओ को गालियाँ दीं और सुन्दर सिंह को सलाखों के पीछे डलवा दिया। कारण यह था कि रूस के एक आर्मेनियाई बंदी ने शिकायत की थी कि अस्पताल में हिन्दुस्तानी कर्मचारी भर गए हैं, जो हिन्दुस्तानी मरीजों को उनसे बेहतर भोजन उपलब्ध कराते हैं। एक आर्मेनियाई होने के कारण डॉक्टर ने बिना किसी जाँच के यह कार्रवाई कर दी थी। हालाँकि कप्तान को पूरी जानकारी देने के बाद सुन्दर सिंह को छोड़ दिया गया। हमारे और रूसी बंदियों के बीच मनमुटाव बना रहता था। इस घटना के बाद स्थिति बदतर हो गई।"

आर्मेनियाइयों का निर्वासन शिविर, रास-अल-ऐन, 1915-16,
© आर्मेनियाई राष्ट्रीय अभिलेखागार

नवम्बर में हिन्दुस्तानी शिविर में टाइफस फैल गया। इस महामारी ने रास अल-ऐन क्षेत्र में कई आर्मेनियाई शिविरों को पहले से ही तबाह कर डाला था। अब यह व्याधि हिन्दुस्तानी बंदियों पर कहर बनकर टूट पड़ी थी। बीएसी के कई साथी गम्भीर रूप से बीमार पड़ गए, उनमें शिशिर का 16 वर्षीय मित्र भोला भी था, जिसने ऐम्ब्युलेंस कोर में भर्ती के लिए अपनी उम्र को बढ़ा-चढ़ाकर बता दिया था। शिशिर इस व्याधि से बच गया था। वह बीमार लोगों की देखभाल में लगा हुआ था, तभी उसे सबसे गम्भीर मरीजों को अलेप्पो ले जाने का आदेश मिला।

शिशिर की इच्छा जाने की नहीं थी क्योंकि वह अपने मित्रों से अलग नहीं होना चाहता था। उसे तब यह नहीं पता था कि रास अल-ऐन से दूर भेज देने का यह आदेश वास्तव में उसके लिए एक वरदान की तरह है। आनेवाली सर्दियाँ रास अल-ऐन के शिविरों में शेष कैदियों पर मौत बरसानेवाली थीं। अनेक बंदी बीमारी, कमजोरी और ठंड से दम तोड़ गए। अगर उस वक्त शिशिर को अलेप्पो न भेजा गया होता तो सम्भवतः वह भी हताहतों की सूची में होता। बाद में वह लिखता है, "यह तुर्की में हमारी पहली सर्दी थी और हमारे पास कपड़े तक नहीं थे, अनेक के पास जूते भी नहीं थे...बंदियों से नंगे पैर बर्फ़ ढँकी पटरियों पर काम करवाया जाता था। उनके पैर पर पहले शीतदंश का वार होता, उससे माँस गल-गलकर गिरने लगता और फिर वे गैंगरीन की जकड़ में आ जाते।" एक ब्रिटिश अधिकारी ई.ए. वॉकर के अनुमान के अनुसार 75 फीसदी हिन्दुस्तानी कैदी पहले साल ही काल के गाल में समा गए थे।

19 नवम्बर को शिशिर मेल ट्रेन से 50 गम्भीर मरीजों के साथ अलेप्पो निकल गया। यात्रा बहुत दुर्गम थी—खिड़की रहित एक डिब्बे में बंद। उन्हें मल-मूत्र भी डिब्बे के कोनों में ही विसर्जित करना पड़ता था। इन परिस्थितियों के बावजूद शिशिर रास्ते में पड़नेवाले टाइलों से जड़े 'यूरोपियन से दिखते' स्टेशनों की खूबसूरती का जिक्र करना नहीं भूलता।

एक दिन बाद वे अलेप्पो पहुँच गए। शहर ने शिशिर को खासा प्रभावित किया। वह लिखता है, "अलेप्पो हमारे पहले देखे गए बगदाद और मोसुल जैसे शहरों से भिन्न है। यहाँ मकान देखने में खूबसूरत हैं, सड़कें भी ठीक-ठाक हैं। लोग बताते हैं कि यह यूरोप के शहरों की तरह है। राह चलते लोग सुसभ्य दिखते हैं, अच्छे कपड़े पहनते हैं। मुख्य रूप से यहाँ यूरोपियन पोशाक ही पहनी जाती है। यहाँ अनेक समुदायों के लोग बसते हैं—तुर्क, सीरियाई ईसाई, रूमी (जो ग्रीक हैं) और यहूदी।"

अलेप्पो पहुँचने के बाद शिशिर और उसके बीमार साथियों को जनरल अस्पताल (या मर्कज खस्तखाना) भेज दिया गया जहाँ युद्धबंदियों के लिए अलग से कुछ वार्ड तैयार किए गए थे।

शिशिर के अस्पताल के विवरण कई मायनों में आश्चर्यचकित कर देनेवाले हैं। भले ही हजारों आर्मेनियाई रास अल-ऐन के शिविरों में मर रहे थे, थोड़ी ही दूरी पर अलेप्पो के अस्पताल में आर्मेनियाई होने का महत्त्व अभी भी बरकरार था। कमान अधिकारी, लेफ्टिनेंट-कर्नल बागदासार बे आर्मेनियाई थे। यहाँ अधिकांश डॉक्टर ईसाई थे। शिशिर लिखता है कि उनमें कुछ नसरानी ('नाजरीन') या सीरियाई ईसाई भी थे, अन्य सभी रूमी (या कहें 'बाइजेंटाइन' या तुर्क ग्रीक) थे।

शिशिर को जिस वार्ड में रखा गया था, उसका प्रमुख सगीर एफ़ेन्दी एक आर्मेनियाई डॉक्टर था—"एक अद्‌भुत इनसान", शिशिर लिखता है, "वह कैदियों की अच्छी तरह से देखभाल करता है।" लेकिन सगीर एफ़ेन्दी लम्बे समय तक अस्पताल में नहीं रह पाया। 1917 की जनवरी में उसने अस्पताल आना बंद कर दिया। शिशिर लिखता है—"हमने सुना है कि उसे गोलीबारी की रेखा पर भेज दिया गया है। यह जानकर हम सब अत्यन्त दु:खी हुए। हम उसकी दयालुता को कभी नहीं भूल सकेंगे।"

वार्ड में कार्यरत अनेक लोगों में मारुम नाम की एक आर्मेनियाई महिला भी विशेष रूप से सहृदय थी—"उसने हमारा ख्याल कितनी अच्छी तरह से रखा!" शिशिर बताता है, "लेकिन इससे उसका कुछ भी भला नहीं हुआ, अधिकारियों ने उसे जल्द ही दूसरे वार्ड में स्थानान्तरित कर दिया और फिर उसे बर्खास्त ही कर दिया।"

इस पर विचार न करना असम्भव होगा कि उस वक्त अस्पताल में काम करनेवाले आर्मेनियाई कर्मचारियों की मानसिक स्थिति कैसी रही होगी—यह जानकर कि उनके ही समुदाय के लोग आसपास के शिविरों में मारे जा रहे हैं। हालाँकि हिन्दुस्तानियों की स्थिति इनसे बिलकुल भिन्न थी, फिर भी हिन्दुस्तानी बंदियों को आर्मेनियाइयों की दुर्दशा समझ में आती थी—उन्हें इस बात का बखूबी बोध था कि साम्राज्य की सेवा में लगे पराधीन लोगों की क्या औकात होती है।

एक साथ कैद में होने के बावजूद हिन्दुस्तानी युद्धबंदियों को साम्राज्यवादी पदक्रम में उनकी तुच्छ अवस्था को (ब्रिटिश अफसरों द्वारा) निरन्तर याद दिलाया जाता था। शिशिर अकसर इस विषय को उठाता है, विशेष रूप से उस रकम को लेकर जो युद्ध के नियमानुसार युद्धबंदियों को देय होती थी। 12 फरवरी, 1917 को वह लिखता है कि एक अधिकारी अस्पताल में मिलने आया और कैदियों को उसने पैसे दिए—"अंग्रेजों के लिए पाँच लीरा, रूसियों के लिए चार और हमारे लिए तीन लीरा। यह पैसा ब्रिटिश या हिन्दुस्तानी युद्धबंदी कोष से आता है, फिर भी रूसियों को हमसे अधिक मिलता है। इसीलिए न कि हम न केवल एक पराजित कौम हैं, बल्कि अश्वेत भी!"

अगले साल की जुलाई में वह इस विषय को फिर उठाता है : "कुछ पैसे हमारे लिए रेडक्रॉस सोसाइटी के कोष से आए थे—बर्तानियों के लिए 3 लीरा और हमारे लिए डेढ़ का हिस्सा लगाया गया। हम सब ने लेने से इनकार कर दिया...लेकिन

बहुत दबाव बनाने के बाद...हम डेढ़ लीरा लेने को राजी हो गए। जब हमने पैसे लेने से इनकार किया था तब हमने यह तर्क दिया था, जो कि काम नहीं आया—कि गोरे सैनिकों को बेशक भारत में भी अधिक वेतन मिलता है,किन्तु इसलिए कि वे एक विदेशी मुल्क में सेवा कर रहे होते हैं, जहाँ उनके खर्चे अधिक होते हैं। किन्तु तुर्की न हमारा देश है न उनका। फिर हर चीज में श्वेतों और अश्वेतों के बीच किया जानेवाला यह भेदभाव क्यों? यह हमारे लिए घोर अपमानजनक है। हिन्दुस्तानी सिपाहियों को श्वेत सैनिकों की तुलना में आधा वेतन मिलता है, उनके कपड़े और वर्दी भी अलग-अलग हैं—श्वेतों के हमसे बेहतर हैं। जबकि गोरे टॉमियों और अश्वेत सिपाहियों, दोनों ने जीवन के प्रति मोह को त्यागकर युद्ध में शरीक होने का फैसला किया है, दोनों समान रूप से विभीषिकाओं को झेलते हैं, फिर इस साझा दुश्वारी के बीच भी इस बात का यथासम्भव यत्न किया जाता है कि गोरे सिपाहियों की स्थिति बेहतर रहे। यहाँ तक कि उनका राशन भी अलग प्रकार का है—टॉमी (अंग्रेज सिपाही) चीनी के साथ अपनी चाय पीता है, जबकि हम गुड़ के साथ। और चाय भी कैसी! गुड़ के बोरे स्टोर के बाहर पड़े रहते हैं, लोग जूते पहने उन पर चलते हैं। हमें कैंटीन में भी जाने की अनुमति नहीं, सिर्फ अंग्रेज ही वहाँ खरीदारी कर सकते हैं...इसके बारे में बहुत कुछ लिखा जा सकता है।"

(4)

नवम्बर, 1916 का अन्त होते-होते शिशिर भी टाइफ़स की चपेट में आ गया। लगभग एक महीने तक वह इतना बीमार था कि वह जीवित है या मृत—वह समझ नहीं पा रहा था। लेकिन दिसम्बर में उसकी किस्मत का सितारा फिर चमका, उसके मित्र भोला को भी अलेप्पो के जनरल अस्पताल में भेज दिया गया, उसके बाद से शिशिर का स्वास्थ्य ठीक होता चला गया।

शिशिर के विवरण से यह पता चलता है कि अलेप्पो के इस अस्पताल की अवस्था रास अल-ऐन के उन शिविरों से बिलकुल भिन्न थी, जहाँ हिन्दुस्तानी बंदियों को भयानक कठिनाइयों का सामना करना पड़ रहा था। कुछ मायनों में यहाँ अस्पताल में हिन्दुस्तानी युद्धबंदियों की स्थिति तुर्क सिपाहियों से भी बेहतर थी। शिशिर अकसर उन कठिनाइयों पर टिप्पणी करता है, जिनका सामना तुर्क सैनिक कर रहे थे—"वे बुरी हालत में हैं।" वह लिखता है—"उनके पास सिगरेट तक के पैसे नहीं होते और वे हमसे माँगा करते हैं।"

एक अन्य जगह पर वह लिखता है—"आज हमारे वार्ड में एक दयनीय दृश्य दिखा। तुर्क सैनिकों को कोई वेतन नहीं मिलता है, वे सब-के-सब ग़रीब हैं, उनके पास सिगरेट तक के पैसे नहीं हैं। उनमें से कुछ हमसे पैसा माँगते हैं। अधिकतर

तो सड़क पर फेंके गए सिगरेट के जले हुए टोटे बटोर लाते हैं, उनमें से तम्बाकू निकालते हैं और फिर चार-पाँच टोटों का माल मिलाकर एक सिगरेट बना लेते हैं।"

शिशिर ने अस्पताल में रहने के दौरान तुर्की भाषा सीखने में बड़ी तत्परता दिखाई। वह लिखता है, "हमारा तुर्क सैनिकों के साथ खासा दोस्ताना था। उनमें से कोई भी पढ़ा-लिखा नहीं था लेकिन वे गर्म जोश और मैत्रीपूर्ण थे। वे कहते थे कि अब चूँकि तुम यहाँ हमसे लड़ नहीं सकते, इसलिए हम सभी कार्देश (भाई) हैं। कार्देश शब्द बहुत प्रचलन में है। अगर वे किसी अनजान को भी देखते तो उसे कार्देश बुलाते। हम भी वैसा ही करते।"

अस्पताल में तुर्क सैनिकों के अलग-अलग समूह थे। यूँ ज़्यादातर अनातोलिया से थे, किन्तु कुछ बुल्गारिया और अल्बानिया से भी थे। शिशिर लिखता है कि "उनमें बुरे लोगों की भी कोई कमी नहीं थी...कई बार वे हमें अपमानित करते थे और हमें अकसर उनके हाथों प्रताड़ित होना पड़ता था।" वह बताता है कि वह एक बार अस्पताल के नाई के पास हजामत बनवाने गया था तो उसने अकारण ही उस पर थूक दिया था। वह एक कॉर्पोरल के बारे में भी बताता है, जो हिन्दुस्तानी रोगियों की बेवजह पिटाई किया करता था।

फिर भी हिन्दुस्तानियों और तुर्कों ने अपने बीच कई समानताएँ खोज निकाली थीं—"हम अपने-अपने देशों के बारे में बातें करते थे और अपने सुख-दुख के बारे में भी। अगर हम कहते कि हमारे देश में ऐसा है—वैसा है जो तुम्हारे पास नहीं है, तो वे पूछते थे कि उनके देश में वैसा सुधार कैसे हो सकता है? हम तो जंग लड़ने के अलावा और कुछ करते ही नहीं, वह भी अपने से बड़े और ताकतवर मुल्कों के साथ। वे कहते कि अगर आप हमारे देश में भीतर जाओगे तो हमारे खेत ऊसर मिलेंगे। वहाँ काम करनेवाला रहा ही कौन है? सभी मर्द तो लड़ने गए हैं, केवल महिलाएँ ही घरों में बची हैं।"

"एक बात जो वे हमेशा हमसे कहा करते थे कि आखिर तुम्हें इस युद्ध से क्या हासिल होगा? हम क्यों एक-दूसरे का गला काट रहे हैं? तुम हिन्दुस्तान में रहते हो, हम तुर्की में रहते हैं, हममें से कोई एक-दूसरे से कभी मिला तक नहीं है, हमारा आपस में किसी तरह का बैर नहीं है, लेकिन चन्द लोगों के आदेश पर हम रातोंरात शत्रु बन बैठे हैं।" शिशिर यहाँ यह पूछने के लिए रुकता है कि "क्या यही सवाल हर देश के हर सैनिक के दिल में हर वक्त नहीं रहता?"

फिर वह आगे लिखता है, "एदिर्ना-ले या एड्रियानोपोलिस से आया एक आदमी कहा करता था—"चीजें कैसे सुधरेंगी? सुल्तान अब्दुल हामिद ने हमारे सिर पर अभिशाप थोप दिया है, जिसकी वजह से हमें सौ सालों तक युद्ध लड़ना पड़ेगा। उसने हमें इस तरह शापित क्यों कर दिया है, मैं नहीं बता सकता कार्देश।"

शिशिर अपने तुर्क साथियों या कार्देशों के बारे में कुछ मार्मिक कहानियाँ बताता है। "एक वृद्ध तुर्क सैनिक सिगरेट के टोटों की तलाश में हमारे वार्ड में आया था।

उम्र ने उसके कंधे झुका दिए थे। अचानक उसकी निगाह बिस्तर में लेटे एक युवा तुर्क पर पड़ी। वह जोर से चीखा और फिर हमने देखा कि वे दोनों एक-दूसरे के गले लग गए, उनकी आँखों से लगातार आँसू बह रहे थे। कुछ वक्त बाद जब वे सामान्य हुए तब हमने जाना कि दोनों बाप-बेटे हैं और पिछले तीन वर्षों से उन्हें एक-दूसरे की कोई खबर नहीं थी—और फिर आज अचानक हुई यह मुलाकात!...तुर्की में इस तरह की बातें असामान्य नहीं हैं—पिताओं को अपने बेटों की खबर नहीं है, न बेटों को पिताओं की, लोग युद्ध पर चले जाते हैं और घर पर क्या हो रहा है—उन्हें इसकी जानकारी नहीं रहती। वे तभी जान पाते हैं जब या तो वे खुद छुट्टी पर जाते हैं या फिर छुट्टी से लौटे उनके इलाके के सैनिक उन्हें घर का हाल देते हैं।"

वह इसके बाद एक कहानी बताता है जो उस समय के सैनिकों की दशा को दर्शाती है—"हमारे वार्ड में लगभग तीस साल का एक तुर्क सिपाही था, जो युद्ध में घायल हो गया था। उसके साथ फ़रीदा नाम की एक प्यारी-सी पाँच-छह साल की बच्ची थी। वह हम सभी के साथ खेला करती थी। उस सिपाही के घर पर कोई नहीं था जो उसकी बेटी का ख्याल रखता, इसलिए वह उसे भी जंग में अपने साथ लेता गया था। और अब उसे अस्पताल में भी ले आया था। लड़ाई के दौरान वह अपने किसी साथी के पास देखभाल के लिए उसे सुरक्षित जगह पर छोड़ जाता था...(एक दिन) मैंने उससे पूछा—भाई, अगर आप लड़ाई में मारे गए तो आपकी बच्ची का क्या होगा? उसने मुस्कुराकर कहा 'अल्लाह बिलिओर' या 'अल्लाह ही जानता है'...मैंने इस कार्देश को कभी निराश नहीं देखा। और बच्ची? वह तो हमेशा खुश और खेल में मगन रहती थी।"

अस्पताल में जॉर्ज नाम का एक आर्मेनियाई था, जो शिशिर के खास दोस्तों में था। शिशिर लिखता है, "उसका घर दियारबाकिर में था। उसके बेटों और बेटियों को मार डाला गया था। किसी तरह बचकर वह अलेप्पो पहुँच पाया था। जॉर्ज को शौचालयों की साफ-सफाई का काम दिया गया था। एक बड़ा-सा हॉल था जिसमें साथ-साथ लगे कई शौचालय थे। जॉर्ज इस हॉल के ही एक कोने में रहता था, वहीं खाता और वहीं सोता भी था। कँपकँपाती शामों को हम उसके साथ बैठा करते थे, उसकी अँगीठी तापते और खूब बतियाते थे।"

1917 के जून में शिशिर के इस पड़ाव का भी अन्त आ गया, जब अधिकांश हिन्दुस्तानियों के साथ उसे भी अस्पताल छोड़ने का आदेश मिल गया। लेकिन फिर भी कुछ दिनों तक किस्मत ने उसका साथ नहीं छोड़ा। चकित करनेवाली बात यह है कि जब अन्य हिन्दुस्तानी युद्धबंदी रास अल-ऐन में भूख और बीमारी से मर रहे थे, शिशिर और भोला का सौभाग्य था कि उन्हें स्वस्थ होने के लिए विश्राम-गृह (लियाकत-खाना) में भेज दिया गया था। यह विश्राम-गृह अलेप्पो के यहूदी इलाके में था और उन्होंने वहाँ दो महीने बिताए। वहाँ से मुक्त होने के बाद ही वे जान पाए

कि हिन्दू युद्धबंदियों को फिर से रास अल-ऐन भेजा जाएगा, जबकि मुसलमान युद्धबंदी इस्लाहिया जाएँगे और ब्रिटिश बंदी बेलेमेदिख।

रास अल-ऐन पहुँचने पर शिशिर को वहाँ अनेक बदलाव दिखे। उनकी कई महीनों की गैरहाजिरी के दौरान रेल-पटरियों का काम बहुत आगे बढ़ गया था और उसके साथ-ही-साथ हिन्दुस्तानी शिविर भी आगे चले गए थे। पटरियों के निर्माण का कार्य जर्मनों के पर्यवेक्षण में चल रहा था और उन्होंने इलाके के अनेक शिविरों और अस्पतालों का रख-रखाव भी सँभाल रखा था।

कुछ समय तक शिशिर एक शिविर में रहा जहाँ से मार्दिन शहर दिखता था और जिसका जिक्र वह 'आर्मेनिया के अन्दरूनी इलाके' के तौर पर करता है। वह लिखता है—"हमने सुना है कि मार्दिन शहर सूना पड़ा है...वहाँ कोई भी नहीं बचा है। सारे मकान खाली कर दिए गए हैं और अब मानो वह भूतों की बस्ती है।"

उसके बाद शिशिर को दूसरे शिविर में रवाना कर दिया गया और अन्ततः उसने खुद को दोबारा निसिबिन के जर्मन-शासित अस्पताल में पाया। यही वह जगह थी जहाँ वह आर्मेनियाई शरणार्थियों की नियति से गहरा जुड़ा। "जब मैं निसिबिन पहुँचा", वह लिखता है, "वहाँ पर कोई हिन्दुस्तानी, ब्रिटिश या रूसी कैदी नहीं थे। मैं अकेला युद्धबंदी था। बाकी सब आर्मेनियाई मोहाजिर (शरणार्थी) और वे सब-की-सब औरतें थीं, सिर्फ एक के साथ एक छोटा बच्चा था।"

"रहने के लिए मुझे एक छोटा-सा तम्बू दिया गया, जो मोहाजिर महिलाओं के बड़े तम्बुओं के नजदीक था। कोई हिन्दी या अंग्रेजी तक बोलनेवाला नहीं था, बांग्ला तो दूर की बात है! सिर्फ माइनहॉफ नाम के एक जर्मन अधिकारी के साथ ही हम अंग्रेजी में कुछ शब्द साझा कर पाते थे। मोहाजिरों के साथ बातचीत हमेशा तुर्की भाषा में होती थी। उनमें एक वृद्ध महिला मैरी बड़े धैर्य के साथ मेरे परिवार और घर की छोटी से छोटी बात विस्तार से पूछती थी। वह यह जानकर दुखी हुई थी कि मैंने अपनी माँ को खो दिया है, वह कहती थी कि यही कारण है कि मैं युद्ध में चला आया, अगर मेरी माँ होती तो वह मुझे कभी आने नहीं देती।"

शिशिर को शिविर के अस्पताल में काम तो दिया गया था, किन्तु वह मुख्य रूप से प्रशासनिक प्रकृति का था। वह लिखता है, "दो आर्मेनियाई शरणार्थी युवक, याकोब और इलियास दफ्तर में मेरे सहयोगी थे। याकोब लगभग बीस साल का था, वह एक बहुत साधारण परिवार से था और पढ़ने-लिखने से जुड़ा कोई भी काम वह नहीं कर पाता था। इलियास सम्पन्न पृष्ठभूमि से था। वह कोई पन्द्रह वर्ष का था और थोड़ी फ्रांसीसी भी जानता था, उसके पास बहुत कुछ करने को नहीं था—उसका मुख्य काम टेलीफोन के सन्देशों को लिखना होता था।"

"इलियास का घर एर्जुरुम में था। युद्ध शुरू होने तक वह, उसके पिता, माँ, बड़ी बहन और भाई वहाँ शान्ति से रहते थे। जब तुर्कों ने आर्मेनियाइयों का

संहार शुरू किया, तब इलियास के पिता और भाई को भी नहीं बख्शा गया। उन्हें एर्ज़ुरुम के उनके घर से घसीटकर बाहर निकाला गया, जगह-जगह ले जाया गया। एर्ज़ुरुम के आर्मेनियाइयों के अलावा रास्ते में पड़नेवाले अलग-अलग गाँवों-कस्बों के सभी लोगों को उस झुंड में शामिल किया गया। फिर उन्हें एक जगह पर लाया गया, जहाँ उन्हें बताया गया कि अब पुरुषों को बाकियों से अलग कर दिया जाएगा और अब उन्हें दूसरे शिविरों में जाना है।"

"आर्मेनियाई समझ चुके थे कि पुरुषों को मार दिया जाएगा, उन्हें बोध हो गया था कि कोई अलग शिविर नहीं है कि यह सब झूठ है—उन्हें वास्तव में कत्ल करने के लिए ही अलग किया जा रहा था। आँसुओं की बौछार और क्रन्दन के बीच स्त्रियों ने अपने पुरुषों को जकड़ लिया। वे उन्हें जाने नहीं दे रही थीं किन्तु इससे क्या होना था? पुरुषों को बलपूर्वक खींच-खींचकर अलग कर दिया गया, इलियास के पिता और भाई भी उन्हीं में थे। अगले दिन उन पुरुषों में से एक भाग आने में सफल रहा। वह खुद भी बुरी तरह जख्मी था किन्तु जिन्दा था। उसने सबको बताया कि तमाम पुरुषों का कत्ल कर दिया गया है। कुछ घंटों के बाद उसने भी जख्मों के कारण दम तोड़ दिया। उसके बाद स्त्रियों और बच्चों को भी वहाँ से ले जाया गया और रास्ते में पड़नेवाले अलग-अलग शहरों में बेसहारा छोड़ दिया गया। इन स्त्रियों को खुद को किसी तरह जीवित रखना था और जीवित रहने के लिए हर सम्भव यत्न करना था। इसी रास्ते में इलियास अपनी माँ और बहन से बिछड़ गया था, बहुत भटकने के बाद उसने निसिबिन में शरण ली। जब जर्मनों ने रेल मार्ग का निर्माण शुरू किया तब उन्होंने आर्मेनियाई शरणार्थियों की जिम्मेदारी भी सँभाल ली थी और इससे उनकी स्थिति में थोड़ा सुधार हुआ।"

"जो हमने सुना उससे लगा कि (रास अल-ऐन) का भयावह सामूहिक कत्ल तुर्क सिपाहियों ने नहीं बल्कि चेचेन और कुर्दों ने किया था। हमारे रास अल-ऐन पहुँचने से पहले ही अनेक आर्मेनियाइयों को वहाँ लाया गया था और मार डाला गया था। एक अन्य बीएसी स्वयंसेवक सचिन, जो रास अल-ऐन में हमसे बहुत पहले रहा था, उसने बाद में हम लोगों को बताया था कि एक बार वह ऐसे संहार का साक्षी रहा है। आर्मेनियाइयों के एक समूह को खड़ा कर दिया गया था, उनके हाथ बाँध दिए गए थे और एक-एक कर उनकी गर्दनें काट दी गई थीं। सचिन का कहना था कि ये हत्यारे कुर्द थे। रास अल-ऐन के हमारे शिविर के पीछे एक छोटी पहाड़ी है, उसी की दूसरी तरफ यह हत्याकांड हुआ था। सचिन वहाँ छिप-छिपाकर चला गया था और उसने यह सारा मंजर अपनी आँखों से देखा था।"

शिशिर उस संहार का वर्णन करने के लिए जिन शब्दों का इस्तेमाल करता है वे गौरतलब हैं। इससे पहले आर्मेनियाइयों के संहार के बारे में लिखते वक्त शिशिर आम तौर पर 'काटा' जैसे शब्द का प्रयोग करता रहा है—जिसका अभिप्राय काट

डालना या वध करना होता है, लेकिन यहाँ वह हत्याकांड शब्द का प्रयोग करता है, जो निस्सन्देह नरसंहार की पुष्टि करता है।

बहरहाल, शिशिर शिविर में लम्बे समय तक अकेला हिन्दुस्तानी नहीं रहा—जल्द ही यह शिविर ब्रिटिश, रूसी और हिन्दुस्तानी युद्धबंदियों से भरने लगा, जिसमें भोला सहित बीएसी के अन्य सदस्य भी शामिल थे।

जैसे-जैसे समय बीतता गया बंदियों को खबर लगती रही कि रूस में क्रान्ति हो गई है, कि इस्ताम्बुल अशान्ति से हिल उठा है और कि हिन्दुस्तानी-ब्रिटिश टुकड़ियाँ तेजी से फ़िलिस्तीन और मेसोपोटामिया में बढ़ रही हैं। 1917 के मध्य तक यह साफ होने लगा था कि मध्य पूर्व में लड़ाई का रुख बदल रहा है और तुर्कों की पराजय हो रही है।

आर्मेनियाई शरणार्थी इससे बहुत चिन्तित हो उठे थे। उन्हें इस भय ने जकड़ लिया था कि युद्ध में हार को देखते हुए तुर्क "बचे-खुचे आर्मेनियाइयों को मार डालेंगे और इस बार स्त्रियों को भी नहीं बख्शेंगे।"

फिर भी शिशिर और उसके दोस्त तब बिलकुल चकित रह गए जब उन्हें पता चला कि आर्मेनियाई वहाँ से भागने की योजना बना रहे हैं—इसकी खबर उन्हें इलियास ने दी थी।

शिशिर लिखता है, "इलियास मुझे और भोला को बड़े भाइयों की तरह मानता था और हम भी उसे छोटे भाई की तरह प्यार करते थे। 1918 की अगस्त के अन्त या सितम्बर की शुरुआत में जब तुर्क खासे कमजोर हो चुके थे, अचानक इलियास आधी रात को हमारे पास आया। उस समय फोनी, भोला और मैं एक ही कमरे में रहते थे...थोड़ी ही दूरी पर इलियास और याकोब भी थे। हमें जगाने के बाद वह फुसफुसाया :

"...कुछ दिनों से (आर्मेनियाई शरणार्थी) गुप्त रूप से विमर्श कर रहे हैं कि किसी तरह बचकर उन जगहों पर पहुँच सकें जो रूसियों या बर्तानियों के नियंत्रण में हैं। ऐसा लगता है कि उन्होंने याकोब को इस योजना में शामिल नहीं किया था, शायद इसलिए क्योंकि वे लोग जो भागने की योजना बना रहे थे, सभी एर्ज़ुरुम और निकटवर्ती इलाकों के बाशिंदे थे जबकि याकोब का घर वहाँ से बहुत दक्षिण में पड़ता था। उन लोगों ने यह तय तो कर लिया था कि उन्हें कैसी जगह जाना है, पर वह जगह कहाँ है, इलियास को अब तक नहीं पता था। वे उसी रात भागनेवाले थे, घोड़ों की व्यवस्था भी हो गई थी। वह सिर्फ हमसे विदा लेने आया था। हमारे पास जो कुछ गर्म कपड़े थे, हमने इकट्ठा कर इलियास को दे दिए। उस ग़रीब के पास शायद ही कोई कपड़ा था।

"उसने मुझे जोर से जकड़ लिया! हममें से कोई भी कुछ भी नहीं कह सका, ना ही कुछ कहने की आवश्यकता थी।

"रात के अँधेरे में इलियास हमसे बिछड़ गया। हमने उसे फिर कभी नहीं देखा।

"क्या वह घर पहुँच पाया? क्या उसका अपनी माँ और बहन से मिलना हो पाया?" यहाँ शिशिर टैगोर की कविता की एक पंक्ति उद्धृत करता है—"जो सब कुछ खो देते हैं, पूरी दुनिया को पा लेते हैं।"

इलियास और उसकी नियति लम्बे समय तक शिशिर पर एक बोझ की तरह रही। बाद में अपनी पुस्तक में उसने लिखा है—"मैं अभी भी इलियास के बारे में सोचता हूँ। चौदह या पन्द्रह वर्ष का युवक, सचमुच एक अच्छा इनसान था। क्या वह एर्जुरुम वापस लौटने में कामयाब हुआ या रास्ते में ही मर गया? उसकी माँ और बहन के साथ क्या हुआ? ऐसा नहीं है कि यह सवाल सिर्फ इलियास के लिए ही उठता है, हजारों आर्मेनियाई परिवारों की यही कहानी है।"

अक्तूबर की शुरुआत में शिविर में हालात अचानक बदल गए। शिशिर को बताया गया कि अस्पताल को तत्काल बंद कर दिया जाएगा और सभी मरीजों को जाना पड़ेगा।

मोहाजिरों पर इस सूचना का भयानक प्रभाव पड़ा। शिशिर लिखता है, "आर्मेनियाई स्त्रियाँ रोने लगीं।" लम्बे समय तक वे जर्मनों की शरण में थीं। यह एक पर्वत की छाँव में रहने जैसा था, यहाँ तुर्क उनका नुकसान नहीं कर पाए थे। अब उन्हें यह भय सताने लगा था कि जर्मनों के हटते ही उनका कत्ल कर दिया जाएगा। इस बार उनको बख्शा नहीं जाएगा।

"हर रोज याकोब हमारे पास आकर रोता था, वह कहता था कि वह फँस गया है, इलियास समय पर यहाँ से बच निकला (पर क्या वाकई वह अपने घर पहुँच पाया था? बेचारा इलियास!) जबकि वह खुद यहाँ फँस गया है। हालाँकि हम याकोब को लेकर ज़्यादा परेशान नहीं थे, वह चतुर था—चालाक भी कह सकते हैं।"

कुछ ही सप्ताह में चीजें स्पष्ट हो गईं। "हर जगह कोलाहल है!" शिशिर लिखता है, "सिर्फ तुर्क सैनिक विरक्त दिख रहे हैं, वे भीतर-ही-भीतर खुश हैं कि यह सब खत्म हुआ। जब युद्ध खत्म होगा तब वे राहत की साँस लेंगे। सबसे डरे हुए जर्मन सैनिक हैं, उन्हें चिन्ता है कि वे तुर्की में फँस जाएँगे और बर्तानियों द्वारा बंदी बना लिये जाएँगे। लेकिन सबसे आतंकित बेबस आर्मेनियाई हैं। बूढ़ी मैरी, दुदु, हायगानूश, जारोही सभी जोर-जोर से रो रही हैं, पूछ रही हैं—अब हमारा क्या होगा? उनके बीच दुदु थोड़ी-बहुत अंग्रेजी बोलती है। उसका एक छह-सात साल का बेटा है और जर्मनों को खुश करने के लिए उसने उसका नाम विल्हेम रख दिया था। वह चतुर महिला है, उसकी नज़र मौके पर रहती है। अब शायद वह बच्चे के नाम को फिर से बदल डालेगी।"

"ज़्यादातर मोहाजिर दियारबाकिर, उर्फा, सिवास, कैसरिया, माराश, ऐंधाब या फिर मार्दिन से हैं। बाद में वान और बिटलिस से भी लोग आने लगे।"

जल्द ही जर्मन चले गए। युद्धबंदी और आर्मेनियाई शरणार्थियों को अस्पताल में बची-खुची रसद पर जीने के लिए छोड़ दिया गया था। अंग्रेज उत्तर दिशा में बढ़ रहे हैं, ऐसी जानकारी थी पर अभी तक उनका कुछ भी पता नहीं था। इस वजह से घोर अस्पष्टता थी।

शिशिर लिखता है, "राह चलते हमारी मुलाकात आर्मेनियाई सहकर्मियों से रोजाना हो जाती है। वे हताश हैं। लेकिन हम उनके लिए कर भी क्या सकते हैं? यदि ब्रिटिश जल्दी आ जाएँ तो वे सब-के-सब सुरक्षित बच जाएँगे।"

नवम्बर, 1918 की शुरुआत में शिशिर लिखता है—"मैं घर लौटने के विचार से बहुत खुश हूँ, लेकिन साथ-ही-साथ मैं आर्मेनियाई मोहाजिरों और उनकी नियति को सोचकर बहुत निराश भी हूँ। हमने इतने दिनों तक साथ-साथ काम किया, अपने सुख-दुख बाँटे। वे हमारे अपने जैसे हो गए हैं। सोचता हूँ कि अगर तुर्कों ने उन्हें नहीं भी मारा तो घर लौटकर वे क्या पाएँगे? किसके पास लौटेंगे? क्या पता उनका घर-परिवार बचा भी है कि नहीं!"

17 नवम्बर को, युद्धबंदियों को अचानक यह बताया गया कि उसी रात उनके लिए एक रेलगाड़ी आनेवाली है। शिशिर और उसके साथी समय से बहुत पहले ही स्टेशन पहुँच गए, इस उम्मीद से कि वे ट्रेन में छत वाला डिब्बा पा सकेंगे। शिशिर बताता है कि चूँकि देश में कोयले की कमी है इसलिए तुर्क रेलगाड़ियाँ जलावनी लकड़ी से चलती हैं—इंजन ज़्यादा भाप नहीं बना पाते, "जरा-सी चढ़ाई पर इंजन ऐसे हाँफने लगते हैं मानो उनमें दम ही नहीं बचा हो और चिमनी से निकलती आग की लपटें अपने अगल-बगल सब कुछ लीलती भड़क उठती हैं।"

आर्मेनियाई विधवाओं और अनाथों के साथ भारतीय सैनिक © अमिताभ घोष

पीछे उड़ते शोलों और लपटों की वजह से खुले डिब्बों में अकसर आग लग जाने का खतरा बना रहता था। शिशिर याद करता है कि एक बार वह खुले डिब्बे में बीएसी शिविर के जुम्मन नाम के एक सफाई कर्मचारी के साथ यात्रा कर रहा था। एक जलता हुआ अंगारा जुम्मन की पगड़ी पर आ गिरा और उसमें आग लग गई। दोनों मिलकर आग बुझाने में कामयाब हो गए थे, लेकिन जुम्मन ने बाद में कहा था, "शुक्र है कि मैं सिख नहीं हूँ अन्यथा मेरे बाल शर्तिया जल गए होते।"

शिशिर और उसके चार दोस्त भाग्यशाली थे, उन्हें छत वाला डिब्बा मिल गया और वे उस रात लगभग 9 बजे उसमें बैठ गए। वह लिखता है, "लगभग एक घंटे बाद हमने बाहर से याकोब की फुसफुसाती आवाज़ सुनी। जब हम उसके क़रीब गए तब उसने कहा कि हमें किसी भी तरह उसके लिए डिब्बे में जगह बनानी ही होगी। हमने कहा कि क्या तुम पागल हो गए हो? यह कैसे सम्भव है? डिब्बे में तुम्हें अपने साथ ले जाना न सिर्फ तुम्हारे लिए बल्कि हमारे लिए भी बहुत खतरनाक होगा। यदि तुर्कों को पता चल गया वह तो तुम्हारी ऐसी पिटाई करेंगे कि तुम्हारा बचना मुश्किल होगा और कौन जानता है कि फिर हमारे साथ क्या कुछ होगा? शायद हमारा कोर्ट-मार्शल हो जाए। हम ऐसा जोखिम मोल नहीं ले सकते।"

"लेकिन याकोब जिद्दी था, उसने रोना-धोना शुरू कर दिया। उसने कहा कि अगर तुर्क उसे पकड़ ही लेंगे तो फिर कुछ नहीं किया जा सकता और कि इसकी पूरी जिम्मेदारी उसकी होगी, वैसे भी निसिबिन में उसकी मौत निश्चित है। अगर मरना ही लिखा है तो वह बचने का एक प्रयास क्यों न करे? खैर, अन्त में हमने उसे साथ ले लिया। उस डिब्बे में फोनी, जगदीश, भोला और मैं—सिर्फ हम चार ही थे। अगर साथ में कोई और होता तो हम कभी इतनी हिम्मत नहीं जुटा पाते।"

"हालाँकि हमने उसे अन्दर आने तो दिया लेकिन हम उसे उस बेंच पर बैठने नहीं दे सकते थे जहाँ से उसे हर कोई देख सकता था। याकोब को छिपाकर रखना जरूरी था। छिपने की एकमात्र जगह बेंच के नीचे थी। और उसमें समस्या थी। यद्यपि याकोब युवा था किन्तु उसकी तोंद विशालकाय थी, उसे बेंच के नीचे घुसाना असम्भव था। अन्त में भोला ने उसका पेट दबाकर किसी तरह उसे बेंच के नीचे ठेल दिया। याकोब की पैंट के बटन टूट गए थे, उसकी छाती और पेट पर खरोंचें पड़ गई थीं और खून बह रहा था। वह पूरी रात, अगले दिन और उसकी अगली रात भी वहाँ वैसे ही पड़ा रहा। बाद के एक स्टेशन पर उसने कहा कि अब यहाँ से सब कुछ ठीक रहेगा और उतर गया था।"

26 नवम्बर को शिशिर और उसके साथी त्रिपोली पहुँचे और 4 दिसम्बर को पोर्ट सईद के लिए जहाज पर चढ़ गए।

लेकिन इससे पहले कि वे जहाज पर चढ़ते इस कहानी का सबसे अनोखा प्रसंग सामने आया जिसके केन्द्र में उनके बीएसी के 'शिविर-साथियों' में से एक सफाई कर्मचारी जुम्मन था। बेहतर होगा इसे हम शिशिर के ही शब्दों में सुनें :

"जब हम मोसुल से उत्तर की तरफ मार्च कर रहे थे, जुम्मन ने रास अल-ऐन के पास नदी के तट पर एक आर्मेनियाई बच्चे को देखा और उसे साथ ले लिया। उसकी माँ मर चुकी होगी और उसके पिता की भी अवश्य हत्या कर दी गई होगी। जुम्मन ने लड़के की देखभाल की जिम्मेदारी ले ली थी और उसका नाम बाबूलाल रख दिया था। वह बच्चा जुम्मन को बाबा (पिता) बुलाता था।"

इस कहानी पर विश्वास करना मुश्किल होता अगर इसकी अन्य स्रोतों द्वारा पुष्टि न हुई होती। किन्तु ई.ए. वॉकर नाम का एक अंग्रेज अधिकारी जो 'हिन्दुस्तानी युद्धबंदियों' से 1916 में रास अल-ऐन के एक अस्थायी शिविर में मिला था, अपनी डायरी में लिखता है कि युद्धबंदियों के साथ 'क़रीब दस साल का एक आर्मेनियाई बालक' भी था जो कि हजारों आर्मेनियाई महिलाओं और बच्चों के संहार से अकेला बचा था। यह डायरी 'इम्पीरियल वॉर म्यूजियम' में सुरक्षित है।

शिशिर लिखता है कि बाबूलाल ने जल्द ही हिन्दी बोलना शुरू कर दिया था और जब वह कुछ बड़ा हो गया तो वह बीएसी के लिए बाँसुरीवादक का काम करने लगा था। यह ब्रिटिश-हिन्दुस्तानी फौज का परम्परागत काम था जिसे अनाथ हो चुके यूरेशियन लड़कों को सौंपा जाता था ताकि अविश्वसनीय-सी कथाएँ भी उतनी अविश्वसनीय न लगें।

त्रिपोली में एक गम्भीर समस्या उठ खड़ी हुई—"जुम्मन को सुएज़ जानेवाले जहाज पर चढ़ने से पहले बताया गया कि बाबूलाल को उसके साथ जाने की अनुमति नहीं मिल सकती। बाबूलाल को वापस पहुँचाने के लिए एक आर्मेनियाई पादरी को बुला लिया गया। लेकिन बाबूलाल भला उसके साथ क्यों जाता? उसने इतनी चीख-पुकार मचाई, आँसू बहाकर इतनी जोर-जोर से रोया कि जुम्मन भी उसे जकड़कर दहाड़ें मारने लगा, फिर अन्त में बाबूलाल को साथ ले जाने की अनुमति मिल गई।"

बाबूलाल, जुम्मन, शिशिर और बचे हुए साथी 8 जनवरी, 1919 को भारत पहुँच गए।

(अल्दोना, गोवा, 15 अक्टूबर, 2012)

यह लेख हिन्दी में पहले-पहल *हंस* पत्रिका में जुलाई 2018 में छपा था।
इसे उपलब्ध करवाने के लिए हम *हंस* पत्रिका के आभारी हैं। —**सम्पादक**

साक्षात्कार

कारो वार्थान्यान

हम अपने प्राचीन मित्र राष्ट्र से आशा करते हैं कि हमारे दु:ख को समझे...

(सुमन केशरी और माने मकर्तच्यान का छारेंत्स म्यूजियम ऑफ़ लिटरेचर एंड आर्ट्स के निदेशक श्री कारो वार्थान्यान से साक्षात्कार)

परिचय : श्री कारो वार्थान्यान का जन्म 14 जनवरी, 1972 में लेनिनाकान (अब ग्युमरी) में हुआ था। उन्होंने सन् 1998 में आबेग़यान साहित्य इंस्टिट्यूट से भाषाविज्ञान में पी-एच.डी. की उपाधि प्राप्त की। सन् 2005 में उन्होंने संस्कृति मंत्रालय में सांस्कृतिक नीति विभाग के प्रमुख का पद सँभाला। सन् 2011 से कारो वार्थान्यान छारेंत्स म्यूजियम ऑफ़ लिटरेचर एंड आर्ट्स के निदेशक हैं, साथ ही लगभग तीन दर्जन पुस्तकों के सम्पादक और दर्जनों गीतों के रचयिता भी हैं। सन् 2015 में वार्थान्यान आर्मेनिया के सम्मानित कलाकार की मानद उपाधि से नवाज़े गए हैं।

सुमन केशरी : भारत में लोग 20वीं शताब्दी में ऑटोमन साम्राज्यकाल में हुए आर्मेनियाई नरसंहार के बारे में बहुत कम जानते हैं। कृपया बताएँ कि आर्मेनियाई पाठ्यपुस्तकों में नरसंहार का वर्णन किस प्रकार किया जाता है?

कारो वार्थान्यान : आर्मेनियाइयों के लिए यह एक बहुत ही विस्तृत और जटिल विषय है, विशेष रूप से प्रवासी आर्मेनियाइयों के लिए। यूँ तो पिछली शताब्दी के साठ के दशक तक सोवियत संघ में इस पर चर्चा करना तक वर्जित था, किन्तु चालीस के दशक के दौरान कुछ हलचल दिखाई पड़ी थी। सन् 1965 में जब नरसंहार की 50वीं वर्षगाँठ मनाई गई, तब हज़ारों-हज़ार की संख्या में नौजवान मैदान में उतर आए थे।

मैं यह निश्चित तौर पर कह सकता हूँ कि लगभग पिछले सौ वर्षों के दौरान, दुर्भाग्य से, आर्मेनियाई साहित्य और कला दोनों 'नरसंहार' से बहुत प्रभावित रहे हैं।

कला के सभी रूपों—दृश्य, श्रव्य और रूपंकर में आर्मेनियाई नरसंहार छाया हुआ है। दुःख की बात है कि हमारी मानसिकता, हमारी सारी सोच इसके वशीभूत है। नरसंहार हमारे समूचे चिन्तन के केन्द्र में है, क्योंकि यह हमारे दस हजार वर्षों के इतिहास का सबसे काला अध्याय है, जिसके परिणामस्वरूप हमने अपने राष्ट्र की आधी से ज़्यादा आबादी को खो दिया था। अपनी भूमि का नब्बे फीसदी हिस्सा गँवा दिया था। 3 लाख स्क्वायर किलोमीटर में मात्र तीस हज़ार स्क्वायर किलोमीटर क्षेत्र ही हमारे पास बचा है। नरसंहार से पीड़ित आर्मेनियाइयों की पहली पीढ़ी से आरम्भ हो, उनके वंशजों तक की रोजमर्रा की बातचीत में इसे याद किया जाता था, भले ही सोवियत संघ में उस पर चर्चा करना प्रतिबंधित था। दूसरे शब्दों में कहूँ तो इसे आर्मेनियाइयों के मस्तिष्क से मिटाया नहीं जा सकता। स्वाभाविक रूप से अब नरसंहार पाठ्यपुस्तकों में, स्कूलों-कॉलेजों में पढ़ाया जाता है।

दुनिया सिर्फ 24 अप्रैल, 1915 के बारे में जानती है, जो कि एक प्रतीकात्मक तारीख है। सिर्फ उसी दिन, उसी वर्ष नरसंहार नहीं हुआ था बल्कि यह तो कई वर्षों तक चलता रहा था। विदित हो कि सन् 1894 के दौरान सुलतान अब्दुल हामीद के शासनकाल में पश्चिमी आर्मेनिया के क्षेत्र में तीन लाख आर्मेनियाइयों को मार डाला गया था। युवा तुर्क सरकार के दौरान और इनके बाद कमाल अतातुर्क के शासनकाल में सिलिशिया के बचे-खुचे कई लाख आर्मेनियाइयों को ख़त्म कर दिया गया था। सन् 1894 से लेकर सन् 1923 तक लगभग 30 साल तक नरसंहार चलता रहा। और जहाँ तक पाठ्यपुस्तकों में आर्मेनियाई नरसंहार के वर्णन का सवाल है, तो इस विषय में इतना ही कहना पर्याप्त है कि यह नरसंहार तुर्क सरकार द्वारा सुनियोजित तरीके से चलाई गई नीतियों का परिणाम था। यह तो सब जानते हैं कि आर्मेनियाइयों को तुर्की से निष्कासित कर दिया गया था, किन्तु इस पर तुर्कियों द्वारा बनाया गया बहाना है कि यह नरसंहार नहीं था, बल्कि प्रथम विश्वयुद्ध के दौरान युद्ध की विभीषिका से आर्मेनियाइयों को बचाने के लिए किया गया राजनीतिक पुनर्वासन था। जबकि सच्चाई यह थी कि युद्ध से बचाने के नाम पर आर्मेनियाइयों को सीरिया के रेगिस्तानों में ले जाया गया और वहीं उनका क़त्ल कर दिया गया, जहाँ कोई गवाह न था। नरसंहार के परिणामस्वरूप आर्मेनियाई समुदाय के लोग प्रवासी बनकर विश्व-भर में बिखरने को मजबूर हो गए।

माने मकर्तच्यान : सोवियत संघ के समय और फिर उसके विघटन के बाद के आर्मेनिया के इतिहास-लेखन में क्या कोई अन्तर पाया जाता है?

कारो वार्थान्यान : जी हाँ, बिलकुल पाया जाता है। इनमें मूलभूत भिन्नताएँ हैं। सोवियत संघ के समय में एक स्पष्ट विचारधारा थी और जब लेनिन ने कमाल अतातुर्क के साथ घनिष्ठ मैत्री-सम्बन्ध स्थापित किया, तब से माना जाने लगा कि नरसंहार के बारे में बात करने का मतलब होगा नस्लवाद को बढ़ावा देना। साम्यवाद

की विचारधारा में राष्ट्रीयता और जातीयता को पहचान हासिल नहीं थी। माना जाता था कि दुनिया में एक क्रान्ति हुई है और हम सब उसके सेवक हैं। सोवियत संघ के पतन के पूर्व और नब्बे के दशक के बाद इतिहास-लेखन में बहुत बड़ा अन्तर आया है।

सोवियत संघ के पतन के बाद, नरसंहार के बारे में बात करने पर कोई रोक नहीं रही। अब इस पर खुले तौर पर लिखा जा सकता था। उसी दौरान हमारे इस अभिलेखागार की स्थापना हुई। प्रवासियों के माध्यम से कई ऐतिहासिक, साहित्यिक और कलात्मक दस्तावेजों को आर्मेनिया में शोध के लिए लाया गया। पिछले बीस सालों से अब इस पर खूब चर्चा होती है। सोवियत संघ बने रहने तक विश्व के तमाम देश इस जघन्य नरसंहार पर आँखें बंद किए रहे। अब उनमें से कई आधिकारिक तौर पर इसे मानने लगे हैं। परन्तु अभी भी कुछ देश राजनीतिक-आर्थिक कारणों से नरसंहार को नहीं स्वीकारते हैं, जिनमें से आपका देश भारत भी एक है।

माने मकर्तच्यान : सन् 1960 के बाद इस मामले को सामने लाने में कौन-सी शक्तियाँ कारगर थीं?

कारो वार्थान्यान : सर्वप्रथम नरसंहार की पचासवीं वर्षगाँठ यानी सन् 1975 का बड़ा महत्त्व रहा। सोवियत संघ के समय में यह विषय कितना भी निषिद्ध रहा हो, फिर भी इतना दबाव तो नहीं डाला जा सकता था कि घर-परिवारों में इसकी चर्चा पर रोक लग सके। प्रत्येक आर्मेनियाई परिवार इस बात से परिचित है कि वह कहाँ से विस्थापित हुआ था। दूसरी महत्त्वपूर्ण घटना यह रही कि तब सोवियत आर्मेनिया का नेतृत्व हाकोब ज़ारोब्यान कर रहे थे, उन्होंने आर्मेनियाई नरसंहार पर स्मारक बनाने का प्रस्ताव मास्को से मंजूर करवा लिया। हाकोब ज़ारोब्यान राष्ट्रीय विचारधारा के व्यक्ति थे। नरसंहार स्मारक के निर्माण की अनुमति दिलाना उस समय के लिए एक क्रान्तिकारी घटना थी।

सुमन केशरी : क्या स्तालिन की मृत्यु के बाद नरसंहार के प्रश्न को व्यापक रूप से उठाना सम्भव हुआ?

कारो वार्थान्यान : निश्चित तौर पर स्तालिन के समय में नरसंहार की बात करना असम्भव था। यदि कोई भी अपने लेखन या भाषण में राष्ट्रीयता की बात उठाता तो उसे अंधराष्ट्रवादी और अतीत की बातों में उलझे रहनेवाला कहकर उस पर आरोप लगाए जाते थे। यानी अगर आपने अपने पूर्वजों के देश के बारे में लिख दिया कि उन दिनों लोग कितनी शान्ति से रहते थे, तो साम्यवादियों की प्रतिक्रिया हुआ करती थी कि आप अतीत को दुहरा रहे हैं, जबकि आपको वर्तमान के कारखानों और मजदूरों के बारे में लिखना चाहिए। दु:ख की बात तो यह है कि मात्र आरोप ही नहीं लगाए जाते थे, बल्कि ऐसे लोगों को मौत की सज़ा तक सुना दी जाती थी, उन्हें निर्वासित किया जाता था। इस दौरान हमारे देश के कई बुद्धिजीवियों, मेधावी लोगों को मार

डाला गया। छारेंत्स, आक्सेल बाकुंत्स, वाहान थोथोवेंत्स आदि साहित्यकारों को गायब कर दिया गया। कइयों को साइबेरिया भेज दिया गया। स्तालिन के बाद, सन् 1953 सितम्बर में जब निकिता ख्रुश्चेव आए तो लगा मानो बर्फ़ पिघल गई है। तानाशाही का अन्त हुआ। जिन्हें निर्वासित किया गया था उन्हें माफ़ कर दिया गया और वापस उनके देश भेज दिया गया। जो उस सत्ता के शिकार हुए, उन्हें मरणोपरान्त न्याय मिला। इस प्रकार स्तालिन के बाद निश्चित रूप से सकारात्मक परिवर्तन दिखाई देने लगे।

सुमन केशरी : आर्मेनिया में दूसरे धर्मों के लोग रहते हैं कि नहीं? आर्मेनिया में किस-किस धर्म के लोग हैं?

कारो वार्थान्यान : आज कॉकेशस गणराज्यों में आर्मेनिया एक मात्र देश है, जहाँ आर्मेनियाई स्वजातियों की बहुलता है। किन्तु, इसके अलावा हमारे यहाँ रूसी, यहूदी, जोर्जियाई, यूक्रेनियाई और पोलिश समुदाय के लोग भी हैं, जिनकी संख्या ज़्यादा नहीं है। यानी 20 से अधिक राष्ट्रीय अल्पसंख्यक मौजूद हैं। यदि प्रतिशत के हिसाब से देखा जाए तो अल्पसंख्यकों की कुल आबादी 10% से कम नहीं है।

मुस्लिम आबादी न के बराबर है। कुछ हैं भी तो वे हमारे मित्र देश ईरान आदि जगहों से पढ़ाई या व्यापार के उद्देश्य से आए हुए हैं। देश में अन्य समुदाय भी मौजूद हैं। सरकारी दस्तावेजों में बीस से अधिक राष्ट्रीय अल्पसंख्यक समुदाय पंजीकृत है। उनमें सबसे ज़्यादा येज़्दी और असीरियन हैं। इन दोनों के पास अपना देश नहीं है और आज उनके लिए आर्मेनिया उतना ही स्वदेश है, जितना हमारे लिए।

माने मकर्तच्यान : कृपया नरसंहार के वक्त हो रहे आर्मेनियाई प्रतिरोध के बारे में बताएँ।

कारो वार्थान्यान : देखिए, ऑटोमन साम्राज्य के समय में सुलतान हामीद ने उन क्षेत्रों में, जहाँ आर्मेनियाइयों की बहुलता थी, जैसे कि मूश, वासपुराकान, सासून—वहाँ या तो आर्मेनियाइयों को शारीरिक तौर पर प्रताड़ित किया गया या उन्हें विस्थापित कर कुर्दों और तुर्कों को वहाँ बसाया। यहाँ तक कि कॉकेशस से चेचेन, छेरखेज मुसलमानों, जो कि घुमंतू लोग थे, को लाया जाता था, जिससे कि कहीं भी आर्मेनियाइयों की बहुलता न रहे और वे भविष्य में स्वायत्ता की माँग न कर बैठें। जाहिर-सी बात है कि इतने उत्पीड़न की स्थिति में, हमारे आर्मेनियाई योद्धाओं का दल बना जिन्हें फ़िदाईन कहते थे। सबसे रोचक बात यह है कि आर्मेनियाई साहित्य में इन फ़िदाइनों के कार्यकलापों को बहुत विस्तार से उकेरा गया है। राफ़ी जैसे महान लेखक के उपन्यासों से प्रेरित होकर इस दल का निर्माण हुआ। राफ़ी के उपन्यास, विशेष रूप से उनका "चिंगारी" नामक उपन्यास पत्रिकाओं में धारावाहिक की तरह प्रकाशित हुआ। राफ़ी स्वच्छन्दतावादी लेखक थे। उन सरीखे लेखकों से प्रेरित होकर नौजवानों ने तुर्क अत्याचारों के ख़िलाफ़ हथियार उठाए। इन नौजवानों को बेसब्री

से प्रतिदिन पत्रिका की प्रतीक्षा रहती थी, जिसे पढ़कर वे देशप्रेम से ओत-प्रोत हो जाएँ। इस प्रकार फ़िदाई आन्दोलन का निर्माण हुआ और हमारे फ़िदाइनों के नाम को गौर से देखें तो सब राफ़ी के उपन्यासों के नायकों के नाम हैं, जैसे आग़फ्यूर सेरोफ, आराबो आदि। माना जाता है कि आराबो सबसे पहले फ़िदाई थे। इनके बाद आग़फ्यूर सेरोफ ने अपना एक बड़ा समूह बनाया था। आर्मेनिया के सबसे बड़े योद्धा आंद्रानिक माने जाते हैं। इनकी ख्याति दूर-दूर तक फैली हुई थी। यहाँ तक कि तुर्क लोग भी उन्हें आंद्रानिक पाशा कहते थे और उनका बड़ा आदर करते थे। आंद्रानिक की सबसे बड़ी विशेषता यह थी कि उनके पास अद्भुत सामरिक ज्ञान था। वे देश के कोने-कोने से वाकिफ़ थे। हर गाँव, हर घाटी और पहाड़ पहचानते थे। रणनीति के तहत वे अपने योद्धाओं को पहले हर घाटी में भेज देते थे, जहाँ से गुज़रती तुर्क सेना पर इनके अचानक आक्रमण से भगदड़ मच जाती थी। उनके नेतृत्व में फ़िदाई हमेशा विजयी होते थे। फ़िदाइनों के सबसे बड़े नेता आग़फ्यूर सेरोफ की मृत्यु के बाद फिदाई दल का अगला नेता सर्वसम्मति से आंद्रानिक को चुना गया। इस बात का उल्लेख करना भी अनुचित नहीं होगा कि सासून के लोग आर्मेनियाइयों में सबसे बहादुर योद्धा माने जाते हैं, वे अधिकतर पहाड़ों में रहते हैं। सासून के न रहते हुए भी आंद्रानिक न सिर्फ महान योद्धा थे बल्कि बहादुर, बुद्धिमान और महान सेनापति भी थे।

मैं, आंद्रानिक के सैकड़ों युद्धों में से एक का उल्लेख करना चाहता हूँ। बात नवम्बर, 1901 की है, जब आंद्रानिक अपने तीस फ़िदाइनों के साथ आराखेलोत्स गिरजाघर में पहुँचे और अपनी मौजूदगी की सूचना तुर्कों तक पहुँचवा दी। कुछ ही घंटों बाद छः हजार सैनिकों ने गिरजाघर को घेर लिया। सभी आर्मेनियाई निराश हो गए कि यह उन्होंने क्या कर दिया। पर, जैसा मैंने कहा कि वे अद्भुत सामरिक ज्ञान से परिपूर्ण थे। उनका यह कदम इसलिए जरूरी था कि इस्ताम्बुल में तैनात यूरोप के विभिन्न राजदूतावासों का हम पर ध्यान जाए। रूस हमारी ओर देखे। आंद्रानिक ने अच्छी तरह से क्षेत्र का अध्ययन कर, पर्याप्त रूप से हथियार और गोला-बारूद इकट्ठा कर लिया था। सैन्य इतिहास में ऐसी लड़ाई कभी दर्ज नहीं हुई थी। इक्कीस दिन तक आंद्रानिक की तरफ से कोई नहीं मारा गया, परन्तु दुश्मन के दो से तीन हजार सैनिक खेत रहे। इक्कीसवें दिन जब आंद्रानिक के पास हथियार ख़त्म हो गए तो रात को उस भयंकर बर्फ़ में भी, तुर्कों को चकमा दे, अपने बहादुर सिपाहियों को सासून के पहाड़ों में सुरक्षित ले आए। यह भी एक बड़ी विजय थी क्योंकि यूरोपीय प्रेस साँस रोके स्थिति का जायजा ले रहा था। कुछ वर्ष बाद आंद्रानिक बुल्गारिया की ओर से ऑटोमन साम्राज्य के खिलाफ लड़ते देखे गए। तुर्की-बुल्गारियाई युद्ध में आंद्रानिक ने फिर से अपनी महान रणनीतिक क्षमताओं का प्रदर्शन किया। कल्पना कीजिए उस रोमांच की जब मात्र 270 योद्धाओं के बल पर उन्होंने यावेर पाशा के ग्यारह हजार सैनिकों को बंदी बना लिया। जाहिर-सी बात है कि वे इतने बावले नहीं थे कि अपने

270 सैनिकों को आसानी से शहादत के लिए 11,000 सैनिकों की विरोधी सेना के साथ युद्ध में झोंक दें। दरअसल उन्हें हमला करने का अद्‌भुत ज्ञान था। उन्होंने रणक्षेत्र के लिए बुल्गारिया की पवित्र नदी 'सुनी मारित्सा' को चुना और वहीं तुर्कों की सेना पर उन्होंने तूफ़ान की तरह अचानक हमला कर दिया। इस अचानक हमले से यावेर पाशा की आधी सेना नदी में बह गई और शेष सेना यावेर पाशा के संग बंदी बना ली गई। आप बुल्गारिया के इतिहास के पन्नों को पलटें तो आश्चर्यचकित रह जाएँगे कि दो घंटों तक एक-एक कर सैनिक आकर हथियार जमा कर आत्मसमर्पण कर रहे थे। इस प्रकार वे बुल्गारिया के राष्ट्रीय नायक बन गए। उनके लिए कई गीत लिखे गए। वे शोषित राष्ट्रों के साथ मिलकर ऑटोमन साम्राज्य के खिलाफ़ लगातार सशस्त्र युद्ध करते रहे। आगे सन् 1914 में प्रथम महायुद्ध का आगाज़ हुआ। हम सब जानते हैं कि वह एक वैश्विक तबाही का विस्फोट था। तुर्कों ने आर्मेनियाई नौजवानों को सेना में भर्ती करवाया। गाँव के गाँव पुरुषों से खाली करवा दिए गए जिससे परिवार असुरक्षित रह जाए। उधर कॉकेशस क्षेत्र के आर्मेनियाइयों को रूस ने अपनी सेना में भर्ती कर और जर्मनी के मोर्चे पर लड़ने भेज दिया। यही दौर था युवा तुर्क सरकार का जिसमें नरसंहार का मुख्य रचयिता एनवेर पाशा रक्षा मंत्री हुआ करता था।

रूसी सेना तुर्कों से काफी कम थी तो आंद्रानिक ने रूसियों के सन्देह को देखकर सबसे पहले बुल्गारिया की तरह अचानक हमला कर दिया। जब रूस ने देखा कि कई हजार तुर्कों की सेना हड़बड़ा गई तो वे भी आगे बढ़ गए। आंद्रानिक भली-भाँति जानते थे कि तुर्कों की योजना कॉकेशस पर हमला कर, बाकू और फिर थबिलिसी पहुँचना था और सम्पूर्ण कॉकेशस को रूस से अलग कर दक्षिण से भारत और चीन तक चढ़ जाना था। यही अखिल तुर्कीकरण की संकल्पना थी। पर तुर्की इसमें सफल नहीं हो पाया। कॉकेशस उनके हाथ से बच गया, नहीं तो यही नरसंहार पूर्वी आर्मेनिया और जॉर्जिया में भी होता। इसलिए जब हम इतिहास में झाँकते हैं तो जोरावर आंद्रानिक को एक महामानव-सा पाते हैं।

लेकिन दुःख की बात यह है कि रूस ने पश्चिमी आर्मेनिया को तुर्कों के रहमोकरम पर छोड़ दिया। नतीजतन आर्मेनिया का क्षेत्रफल छोटा हो गया। आंद्रानिक को विश्वास नहीं हुआ कि पश्चिमी आर्मेनिया उनके हाथ से चला गया है, पर वे लाचार थे। उन्होंने 35,000 शरणार्थियों को पश्चिमी आर्मेनिया से पूर्वी आर्मेनिया में पहुँचाना अपना कर्तव्य समझा। आज का स्युनिक राज्य हमारी सीमा में बचा है तो आंद्रानिक की बदौलत। आंद्रानिक का दूसरा लक्ष्य काराबाख को बचाना था, परन्तु आर्मेनियाई राष्ट्रवादी दल ने उन्हें वहाँ जाने नहीं दिया। साथ-ही-साथ अंग्रेजों ने भी उन्हें वहाँ जाने से मना कर दिया, क्योंकि अंग्रेजों की एकमात्र रुचि बाकू में मिलनेवाले तेल में थी। हालाँकि अंग्रेज प्रथम विश्वयुद्ध के समय में तुर्कों के खिलाफ थे, परन्तु तेल के लालच ने उन्हें हमारे ख़िलाफ़ खड़ा कर दिया।

मैं यह कहना चाहता हूँ कि अंग्रेजों की नीतियों को हम भी भली-भाँति जानते हैं। हालाँकि भारतीय हमसे भी बेहतर जानते होंगे, क्योंकि वे लगभग 200 साल तक अंग्रेजों के गुलाम रहे हैं। अंग्रेजों ने स्वतंत्रता के नाम पर भारत को विभाजित कर दिया ताकि वह कमजोर हो जाए। वैसा ही हमारे यहाँ भी हुआ। अजरबैजान बनाया गया। आंद्रानिक सबसे शक्तिशाली और सक्षम योद्धा थे और अंग्रेजों के तेल के खेल की योजना में सबसे पहले बाधा डालते, इसलिए उन्हें हटाना जरूरी था, जो ब्रिटिशों ने किया भी। आज यदि मेग्री का गलियारा हमारे पास है, जो एक तरफ़ आर्मेनिया और ईरान को एक-दूसरे के साथ जोड़ता है और तुर्की और अजरबैजान को मध्य एशिया से विभाजित करता है, तो यह भी आंद्रानिक की बदौलत हासिल हुआ था।

सुमन केशरी : ऑटोमन साम्राज्य में नरसंहार हुआ है और आज भी तुर्की इसे नहीं मानता है, क्या आर्मेनिया के दूसरे मुस्लिम देशों से सम्बन्धों में इससे कोई प्रभाव पड़ा है?

कारो वार्थान्यान : देखिए, तुर्की की नीति स्पष्ट है कि वे आर्मेनिया को अपना शाश्वत दुश्मन बनाए रखना चाहते हैं। उनकी सारी कार्रवाई इसी भावना से प्रेरित रहती है। उन्होंने हमारे सारे स्मारकों को विरूपित किया है। 70-80 सालों से वे हमारे पुराने चर्चों को, सैकड़ों ख़ाछखारों को नष्ट करने में लगे हुए हैं फिर भी यह सम्भव नहीं हो पाया है। जब भी खुदाई होती है ईसाइयत के चिन्ह निकल ही आते हैं। इसी तरह नकारात्मकता से अज़रबैजान भी ग्रसित रहता है।

आज का अज़रबैजान सौ साल पूर्व का तुर्की है। वह हमेशा आर्मेनियाइयों का विरोध करने में और हमारे ख़िलाफ़ लोगों को भड़काने में लगा रहता है। हमारा ईरानियों के साथ मधुर सम्बन्ध है, इसके बावजूद कि वह एक मुस्लिम देश है। लेकिन अज़रबैजान का उद्देश्य है कि उत्तरी ईरान के क्षेत्रों को अलग कर के अपने देश में मिला ले। उनके अपने स्वार्थ हैं और इस वजह से आर्मेनियाइयों का नुकसान होता रहा है। इसी प्रकार तुर्की अपने मित्र राष्ट्र अमेरिका की सहायता से उन क्षेत्रों को हड़पना चाहता है। ईरान की राजनीति जो भी हो, वह हमारा मित्र देश है।...कहने की बात नहीं कि भारतीयों और आर्मेनियाइयों की भाँति उनका भी इतिहास बहुत पुराना है। उनकी संस्कृति प्राचीन है। पर तुर्क तो खानाबदोश जातियाँ थीं जिनका कोई स्थायी ठिकाना नहीं था। उनकी संस्कृति लूट-पाट की रही है।

सुमन केशरी : चूँकि काफ़ी लम्बे समय के लिए पश्चिमी आर्मेनिया ऑटोमन साम्राज्य के अधीन था, क्या भाषा के स्तर पर या सामाजिक-सांस्कृतिक स्तर पर कोई अन्तर है?

कारो वार्थान्यान : बिलकुल, अन्तर तो बहुत बड़ा है। बेशक अभी तक इस पर गहरा अध्ययन नहीं हुआ है। स्वाभाविक रूप से 12वीं और 13वीं शताब्दियों के बाद सेल्जुक तुर्क अनातोलिया तक आ गए थे। दोनों राष्ट्रों के बीच भाषा, संस्कृति और दैनन्दिन जीवन शैली में आदान-प्रदान होता रहा है। सच है कि वे हम से कई

गुना ज़्यादा थे इसलिए हमारी भाषा पर काफी प्रभाव पड़ा है। खासतौर से हमारी पश्चिमी बोलियों में तुर्की शब्द ज़्यादा हैं। परन्तु सांस्कृतिक तौर पर हम उन पर प्रभावी रहे हैं। साहित्य में हमारी शुद्ध आर्मेनियाई भाषा ही प्रभावी रही है। समय के साथ-साथ उन्होंने हमारी कला, संगीत और थिएटर को अपना लिया। इतिहास गवाह है कि तुर्की में आर्मेनियाइयों ने ही थियेटर और ओपेरा की स्थापना की है। चूखाज्यान और फाफाज्यान इसके संस्थापक रहे हैं। निश्चित रूप से हमारे राष्ट्रीय संगीतकार, कोमितास से उन्होंने बहुत कुछ अपनाया है, लेकिन कभी भी वे इसे प्रत्यक्ष रूप से स्वीकार नहीं करते और दुनिया को दिखाने की कोशिश करते हैं कि वे खानाबदोश और विदेशी न होकर यहीं के मूल निवासी हैं। उनके प्रचार-प्रसार की शैली आक्रामक होती है और इसमें उनकी कोई बराबरी नहीं कर सकता। हम इस दिशा में कभी नहीं सोचते क्योंकि हमारी संस्कृति अपनी है और इसे हमसे कोई छीन नहीं सकता। परन्तु वे दुदुक, लावाश, आर्मेनियाई संगीत को अपना प्रमाणित करने के लिए एड़ी-चोटी का ज़ोर लगाते रहते हैं—खूब पैसे लुटाते हैं।

सुमन केशरी : क्या आर्मेनियाई भाषा में नरसंहार पर मुहावरे या लोकोक्तियाँ बनी हैं?

कारो वार्थान्यान : आर्मेनियाई भाषा में नरसंहार पर मुहावरे या लोकोक्तियाँ याद नहीं आ रही है, लेकिन तुर्कों पर अनेक लोकोक्तियाँ और मुहावरे बने हैं। जैसे, जब किसी मनुष्य को क्रूर बताना चाहते हैं तो कहते हैं कि वह तुर्क है। सिर्फ आर्मेनियाई ही नहीं बल्कि आप दूसरे देशों के लेखकों को भी देखें, जैसे फ्रांसीसी कवि और लेखक विक्टर ह्यूगो ने कहा है कि यहाँ से तुर्क गुजरे हैं। अर्थात तुर्क अपने पीछे सिर्फ तबाही का मंजर छोड़कर जाते हैं। सिर्फ़ आर्मेनिया ही नहीं बल्कि फ्रांस, ग्रीक, रूस इत्यादि राष्ट्र भी तुर्क का प्रयोग धोखेबाज के सन्दर्भ में करते हैं। स्त्री के प्रति नकारात्मक रवैया रखनेवालों को हम कहते हैं कि वे तुर्क हैं, क्योंकि नरसंहार के दौर में तुर्कियों द्वारा हमारी बहू-बेटियों को हरम में ले जाना और शोषण करना आम बात रही थी। दूसरे शब्दों में तुर्क हमारे लिए क्रूर और बुरे का पर्याय बन गए हैं और यह बात हम आर्मेनियाइयों की मानसिकता में बैठ गई है।

माने मकर्तच्यान : क्या आपका परिवार भी इस नरसंहार में झुलसा? अपने परिवार के बारे में बताइए।

कारो वार्थान्यान : देखिए, दुर्भाग्य से पश्चिम आर्मेनिया के लगभग सभी आर्मेनियाई परिवारों का भाग्य एक-सा रहा है। स्वयं मुझे अपने परदादा तक की जानकारी हासिल है, लेकिन उससे पीछे का अध्ययन कर पाना मुश्किल रहा है। इतना मालूम है कि हमारा खानदान कार्स से था। कार्स हमारी वर्तमान सीमा से थोड़ी दूरी पर है, जो एक समय व्यापार और संस्कृति का संगम रहा है। नरसंहार के

दौरान हम लोग कार्स से भागकर ग्यूमरी में आ बसे, जो उस समय लेनिनग्राद के नाम से प्रसिद्ध था। पश्चिमी आर्मेनियाइयों की तुलना में पूर्वी आर्मेनियाइयों को कम ही नुकसान पहुँचा है। वान, मूश, सासून, बिटलिस, खनुस आदि शहरों से भाग कर आनेवाले अधिक थे और सबों ने अपने-अपने खानदानों का इतिहास सुरक्षित रखा है।

सुमन केशरी : आपके मतानुसार नरसंहार पर लिखनेवाले कौन-कौन से सबसे बेहतरीन कवि या लेखक हैं?

कारो वार्थान्यान : 1915 के नरसंहार के दौरान हमारे कई बुद्धिजीवियों की निर्मम हत्या कर दी गई थी, जैसे वारुजान, रुबेन सेवाक, सिआमान्थो आदि। उनकी कृतियों में जिस नरसंहार का वर्णन किया गया है वह सन् 1894 और 1896 में सुलतान हामिद द्वारा आयोजित नरसंहार हैं। 1915 में हुए नरसंहार को तो वे देख ही नहीं पाए थे क्योंकि उन्हें मार डाला गया था। वारुजान, रुबेन सेवाक आदि के बाद के साहित्यकारों में शायद ही कोई कवि-लेखक रहा हो जिसने आर्मेनियाई नरसंहार पर न लिखा हो। सबसे प्रभावकारी तरीके से जिन्होंने नरसंहार पर लिखा है, वे हैं होवानेस शिराज़। अपने पूरे जीवनकाल में उन्होंने मासिस (आरारात पर्वत) के गीत गाए, मासिस को साहित्य की विषयवस्तु बनाया। आरारात अब हमारी सीमा में नहीं है पर आज भी वह हमारा प्रतीक माना जाता है। आर्मेनियाई सुबह उठकर आरारात को देखता है और इस पीड़ा को महसूस करता है कि वह अब अपना नहीं रहा।

पारुइर सेवाक ने 'अन्तहीन घंटियाँ' की रचना की, जिसे आर्मेनियाई साहित्य में अहम् दर्जा प्राप्त हुआ। खाछिक दाश्तेत्स हों या गेवोर्ग एमिन हों, सिल्वा कापुतिक्यान हों या मेताक्से, सभी आर्मेनियाई साहित्यकारों ने नरसंहार को अपना प्रमुख विषय बनाया है।

सुमन केशरी : नरसंहार को चित्रित करनेवाली फिल्मों आदि के बारे बताएँ।

कारो वार्थान्यान : नरसंहार पर फ्रांस वेर्फेल के "मूसा पर्वत पर चालीस दिन" जैसे अनेक उपन्यास आर्मेनिया में भी लिखे गए हैं। चूँकि इसका लेखक एक ऑस्ट्रियन था, इसीलिए इस उपन्यास को बहुत ज़्यादा प्रसिद्धि मिली। 1933 में इस उपन्यास का प्रकाशन हुआ और 1934 में इसका अंग्रेजी भाषा में अनुवाद आ गया। मेरे कहने का तात्पर्य यह है कि हमारा देश छोटा है, हमारी बात बहुत मुखर नहीं हो पाती है, इसीलिए हम विकसित देशों की बराबरी नहीं कर पाते। 'मूसा पर्वत पर चालीस दिन' नामक उपन्यास इतना चर्चित हुआ कि हॉलीवुड में इसे फिल्माने की अनेक योजनाएँ बनीं। हॉलीवुड में हमारे प्रसिद्ध डायरेक्टर थे रुबेन मामुल्यान, जिन्होंने विश्व-सिनेमा के इतिहास में अपना स्थान बनाया है। आर्मेनियाई होने के कारण पैरामाउंट पिक्चर्स ने उनसे इस फिल्म का निर्देशन करने का निवेदन किया। लेकिन तुर्कों ने उन्हें परेशान कर इस योजना को कैंसिल करवा दिया। 1950 के दशक में हॉलीवुड में इस योजना को फिर से उठाने का प्रयास हुआ, जो फिर से

विफल हो गया। इसके बाद रोम ने इस फिल्म को बनाने की चेष्टा की लेकिन वह भी विफल रहा। अन्त में इस पर एक छोटे बजट की फिल्म सार्की मुराद्यान ने बनाई।

लेकिन नरसंहार पर फ्रांस के सुप्रसिद्ध निर्देशक आनरी बेर्नोई ने एक फिल्म बनाई है 'मायरिग' जिसकी बड़ी चर्चा हुई। सोवियत के समय में 1970-80 के दशक के बाद हराछ्या खोछार के छोटे उपन्यास पर दो फिल्म बनीं। एक है 'पूर्वज' और दूसरी 'यादें'। मुशेग़ गाल्शोयान की रचना पर बनी 'जोरी मिरो' एक मूल्यवान फिल्म है। परन्तु अफ़सोस की बात है कि अन्तर्राष्ट्रीय स्तर की फिल्में हम नहीं बना पाए जिससे कि पूरी दुनिया इस बारे में जान पाए। पिछले एक-दो साल से नरसंहार पर फ़िल्म बनाने की कोशिशें हो रही हैं। अमेरिकी मीडिया से पता चला है कि इसके मुख्य निर्देशक मेल गिब्सन हैं। मुख्य अभिनेता सिल्वेस्टर स्टेलोन हैं। फिल्म तैयार है या नहीं इस बारे में जानकारी नहीं है।*

माने मकर्तच्यान : इस नरसंहार पर आर्मेनियाई समुदाय की भारत से क्या अपेक्षाएँ हैं?

कारो वार्थान्यान : भारत का हमारे देश के साथ प्राचीन काल से मैत्री सम्बन्ध रहा है। आत्मिक रूप से भारत हमारा प्रिय राष्ट्र है। इतिहास गवाह है कि दोनों राष्ट्रों ने विदेशी साम्राज्य की गुलामी झेली है। दोनों ही राष्ट्र राष्ट्रीय सम्पत्ति की लूट, श्रमिकों-कारीगरों के शोषण, इतिहास और संस्कृति के हनन की पीड़ा से परिचित हैं। विस्थापन के समय अनेक आर्मेनियाइयों ने भारत में इसीलिए शरण ली थी क्योंकि वहाँ आर्मेनियाइयों का एक बड़ा और समृद्ध समुदाय रहता था। कलकत्ता हो या मद्रास या फिर बम्बई-आगरा, ग्वालियर, पटना हर जगह आर्मेनियाई रहते थे। कलकत्ते में तो अब भी आर्मेनियाई कॉलेज मौजूद है, जिसकी शुरुआत 18वीं सदी के अन्त से मानी जाती है। पर समय के साथ स्थितियाँ बदली हैं। दुर्भाग्य से भारत में अब आर्मेनियाई समुदाय के बहुत ही कम लोग बचे हैं। फिर भी हम अपने इस प्राचीन मित्र राष्ट्र से आशा करते हैं कि वह कम-से-कम हमारे दुःख को समझे और तुर्कों द्वारा आर्मेनियाइयों का नरसंहार हुआ—इस बात को आधिकारिक तौर पर स्वीकार करे।

भारत की बात उठी है तो अपने मन की बात बताता हूँ...मैंने बॉलीवुड की बहुत सारी फिल्में देखी हैं। मुझे हिन्दी फिल्में बहुत अच्छी लगती हैं। राज कपूर की फिल्में हम देखा करते थे।

आपको एक गाना सुनाता हूँ—जीना यहाँ मरना यहाँ उसके सिवा जाना कहाँ...

मेरे लिए आर्मेनिया ही वह जगह है, जिसके लिए मैं जीता हूँ और मर भी सकता हूँ!

---

* इस साक्षात्कार के ठीक बाद 2016 में आर्मेनियाई जनसंहार पर टेरी जॉर्ज द्वारा निर्देशित हॉलीवुड की बहुचर्चित फिल्म 'द प्रॉमिस' बनी थी जिसमें जाने-माने ऑस्कर इसाक, चार्लोट ले बॉन और क्रिश्चियन बेल का बेहतरीन अभिनय देखने को मिलता है।

खंड-2

आर्मेनियाई रचनाकारों की लोकप्रिय कविताएँ

येग़िशे छारेंत्स

(1897-1937)

(येग़िशे सोग़ोमोन्यान) का जन्म 13 मार्च 1897 को कार्स (अब तुर्की) में हुआ था। छारेंत्स ने अपने साहित्यिक नाम के चयन को लेकर प्रसिद्ध आर्मेनियाई लेखक गुर्गेन माहारी (1903-1969) से कहा था कि कार्स में एक बार एक चिकित्सक आया हुआ था जिसकी तख्ती पर 'छारेंत्स' उपनाम लिखा हुआ था, उन्होंने वहीं से इस नाम को ले लिया। उनके युवावस्था के मित्रों के अनुसार येग़िशे ने 'छारेंत्स' उपनाम इसलिए चुना क्योंकि वे बचपन से ही बहुत शरारती थे। आर्मेनियाई भाषा में छार का अर्थ है शरारती! छारेंत्स ने अपने नाम के चयन के पीछे यह तर्क दिया कि 'दुनिया में तो कई बार अच्छे चेहरे की आड़ में बुराई छिपी हुई होती है, किन्तु मैंने इसके विपरीत अपनी आत्मा की पवित्रता को बनाए रखने के लिए बुरा नाम चुन लिया।'

हालाँकि बताया जाता है कि छारेंत्स का जन्म कार्स में हुआ था, परन्तु कुछ तथ्य इस बात की ओर इशारा करते हैं कि उनका जन्म सम्भवत: ईरान के माकू शहर में हुआ था। छारेंत्स अपने जन्मस्थान को कुछ इस तरह याद करते हैं—"एक धूल भरा पीला शहर, बेजान सड़कें, किले, वार्थान का पुल, आर्मेनियाई अपोस्टोलिक चर्च, पाँच मंज़िली शासकीय इमारत...।" इस उदास शहर ने कहीं न कहीं बालक की आत्मा को गहराई से प्रभावित किया था। उनके विकास में इस उदास परिवेश ने बड़ी भूमिका निभाई।

येग़िशे की माता थेकगी मिर्ज़ायान और पिता आब्गार सोग़ोमोन्यान ईरान के माकू शहर से कार्स पलायन कर गए थे। उनके पिता आब्गार कालीन व्यापारी थे। कार्स में उनकी बड़ी दूकान थी। वे बहुत ही सख्त प्रकृति के, आस्तिक और

नियमों पर चलनेवाले इनसान थे। छारेंत्स का भाई सेरोब पिता के साथ उनके कामों में हाथ बँटाता था। उनके दूसरे भाई गेग़ाम स्तालिन काल में तानाशाही ताकतों के शिकार हुए। उनकी एक बहन आन्ना येरेवान में रहती थी और दूसरी बहन आश्खेन अपने भाई गेग़ाम के साथ लेनिनग्राद (अब सेंट पीटर्सबर्ग) में रहती थी। वह चेचक से दृष्टि खो चुकी थी। तीसरी बहन मार्याम अपने परिवार के साथ नरसंहार के दौरान मारी गई।

येग़िशे छारेंत्स की शिक्षा विधिवत नहीं हुई थी। सन् 1908-12 के दौरान कार्स के एक विद्यालय में उनकी पढ़ाई हुई थी, पर फ़ीस न दे पाने की वजह से उन्हें विद्यालय छोड़ना पड़ा। स्वाध्याय और 'जीवन के विश्वविद्यालय' से प्राप्त अनुभवों ने उन्हें सिखाया-पढ़ाया। वे पढ़ने के शौक़ीन थे और अपना ज़्यादातर समय पढ़ने में बिताते थे। हालाँकि कार्स एक छोटा प्रान्तीय शहर था लेकिन साहित्यिक और सामाजिक दृष्टि से अत्यन्त जीवंत था। वहाँ अनेक शिक्षण संस्थाएँ, मुद्रण संस्थाएँ, पुस्तकालय और किताबों की दुकानें थीं। सन् 1912 में थबिलिसी (जॉर्जिया की राजधानी) में 'पातानी' नामक पत्रिका में छारेंत्स की कविता प्रकाशित हुई। उनके एक मित्र ने लिखा है कि, "उनके पिता आब्गार साहब ने येग़िशे को जूते खरीदने के लिए पैसे दिए थे और बेटे ने बेझिझक उन पैसों से किताबें खरीद ली थीं!"

"अरे!! तुमने अपना दिमाग रोटी के साथ खा लिया है क्या? नंगे पाँव चलोगे?"—पिता ने गुस्से से कहा।

"येग़िशे ने वहाँ कोई उत्तर नहीं दिया, चुपचाप घर से बाहर निकल आए और कहा—"खाली दिमाग के साथ चलने से बेहतर है कि नंगे पाँव चलूँ!"

सन् 1914 में किसी दिन छारेंत्स कार्स के एक छपाईखाने जा पहुँचे और वहाँ के निर्देशक आलेक्सांद्र तेर-येसान्यान से मुलाक़ात कर उनसे कहा कि वे अपनी कविताएँ छपवाने के लिए आए हैं। बालक के साहसी जज़्बे से प्रेरित हो उन्होंने पांडुलिपि लेकर देखा तो पहले तो लिखाई देखकर ही आश्चर्यचकित हो गए। वे प्रेम कविताएँ थीं, जो कार्स की महिला व्यायामशाला में पाँचवीं कक्षा की छात्रा आस्तिग़ाक गोंदाख़्च्यान को समर्पित थीं। यह संग्रह 'उदास लड़की के लिए तीन गीत' शीर्षक से प्रकाशित हुआ। सन् 1913-15 में कार्स में रहते हुए छारेंत्स की 'आग्नीय भूमि' कविता-संग्रह की कुछ कविताएँ, 'मुलाकात की घड़ियाँ', 'नीले नयनों वाला स्वदेश' इत्यादि संग्रह प्रकाश में आए।

सन् 1914 में प्रथम विश्वयुद्ध की शुरुआत हुई, जिसका फायदा ऑटोमन साम्राज्य ने उठाया और नरसंहार के रास्ते आर्मेनियाई मुद्दे का समाधान तलाश लिया। सन् 1915 में रूसी सेना के साथ मिलकर तुर्कों का मुकाबला करने के लिए जो आर्मेनियाइयों की प्रथम स्वयंसेवक बटालियन तैयार हुई, उसमें छारेंत्स भी शामिल थे।

छठी बटालियन के 864 सैनिकों में छारेंत्स का नम्बर 373 था। छारेंत्स को बटालियन में साफ़-सफ़ाई का काम सौंपा गया लेकिन उन्होंने इनकार करते हुए साधारण सिपाही की तरह सैन्य अभियानों में हिस्सा लेना स्वीकार किया। 30 सितम्बर, 1915 को उनकी बटालियन अपने सैन्य अभियान के लिए निकल पड़ी। दुश्मन के साथ बिना किसी मुठभेड़ के ही वे पश्चिमी आर्मेनिया के वान शहर (अब तुर्की) तक पहुँच गए। वहाँ से आगे निकलने पर आन्गेग़ गाँव जिसके सामने आर्तोस नामक पहाड़ है, उसकी तलहटी में तुर्कों से भयंकर लड़ाई शुरू हुई। इस स्वयंसेवक बटालियन ने नारेक और आख़्थामार जैसे महत्त्वपूर्ण स्थानों पर वीरतापूर्वक कब्ज़ा करने में सफलता पाई। अगले युद्ध की शुरुआत 25 दिसम्बर, 1915 को सुलदुज़ के मैदान में हुई। युद्ध के बाद इनकी बटालियन रात-भर के लिए एक गाँव में रुकी, जहाँ कुर्दों के योजनाबद्ध घातक हमले से पूरी बटालियन साफ़ हो गई। यह चमत्कार ही था कि छारेंत्स बच गए थे! उसका कारण उनके अपने शब्दों में, "वह बटालियन से थोड़ा पीछे छूट गए थे!" उनकी लम्बी कविता 'दान्तेयन किंवदंती' में इसी युद्ध की विभीषिकाएँ और आर्मेनियाई लोगों की त्रासदी का वर्णन देखने को मिलता है।

1918 के जून-जुलाई में छारेंत्स 'लाल सेना' में भर्ती हो गए और छारित्सिन के गृहयुद्ध में भाग लिया। उससे पहले ही उनका परिवार तुर्क हमले के कारण कार्स से भागकर माइकोप नामक शहर में पलायन कर गया था।

तुर्क सेना प्रथम विश्वयुद्ध में पराजित होकर, अक्टूबर 1918 में मुद्रोस के युद्ध विराम पर हस्ताक्षर करते हुए पीछे हटने लगी। इसने आर्मेनियाइयों में आशा और प्रेरणा का संचार किया। लोग धीरे-धीरे अपने घरों की ओर लौटने लगे। इस तरह सन् 1919 में कार्स पुनः आबाद होने लगा।

छारेंत्स उत्साह से भर उठे और अपने मित्र के साथ अध्यापन के उद्देश्य से अपने जन्मस्थान की ओर लौट चले। युद्ध की तबाही के बावजूद सन् 1919 के सितम्बर-नवम्बर के महीनों में कार्स क्षेत्र में लगभग 75 विद्यालय कार्यरत थे, जिनमें आधे आर्मेनियाई और शेष रूस, यूनान, कुर्द और तुर्की के थे। मातृभूमि के प्रति अपने कर्तव्य के निर्वहन हेतु वे सन् 1919 के पतझड़ में कार्स के बाशख्यादिक्लार गाँव में अध्यापन का काम करने लगे।

सन् 1919 में येरेवान में 'आर्मेनियाई साहित्यिक संघ' की स्थापना हुई। संघ के मानद अध्यक्ष प्रसिद्ध साहित्यिक इतिहासकार निकोल आग्बाल्यान (1875-1947) थे। आर्मेनियाई साहित्यिक संघ के प्रमुख लेखकों और साहित्य के विकास को समर्पित एक समारोह में निकोल आग्बाल्यान ने कवि येग़िशे छारेंत्स का परिचय उदीयमान कवि के तौर पर कराया। दरअसल निकोल आग्बाल्यान भी छारेंत्स की रचना 'दान्तेयन किंवदंती' से अत्यन्त प्रभावित थे।

दिसम्बर 1919 में छारेंत्स ने बाशख्यादिक्लार के विद्यालय को छोड़ दिया और येरेवान आ गए। 1920 में उन्होंने आग्बाल्यान के निमंत्रण पर राज्य शिक्षा और संस्कृति मंत्रालय में विशेष कार्य महासचिव के रूप में काम करना शुरू कर दिया, लेकिन कुछ ही महीनों बाद वहाँ से काम छोड़कर एक अमेरिकी अनाथालय के स्कूल में बीमार बच्चों को पढ़ाने लगे। आर्मेनिया के सोवियतीकरण के बाद 2 दिसम्बर, 1920 को छारेंत्स सरकारी जन-प्रबोधन विभाग के कला अनुभाग के निदेशक बने। यहाँ रहते हुए उन्होंने दूर-दूर जा बसे आर्मेनियाई लेखकों और कलाकारों को ढूँढ़ा और सोवियत आर्मेनिया में आमंत्रित किया। उनका मानना था कि अपनी मातृभूमि में रहकर ही बुद्धिजीवी अपने लोगों की मदद कर सकते हैं।

सन् 1921 के फरवरी-अप्रैल के महीनों में छारेंत्स ने लाल सेना के सैनिक अभियानों में फिर से भाग लिया। सन् 1921 की मई में छारेंत्स का विवाह आर्फिक (आर्फेनिक तेर-आस्त्वाज़ातर्यान) से हुआ और जून में नवविवाहित वर-वधू मास्को आ गए और पूर्वी श्रमिक कम्युनिस्ट विश्वविद्यालय में अध्ययन करने लगे। आर्मेनियाई बोल्शेविक क्रान्तिकारी और सरकारी अधिकारी आलेक्सान्द्र म्यासनिक्यान (1886-1925) की सहायता से सन् 1922 में मास्को में छारेंत्स के कहानी-संग्रह का पहला और दूसरा खंड प्रकाशित हुआ। इन खंडों में उनकी लगभग दस वर्षों की साहित्यिक विरासत संकलित है।

नवम्बर, 1924 में छारेंत्स तुर्की, इटली, फ्रांस और यूनान की यात्रा पर निकल गए। वे अमेरिका भी जाना चाहते थे लेकिन उन्हें इजाज़त नहीं मिली। उसी साल दिसम्बर में कॉन्स्टेंटिनोपल (इस्ताम्बुल) में छारेंत्स की कविता 'इस्ताम्बुल' प्रकाशित हुई। यह कविता इस्ताम्बुल में बचे-खुचे आर्मेनियाइयों के जीवन का जीवंत चित्रण है, "कितना दयनीय है आर्मेनियाइयों का जीवन, यह कल्पना करना मुश्किल है। लोग अपने विषादपूर्ण अस्तित्व को बस किसी तरह घसीट रहे हैं और सरकार, तुर्क समाज, मीडिया और अन्य उन्हें अवमानना, क़ानूनी आतंक और गाली-गलौज के बीच ऐसे माहौल में जीने के लिए विवश कर रहे हैं, जिसे देख कोई भी आदमी भयभीत महसूस करेगा।"

सन् 1927 में उनकी पत्नी आर्फिक की मृत्यु हो गई। 1928 से 1935 तक छारेंत्स ने आर्मेनियाई राज्य प्रकाशन गृह का कार्यभार सँभाला, सर्वप्रथम कला विभाग के कर्मचारी के रूप में, बाद में प्रकाशन गृह के निदेशक के रूप में और 1934 से आर्मेनियाई, रूसी और विदेशी क्लासिक्स के प्रकाशन के सम्पादक की भूमिका निभाई। छारेंत्स की प्रखर कलात्मक समझ और अथक उत्साह की बदौलत आर्मेनियाई प्रकाशन के क्षेत्र में अभूतपूर्व विकास हुआ। उनमें समकालीन मेधावी कलाकारों और लेखकों को ढूँढ़ने और एकत्रित करने की प्रतिभा थी।

सन् 1931 में छारेंत्स की शादी इज़ाबेला से हुई। 1932 में बड़ी बेटी आर्फेनिक का जन्म हुआ और 1935 में दूसरी बेटी आनाहित का। उल्लेखनीय है कि सन् 1930 के दशक में अनेक आर्मेनियाई साहित्यकार, छारेंत्स को आर्मेनिया छोड़ने की सलाह दे रहे थे, क्योंकि उन्हें आशंका थी कि कहीं वे स्तालिनवादी दमन का शिकार न हो जाएँ। इस पर छारेंत्स ने आर्मेनिया के मशहूर साहित्यकार ख़ाछिक दाशतेंत्स (1910-1974) से कहा था कि वे आर्मेनिया छोड़कर नहीं जाएँगे, क्योंकि वे किसी विदेशी भूमि में रहने की कल्पना भी नहीं कर सकते!

1930 के दशक में लेखकों, सांस्कृतिक और सामाजिक हस्तियों के उत्पीड़न का दौर शुरू हुआ जिससे छारेंत्स भी बच नहीं पाए। सितम्बर 1936 में उन्हें घर में नज़रबन्द कर दिया गया और जल्द ही उन्हें जेल भी भेज दिया गया। उन पर आरोप था राष्ट्रवाद (क्षेत्रवाद) को बढ़ावा देना, क्रान्ति का विरोधी और सोवियत विरोधी होना। पुस्तकालयों और किताबघरों से छारेंत्स की किताबें जब्त कर ली गईं। 1937 के पतझड़ में उनकी पत्नी इज़ाबेला को भी गिरफ्तार कर लिया गया। 28 नवम्बर, 1937 की सुबह अपनों से दूर, बेहोशी की अवस्था में कई दिनों तक जेल के अस्पताल में पड़े रहने के बाद, आर्मेनिया के इस महान कवि ने दम तोड़ दिया।

छारेंत्स की रचनाओं को तानाशाह तंत्र से छिपाने के लिए उनकी मित्र रेगिना ने उन्हें ज़मीन में गाड़ दिया। जब उनकी मृत्यु के बहुत बाद उन्हें ज़मीन से निकाला गया तो अनेक रचनाएँ सीलन और दीमक के चलते नष्ट हो चुकी थीं।

इस महान कवि की मृत्यु कैसे हुई और उन्हें कहाँ दफनाया गया, अभी तक इतिहास इस पर मौन है....अपनी मृत्यु से कई महीने पहले 15 दिसम्बर को उन्होंने लिखा था :

“मेरी मौत के दिन मौन गिरेगा
शहर पर भारी-भारी...
जैसे काले बादल या पुराना दुःख
या जैसे आपदा की कोई खबर
पत्रिकाओं में छपती है...”

आर्मेनिया की राजधानी येरेवान में छारेंत्स का घर अब एक प्रसिद्ध संग्रहालय बन चुका है और पर्यटकों के लिए आकर्षण का केन्द्र है। संग्रहालय में एक पेंटिंग है जो छारेंत्स के आग्रह पर आर्मेनियाई मूल के जॉर्जियाई चित्रकार आलेक्सान्द्र बाज्बेउक मेलिक्यान ने बनाई थी। इसमें छारेंत्स बुद्ध-सी ध्यानमग्न मुद्रा में बैठे हैं, जिसके ऊपर उन्हीं की हस्तलिपि में लिखा हुआ है—

“तुम्हारी आत्मा अभी तक अनुभवविहीन है, अभी तक तुम कमजोर हो, छारेंत्स!
आत्मा को मजबूत करो। करामाती, तपस्वी, सूर्य बनो,

जैसे महात्मा गांधी—एक प्रतिभासम्पन्न हिन्दुस्तानी। 25.1.1936"

प्रसिद्ध आर्मेनियाई नाट्य-विशेषज्ञ रुबेन ज़ोर्यान (1909-1994) अपने संस्मरण में लिखते हैं, "तब छारेंत्स भारत के बारे में बहुत पढ़ते थे...बुद्ध, गांधी से लेकर योग दर्शन तक पर बहुत बातें करते थे...वे अक्सर बुद्ध की मूर्ति को देर तक निहारते थे। आत्मा से गंगा के तटों तक उड़ान भरते थे और हवा से बातें करते भूल जाते थे कि कमरे में कोई और भी है। एक दिन जब उनके घर पर पहुँचा तो देखा कि दीवार पर उनकी पेंटिंग टँगी हुई थी। चित्रकार आलेक्सान्द्र ने गांधी से प्रेरित इस महान कवि के चित्र का शीर्षक दिया था 'महात्मा छारेंत्स'!

अपने जीवन के अन्तिम दिनों में छारेंत्स अहिंसा के महत्त्व को बखूबी समझ चुके थे!

दान्तेई किंवदंती

1

हम अल सुबह ही निकल पड़े
नील गगन तले
जैसे हों नशे में
ताजी ऊर्जा से भरी हल्की थी हमारी आत्माएँ
खुश थे हम
उल्लास-भरे
बुला रहा था हमें वह रास्ता घुमावदार
आगे
और आगे

अन्तिम बार हमने पीछे मुड़कर देखा
अब कुछ शेष न था मन बाँधता
नींद में निकली चीख-सा
अतीत हो गया था लापता
निर्मल सुबह से थे हम सम्मोहित
अब हम में न बची थी कोई
उदासी

कभी नृत्य तो कभी गीत में मगन
अस्त्र-शस्त्र की चमक से प्रसन्न
मानो शिशु की गहरी नींद की
मासूम मुस्कान-भर थे हम
न थी बिछुड़ने की कोई बेचैनी
और न ही मृत्यु की शंका छली

मन में कामनाएँ लिए भागते क़दमों से
बढ़ रहे थे प्रफुल्लित नौजवान हमारे
आत्मा के पंख थे ऊँची उड़ान पर
आख़िर किसने लुभाया हमें इस कदर
महाकाय पर्वत की दृष्टि थी हम पर
जिसके साए तले चल रहे थे हम सब

चन्द्रमा चढ़ चुका था दूर आकाश
चारों ओर फैला रहा था रजत प्रकाश
तब हम आ गए तम्बुओं के भीतर
घास पर लेट गए शिथिल होकर
—ओ! शुभ रात्रि, प्रिय मित्रो!
और सो गए मधुर निद्रा में
मुक्त हम

इस तरह खुश रहे हम तीन दिन
परन्तु खुल गई अनायास
तहस-नहस-सी वह राह
जहाँ थी गहन पीड़ा की फैली रेतीली आँधी
और धीरे-धीरे हो गई
घायल
नौजवान और स्वप्नशील
आत्मा हमारी

आकाश लग रहा था बदला-बदला
बारिश सर पर टपक रही
सामने जीर्ण-शीर्ण पथ फैला था दूर
जिसका सिरा कोहरे की धुंध में था तिरोहित
गगन की तरह हमारी आत्मा में भी थी नमी
बारिश के बिछावन में छूट रही थी कँपकँपी

रास्ते पर देखा पड़ा एक मृत कंकाल
ठिठके हम,

पल-भर एक दूसरे को ताका
बारिश में पड़ा वह सड़ गया था
किस नस्ल का था
—किसको था पता?
उसके जीवन की हर एक स्मृति
वर्षा की धारा ने दी थी बहा

देर तक हम खड़े रहे,
अट्टहास कर साथी ने लाश को धक्का दिया
इसने भी तो एक समय हथियार उठाया होगा
यह भी तो हम जैसा जीवन का प्यासा होगा
तब सोचा मैंने—हम भी अब निकल पड़े हैं
स्वयं को लाश बनाने

और मैं आगे बढ़ चला
पहाड़ों के उस पार अचानक
चमकीला सूरज दिख पड़ा
मैं भूल गया उस बदसूरत लाश को
मेरे खुले उल्लसित दिल को
मिट्टी की गंध से भरा-भरा
जगत बड़ा रमणीय लगा।

सूर्य की स्वर्णिम उँगलियाँ नीचे उतरीं
नम धरती लगी दुलारने
झर-झर झरती
घास के बीच से गुजरती
निर्झर मानो हँस पड़ी
और सामने से द्रुत
एक चिड़िया उड़ गई

अचानक मैंने खुद से पूछा
कहाँ जा रहे हैं हम इतने उत्साहित
जबकि दुनिया में है एक व्यथा गहरी
हर एक है, विकट दुःख से पीड़ित

आखिर जीवन से क्या पाना चाहते हैं
बनकर इर्ष्यालु, अत्याचारी जैसे विक्षिप्त

यह सपना विघातक
लटकाया गया है हमारे सिर पर, क्यों?
ऐसा दर्द और विकर्षण फैला है, क्यों?
और ये दुष्ट हवाएँ दमित होंगी, कब?
ऐसी साजिश रच रहा है, कौन?
जीवन को दोज़ख़ में डाल रहा है, कौन?

क्या इधर लोगों ने देखा नहीं है कभी
दुनिया के बेहतरीन लोगों को कहीं?
जहाँ सूर्य असंख्य चमत्कार करता हो,
कि मनुष्य की आत्मा सुखदायी उत्साही हो
कि आलिंगन में उसने सब चर-अचर को भर रखा हो

पर नहीं! शैतान ने भयानक अट्टहास कर
स्वर्णिम खेतों की गरिमा पर आघात किया
अनाज से भरे खलिहानों को जला कर
लहू तूफान और अकाल बिखेर दिया
दिल में पीड़ा लिए, आगे मैं बढ़ चला
चिन्तातुर

देखो, यहाँ फिर कुछ लाशें हैं पड़ी हुईं
देखो, यहाँ केश स्त्रियों के बिखर रहे
और उधर, खून से लथपथ कंबल के अन्दर
रक्तरंजित रोटी के सड़े टुकड़े
कौन यहाँ से विदा हुआ है, अकेले-अकेले,
विवशता से भरा हुआ

यहाँ देखो, पड़ी है हाथ की एक हड्डी
शरीर से विलग खामोश
थोड़ी दूर पर पाँव की हड्डी,

उससे कुछ दूर—दाँत छितरे हुए.
और उधर, चट्टान की चोटी पर
भूल गया है कोई एक पुरानी बन्दूक

आगे चल पड़े हम भयभीत
टपक रहा था अब हमारी आँखों से रक्त
नींद में घूमते पागल से
ध्यान से होकर शून्य
बोझिल पीड़ा थी देह पर हावी
सड़ाँध थी वातावरण में प्रभावी

गोधूलि बेला में पहुँचे एक गाँव
न नाम बचा था, न था कोई जीता जन
बची रह गई थीं जली झोपड़ियाँ
और थे शैतान के भवन
वहीं पर ठहर गए हम रात
सुनते-सुनाते घिनौने दुःख

और फिर से आया प्रभात,
रस्ते पर चल पड़े हम अनाघात
पहाड़ी मार्ग सामने दिखा
पर हमें न थी कोई फ़िक्र
बनकर दृढ़- प्रतिज्ञ
घुड़कते उनको जो बड़बड़ाता

चढ़ाई कठिन थी, राह थी निर्जन
कड़ी में बद्ध हम चढ़ रहे थे ऊपर
हिमशिला निरन्तर साजिश रचती
पाँव बाँध हमें नीचे खींचती

दोपहर थी तब, जब विशाल पर्वत के निर्जन
हिमशिखर पर पहुँचे थे हम
श्वेत चोटी पर खड़े हो
महसूस किया भय से

अनंत में हैं हम अकेले,
और जीवित

इस सुदूर अनछुए स्थल की
अनंत रोशनी में
मेरी अन्तरात्मा खा रही थी कसमें
उदार और सदाशय बनने की
कि अचानक दूर से सुनाई दी
एक साथी की कँपकँपाती आवाज़

पास पहुँचा और चौंक गया
बर्फ़ पर पड़ी हुई थी एक नारी
नि:शब्द और अश्रु विहीन
मर रही थी चेहरे पर लिए मुस्कान अर्थहीन
काँपती उँगलियों में रोटी का टुकड़ा
अनमोल ख़जाने की तरह था उसने पकड़ा

अन्तिम बार आँखें झपकीं,
और मुस्कुराकर बुझ गईं
यह दृश्य भयानक इसलिए लगा
कि कोई शब्द उसके मुँह से नहीं निकला
चीख रही थी हमारे दिलों में कुंचित
एक गहन वेदना, और पीड़ा अनियंत्रित

फ़ातिहा पढ़े बिना ही
दफनाया उसे बर्फ़ के वृद्ध सीने में
बेजान सूखे हाथों से हमने
लाद दिया उस पर वही बर्फ़
मरणशील हो हम आगे बढ़े
दफनाकर वहीं, अपना विवेक

दया के काबिल नहीं थे हम
भयभीत थे हम
कि

घाव और मौत लिए
दुश्मन घात लगाए बैठा है

लो हम उतर गए दुर्गम पथ
आ गए सागर किनारे
गाँव था जो जल रहा था
किन्तु सागर मचल रहा था
जीवन के उत्ताल ताल पर

कुछ इधर चल कुछ उधर चल
हम दो सखा पहुँचे बगीचे भीतर
हवा की तरंगों से झूलते
देखे अंगूरों के गुच्छे अपार
सूरज की रोशनी थी आर-पार
था लहरों से झंकृत मन-सागर

पल-भर को भूल गए हम
दिल का रोना और थकान
भूल गए विध्वंस-विनाश
बुझी क्षुधा मन हुआ उजास
आकर्षक था प्रकृति का पाश

देखा हठात
हा! लता मध्य एक मृत वृद्ध देह
रक्तरंजित अंगूर तले मानो छाया से मिल गले
खुली आँखों में थे प्रश्न अनेक
भीषण-कुरूप यथार्थ यह देख
आहत हो गिर पड़ा दोस्त
"पानी"—लबों ने फुसफुसाया
घिसट पहुँचा मैं कुएँ समीप
झाँका भीतर तक
तल तक
गहन अंधकार

बस
गहन अंधकार

डोर डोल में बाँध अतल पहुँचाया
पल-भर में वह नीचे जल से जा टकराया
खींचा तत्पर ऊपर पत्थर से टकराया
आँखें फाड़कर देखने लगा मैं
बालटी के हिलते जल में
थे पड़े देह के टुकड़े अनेक
बिजली-सी तड़की आँखों में
क्या आत्माओं का नृत्य था ये
चीख को सीने में दबा
खामोश मैं वहाँ से चला

हम दोनों मदहोश लड़खड़ाए,
भूतों की तरह सताए
भाग गए बाहर,
और भयभीत निगाहों को हमारे
न बगीचा दिख रहा था और न ही सागर—
जहाँ मौत ने मचाया था अपना कहर

उस खूनी पथ से प्रताड़ित
हो अशक्त हम
डोलते रहे उस मृत शहर की उदास सड़कों पर
चेहरे पर आतंक हमारे पनप रहा था
ज्वार-ग्रस्त दिल रह-रहकर अब धड़क रहा था

मृत शहर की शोकाकुल इमारतों में
विवश होकर अब डेरा डाला
एकत्रित हो वीभत्स भूत
करते थे रात-भर उछल-कूद
और मृतक इकट्ठे होकर
पैशाचिक ताण्डव नाच रहे थे

ऐसे ही शापित घर में एक
अँधेरे में जमाकर आँखें
नींद से कोसों दूर
लेटा था मैं
उछलते थे, गरजते थे, कराह रहे थे
मृतक विभिन्न वस्त्रों में, ख़ौफ़नाक मशाले उठाए

× × ×

मृत शहर से निकल पड़े हम
लड़ने, लड़कर मरने को हम
संघर्ष का समय था
समय था सुन्दर सपनों का
आशाओं से आकाश भरा था
बढ़ते थे हम आगे-आगे
दुश्मन सेना हटती पीछे
प्यासे थे सब शस्त्र हमारे

गरजते तोप फेंकते गोले
आघात, विध्वंस और घाव फैलाते,
पर्वतों को नीला करते
गाँवों को फिर राख बनाते
मौत का आह्वान करते

आग और धुएँ ने दिन को निगल लिया
ले गए दुश्मन कंधे पर हार और शर्म का भार
तब रात ने खींचा अपना अँधियाला पर्दा
हर पतन, हर घाव और हर दर्द पर

हम दोस्त दो चल रहे थे ख़ामोश
थके हुए सैनिक के अतृप्त उत्साह में
सामने था सागर गन्दा, धूमिल मृतक-सा
चल रहे थे ख़ामोश हम जाने कहाँ!
समुद्र तट पर, अनंत...अनंत!

आकाश के पटल पर पर्वत रेखांकित हुआ
किसी ने कहा कि गाँव वही होगा
लेकिन झुक रहे थे पाँव हमारे
दोस्त ने वहीं गिरना चाहा, सोना चाहा—
खुले आकाश के तले, गाँव पहुँचने से पहले,
ठीक रास्ते के मध्य—"चाहे जो भी हो"!

और वहीं रह गया वह, मैं आगे बढ़ा—
"उसे घोड़े से ले आएँगे" मैंने सोचा
चढ़ाई कठिन थी...कठिन, करें क्या!

पूरी शक्ति से मैं आगे बढ़ा
शिखर निकट है –मन को समझाया
पर हाँ, अचानक हवा ने पटक दिया
ठीक उस खाई में, मानो मौत की गोद में
पर नहीं! जिजीविषा थी अपार
पैरों पर फिर खड़ा था तत्पर

चल पड़ा पुनः उत्साहित हो
वेला थी आधी रात की वह
जब जा पहुँचा इक बस्ती में
मानो प्रकाश के पुंज में मैं
ठंडी थी झोपड़ी, बिस्तर भी था नम घास का
सोया मैं मधुर...मधुर सोया कुछ देर तलक

लो अब हो गया आरम्भ युद्ध
युद्ध-सा युद्ध क्रूर और वीभत्स
हम थे मैदान में और वे थे असंख्य
पर्वत शिखरों से हमला करते थे हम पर
कभी पीछे हटते हमारे ताकतवर हमलों से
कभी टूट पड़ते वे झुंडों में असंख्य

गरजते पशु से
आते थे वे सिलसिले में बद्ध

संगीनों को तान के हमने
एक ही पल में बदली पाली
गरजे अब हम
चीखे वे सब
इतना बस अब याद है हमको,
कि हम में से भी बहुत गिरे थे
भय और पीड़ा की हालत में
बर्बर हम भी कम नहीं थे

अलविदा बहादुर दोस्तो!
जिन्दगी का मान रखा तुमने
और युद्धभूमि से पीछे हटे हम
जा छिपे रात के अँधियारों में
बर्फ़ के तूफानों में!

अब घोर अँधेरा मृत्यु घोर है
हवा भरी है चीख हर ओर है
बचा नहीं जो देखे तांडव यमदूतों का

कहते हैं कि बचा रहता है जीवन तब भी
जीवन है तो सपना पलता है मरु में भी
जीने की तृष्णा का सब भार सँभाले,
आगे बढ़ते जाना है अब
सपने की लौ को भर आँखों में...

(थबिलिसी, 1916)

सिआमान्थो

(1878-1915)

सिआमान्थो (आतोम यार्चान्यान) का जन्म 15 अगस्त, 1878 को पश्चिमी आर्मेनिया के आकन् (अब खेमालिये, तुर्की) शहर में एक प्रसिद्ध व्यापारी परिवार में हुआ था। उनकी प्राथमिक शिक्षा नेर्सिस्यान विद्यालय में हुई, जहाँ पहली बार उनकी रुचि साहित्य के प्रति जगी। उसी विद्यालय के अध्यक्ष का परामर्श था कि वे अपनी साहित्यिक प्रतिभा को बुझने न दें। उन्होंने ही युवक आतोम को साहित्यिक उपनाम 'सिआमान्थो' दिया था।

सन् 1891 में वे परिवार सहित कॉन्स्टेंटिनोपल को प्रस्थान कर गए। यहाँ उन्होंने अपनी पढ़ाई बेर्बेर्यान विश्वविद्यालय में ज़ारी रखी। सन् 1896 में उन्हें स्नातक की उपाधि प्रदान की गई। इसी वर्ष वे विदेश यात्रा पर निकल गए। कुल 12 वर्षों तक वे विदेश में रहे। कुछ समय के लिए वे मिस्र में ठहरे, तत्पश्चात वे ज़ेनेवा और फिर पेरिस की ओर बढ़े, जहाँ उन्होंने सोर्बोन विश्वविद्यालय के साहित्य विभाग में पढ़ाई की। वहीं उनका घनिष्ठ सम्बन्ध 'यूरोपीय-आर्मेनियाई छात्र संघ' और आर्मेनियाई राष्ट्रीय दलों के साथ स्थापित हुआ। पेरिस और कॉन्स्टेंटिनोपल के बौद्धिक परिवेश में उनके दर्शन और सौन्दर्यबोध को नये आयाम मिले। यह समय सिआमान्थो के लिए संघर्ष का समय रहा, भौतिक सुविधाओं का अभाव और घर-परिवार से दूरी। किन्तु इसी ने उन्हें अपनी मिट्टी से जोड़े भी रखा।

विदेश में सिआमान्थो ने 'दरोशाक' (झंडा) आवधिक पत्रिका में कार्य किया और वहीं उनकी साहित्यिक कृतियाँ 'वीरगाथा' और 'योद्धा गीत' छपीं। इस समाचार पत्र की स्थापना ऑटोमन साम्राज्य की सीमाओं से बाहर इस उद्देश्य से की गई थी ताकि तुर्क प्रशासन के विरुद्ध खुलकर लिखा जा सके। पत्रिका

आर्मेनियाई और अन्य अल्पसंख्यक जातियों की स्वायतता एवं समान अधिकारों की माँग करती थी। इसमें छपीं सिआमान्थो की कविताएँ राष्ट्रवादी किस्म की थीं।

सन् 1904 में सिआमान्थो निमोनिया के शिकार हो गए। जेनेवा के अस्पताल में सफलतापूर्वक उनका इलाज हुआ। अगले चार वर्षों के दौरान वे विभिन्न यूरोपीय शहरों जैसे पेरिस, जेनेवा, ज्यूरिक, आदि में रहे।

सन् 1908 में वे अन्य आर्मेनियाई बुद्धिजीवियों के साथ कॉन्स्टेंटिनोपल लौट आए। इसका कारण था ऑटोमन सत्ता में परिवर्तन और विशेष रूप से नये संविधान का लागू किया जाना। 1909 में तुर्क सरकार द्वारा यह स्पष्ट कर दिया गया कि अडाना हत्याकांड (अप्रैल, 1909) का विरोध करनेवालों को नहीं बख्शा जाएगा। सिआमान्थो ने 1896 के हामिद्यान हत्याकांड के बाद एक बार पुनः रक्तरंजित कत्लेआम देखा। उनकी महत्त्वपूर्ण कृति 'मेरे मित्रों का खूनी समाचार' इन्हीं भयावह घटनाओं की पृष्ठभूमि पर लिखी गई। उन्होंने इस कृति में पीड़ितों की भावनाओं और व्यथाओं को सजीव रूप से उकेरा है। दानिएल वारुजान ने इस कृति को 'भीषण अपराध की सशक्त अभिव्यक्ति' कहा है।

सिआमान्थो की लेखन-शैली करुण चित्रण के साथ–साथ आशावादी दृष्टिकोण भी रखती है। उन्होंने वीर-काव्य की सृष्टि की और जनता से राष्ट्र की स्वाधीनता के लिए संघर्ष करने का आह्वान किया। तब आर्मेनिया व्यापक उत्प्रवास के दौर से गुजर रहा था, राष्ट्र के सिर पर ख़तरा मँडरा रहा था, राष्ट्रीय पहचान लुप्त होती जा रही थी और ऐतिहासिक आर्मेनिया की भौगोलिक सीमाएँ सिकुड़ रही थीं।

सिआमान्थो पश्चिमी आर्मेनियाई साहित्य जगत के शिरोमणि कवि थे। उन्होंने कविता में मुक्त छंद का प्रयोग कर आर्मेनियाई साहित्यधारा को सर्वथा नया मोड़ दिया। सिआमान्थो के साहित्य में बिम्बात्मकता, नई प्रतीक-योजना, नये विशेषणों आदि के प्रयोग विपुल मात्रा में देखने को मिलते हैं। उनकी कविता में राष्ट्र के विराट जन-गण की यातना, क्लेश व विलाप और मानव-अधिकारों की रक्षा करने की बुलन्द आवाज़ें गूँजती हैं। जन-गण के दुर्भाग्य व पीड़ा को काव्य के रूप में शब्दबद्ध करने का अर्थ था लोगों को खामोशी से नष्ट हो जाने से बचाना, उन्हें प्रतिरोध का स्वर देना और उन्हें उनका अन्तिम अधिकार दिलाना।

तुर्क शासन के अधीन आर्मेनियाई जनजीवन अंधकारमय था, वह भयावह अंधकार सिआमान्थो के काव्य के शब्द-शब्द में वर्णित है। इसके साथ ही रचनाकार अपने हृदय में कहीं न कहीं आशा, उत्पीड़न से मुक्ति और एक बेहतर भविष्य की कल्पना का सृजन करता है।

उनकी रचनाओं में जन-जीवन में व्याप्त छटपटाहट, आक्रोश और प्रतिरोध प्रतिबिम्बित हुए। सिआमान्थो के लेखन के दो पहलू थे—विलाप और प्रतिरोध। प्रतिरोध का बोध उनकी क्रान्तिकारी मान्यताओं व विचारधारा की उपज थी। उन्हें

पूर्ण विश्वास था अपने लोगों की मुक्ति में।

उन्होंने साम्राज्यवादी विस्तार से नष्ट हो रहे अनेक राष्ट्रों की त्रासदी पर जमकर लिखा। और हर किस्म की हिंसा का डटकर विरोध किया। सिआमान्थो की रचनाएँ राष्ट्रीय भावधारा में स्वदेश व स्वधर्म की रक्षा के लिए रची गईं।

सन् 1913 में सिआमान्थो कॉकेशिया की ओर बढ़े, जहाँ पूर्वी आर्मेनियाई साहित्यकारों व बुद्धिजीवियों की ओर से उनका ज़ोरदार स्वागत हुआ। कवि के साहित्यिक उत्थान की यह नई सीढ़ी थी पर भाग्य को कुछ और ही मंज़ूर था। वे जल्द ही कॉन्स्टेंटिनोपल लौट आए। 1915 में अनेक साहित्यकारों की भाँति वे भी उस समूह में शामिल थे, जिन्हें आंकारा शहर के समीप छांकर में तुर्कों ने पूरी बर्बरता के साथ पत्थरों और कुठारों से मारा था।

इस तरह राष्ट्र का एक कवि राष्ट्र की स्वतंत्रता की लड़ाई लड़ते हुए मारा गया!

दमघोंटू मौत

खंदक में चालीस लोग
मानो भयभीत पशु-झुंड
रेतीले तूफानों से प्रताड़ित
मौत के आगे कँपकँपाते, एक-दुसरे को दबाते-कुचलते
चारदीवारी के अन्दर, अँधेरे में गड्डमड्ड

ढलवाँ चट्टान की ख़ामोशी, सब पर हो रही थी भारी
होठ थे बंद, न ही चल रही थी साँस ही
एक खौफनाक वीभत्स समय
एक दूसरे की मौत की माँगते थे मनौती...

सूर्योदय से सूर्योदय तक
बैठे रहे खामोश और भूखे
कब्र के पत्थर-सी
फैला दी अपने ही शवों पर चादर ख़ौफ़ की

यादों को दबा दिया भीतर ही
क्रोध से अपनी ही उँगलियाँ काटने लगे
आँखों के सामने थी चट्टानी ख़ामोशी अनंत

उधर कड़ी धूप में हजारों बर्बर
हमारे खेतों और गाँवों को बनाकर राख
हमारी मौत की चाह में अथक
खोज रहे थे हमारी पनाहगाह
खंदक के अँधेरे में भयातुर
आतंकित हो रहे थे सुन हम
बन्दूकों की गड़-गड़
और तलवारों की खड़-खड़

खंदक की छत पर जल रही थीं
लाशें हायों* की
जड़ से उखड़े हुए पेड़ों की तरह
गिर पड़ते थे हाय तड़-तड़
चीखती-चिल्लातीं
दमघोंटू आवाज़ें,
दीवारों के अन्दर,
खंदक के भीतर
घुस रही थीं,
हमें विक्षिप्त बनाने को।

मिट्टी से बनी छत पर,
जो कब्र-सा हम पर था तना
धीरे-धीरे छेदों से लगी टपकने
हम पर
रक्त की गर्म धार...

अचानक एक दुधमुँहा रो पड़ा
निस्सन्देह, वह निर्दोष गद्दार निकला
अब सबको था इंतज़ार संहार का
आख़िर उसकी माँ कराही, फुसफुसाई...
"...भगवान की कृपा बनी रहे हम पर,
अब दूध तो क्या रक्त भी नहीं बचा,
एक बूँद भी नहीं बचा
अब फैसला तुम्हारे हाथ है..."

गला घोंट दो इसका—कहा एक ने गुस्से से
—गला घोंट दो—फुसफुसाए शेष चालीसों तत्क्षण
—तो सबसे पहले मेरा गला घोंटो, फिर मेरे बच्चे का
—आवाज़ सुन ली उन्होंने...लगे छत को खोदने...
—रोशनी आने लगी
—हम सब एक साथ पकड़े गए...रोशनी लगी आने...

* हाय—आर्मेनियाई ख़ुद को हाय कहते हैं और अपने देश को हायास्तान

—विनती करती हूँ, मार डालो हमको...
—इधर देखो, मेरे और बच्चे के गले को पकड़ो...

तब माँ ने अपना और बच्चे का गला बढ़ाया आगे
साँप की भाँति मरोड़ गए
अँधेरे में दो हाथ
शिशु का गला
मौन ने तो इस बार तूफ़ान मचाया...
उसी क्षण मुझे लगा, आह हम भी मर गए
धोखा-खा दुश्मन,
निराश हो वापस गया
ढूँढ़ न सका हमें वह
हम गुलाम बच गए
पर क्या थी यह मुक्ति हमारी?
क्या ऐसे ही बचना था हमें?

अब तो हर रोज़,
वह बेचारी माँ अधनंगी,
सड़कों पर दौड़ती
अनजान राहगीरों और दुश्मनों के पैरों को पकड़
विक्षिप्त-सी चिल्लाती

—ये हाथ देख रहे हो? ये हाथ हैं मेरे
इन्हीं से घोंट डाला
मैंने अपने बच्चे का गला
विश्वास नहीं होता?
मैं ही थी वह निर्दयी माँ
जिसने मारा अपना बच्चा
घोंट दो अब मेरा भी गला
आह! ये हाथ हो चुके हैं बेजान
कितने अन्यायी है आप...!

क्या दिल नहीं है आपके पास?

(कॉन्स्टेंटिनोपल, 1909)

नृत्य

आँसुओं को रोकते हुए
हमारे संताप की प्रत्यक्षदर्शी...
वह नीली आँखों वाली जर्मन औरत
बता रही थी
राख से ढके मैदान में
मरते हाय जीवन की दारुण कथा

शब्दों से परे की यह कहानी
मैंने अपनी इन्हीं आँखों से देखी है..
घर के भीतर से ही
झाँक-झाँक खिड़की से
आह! कितनी व्यथा
दाँत भिंच गए मेरे
बेबस क्रोध से

राख के ढेर बने पार्तेज़ शहर में,
लाशों के ढेर ने छुई थी पेड़ों की ऊँचाइयाँ
नदियों, झरनों और गलियों में
बहता था जिद्दी रक्त
हाहाकार करता प्रतिशोध से

चौंकना मत सुनकर
मानव के प्रति मानव के अत्याचार की कहानी
कब्रिस्तान बना था शहर
दो दिनों तक पड़ी रहीं लाशें
कड़ी धूप में

सबको देखना था उन्हें निःशब्द
जानना था
मानव के प्रति मानव के अत्याचार
की गाथा को
महसूस करना था सभी को उस दर्द को खामोशी से

इतवार का वह प्राणघातक सवेरा
उघाड़ता मृतकों का था चेहरा
मैं अपने घर में
सूर्योदय से सूर्यास्त तक
घायल पड़ी एक हाय लड़की की मौत को
अपने आँसुओं से रोक रही थी...

कि अचानक उन्मत्त
भीड़ का पाशविक शोर सुनाई पड़ा
बीस थीं वे कोमल बहुएँ
नंगी-मादरजात
कोड़ा मारते हुए हर्षोन्माद बर्बर
गाते-गाली देते हँसते-मारते
आ पहुँचे बागीचे में
उस अधमरी को यूँ ही छोड़

जा पहुँची मैं खिड़की पर
देखा जो दृश्य
आह...
नाचना होगा—चिल्लाए बर्बर
नाचना होगा —जैसे ही हमारे ढोल बजें
...ही जैसे ढोल बजे

मौत की कामना में वे खड़ीं थीं
जब बेरहमी से उन पर बरसाए गए कोड़े
तब एक दूसरे के हाथ पकड़
घूमने लगीं वे गोल-गोल
आँसू बरसातीं...

सुनी मैंने तभी चीख उस लड़की की
मानो उसने शाप दे
आत्मा को किया विदा
फ़ाख्ता-सी आसमाँ में
कितनी खुशनसीब थी
सोचा मैंने अनायास...

मैंने भीड़ को मुक्का दिखाया
बेवजह शायद...कर न सकी कुछ भी...
"ओ काफ़िर
नाचना होगा तुझे
अरी सुन्दरी!
मुस्कुराकर नाचना होगा,
नग्न, स्वच्छन्द और कामुक
दिखाकर छातियाँ खुलीं
थकने-शर्माने का नहीं अधिकार
गुलाम हो तुम, नाचना होगा
जब तक न आये मौत...
तरसती हैं आँखें देखने को रूप और मौत तुम्हारी।"

बीसों सुन्दर बहुएँ
गिर पड़ीं जमीन पर एक एक कर..
"उठो...उठो जल्दी उठो...", —चिल्लाए बर्बर
दिखाकर साँप की तरह तलवार...
फिर वे घड़े में भर लाए तेल
उड़ेला नंगी देहों पर
छप छप छपाक...
देखा मैंने ऐसा न्याय
थूका उन पर...

"नाचना होगा, गरजे उन्मादी
यह लो, यह लो...
ऐसी खुशबुएँ तो अरबों के पास भी नहीं हैं"
मशालों से जला डाला बहुओं को

चिल्लाए उन्माद में...नाचो...नाचो...
झुलसी देहें नाचती रहीं
ज्वालाओं-सी
क्षत विक्षत हो
मौत की गोद में समा गईं...
खिड़की को बंद कर फटाक
पहुँची लाश के पास
भयातुर हो मैंने पूछा...
"कैसे देखा मैंने वह सब
कैसे देखा चुप रहकर...
इन क्रूर आँखों को
फोड़ डालूँ...कैसे?!"

(कॉन्स्टेंटिनोपल, 1909)

मुट्ठी-भर राख—पुरखों का घर

आकन्* की स्मृति में

क

ओ मेरे घर! तुम महल की तरह विशाल, शानदार
याद है न मैं बैठा हुआ छत पर तुम्हारी
तारों भरी रात में, उम्मीद से भरा
लबालब बहती यूफ्रेट्स** को देख रहा था

ख

जब जाना,
कि गिरा दी गई एक-एक कर तुम्हारी चौड़ी दीवारें
उस आतंक भरे दिन में
रक्त तुम्हारा
तुम्हारे सीमांत की क्यारियों तक आ फैला
मेरी आँखों से आँसुओं की धारा फूट पड़ी

ग

वह कमरा भी राख हो गया
जिसकी नीली दीवारों के पीछे,
बिछे कालीन पर
मेरा बचपन खिला था
जीवन पला था,
आत्मा ने भरी थी उड़ान

---

* आकन्—कवि का जन्मस्थल।

** यूफ्रेटस—दक्षिण-पश्चिम एशिया की सबसे लम्बी और ऐतिहासिक रूप से महत्त्वपूर्ण नदियों में से एक। ओल्ड टेस्टामेंट में इसे स्वर्ग की चार नदियों में से एक माना गया है।

घ

हो गया चकनाचूर वह चमकीला दर्पण
जिसकी अलौकिक गहराइयों में, वर्ष-दर-वर्ष
आशाएँ, सपने, प्रेम कथाएँ और लाल तमन्नाएँ
देखी थीं मैंने

च

मौन हुआ आंगन में गाता फव्वारा
क्या टूट गए बाग़ के, शहतूत और बेंत?
और पेड़ों के बीच का वह जलाशय
पूछो तो है कहाँ? क्या वह भी सूख गया?

छ

आह! याद आता है वो पिंजरा अक्सर
जिसमें था पला मेरा तीतर धूसर
गुलाबों के बीच रोज सुबह-सुबह
उठता..गाता...पलता...बढ़ता..

(पेरिस, 1907)

होवानेस थुमान्यान
(1869-1923)

आर्मेनिया के राष्ट्र कवि होवानेस थुमान्यान का जन्म 19 फरवरी, 1869 को रूसी साम्राज्य के तिफ्लिस (अब थबिलिसी) प्रान्त के दसेग़ गाँव (वर्तमान में आर्मेनिया के लोरी प्रान्त में) में हुआ था। उनके पिता आसलान, गाँव के पुजारी थे तथा तेर-थादेवोस के नाम से जाने जाते थे। थुमान्यान आर्मेनियाई राजसी परिवार के वंशज थे जो मामिकोंयान शाही घराने की एक शाखा थी। थुमान्यान की माँ सोना, दंतकथाओं में विशेष रुचि रखती थी और कहानियाँ सुनाया करती थी। थुमान्यान अपने आठ भाई बहनों में सबसे बड़े थे।

सन् 1877-1879 के दौरान थुमान्यान ने दसेग़ के स्थानीय विद्यालय में पढ़ाई की। 1879-1883 के बीच उन्होंने जालालोग़लू (अब स्तेफानावान) विद्यालय में पढ़ाई की। थुमान्यान 1883 में थबिलिसी चले गए। थबिलिसी 19 वीं और 20 वीं सदी के दौरान आर्मेनियाई संस्कृति का केन्द्र माना जाता था। यहाँ उन्होंने 1883-87 के दौरान नेर्सिस्यान विद्यालय में पढ़ाई की। लेकिन पैसों के अभाव में होवानेस ने विद्यालय छोड़ दिया।

वे जब जालालोग़लू विद्यालय में छात्र थे, अपने शिक्षक के यहाँ रहते थे और उनकी पुत्री वेर्गिने से प्रेम करने लगे थे। तब मात्र 12 वर्ष की आयु में थुमान्यान ने अपनी पहली कविता लिखी थी। 1888 में थुमान्यान का विवाह ओल्गा माच्काल्यान से हुआ। उनकी दस संतानें हुईं।

सन् 1893 में थुमान्यान ने 'आग़फ्यूर', 'मूर्च', 'हास्केर' और 'होरिज़ोन' पत्रिकाओं में काम किया। थुमान्यान की कलम ने परम्परागत आर्मेनियाई साहित्य

में क्रान्ति ला दी। अपनी सरल काव्यात्मक शैली के कारण आर्मेनियाई लोगों में वे अत्यन्त लोकप्रिय हो गए। उन्हें 'आर्मेनियाई जन कवि' के रूप में प्रतिष्ठा मिलने लगी।

सन् 1899 में थुमान्यान को थबिलिसी के अपने घर 44, बेबुतोव गली में आर्मेनियाई बुद्धिजीवियों को एकत्र कर बैठकों के आयोजन का विचार आया। बहुत जल्द ही यह प्रगतिशील लेखक-संघ बन गया। बैठक का स्थान थुमान्यान के घर की अटारी पर था जहाँ सभी बुद्धिजीवी इकट्ठे होते थे। आर्मेनियाई भाषा में 'वेर्नातून' का अर्थ अटारी होता है। क्योंकि ये बैठकें 'वेर्नातून' में होती थीं, अतः यह समूह 'वेर्नातून' के नाम से ही प्रसिद्ध हो गया। यहाँ 1908 तक सभी प्रगतिशील साहित्यकारों व लेखकों का जमावड़ा लगता था। इनमें प्रमुख नाम थे—आवेतिख इसाहाक्यान (1875-1957), देरेनिक देमिर्च्यान (1877-1956), लेवोन शांथ (1869-1951), ग़ाज़ारोस आग़ायान (1840-1911), पेर्च परोश्यान (1837-1907), निकोल आग्बाल्यान (1875-1947), आलेक्सान्द्र शिर्वान्ज़ादे (1858-1935), नार– दोस (1867-1933), लेओ (1860-1932) इत्यादि। आर्मेनिया के साहित्य जगत में ऐसा पहली बार हुआ था जब समाज के जाने-माने बुद्धिजीवी एक जगह एकत्रित हो सामाजिक, सांस्कृतिक, साहित्यिक और राजनीतिक मुद्दों पर खुलकर चर्चा करें।

थुमान्यान सामाजिक कार्यकर्ता के रूप में भी सक्रिय रहे। 1905-1907 के बीच आर्मेनियाई—तातार युद्धों में थुमान्यान ने शान्ति दूत की भूमिका निभाई, जिससे ख़फ़ा हो रूसी प्रशासन ने थुमान्यान को दो बार गिरफ्तार भी किया। थुमान्यान ने 1918 के जॉर्जियाई-आर्मेनियाई दो मित्र राष्ट्रों के बीच युद्ध की भी कड़ी आलोचना की। वे हर तरह की हिंसा और अन्याय के खिलाफ थे।

1914 में थुमान्यान ने 'युद्ध पीड़ितों की सहायता के लिए समिति' में शामिल हो गए जिसने एच्मियाज़ीन में शरण पाए आर्मेनियाई पीड़ितों के पुनर्वास में अहम् भूमिका निभाई। वे आर्मेनियाई नरसंहार से पीड़ित शरणार्थियों को हर सम्भव मदद पहुँचाने में अथक प्रयासरत रहे। उन्होंने सन् 1916 में पश्चिमी आर्मेनिया में रूसी सेना द्वारा अल्पकालिक रूप से मुक्त किए गए शहरों में दो बार दौरा किया तथा शरणार्थियों को, विशेष रूप से नरसंहार में अनाथ हुए बच्चों को पूर्वी आर्मेनिया में सुरक्षित पहुँचाया और उन्हें एच्मियाज़ीन चर्च में ठहराया।

एक रोचक तथ्य यह है कि जब कैथोलिकोस ने पश्चिमी आर्मेनिया से आए शरणार्थियों को शरण देने से इनकार कर दिया था तब थुमान्यान ने उनके इस कदम की आलोचना करते हुए आर्मेनियाइयों से कहा कि "आर्मेनियाई जन कवि के कहने पर आप सब शरणार्थियों की मदद करें..." और जनता ने कवि का मान रखते हुए वही किया।

सन् 1912 में थुमान्यान को कॉकेशिया आर्मेनियाई लेखक संघ का अध्यक्ष निर्वाचित किया गया। आर्मेनिया के सोवियतीकरण के बाद उन्होंने 'आर्मेनिया की

सहायता समिति' (1921-1922) की अध्यक्षता की। 1921 के पतझड़ में थुमान्यान आर्मेनियाई शरणार्थियों के लिए समर्थन जुटाने के लिए कॉन्स्टेंटिनोपल पहुँचे। कुछ महीनों के बाद वे वहाँ से बीमार होकर लौट आए। 1922 में सर्जरी के बाद वे बेहतर अनुभव करने लगे थे लेकिन सितम्बर में रोग फिर बढ़ गया। उन्हें मास्को के एक अस्पताल में स्थानान्तरित किया गया जहाँ 23 मार्च 1923 को थुमान्यान का निधन हो गया।

उनकी शव परीक्षा मास्को में हुई, जहाँ उनके बेटे आरेग ने अपने पिता का हृदय पैतृक गाँव ले जाने का आग्रह किया। कवि के संरक्षित हृदय को उनके कार्यालय में वर्षों तक रखा गया। एक दिन सुप्रसिद्ध कवि आवेतिख इसाहाक्यान थुमान्यान के परिजनों से मिलने गए जहाँ उन्होंने कवि के हृदय को येरेवान मेडिकल इंस्टीट्यूट के एनाटॉमी संग्रहालय में स्थानान्तरित करने का आग्रह किया। अन्ततः 1994 में कवि के हृदय को पुनः स्थानान्तरित कर उनके घर की वाटिका में दफन कर दिया गया।

थुमान्यान का विशाल व समृद्ध रचना-संसार सम्पूर्ण आर्मेनियाई साहित्य जगत की अनुपम धरोहर है। होवानेस थुमान्यान ने लोकभाषा के कवि के रूप में प्रसिद्धि पाई। उन्होंने कविता, कहानी, गीत, दंतकथाओं, महाकाव्य आदि की रचना की हैं। थुमान्यान ने अपनी रचनाओं में जीवन की सच्चाइयों और अनुभूतियों को, आम आदमी की भावनाओं और उसकी आकांक्षाओं को बड़े ही प्रभावशाली ढंग से दर्शाया है। उनकी भाषा सरल, सरस और सुगम्य है। उनकी कृतियों के दर्जनों मुहावरे, भावोक्तियाँ आज भी जन-जन की जुबान पर हैं।

थुमान्यान ने अनेक विदेशी लेखकों व कवियों जैसे बायरन, गेटे, पुश्किन आदि की रचनाओं का आर्मेनियाई भाषा में अनुवाद किया। थुमान्यान की रचनाओं का अनुवाद भी बड़े विदेशी साहित्यकारों यथा वालेरी ब्र्युसव, कांस्टांटिन बालमोंट, जोसेफ ब्रोडस्की, सामुइल मार्शाक, बेला आख्मादुलिना आदि ने किया है।

थुमान्यान की रचनाओं के आधार पर कई फिल्में बनी हैं। आर्मेन तिग्रान्यान का प्रसिद्ध 'आनुष' ऑपेरा (1912) और अलेक्सांद्र स्पेंदियार्यान का 'आल्मास्त' ऑपेरा (1930) थुमान्यान की रचनाओं पर आधारित हैं।

थुमान्यान के नाम पर तीन संग्रहालय हैं—एक उनके जन्म स्थान दसेग़, दूसरा येरेवान और तीसरा थबिलिसी में।

वर्ष 2019 में होवानेस थुमान्यान की 150वीं जन्म शताब्दी विश्व-भर में मनाई गई।

आर्मेनियाई पीड़ा

आर्मेनियाई पीड़ा मानो असीम महासागर
जिसके विशाल काले विस्तार में
आत्मा मेरी संत्रस्त भटक रही है।

कभी क्रोध से स्तब्ध हो
भटकती आसमान के नीले विस्तार में
कभी थककर डूब जाती
सागर की अथाह गहराइयों में।

न तल तक पहुँच पाती वह अथाह सागर के
न ही चोटी को छुपाती है वह नीले आसमान की
आर्मेनियाई पीड़ा में, है जो असीम सागर-सी
आत्मा मेरी संत्रस्त भटक रही है।

(1902)

हमारी प्रतिज्ञा

हमारी प्रतिज्ञा है—
प्रकाश की ओर बढ़ते रहेंगे लगातार
अंधकार में काले बादलों से घिरे हुए,
तूफानों से भरे रास्ते पर हम लाचार...

रक्त-समुद्र पार किया है
आग और तलवार भी देखे हैं,
तूफानों के, चट्टानों के विरुद्ध
हमने मोर्चा खड़ा किया है

भले ही अब टुकड़े-टुकड़े
हो गया पवित्र झंडा है
देश...देश में बिखरे हैं हम
पर रुकेंगे नहीं हम
झुकेंगे नहीं हम

कदम बहादुरी का उठाते चलेंगे हम
भाग्य के दु:प्रहारों को झेलते
प्रकाश की ओर बढ़ेंगे हम
हमारी प्रतिज्ञा है...

(1902)

फ़ातिहा

और उठा मैं
नियमपूर्वक पढ़ने,
अन्तिम फ़ातिहा
अपने राष्ट्र के शहीदों और
अभागे पीड़ितों के लिए
जो हैं टोले के टोले बिखरे उदास बुझे-बुझे
शहरों, पहाड़ों, घाटियों
और समन्दर से समन्दर तक
हज़ारों-हज़ारों में...

और अंजुली में उठाकर आग
हाय ज्वालाओं की लौ से लाल
शान्त, शीतल आसमान की गोद में
जलाया फिर से एक बार
मासिस[1] और आरा,
सिफान, सर्मानत्स,
नेम्रूथ और थान्दुरेख
हाय जगत की विशाल मशालों को
जलाया एक-एक कर
दिव्य आरागाज़[2] का चिराग, अगम्य सूरज की तरह
सदा उज्ज्वल, चमकता रहे सदा, मेरे सर पर

1-2. मासिस, आरा, सिफान, सर्मानत्स, नेम्रूथ, थान्दुरेख, आरागाज़ सभी पर्वत हैं, जो प्राचीन आर्मेनिया के हिस्से थे। आज आर्मेनिया के क्षेत्र में केवल आरा और आरागाज़ ही बचे हैं।

खड़ा हो गया मैं, उदास और अचल
मासिस की तरह
पुकारा उन मनहूस आत्माओं को,
जो हैं बिखरे
मेसोपोटामिया, सीरिया, हाय समन्दर तक
हेल्लेसपोंट और पोंटोस के तटों तक...
    —बुझ जाओ, हाय अनाथों...
    व्यर्थ है तुम्हारा क्षोभ, व्यर्थ है तुम्हारी उम्मीद
    नरभक्षी मानव तो अनंत काल तक रहेंगे ऐसे ही

दायें से यूफ्रेट्स, बायें से टिग्रिस अपनी भयंकर आवाज़ें छोड़
साग्मोस[1] पढ़तीं, गहरी वादियों से चल पड़ीं
विशाल धूपदान जैसी बाग्रेवांद की घाटी से
निकल पड़े बादल
हाय्काकान पार[2] की श्रृंखलाओं को भी पार कर
चारों ओर फ़ैल गए गुच्छों-गुच्छों में,
मधुर गौहर गाने, सुगंध फैलाने
मेसोपोटामिया, सीरिया, हाय समन्दर तक
हेल्लेसपोंट और पोंटोस के तटों तक...
    —बुझ जाओ, हाय अनाथों...
    व्यर्थ है तुम्हारा क्षोभ, व्यर्थ है तुम्हारी उम्मीद
    नरभक्षी मानव तो लम्बे समय तक रहेंगे ऐसे ही

(1915)

1. साग्मोस—यहूदी और ईसाइयों के प्रार्थना गीत तथा कविता की एक विधा भी।
2. हाय्काकान पार—आर्मेनियाई पर्वत-माला।

डायरी के पन्नों से...

मेरा जीवन, मैदान की तरह
जिसने भी चाहा, पैरों तलें कुचला
जीवन बीता
निरर्थक, बंजर
ढेरों फूलों को उगना था, पर उगे नहीं
माली को अब, क्या जवाब दूँगा मैं...

(5 मई, 1921)

मशीन और धन के गुलाम
ख़ूनी विपदाओं और
भयानक शोरों से त्रस्त
पश्चिम के लोग
अपनी रेगिस्तानी आत्मा की तड़प लिए हुए
पूर्व की ओर
मेरी आत्मा की मातृभूमि की ओर
बढ़ते हैं
अध्यात्म की खोज में

(1 मई, 1921)

रुबेन सेवाक
(1885-1915)

पेशे से चिकित्सक, रुबेन सेवाक (रुबेन छिलिन्किर्यान) का जन्म सन् 1885 में कॉन्स्टेंटिनोपल के समीप स्थित सिलिव्री गाँव में हुआ था। वहीं स्थानीय आस्कानाज़्यान पाठशाला में उन्होंने शिक्षा प्राप्त की। फिर आगे की शिक्षा 1905 में कॉन्स्टेंटिनोपल के प्रतिष्ठित बेर्बेर्यान विद्यालय में पूरी हुई। तत्पश्चात उन्होंने यूरोप के प्रतिष्ठित, स्विट्ज़रलैंड में स्थित ल्युज़ान विश्वविद्यालय से सन् 1911 में चिकित्सा की पढ़ाई समाप्त कर कॉन्स्टेंटिनोपल लौटने का निश्चय किया। उनके इस निर्णय ने उनके जीवन को निर्धारित करने में अहम भूमिका निभाई।

साहित्य के प्रति उनका सृजनात्मक लगाव विश्वविद्यालय में चिकित्सा के अध्ययन के दौरान ही दिखने लगा था। उनकी पहली कविता 1905 में छपी थी। सेवाक की प्रसिद्धि एक गीतकार के रूप में अधिक रही। उन्होंने आर्मेनियाई प्रेम गीतों की रचना की जिनकी पहुँच भावनात्मक गहराइयों तक थी। सेवाक ने देशप्रेमी और मानवतावादी कवि के रूप में प्रसिद्धि पाई। सरस और सटीक भाषा, विभिन्न छंदों का प्रयोग और लयबद्धता उनकी कविताओं की विशेषताएँ हैं। उन्होंने पश्चिमी आर्मेनियाई इतिहास का सजीव चित्रण अपनी रचनाओं में किया।

1910 में ल्युज़ान विश्वविद्यालय में पढ़ रही एक जर्मन कर्नल की पुत्री यान्नी आपेल से उनकी मुलाकात हुई जिनसे उन्होंने प्रेम-विवाह किया। 1911-1914 में रुबेन ने ल्युज़ान के अस्पताल और औषधालय में सहायक चिकित्सिक के रूप में काम किया। उनके पुत्र लेवोन का जन्म 1912 में (ल्युज़ान में) हुआ और पुत्री शामिराम का 1914 में (कॉन्स्टेंटिनोपल में)।

विवाह से क़रीब एक वर्ष के बाद सेवाक ने अपनी डायरी में लिखा था, "मेरी गहरी इच्छा है कि स्थायी रूप से अपने स्वदेश लौटने से पूर्व एक बार वेनिस जाऊँ और वहाँ अपने जीवन के गिने-चुने वसन्तों में से कम-से-कम एक वसन्त का आनन्द उठाऊँ। जीना चाहता हूँ, महसूस करना चाहता हूँ कि जी रहा हूँ...मृत्यु के पहले।"

युवावस्था से ही रुबेन अपने देश की मुक्ति के विचारों के प्रति समर्पित रहे। वे अपने देश से अनन्य प्रेम करते थे। सेवाक ने न सिर्फ अपनी वाणी और लेखनी से अपने विचारों को साबित किया, बल्कि जीवन का त्यागकर अपने राष्ट्र के प्रति सच्ची निष्ठा भी दिखाई। यहाँ रुबेन सेवाक के 8 अगस्त, 1908 के भाषण का छोटा अंश प्रस्तुत है :

"सम्पूर्ण यूरोप और दुनिया के अन्य भव्य शहरों से लेकर अंधकारमय कोनों तक मैंने न तो देखा है और न ही विश्वास कर पाऊँगा कि कोई ऐसा राष्ट्र होगा, जो प्रतिदिन, प्रतिक्षण सच्चे अभिनेता-सा मिथ्या और कब्रिस्तान सरीखा बंजर जीवन जीता हो। ऐसा जीवन जो हमने सदियों से तुर्कों के अधीन जीया। ऐसे क्षणों में मुस्कुराना जब आँसू की जगह खून टपकता हो, दम घुटते वक्त भी मुँह से हत्यारे के लिए शुभकामनाएँ निकालना और मरते हुए भी जीने का स्वांग रचना। साम्राज्य के भिन्न प्रान्तों से वृहत् नरसंहार की साजिश की बू आ रही है, क्या सूँघ पा रहे हो उसे...?"

कवि को आगामी आपदाओं व त्रासदियों का पूर्वानुमान था। 1912 के अपने एक लेख में उन्होंने लिखा था : "मैं आपको, वास्तव में सच कहता हूँ, खतरा बड़ा है, इतना कि हम इसका अन्दाज़ा भी नहीं लगा सकते।"

अगस्त 1914 में प्रथम विश्वयुद्ध आरम्भ हो चुका था। 1914 में ही वे कॉन्स्टेंटिनोपल लौट आए। कॉन्स्टेंटिनोपल के बन्दरगाह पर दूषित वातावरण से दम घुट रहा था, यान्नी आपेल, रुबेन से कहने लगी, "रुबेन, चलिए, इसी नाव से वापस चल देते हैं। यह देश मुझे कतई पसन्द नहीं आ रहा। क्या देख नहीं पा रहे हैं, यहाँ किसी के चेहरे पर मुस्कुान तक नहीं है।"

कुछ महीने बाद, सन् 1915 के 24 अप्रैल को युवा तुर्क सरकार द्वारा आर्मेनियाई बुद्धिजीवियों को गिरफ्तार कर कॉन्स्टेंटिनोपल से निष्कासित कर दिया गया। संस्कृति, विज्ञान, कलाकर्मियों यहाँ तक कि कुछ सांसदों तक को गुप्त रूप से राजधानी से बाहर ले जाया गया जहाँ उनकी बेरहमी से हत्या कर दी गई। रुबेन सेवाक को भी गिरफ्तार कर बंदी शिविर में कैद कर दिया गया जहाँ से कुछ समय बाद छांकर में ले जाकर उनकी भी हत्या कर दी गई। अनेक साक्षियों का कहना था कि निष्कासन शिविर में सेवाक सभी पीड़ितों की हर सम्भव मदद किया करते थे। वे मानवतावादी विचारों के प्रति अन्त तक समर्पित रहे।

रुबेन समकालीन बुद्धिजीवियों में पहले साहित्यकार थे, जिन्होंने जनता को पश्चिमी आर्मेनिया के सिर पर मँडराते खतरों के प्रति आगाह किया था। सन्

1909 की वसन्त ऋतु के दौरान अडाना शहर के युवा तुर्क अधिकारियों द्वारा प्रायोजित जनसंहार में तीस हज़ार लोगों को मारा गया था। रुबेन सेवाक उन राष्ट्रीय नेताओं में से एक थे, जिन्होंने आर्शाक छोपान्यान (1872-1954), बहादुर सेनापति आन्द्रानिक (1865-1927), फारामाज़ (1863-1915) आदि स्वतंत्रता सेनानियों की भाँति आनेवाले इस भीषण खतरे की चेतावनी दी थी। यह चेतावनी उन्होंने न सिर्फ अपनी कविताओं यथा 'गाँव के चर्च में', 'गाँव के कब्रिस्तान में', 'अन्तिम लोरी', 'अन्तिम आर्मेनियाई' के माध्यम से दी, बल्कि अपने पत्रों और भाषणों में भी इस पर बारम्बार लिखा। साथ ही अपनी कृतियों के माध्यम से रुबेन ने राष्ट्रीय एकता के महत्त्व पर जोर दिया तथा सतर्कता बरतने की गुजारिश की।

यहाँ सेवाक के जीवन की एक अत्यन्त महत्त्वपूर्ण घटना विशेष उल्लेखनीय है। निष्कासन शिविर के एक वरिष्ठ तुर्क अधिकारी की बेटी मृत्यु के कगार पर थी। सेवाक ने यथासम्भव उसके इलाज का प्रयास किया। धीरे-धीरे स्वास्थ्य में सुधार आने लगा। लड़की के पिता ने अपनी कृतज्ञता व्यक्त करने के उद्देश्य से सेवाक से कहा, "डॉक्टर साहब, आप सभी मरेंगे। आप में से कोई भी नहीं बचेगा, लेकिन यदि आप इस्लाम स्वीकारेंगे और मेरी बेटी से विवाह करेंगे तो मैं आपको बचा पाऊँगा!" चौंकते हुए सेवाक ने जवाब दिया कि वे विवाहित हैं और बच्चों के पिता हैं। "तो इसमें क्या, हमारे धर्म में यह बाधा नहीं है।" तुर्क अधिकारी ने कहा।

सेवाक के निष्कासित मित्रों ने उन्हें अपने प्राणों की रक्षा के लिए अस्थायी तौर पर ही सही धर्म-परिवर्तन करने का सुझाव दिया था और इस पर उन्हें राज़ी करने की अनेक कोशिशें की थीं, किन्तु सेवाक का मानना था कि ऐसा करके वे अपने प्राण भले ही बचा लें किन्तु यह उनकी अन्तरात्मा की हत्या जैसा ही होगा!

उल्लेखनीय तथ्य यह भी है कि सेवाक पूरी तरह से नास्तिक थे और धर्म-परिवर्तन आदि को भी ढकोसला ही समझते थे। उनके अनुसार खुद को बचा लेने के लिए धर्म का सहारा लेना राष्ट्र, बुद्धिजीवियों और विचारधारा के प्रति गद्दारी होती, "हम अपने राष्ट्र के विवेक के रक्षक हैं। यदि हम ही अपने आदर्शों से समझौता कर लेंगे तो हमारा राष्ट्र स्वतंत्रता संग्राम और न्याय के प्रति अपनी आस्था खो देगा। हम राष्ट्र के मार्ग-निर्माता हैं। राष्ट्र को अमर बनाए रखने के लिए हमें खुद की आहुति देनी होगी!" सेवाक ने कहा था।

उच्च नैतिक मान्यताओं के अन्वेषक, कविरूपी वीर योद्धा सेवाक के लिए अन्तरात्मा से किसी भी प्रकार का समझौता असहनीय था।

प्रसिद्ध रूसी राजनीतिक तथा धार्मिक विचारक निकोलाय बेर्द्यायेव ने लिखा है : "बहादुर कवि स्वयं की बलि चढ़ा देता है, अपने कल्याण की बलि चढ़ा देता है, पर अपने मूल्यों की कभी नहीं। अपने मूल्यों के प्रति रुबेन सेवाक सदा प्रतिबद्ध रहे!"

26 अगस्त की सुबह 5 लोगों के समूह को नजदीक स्थित आयाश नामक छोटे नगर की ओर निष्कासित कर दिया गया। उनमें रुबेन सेवाक और कवि दानिएल वारुजान भी थे, उस नरसंहार के सन्दर्भ में हसन नामक एक कोचवान ने वर्षों बाद हत्या की गवाही दी। उसके बयान से हमें पता चलता है कि निष्कासन के दौरान कुछ अनजान लोगों ने सेवाक आदि का रास्ता रोक दिया। ऐसा लगता था कि तुर्क अधिकारी उन तथाकथित लुटेरों से परिचित थे, क्योंकि उनमें छिपकर इशारे से अभिवादन का आदान-प्रदान हुआ। लगता था कि यह पहले से रची गई कोई साजिश थी। तदुपरान्त पाँचों के हाथ बाँध दिये गए, जिससे उन्हें विरोध करने का अवसर नहीं मिला। लुटेरों ने पहले इनकी तलाशी ली और फिर लूटकर चले गए। हसन दूर से यह सब देख रहा था। "इसके पश्चात पाँच हत्यारों ने जंजीरों से बँधे आर्मेनियाइयों पर हमला बोल दिया। इनके वस्त्र उतारकर उन्हें पेड़ से बाँध दिया। फिर हत्यारों ने खड्ग निकालकर धीरे-धीरे निर्ममता से इनके अंग-विच्छेद कर दिए! पीड़ितों की टीस और अपनी लाचार स्थिति से मेरा दिल चूर-चूर हो रहा था।" (1930, बोस्टन, अंक 1, 'हाग्रेनिख' पत्रिका)

हत्यारों के बीच उस लड़की के पिता भी थे, जिसको सेवाक ने बचाया था। सेवाक की हत्या की खबर उनकी जर्मन पत्नी यान्नी तक पहुँची जो इस दौरान कॉन्स्टेंटिनोपल में रहकर उनको निष्कासन से छुटकारा दिलाने की कोशिश में लगी थी। तुर्क अधिकारियों को यान्नी को निष्कासित करने का अधिकार नहीं था क्योंकि उसके पास जर्मन नागरिकता थी। यान्नी ने जर्मन राजदूत वांगेंहाय्म से भी मदद की अपील की। लेकिन जर्मन राजदूत ने उत्तर दिया : "तुम अयोग्य जर्मन हो, देशद्रोही हो। अपने राष्ट्र का अपमान कर तुमने एक आर्मेनियाई के साथ शादी की और आज पति के बचाव के लिए मुझसे अनुरोध करने आई हो। वह वापस नहीं आएगा। वे लोग मरने के लिए गए हैं!" उत्तर से चौंककर यान्नी ने अपने राष्ट्र से अन्तिम बदला इस तरह लिया। यान्नी ने जर्मनी की नागरिकता छोड़ दी, जर्मन में बात करना छोड़ दिया और अपनी संतानों की पूरी शिक्षा-दीक्षा आर्मेनियाई भाषा में करवाई। (ओ. छिलिन्किर्यान, रुबेन सेवाक, पेरिस, 1985)

बीसवीं सदी के दूसरे-तीसरे दशकों में यान्नी पेरिस के प्रसिद्ध रंगमंच की नायिका रहीं। फ्रेंच भाषा में उनके कई कविता-संग्रह भी प्रकाशित हुए। 28 दिसम्बर, 1967 को नीत्से में उसका स्वर्गवास हो गया। वसीयतनामे के आधार पर उसका दाह संस्कार आर्मेनियाई रीति-पद्धति के अनुसार हुआ। सेवाक की चिन्ता निराधार नहीं थी। यान्नी को आर्मेनियाई कवि और राष्ट्र के प्रति उनके लगाव के चलते खामियाजा भुगतना पड़ा।

24 अप्रैल, 1915 को आर्मेनियाई नरसंहार के दौर में सैकड़ों बुद्धिजीवियों को मौत के घाट उतारा गया था, इसीलिए हर वर्ष यह दिन 'आर्मेनियाई नरसंहार दिवस' के रूप में याद किया जाता है।

अन्तिम हाय

जिसकी आभा से सूरज फीका पड़ता था
जिसकी सेना में अतुलित धन-बल था
उस आर्शाक* का हुआ यश है फीका
दी है मौत हायों को, रक्त से ताज है सींचा
तुम उठो, देखो हायों को अनाथ, ओ आर्शाक!

हम बचे हुए हैं अब भी
हैं कहाँ हमारे प्रतिपक्षी
खामोश हुआ बेबीलोन
एथेंस का हुआ नाश, रेत में बदला मेम्फ़िस
रोम बचा भर अंश
ओ स्वदेश अब भी
मौत पर है अधिकार
भर संताप, करते विलाप हम हाय

क्या देखा तुमने
माल लदे यूरोप के बड़े जहाज़ों में
छिपकर पीड़ा लिये मन में
निर्वासित हो रहे थे
पीड़ित हज़ारों हज़ार, बिखरते दूर तटों पर हाय!

क्या देखा तुमने उन खँडहर गाँवों को
जिनकी लाल दीवारें गिरी हुई हैं

---

* आर्शाक द्वितीय, चौथी सदी के बहुत महत्त्वपूर्ण शासक थे, जिन्होंने अनेक कुरीतियों को दूर किया और सामाजिक सुधार किए।

मूक चक्कियाँ देख रहीं अपने पंखों को कटा हुआ
क्या देखा तुमने
चट्टान तले सड़ रहे शवों को
अँधेरे खड़े टूटे गिरजाघरों को
वह धवस्तप्राय-सा गाँव हमारा घर है
लौट रहे हैं हाय वहीं सब

क्या तुमने देखे हैं कभी फव्वारे शीतल
बाग-बगीचों में लटके गुच्छों को
जाने अब भी निकलता होगा धुआँ चिमनियों से
जाने अब भी खिलता होगा झाड़ियों में गुलाब
क्या अब भी गाती होगी रोज सवेरे बुलबुल
ये सब सोचा करते हैं निस-दिन
हाय निर्वासित हाय!!!

यहाँ बचे हैं केवल पत्थर, कोयले और लोहे के ढेर
आह, कहाँ बची है चरवाहों की वंशी की धुन
कहाँ बची हैं गरम अँगीठियाँ, घर-आँगन
निर्वासित इस स्वर्ग-उपवन से हाय
साँस ले रहे धुएँ में अब
हो अभिशप्त थूक रहे हैं खून
हाय, प्रवासी हाय!!

उन भीड़ भरी सँकरी सड़कों के देशों में
अनजान युवक को कहाँ मिलेगी
हाय सुबह की अनुभूति,
अपूर्व झलक मासिस की
अमर वाणी आराक्स की
बीती शाम को झाड़ियों में छिपी
शर्मीली सुन्दरी का चुंबन
आह, बेचारे हाय!!!

लम्बी रेखा खिंच गई है हाय कारवाँ की इस धरती पर
आरारात से भूमध्यरेखा तक...

नील से राइन, गंगा से बोस्पोरस तक
निकला है एक विशाल शोक जुलूस
यूराल से आल्प्स और अफ्रीका तक
वे हैं...वे ही हैं...भगवन इनकी रक्षा करें
बेघर हाय!!!

मत छुओ तुम उनकी कोमल आत्माओं को
वे गुज़रते हैं खामोश, मन में अपने मर्म लिए
वे जानते हैं अनगिनत अकथनीय कहानियाँ उनकी,
जो खो गए हैं खून के दलदल में
उन वीरों की, जो लटकाए गए फाँसी पर
हज़ार मौतों से भारी, जीवित हैं वे—मृत भी हैं वे
हाय! जीवित हाय!

हाय, हाय...देखो वह बूढ़ा पथिक
अब थक गया है...कल को चल बसेगा...
बेटे को भेजा है स्वदेश लड़ने के लिए...
मारा जाएगा वह भी निर्दयता से
आह, और ऐसे ही एक-एक कर लुप्त हो जाएगा
वीरों का राष्ट्र अन्तिम
हाय अन्तिम!

नहीं, नहीं! उनका भी सूर्य उगेगा इक दिन!
और नहीं आया सवेरा भविष्य का तो?
तो लड़ना होगा...पर कब तक?
अन्तिम पल तक
इस धरती की आजादी के लिए लड़ेंगे
लड़कर मरेंगे...हरदम हरदम वे अन्तिम लोग
हाय होंगे!
अन्तिम हाय!

(1910)

सिलिशिया के गीत

हाय अनाथ!
हे हाय बेघर अनाथ,
नन्हे से, खूनी नंगे पाँव तुम्हारे
कहाँ घसीट रहे हो तुम भटकते
—दुष्ट हवाओं में आश्रय ढूँढ़ने...

हे अनाथ, आग की लपटें गाँवों तक पहुँच गईं
वनों में शिकार करते हैं माँओं पर
निस्सहाय, नग्न, ऐसे कहाँ जा रहे हो, अनाथ जान...
—अंधकार का वस्त्र ओढ़ लिया है मैंने...

तुम्हें नहीं मिलता है, न करुणा मनुष्य की और न ही रोटी
हे अनाथ, एक तिनका भी है नहीं पक्षी की चोंच में
बूढ़े भूख से मर रहे हैं पल-दर-पल
—रक्त चबा रहा हूँ मैं

नोच डाले तुम्हारे पिता को, पहाड़ों के उस पार फेंक डाले
हिरणों रूपी बहनों को वे ले गए...
और तुम्हारे ईश्वर गिरजाघर में ही वध कर दिए गए
—बदला है अब मेरा ईश्वर...

आह, जाओ, बड़े हो जाओ, हे दुर्जेय हाय अनाथ,
खून से पोषित हो लो और थूको तुम ख़ून
मानव जाति के माथे पर, आतंक और क्रोध
—अब तो ऋण है यह मेरा उदासीन

अन्तिम लोरी*

लोरी गाती हूँ मैं कि तुम सो जाओ
घायल पिता की चीख तुम न सुन पाओ
चूसते हो तुम ज़हर...दूध न जाने तुम...
लोरी गाती हूँ मैं कि तुम सो जाओ...

खून की बाढ़ आ गई है इन पवित्र घाटियों में
पर ठहर जाओ, भागो मत, चिपक जाओ उससे, प्यार करना उससे
अपनी ज़मीन पर दास मत बनो, राज करो उस पर
लोरी गाती हूँ मैं कि तुम सो जाओ...

तुम्हारे पिता की लाश पर नहीं गिर पड़ी मैं
चूँकि रोम के माता भेड़ियों की तरह कसम खाई मैंने
कि नये रोम्युलस को बढ़ाऊँगी
लोरी गाती हूँ मैं कि तुम सो जाओ...

हाथों पर रस्सी बाँधे, पैरों पर गाड़े थे कुल्हाड़ी
स्तनों के निपल्स को काट डाला उन्होंने
घाव से रिसता खून पीता है मेरा बच्चा
लोरी गाती हूँ मैं कि तुम सो जाओ...

आह, गिर रही हूँ मैं...हायास्तान है अब तुम्हारी माँ
देती हूँ मैं तुम्हें, सँभालकर रखो यह दुधारी तलवार
तुम्हारे पिता का, जिस पर है जलती खून उनका गरम
लोरी गाती हूँ मैं कि तुम सो जाओ...

(1910)

---

* ये हिस्से 'सिलिशिया के गीत' नामक काव्य-संग्रह से लिए गए हैं।

घंटियाँ

***

हे घंटियों, उदार घंटियों...
तुम्हारी जुबान पर होते थे
ख़तरे के पूर्व संकेत, तुम्हें किसने रोका?
ओह, क्यों हो चुप तुम, उदार घंटियों...

सदियों पुरानी है तुम्हारी ताँबे की आत्मा
तुमने शैतान को विजयी होते देखा है कई बार
अब हुआ सन्देह
तुम्हें अपने वचन और ईश्वर पर...

आह, देखा तुमने अपनी ऊँचाई से
अपने ही पैरों तले
गिरे हज़ारों वे
दुश्मन के कुठार से
भयातुर...

***

और अपने ही गुम्बद से देखा तुमने
चुपचाप
बत्तियों से सुगन्धित गिरजाघरों में
ठीक ईश्वर की गोद में...
बच्चों, औरतों और बूढ़ों को
झुलसते हुए
अबूझ आग की लपटों में

कहाँ हैं? कहाँ हैं?
क्रूस की अद्‌भुत शक्ति के वादे

भाईचारे के वे लफ़्ज़ कहाँ हैं?
धरती खून थूक रही है
नदियाँ लाशों से उफन रही हैं।
***

क्रूस से शक्तिशाली है तलवार
जो फैलाते हैं भय,
नतमस्तक होते हैं हम
उन्हीं के सामने
करते अपना जीवन उनके नाम
उन हिंस्र लोगों के नाम,
जिनका जीवन दूसरों की मौत है..

चुप क्यों हो तुम घंटियों,
क्या ईश्वर नहीं रहा?
दु:खद ख़बर पहुँचा दो भविष्य को,
सद्य फूटे अंकुर को
दुखद ख़बर पहुँचा दो हायों को
राष्ट्र जो खत्म हुआ

कितना चाहता हूँ मैं
तुम्हारी डोरी थाम
अपने कठोर हाथों से तुम्हें हिला दूँ
वे जो गिरे पड़े हैं असंख्य,
आस-पास
चाहते हैं वे रोना
तुम्हारे साथ-साथ...

ओ हज़ारों गूँगी घंटियों आओ
आत्मसात हो लो
मेरी आत्मा से,
बजो, गूँजो ओ घंटियो,
सदियों से हो तुम चुप
नीचे आओ अब तुम
उग्र क्रन्दन में हमारे संग शामिल हो जाओ...

(1910)

हायास्तान

यह कौन इस सर्दी-पाले में
रो रहा मेरे द्वार पर?
—पथिक!
—खोलो बहिन...
एक कंकाल भी तो नहीं वहाँ?
आँसुओं से बन गया पत्थर
—भूख!
—खोलो बहिन...
टुकड़े-टुकड़े कर कुल्हाड़ी ने
तोड़ा मेरे द्वार को!
—नरसंहार है यह!
—खोलो...

(1913)

पारुइर सेवाक

(1924-1971)

(पारुइर ग़ाज़ार्यान) बीसवीं शताब्दी के सर्वश्रेष्ठ आर्मेनियाई कवियों में से एक माने जाते हैं। 'सेवाक' उपनाम उन्होंने रुबेन सेवाक से प्रेरित होकर रखा था। रुबेन वही कवि थे, जिनकी हत्या 1915 में आर्मेनियाई नरसंहार के दौरान कर दी गई थी।

पारुइर सेवाक का जन्म 24 जनवरी, 1924 को आर्मेनिया के आरारात क्षेत्र के छानाख्छी गाँव (अब ज़ांगाकातून) में हुआ था। बालक पारुइर मेधावी था। 1930 में स्थानीय प्राथमिक पाठशाला में प्रवेश लेने से पहले ही पारुइर लिखने-पढ़ने में निपुण हो गया था। सन् 1940 में विद्यालयी शिक्षा की समाप्ति के बाद सेवाक ने येरेवान राज्य विश्वविद्यालय के भाषाशास्त्र संकाय में आर्मेनियाई भाषा एवं साहित्य विभाग में प्रवेश लिया। तत्पश्चात 1945 में आर्मेनियाई विज्ञान अकादमी के अस्पिरान्तूरा (भारत में एम.फिल. पाठ्यक्रम के समकक्ष) का अध्ययन किया। इसी दौरान सेवाक ने अपनी सहपाठिनी माया आवाज़्यान से प्रेम विवाह कर लिया। उनका एक पुत्र हराछ्या हुआ। लेकिन उनकी शादी ज़्यादा दिनों तक नहीं टिकी और कुछ ही वर्षों के बाद इन्होंने अलग होने का फैसला किया।

वे आगे की पढ़ाई के लिए मास्को चले गए और वहाँ गोर्की साहित्य संस्थान में दाखिला लिया। 1955 में वहाँ से स्नातक डिग्री प्राप्त कर लेने के उपरान्त पारुइर ने उसी संस्थान में 1959 तक अनुवादक-प्रोफेसर के तौर पर कार्य किया। मास्को में उनकी मुलाक़ात नीना मेनागारिशविली से हुई और दोनों विवाह के बंधन में बँध

गए। नीना और सेवाक के दो पुत्र आर्मेन और कोर्युन हुए।

सन् 1955 में साहित्य संस्थान से अध्ययन की समाप्ति के पश्चात उन्होंने 1959 तक वहीं अध्यापन कार्य किया। सन् 1960 में सेवाक येरेवान लौट आए तथा सामाजिक, साहित्यिक व सांस्कृतिक क्षेत्रों में सक्रिय कार्य करना शुरू किया। 1963-1971 के दौरान सेवाक 'आबेग्यान साहित्य संस्थान' में वरिष्ठ शोधकर्ता के रूप में कार्यरत रहे। 1966-71 तक सेवाक ने आर्मेनियाई लेखक संघ के सचिव का कार्यभार सँभाला। सन् 1967 में उन्होंने पी-एच.डी. की उपाधि हासिल की। 1968 में आर्मेनियाई सोवियत समाजवादी गणराज्य के सर्वोच्च पद के लिए मनोनीत हुए।

सन् 1942 से सेवाक की कविताएँ प्रकाशित होने लगी थीं। 1948 में उनका पहला 'अमर आत्माओं का आदेश' काव्य-संग्रह प्रकाशित हुआ जो कवि के मानव मन के रहस्यों को टटोलने की इच्छा पर आधारित है। कुछ ही वर्षों बाद इनकी कथात्मक कविता 'बेमेल अन्तरंगता' (1953), फिर जल्द ही 'स्नेह पथ' (1954), 'पुनर्मिलन' (1957) और 'हथेली में इनसान' (1963) काव्य-संग्रह भी प्रकाशित हुए।

सेवाक प्रतिभाशाली अनुवादक थे। उन्होंने व्यापक रूप से विदेशी कवियों की रचनाओं का अनुवाद किया था। स्वयं सेवाक की रचनाएँ विश्व की कई भाषाओं यथा रूसी, यूक्रेनियाई, लिथुआनियाई, जोर्जियाई, चेक, हंगेरियाई आदि में अनूदित हुई थीं। सन् 2000 में उनके नाम पर आर्मेनिया में डाक टिकट ज़ारी किए गए। प्रसिद्ध रूसी कवयित्री युन्ना मोरित्स (1937) ने अपनी दो कविताएँ 'पारुइर सेवाक' (1985) और 'आर्मेनिया' (1983) नामक साहित्यिक संवाद उनको समर्पित किया है।

युवा तुर्कों द्वारा प्रायोजित जनसंहार के दौर में माता-पिता के निष्कासन से मर्माहत पारुइर सेवाक ने दो महाकाव्यों 'अन्तहीन घंटियाँ' (1959) और 'त्रिध्वनि आराधना' (1965) की रचना की। 'त्रिध्वनि आराधना' 1915 के आर्मेनियाई नरसंहार की पचासवीं वर्षगाँठ को समर्पित थी। 'अन्तहीन घंटियाँ' एक गीतात्मक काव्य है। यह काव्य 6 खंडों (हामाज़ांग) में है।

'अन्तहीन घंटियाँ' का केन्द्रीय पात्र और कोई नहीं, महान आर्मेनियाई संगीतकार कोमितास (1869-1935) हैं। कोमितास ने अपने देशवासियों के संग आर्मेनियाई जनसंहार के भयावह दौर का सामना किया। सेवाक, कोमितास के जीवन से बेहद प्रभावित हुए थे। सेवाक कहते हैं : "यदि यह कहना उचित हो तो मैं कहूँगा कि अपने सम्पूर्ण सचेतन जीवन को मैंने कोमितासियन प्रेम में तड़पकर जिया है। कोमितास के बारे में लिखना 100 वर्षों का आर्मेनियाई इतिहास लिखने के बराबर है। ऐसा इतिहास, जो राष्ट्रीय जीवनधारा, कल्पनाओं, संघर्षों, अपने संगीत और रुदन से ओत-प्रोत है। जो यूरोपियन कूटनीति और तुर्क बर्बरता से प्रभावित हुआ, पर जिसने अपने राष्ट्रीय आचारण, अपनी पहचान और अतीत को भविष्य के लिए

सहेज कर रखा।" आगे वे लिखते हैं : "'अन्तहीन घंटियाँ' को रचा है मैंने विभिन्न रूपों में, उपन्यास और कहानी में, शोध तथा लेखों की श्रृंखला के रूप में, एक त्रासदी और नाटक के रूप में। मैं जानता था कि एक दिन यह ज़रूर रची जाएगी।"

'अन्तहीन घंटियाँ' पुस्तक का आवरण सुप्रसिद्ध चित्रकार ग्रिगोरी खांज्यान (1926-2000) ने उकेरा था, जिसे हमने इस संग्रह का आवरण-चित्र भी बनाया है। इस महान रचना ने पाठकों को इस कदर प्रभावित किया कि लगभग हर आर्मेनियाई घर का यह आवश्यक हिस्सा बन चुकी है।

सन् 1967 में पारुइर सेवाक को आर्मेनियाई सोवियत समाजवादी गणराज्य के पुरस्कार से सम्मानित किया गया। 1959 में सोवियत संघ ने उन्हें 'अन्तहीन घंटियाँ' के लिए राज्य पुरस्कार से नवाज़ा।

17 जून 1971 को पैतृक गाँव से येरेवान लौटने के दौरान कार हादसे में सपत्नीक पारुइर सेवाक की मृत्यु हो गई।

चूँकि हमने इनकी कविता 'अन्तहीन घंटियाँ' का चयन किया है, जो कि संगीतज्ञ कोमितास को समर्पित है, अत: कविता पढ़ने से पहले आप कोमितास के बारे में पढ़ेंगे।

कोमितास
(1869-1935)

कोमितास का वास्तविक नाम सोग़ोमोन सोग़ोमोन्यान था किन्तु वे जगत में कोमितास के नाम से जाने जाते हैं। वे आर्मेनियाई राष्ट्रीय संगीत के संस्थापक और विश्व में एथनो-म्यूजिकोलोजी के अग्रदूत भी माने जाते हैं।

सोग़ोमोन सोग़ोमोन्यान उर्फ़ कोमितास का जन्म सन् 1869 में ऑटोमन साम्राज्य में हुआ था जहाँ अल्पसंख्यक आर्मेनियाइयों को भेदभाव सहना पड़ता था। सोग़ोमोन ने अल्पायु में ही माता-पिता को खो दिया था। वे दोनों ही प्रसिद्ध संगीतज्ञ थे। एक आर्मेनियाई बिशप ने 12 वर्षीय सोग़ोमोन की संगीत-प्रतिभा को पहचाना और उसे येरेवान के समीप आर्मेनियाई मदर चर्च एचमियाज़ीन ले गए। वहाँ सोग़ोमोन ने जॉर्जियाई सेमिनरी में शिक्षा प्राप्त की। हँसी-मजाक पसन्द चंचल सोग़ोमोन अपनी कक्षा का मेधावी छात्र था। आरारात पर्वत की घाटियों में सुने गीतों को वह कक्षा में जाकर गाता था। जल्द ही युवक सोग़ोमोन ने लोकप्रिय गीतों को सुन-सुनकर लिखना शुरू किया और उन्हें गाने के लिए छात्र गायक-मंडली का गठन किया।

कोमितास का स्मारक, पेरिस, फ्रांस, 2009

सन् 1895 में उन्होंने ब्रह्मचर्य का व्रत ले लिया और पुजारी (वार्थापेत) बन गए। इसी समय उन्होंने सातवीं शताब्दी के धार्मिक कवि कोमितास का नाम अपना लिया। एचमियाज़ीन की दुनिया इस विलक्षण प्रतिभा के लिए बहुत छोटी थी। कैथोलिकोस खरिम्यान और अतिधनाढ्य आलेक्सान्द्र मान्थाश्यांत्स के सहयोग से, वार्थापेत कोमितास ने बर्लिन में फ्रेडरिक विलियम विश्वविद्यालय में उच्च संगीत की शिक्षा प्राप्त की और पहली बार आर्मेनियाई पारम्परिक संगीत को यूरोपियों के सामने प्रस्तुत किया। बर्लिन के बाद पेरिस जाकर उन्होंने गायक-मंडली की स्थापना की और बड़े स्तर पर दर्शकों को आर्मेनियाई लोकगीतों से परिचित कराया। जल्द ही वे आर्मेनिया के 'संगीत स्वर' कहलाने लगे और संगीत की दुनिया की एक बड़ी हस्ती के रूप में प्रसिद्ध हो गए।

कोमितास को पारम्परिक आर्मेनियाई संगीत को नये रूप में प्रस्तुत करने के कारण शुद्धतावादियों के कोप का भी सामना करना पड़ा। उनकी चिट्ठियों से हमें

पता चलता है कि वे संगीत के अनुशासन का सम्मान तो करते थे किन्तु अपनी रचनात्मकता को भी त्याग नहीं सकते थे। पेरिस के बाद वे अलेक्जेंड्रिया और कॉन्स्टेंटिनोपल पहुँचे। वहाँ भी उन्होंने प्रवासी आर्मेनियाइयों की गायक-मंडली की स्थापना की, जहाँ उन्हें खासी पहचान मिली।

1915 के अप्रैल में सैकड़ों आर्मेनियाई बुद्धिजीवियों के साथ-साथ कोमितास को भी तुर्क सरकार ने गिरफ़्तार कर कैम्प भेज दिया गया। लेकिन जल्द ही उन्हें मुक्त कर दिया गया। सामूहिक नरसंहार और मृत्यु यात्रा (डेथ मार्च) की खबरों से वे मानसिक सन्तुलन खो बैठे और पोस्टट्रॉमेटिक स्ट्रेस डिसऑर्डर (पीटीएसडी) के शिकार हो गए।

उन्हें 1919 तक एक तुर्क सैन्य संचालित अस्पताल में रखा गया और फिर पेरिस के मनोरोग अस्पताल में स्थानान्तरित कर दिया गया, जहाँ उन्होंने अपने जीवन के अन्तिम वर्ष व्यथा में बिताए।

कोमितास को व्यापक रूप से नरसंहार के शहीद के रूप में याद किया जाता है और वे कला के क्षेत्र में आर्मेनियाई नरसंहार के मुख्य प्रतीकों में से एक हैं।

अन्तहीन घंटियाँ

(संगीतज्ञ कोमितास को समर्पित)

खतरे की घंटी

हवा में विश्वयुद्ध की बयार थी
पर वाह! क्या वसन्त की बहार थी!

चोटियों की ऊँचाइयों पर
बर्फ़ जमी है यहाँ वहाँ
गल रही है बर्फ़, मानो रो रहा है पर्वत
सरकती गिर रही हैं बूँदें
ढलकते आँसुओं की
वादियों में जैसे
रेंगते हैं विषैले सर्प अनेक
आह ये धाराएँ नहीं
छली गयी उन औरतों के आँसू हैं ये
जिनके पास क्षमा के शब्द नहीं
अब रुलाई नहीं, हिचकियाँ-भर बची हैं
विश्व-भर में रक्त और मौत
पर वाह! क्या वसन्त की बहार थी!

हवा के झोंकों में डोल डोल
मटका रहे हैं आँखें अपनी फूल
हर डंडी हर झाड़ी में होती अठखेल
लो आ गई गोधूली वेला
हवा है नरम अब और मिट्टी गरम
मानो माँ प्रकृति ने चूमा है उसे शिशुवत्

युद्ध

नरसंहार
धधकता दावानल
लहुलुहान आत्माएँ
पर वाह! क्या वसन्त की बहार थी!

पेड़ ढके हैं घनी ओस के आभूषण से
लो सुबह हुई अब किरणों ने
फूलों से आच्छादित घाटियों के, पठारों के
पगडंडियों के, खर-पतवारों के
पैरों को भिगो दिया है पावन जल में

चारों ओर औरतों का करुण विलाप
नर शून्य धरा पर हाहाकार
बौराए पक्षी करते कलरव गान
आह! पर क्या वसन्त की बहार थी!

हर पेड़ बनता एक नया गीत
हर पत्थर बनता एक नया खेल
खेतों में चमकती ओस की बूँदें
फूलों में खिलने की है होड़
लाज छोड़
बेशक लचके कोमल डंठल पर

कत्लेआम की घंटी

छह सदियों से कोशिश करते उठने की हम 'हाय' पुष्प
रक्त सने इतिहास को ढोते क्षत-विक्षत हम पल-पल हर पल
इस तुर्क प्रदेश में, अपने ही देश में

राष्ट्र को कतरनों में कतरना
मानों वनों को जड़ से उखाड़ना
मरुथल करना

जिन कुँवारियों को देखा न था
शशिप्रकाश ने
जो थीं हिरणों-सी शर्मीली
अलौकिक प्राणी
कवि-कल्पना की
मनोमयी

वे युवतियाँ
जिनके मुखमंडल
भर जाते थे लज्जा से
सुन तारीफें या फिर छींटाकशी-भर से
जो थीं निपुण
फ्रांसीसी में,
पढ़तीं
लामार्टिन, वियोन, अल्फ्रेड द म्युसे
गुनगुनाती कविताएँ जिनकी जब तब
पर देखो तो अब
ओफ़ेलिया[1] की भाँति विक्षिप्त,
भूलेंगी नहीं अँधेरे नरक को,
आसक्यार बलात्कारियों को,
येनिचेरियों[2] के नर-पशुओं को
उनको जिनके क्रूर मस्तिष्क की
खोहों में
जन्म ले रही थी
नरसंहार की साज़िश...

घुमंतु बनैले आस्क्यार
इनसान बिना इनसानियत के,
हैवान सदृश
जमी मैल की पपड़ियों से भरे देह-मन
धुल न सकेंगे केवल जल से बरसों तक जो

---

1. ओफेलिया—विलियम शेक्सपियर के नाटक हेमलेट में राजकुमार हेमलेट की होनेवाली पत्नी है।
2. येनिचेरी—(जनिसरी) सुल्तान की निजी फ़ौज थी, जो शुरुआत में धर्म परिवर्तित इसाई दासों से बनी थी। जनिसरी अपनी बर्बरता के लिए कुख्यात थे।

आज वही नवविवाहितों के
पवित्र वसनों को चिथड़ों में बदल रहे हैं
माताओं का करते अपमान लगातार
हाँ लगातार
ओ मलेच्छ, शोषितों को तो चीखने दो,
कौन कर रहा प्रतिकार तुम्हारा
मर्द पड़े हैं निष्प्राण
बनकर कचरे के ढेर और लाश...

और वे अत्याचारी जिनके शरीर से आती पसीने की गंदी बू
होकर जिनसे त्रस्त, दम तोड़ती हुद-हुद भी
वे निर्दयी पैरों से कुचल डालते हैं
अबोध शिशुओं को निर्द्वंद्व
उन शिशुओं को
जो हैं प्रभात की तरह स्वच्छ
बसन्त के से सम्मोहक

वे कीचड़-भरी पथरीली आँखों
और हत्यारे मन वाले
नहीं जानते जीवन का क्या है मोल

वे हत्यारे
चीर डालते माँओं की छाती
उनकी, जिनकी गोद में पलती थीं प्रतिभाएँ हमारी
उन माँओं की आँखों के आगे
तोड़े सिर उनके
जो एक समय सृजन करते थे
साहित्य, ईश्वर की भाँति
चमत्कार करते थे
पर क्यों?
बस इसीलिए न
ईश्वर से वे विलग थे
वे हैं निराकार
और ये थे साकार

पर अब, जाहिल का हाथ
उस अन्तर को भी मिटाने को व्यग्र
हमारी हाय भूमि के पत्थर ही
हमारी प्रतिभाओं के हुए संहारक।

ओ न्याय,
अपने पथरीले माथे पर
थूकने दे मुझे!
चिल्लाया था उन घायल प्रतिभाओं में से एक
जिन पर बरसाए गए थे पत्थर।
चिल्लाया था तब
जब वे रक्तपिपासु नराधम
हमारे उद्यानों-चर्चों को राख कर रहे थे
अब
अब जब
नरसंहार नहीं रहा
परन्तु मौत
व्यापक, राष्ट्रव्यापी मौत
मौत बूढ़े की
बच्चे की
लाचार
और समर्थ की...
जब मौत का तूफ़ान था
तब कहाँ गई वो थूक
जिसे न्याय के माथे पर चिपकना था
आह! हाय, गला और मुख सूख गया
कैसे थूकें
कौन थूके
जब हाय जगत में कोई न रहा
हाय भूमि के टिगरिस और यूफ्रेटस
की गोद में
अँधेरे अरब के स्वर्णिम रेगिस्तान में
दिन के उजाले में
पूरा देश निगल लिया

तुर्क खड्ग की भयहेतुक धार ने
खुलेआम।

न्याय वहाँ था जहाँ थी शक्ति
विनाश के कगार पर खड़े हम
अपने वीरों से थे वंचित
रूसी सेना के तलबगार
पर हा
वह सेना भी
देख उत्पीड़कों के भयंकर वार
मैदान छोड़ भाग गई
करवाकर अन्तिम वार
हम पर ही
इतनी पीड़ा...इतना अन्याय
मानो ईश्वर ने ही हमें भुला दिया
या फिर यह परीक्षा थी हमारी
कि उस पल उसने अधर्म का साथ दिया

एक रेलमार्ग
जिसे गुजरना था बर्लिन से बग़दाद तक
आख़िर कैसे गुजरता वह मृतकों से पटी भूमि से
जल गए थे जहाँ तमाम घर
मसान-से

कौन छोड़ता है
अपनी पितृभूमि को—
सदियों से समृद्ध उन बस्तियों को
किलाबंद कारीन, अजेय सासुन को
गर्व से भरे मुश और वान को
कौन चाहेगा छोड़ना इस जन्नत को
सूखे जलते रेगिस्तानों के लिए

अब ऑटोमन तुर्की के विशाल हिमशिखर
की दीवारें पिघल रही हैं
कमर झुक रही है

जागरण की गर्म किरणों से
रोमानियाई और बुल्गारियाई, स्लोवाक और सर्वियाई
तुर्की की पसलियाँ तोड़ निकल चुके हैं।
उन्हीं से प्रेरित हो गए हैं आर्मेनियाई
चाहते हैं अपनी भूमि वे भी
कुछ गाँव और प्रान्त
जिन्हें हड़प लिया था उस्मानी तुर्कों ने पाँच सदी पहले
चीखते प्रतिरोध को कुचल पैरों तले।

अब कहते हैं तुर्क
क्यों नाखुश हैं ये
जो इतनी सदियों तक मौन रहे
अब क्यों करते संकेत
जाहिल आर्मेनियाई
खत्म करो...मार डालो
इन अपराधियों को।

जिनके
नखशिख चमकते दमकते
पत्थरों से अनार ये गढ़ते
काट चट्टानें चर्च बनाते
द्वार की आँख पर भौहें ये रचते हैं
मूर्तियाँ बनाते, भवनों का निर्माण ये करते हैं
ये अपराधी
चरस नहीं पीते
पीते हैं सिर्फ वाइन
बारह मास रहते हैं सदाचारी प्रफुल्लित
हरम नहीं रखते
और न ही हिजड़े
उनका मुल्ला नहीं
जो टोपी पहने
इनका धर्मगुरु ताज पहनता है
—यही तो अपराध है इनका

पूर्वजों के हस्तचिन्ह
जो विभिन्न स्थानों पर हैं अंकित
कीलाक्षरों में
पर्वतों की कोख में
समाधि-स्तम्भों पर
भित्ति-चित्र या फिर चर्मपत्रों पर
इसमें किसकी है गलती
जाहिर है इनकी!
—कैसे न काटूँ इस शैतान का गला

जिसमें मुक्ति की कामना है भरी हुई
इन भयावह आँखों से भी पाना होगा छुटकारा
जिनमें सपने चमक रहे हैं
खाऊँ क्या तरस
इस अचानक दर्दीली चीख से
या टपकते खारे जल से
नहीं...नहीं...
—कैसे न तोड़ूँ इन दोषी हाय घुटनों को
और जिद्दी कुहनियों को
जिन पर टिक कर आदमी ही नहीं
जानवर भी
कैद से बाहर भागता है।
भयंकर अपराध है यह!

पर कहो तो हे पापियो!
कैसे रखें धैर्य हम हाय
दर्द से क्योंकर न हम बिलबिलाएँ?

अरे ओ हाय!
जिस तरह बिना खून का दिल नहीं होता
या कि गुलाब का रंग छूट नहीं सकता
माफ़ नहीं किया जा सकता
जिस तरह झगड़ालू पड़ोसी को
वैसे सम्पूर्ण राष्ट्र को भी

माफ़ नहीं किया जा सकता
जो करते हैं दावा श्रेष्ठता का
ओ हाय तुम मानते थे
कि तुम जानते हो प्रेम और नफरत के भाव
और विचार-विमर्श के दाँव
सूर्य को देखकर मुस्कुराते,
प्रकाश के प्यासे हो तुम
अन्तहीन पीड़ा से बढ़ते अन्तहीन तुम्हारे सपने
यही तो है, अपराध तुम्हारा है!

एक भयानक और अपराध
—भूलते नहीं तुम अपने नाम-उपनाम
—कैसा दुस्साहस!
—दोषी हो पर मानते नहीं तुम
संस्कृति पर इतना अभिमान!
खत्म करो यह!

हम आर्मेनियाई—हम आर्मेनियाई
नाम नहीं यह मेरा-तेरा
नाम है यह सम्पूर्ण राष्ट्र का
याद नहीं क्या
सभ्य यूरोप के ज्ञानी
पढ़ते लिपि और इतिहास यहाँ का
विज्ञान और संस्कृति यहाँ की
कहते थे वे आर्मेनिया को
ज्ञान भूमि तब
और तुर्क को बर्बर-अशिष्ट
उसी सभ्य यूरोप में अब तो
मानवता शर्मसार हुई है
जा मिले वे येरित[1] तुर्क से
बनकर नीच और बेशर्म।

---

1. येरित—इसे युवा तुर्क के नाम से जानते हैं, जो 20वीं सदी की शुरुआत में एक राष्ट्रवादी पार्टी थी जो नरसंहार के लिए जिम्मेदार थीं।

आज सभ्यता का वही प्रतीक
बन गया तुर्क सा
बर्बर-अशिष्ट
ऊब नारदी[1]-ताश से वे
खेलते तलवार से अब
जो घुसड़ती
गर्भवती की पवित्र कोख में
खिल-खिल हँसते दानव तब
लगाते शर्त
निकलते माँस-पिंड पर
लिंग का
कराते तलवारों से शल्य-प्रसव
पर स्त्री नहीं, हायास्तान माँ थी वो
गर्भ में जिसके पलती थी
आशा मुक्ति की
दाविद[2]- वाहागन्[3]

इस गुंजायमान हायस्तान के सभी अक्षरों को
हाय्क[4] की संतति को
इसके भविष्य को
वर्तमान को
यहाँ तक की पिछली सदियों को
फिरोन से पांकरे तक
अब बेअदब उस्मान के पोते ने भी
सम्राट विल्हेल्म के संग मिटाना चाहा सदियों से
उनका सपना लगभग सच हो गया
और ग्लैडस्टोन, जॉर्ज ल्लोय्द तक ने
हस्तक्षेप तक नहीं किया।

---

1. नारदी—प्राचीन ईरानी चौसर खेल।
2. दाविद—आर्मेनिया के महाकाव्य डेयरडेविल्स ऑफ़ सासून (सास्ना ज़रेर) के मुख्य नायक हैं।
3. वाहागन्—प्राचीन आर्मेनिया में अग्नि, वज्र, युद्ध और पराक्रम के देवता के रूप में पूजे जाते थे।
4. हाय्क—नूह के परपोते, आर्मेनियाई राष्ट्र के संस्थापक व पौराणिक राष्ट्रप्रधान माने जाते हैं।

नरसंहार की घंटी

हस्तक्षेप? किसलिए?...

वसन्त का समय था
गर्मियों से पहले
आकाश टूट पड़ा
बर्फ़ झड़ा
अग्नि की भाँति हमारे सिरों पर
वसन्त का समय था, बर्फ़ गिर रहा था
नदियाँ कल-कल करती बह रही थीं
ज्वाला की भाँति
लहू पानी हो रहा था
घाटियाँ कब्र बन गईं
और खाइयाँ कब्रिस्तान
पानी घर-घर में भर गया
हर पत्थर एक मूक कब्र बन गया
हर आँगन बना एक श्मशान
हर एक शब्द बस रह गई फुसफुसाहट
हर एक गान बन गया शोक-गीत
—जुल्म था, जुल्म बेटा!
तलवार, कटारी, आग के विरुद्ध
बस हँसिया, कुदाल और हल था
हमारा देश हमारी जमीन सूनी हो गयी
शोकमग्न
ओ माँ!
प्राचीन एक राष्ट्र महान
मरा नहीं, मारा गया

वसन्त का समय था, बर्फ़ गिर रही थी।
वसन्त में ही गर्मी आ गई
घाटी में तीतर ने बच्चे दिए
पर हाय तो बच्चों से वंचित हो गए
अपनी भट्टी की गर्माहट से

अपने माता-पिता और महबूब से
अपने घोंसलों और दुनिया से वंचित हो गए
वसन्त का समय था, बर्फ़ गिर रही थी।

ओह! कौन भूल सकता है
भय से भरे वे दिन
अंधे हो जाएँ वे
जो भूल जाएँगे वे दिन

उन दिनों
रेवड़ सहित गड़ेरिए
घाटियों से वापस लौट न पाए
अब दुपहरी को कौन गुनगुनाये
—पर्वत अब छाया नहीं देते
दर्द पर मरहम नहीं लगाते...

हँसिये को हाथों में पकड़े किसान
खेत खलिहानों में क़त्ल कर दिए गए
बेचारी दुल्हन अब कैसे गाये
ओ कटवैया, रोटियाँ लाई हूँ
ढक्कन खोले हुए आई हूँ
जल्दी आजा रे

वाना सागर में कुशल तैराक मछुआरे भी बच ना पाए
व्यर्थ में पुकार रही थी प्रेयसी
लो पकड़ो मेरी चोटी तुम बाहर निकलो
मरे हुओं से भरी राह में
कौन रखे उन्हें कब्रगाह में
आह,
कोई तो बचता पुकारता
—दले यामान...![1]

---

1. दले यामान—आर्मेनियाई प्रसिद्ध लोकगीतों में से एक है जिसे आधुनिक आर्मेनियाई शास्त्रीय संगीत के संस्थापक कोमितास ने एकत्रित कर संरक्षित किया था।

ओह! कौन भूल सकता है
भय से भरे वे दिन
अंधे हो जाएँ वे
जो भूल जाएँगे वे दिन

झाड़-फानूस के उजाले में
चर्च के घंटे की रस्सी ने
मौत की कालिख पोत दी
प्रार्थना अधूरी रह गई

जाँते से पिसे अन्न को लेकर
चला बैलगाड़ी पर बेचारा किसान
गाड़ी थी कि ताबूत था वह
आटा था जो बना कफन

शिशु के मुख में दूध एक दिए
गिर पड़ी माँ बेदम
अब दूध न था शिशु के मुख में
धँस गया शूल मिल गया धूल
शिशु भी

बीमार पोते के लिए
मुर्गा लाती थी दादी एक
उस मुर्गे पर ही गिरी वो
हाथ फैलाए, लो पड़ी वह

दादा भी गिर पड़े,
फसल काटते-काटते
सोचा था कल ही तो वे
भर देंगे तुर्कों के कर सारे

एक युवती रोटी पकाते हुए ही
तन्दूर के धुएँ में भुन गई

दूजी जो तीर्थस्थल पहुँची
पीली मोमबत्ती जलाए हुए
ईश्वर से करती थी विनती
कि बेटा एक प्रदान करें
कि बर्बर एक वार हुआ
अपने ही लहू से मोमबत्ती के
पीली लौ का संहार हुआ
ये शब्द अधूरे छूट गए
"प्रभु, मुझको तू क्षमा..."
वसन्त का समय था, बर्फ़ गिर रही थी।

पर बचाया एक आर्मेनियाई को
ज्यों बचाया जाता है कोई जीव
नमूने की तरह...
वसन्त का समय था, बर्फ़ गिर रही थी।

पुनर्जागरण की घंटी

ओह स्वामी
आप मृत हो चुके
ताजविहीन
पर हमारे लिए हैं आप
सदा महान पवित्र चिन्ह...!

छल-कपट मार-काट ने
एक वन उजाड़ दिया
कौन भला विक्षिप्त न होता
भय, पीड़ा और क्रूरता से

मगर छल का फाल चट्टानों से टकराया
जंग लगा ये फाल टुकड़ों में छितराया

ओ कोमितास आप विल-ज़्हुइफ़ में थे
इन सब घातों को जान न पाए

हुआ आपका राष्ट्र अनाथ और बेघर
चिथड़ा-चिथड़ा
देवत्व और मनुष्यत्व से परित्यक्त
आशा रूपी खजाने से भी वंचित
पर आप
जान न पाए,
दुनिया में व्यापे रोष को ओ कोमितास
और आपका वही
मृत्युशैया पर लहूलुहान राष्ट्र
अनायास
एक नये विश्वास से लबालब
पुनर्जीवित हो जाता है
एक नव जीवन की आशा से खिल जाता है।
...मेरा राष्ट्र प्राचीन
कैसे ढूँढ़ पाऊँ वे शब्द जो नहीं हैं विद्यमान
वे शब्द, जिनसे कर सकूँ तुम्हारी महिमा का बखान
ओ राष्ट्र!

तुम भूत के अन्धकार में
एक रहस्य
तुम मानवता की जटिल पहेली
तुम स्वयं में अद्भुत
कहाँ से तुमने पाई कुंजी
जिससे जीवन का खुला द्वार
वो सदियों से विशाल द्वार
जो तुम्हारे लिए रहा हमेशा से ही बंद
सदियों तक हुआ अत्याचार
लटका डाला सलीब पर तुम्हें बारम्बार
फिर भी जीवित रही हाय की कल्पना
फिर से पाया हमने पुनरुत्थान
मसीह नहीं
नव हाय के रूप में

लाशों से भरी घाटियाँ-खाइयाँ
रक्तरंजित चोटियाँ
घोंट दिया हमें
घाव पर घाव उकेर दिया
खुलेआम कत्लेआम,
छल कपट छुप-छुप के
ढेरों बवंडर
यमराज के खाते में
राष्ट्र के टुकड़ों में खात्मे की
नियति दर्ज थी
पर हम मजबूत और जिन्दादिल
किसके समान
बताओ आप
निश्चित ही हाय के समान
पाया अपना पुनरुत्थान

आँखों में आँसू
सीने में घाव,
टुकड़े-टुकड़े में रहा राष्ट्र तुम्हारा
ओ स्वामी!
तुम रहे बीस साल जेल में बंद
और तुम्हारा राष्ट्र करता रहा चेष्टा
जंजीरों से छुटकारा पाने की
बन गया सदस्य
एक नये परिवार का
जहाँ उसी आशा स्तम्भ
पर टिक गई एक छत
ऊँचे सपनों की

हमारे उत्पीड़न और हमारे आसन्न विनाश
के भयानक विचार से विक्षिप्त
तुम्हें मालूम नहीं हुआ ओ कोमितास कि
अँधेरी मिट्टी की तह में दफ़्न होकर

हम सड़े नहीं
बल्कि बीज की भाँति
बसन्त की खुशबू में
पल्लवित हो उठे
वसन्त का समय था
हाय! क्या वसन्त था!

सदियों से बहती हमारी लहू में
जवानी की गर्माहट समा गई
हम प्राचीन हुए जाग्रत फिर
जो था संकटग्रस्त अस्तित्व
शिशु-सा उपजा इस बूढ़ी भूमि को करता हर्षित
बचे हुए थे अल्प अल्प हम
कुछ जमे-जमे कुछ ठंडे से
वसन्त आ गया था
अब पिघल गए हैं हम
अब चारों दिशाओं में
फैल गए हैं हम
देखो तो आर्मेनियाई निशान
बढ़ा रहा है हाय का सम्मान
हाय का गौरव है अब महान

कल तक हम अनाथ और अकाल से ग्रस्त थे
अनमोल खजाने से चमक उठे
समुद्र से वंचित राष्ट्र ने
सोवियत संघ को एडमिरल दे दिया।
हालाँकि एक लम्बे अरसे से
खोया हुआ सैनिक और सेनापति
पराजित हुए आक्रमणकारियों से
गुजरा हुआ नरसंहार तथा निर्वासन
और...बर्बाद घरों से
जन्मे अनेक शूरवीर
जनरल और मार्शल...

पुनरागमन की घंटी

तुम स्वामी
तुम परम आर्मेनियाई गीत
तुम हमारे गान के मेस्रोप माश्तोत्स
हमारी संगीत की आत्मा
तुम आर्मेनियाई गीत की क्यारी
उसका बीज और
आगामी फसल की आशा भी

हमसे स्वीकार करो
आभार रूपी भेंट
है जो तुम्हारे ही खेत की उपज
स्वीकार करो तुम
ओ हमारे गीत का सुर अन्तहीन
खंडित राष्ट्र के सृष्टिकर्ता
हमारी ग़ज़ल की लय
और प्रार्थना

तुम हमारे पवित्र जल
जिसने हमारे पापों को धोया
तुम अलौकिक वो छड़ी हो
जहाँ छुआ, वह जीवन का स्रोत बना
तुम हमारा संस्मरण और हमारा दर्द
हमारे भजन के पुजारी और जादूगर
सदा जागरूक और जिन्दादिल
अन्तहीन घंटियाँ...

(मास्को, 1959)

होवानेस शिराज़

(1915-1984)

होवानेस शिराज़ (ओनिक कारापेत्यान) का जन्म 27 अप्रैल, 1915 को रूसी साम्राज्य के आलेख्सांद्रापोल (अब ग्युमरी, आर्मेनिया) के एक कृषक परिवार में हुआ था। हालाँकि वे अपनी जन्मतिथि आर्मेनियाइयों की 1915 की त्रासदी से पैदा हुए जनकवि के रूप में 24 अप्रैल ही बताते थे। अपने जन्म से कुछ ही पहले उन्होंने आर्मेनियाई नरसंहार में अपने पिता को खो दिया था और माँ से बिछुड़ गए थे। भीषण ग़रीबी से घिरे शिराज़ का बचपन अनाथालयों में बीता। अपने माता-पिता को खोने की पीड़ा ने उनके साहित्य को आजीवन प्रभावित किया।

"अनाथालयों से सभी भाग जाते थे," अपनी आत्मकथा में याद करते हुए वे लिखते हैं, "थोड़े बहुत पैसे कमा लेने की चाहत से, किन्तु मैं आर्फाछा की घाटियों में अपने खोए पिता के बग़ीचे की तलाश में भटकता था! और एक पल के लिए मैं ख़ुद को ट्यूलिप के फूलों के बीचोंबीच पाकर भूल जाता था कि मैं अनाथ हूँ...।"

लेकिन जल्द ही अनेक दुर्भाग्यपूर्ण बच्चों की तरह बेचैन और चुलबुला ओनिक भी सड़क पर आ गया। प्यास से 'जल, जल, शीतल जल' चीखते हुए वह भटकता फिरता था। एक दिन ओनिक के भाग्य का सितारा चमका। गली में एक ग़रीब महिला हाथ में एक काली ब्रेड लिए गुज़र रही थी...भूखा ओनीक रोटी छीनने को लपका किन्तु उस महिला ने उसे पकड़ लिया...और अपनी छाती से लगा लिया। वह उसकी माँ आस्तग़िक थी, जिसने अन्ततः लापता बेटे को पा लिया था। 'मेरा पगला, जान पगला' बेटे को प्यार करती घर लेकर चली गई जो वस्तुतः एक

टूटी-फूटी झोंपड़ी थी। माँ की इच्छा ओनीक के लिए सर्वोपरि थी। माँ ने सलाह दी, "दस्तकलाएँ सीखो...वही असली सुनहरा कंगन है।" हालाँकि चित्रकला और मूर्तिकला में वे प्रतिभावान थे लेकिन उससे गुज़ारा चलना कठिन था इसलिए उन्हें बढ़ई और ठठेरे का काम भी सीखना पड़ा।

इसके साथ-साथ उन्होंने एक स्थानीय स्कूल में अपनी आरम्भिक शिक्षा प्राप्त की। उनकी पहली कविता 'कारखाने में' 1931 में प्रकाशित हुई। शिराज़ अपने प्रथम काव्य-संग्रह 'वसन्त की शुरुआत' (1935) के प्रकाशन तक अपना जीविकोपार्जन हस्तकलाओं के माध्यम से ही करते रहे। प्रसिद्ध आर्मेनियाई उपन्यासकार आत्रपेत (1860-1937) ने प्रतिभाशाली कवि को 'शिराज़' उपनाम से नवाज़ा क्योंकि उनका तर्क था कि "इस युवा कवि की कविताओं में ओस से ढके शिराज़ के अम्लान गुलाबों की सुगंध है।" (शिराज़ ईरान के प्रमुख शहरों में से एक है, जो अपने गुलाब और कवियों के लिए प्रसिद्ध है)।

1937-1941 में शिराज़ ने येरेवान स्टेट यूनिवर्सिटी के भाषाशास्त्र के विभाग में अध्ययन किया। इसके बाद उन्होंने 'सोवियत आर्मेनिया' अख़बार के संवाददाता और साहित्यिक सलाहकार के रूप में काम किया जहाँ उनकी अनेक कविताएँ प्रकाशित भी हुईं। 1952-1956 में उन्होंने मॉस्को के माक्सिम गॉर्की लिटरेचर इंस्टीट्यूट में अध्ययन किया। 1958 में शिराज़ की पद्यावली का पहला खंड 'आर्मेनियाई वीणा' प्रकाशित हुआ। दूसरा और तीसरा खंड क्रमश: 1965 और 1974 में प्रकाशित हुए। इन संकलनों में शिराज़ की सर्वोत्तम कविताएँ संग्रहीत हैं। शिराज़ देशभक्ति और प्रेम कविताओं के लिए लोकप्रिय हुए। उनकी रचनाओं में 'आनी', 'मेरी माँ', 'मेरे प्यार को राज़ रहने दो', 'सिआमान्थो और ख़जेज़ारे', 'सद्य: स्फूर्त', 'मेरी पवित्र मातृभूमि', 'आर्मेनियाइयों का नसीब, 'आंद्रानिक को समर्पित' उल्लेखनीय रहीं।

शिराज़ का पहला विवाह प्रसिद्ध आर्मेनियाई कवयित्री सिल्वा कापूतिक्यान (1919-2006) से हुआ। उनसे हुई उनकी संतान आरा शिराज़ एक प्रसिद्ध शिल्पकार थे। दूसरी पत्नी शुशानिक शिराज़ (1937-2006) से उनकी सात संतानें हुईं, जिनमें पुत्र सिफान शिराज़ पिता की तरह ही कवि के रूप में प्रसिद्ध हुए।

शिराज़ अपने प्रखर हास्यबोध के लिए जाने जाते थे। 1963 में अमेरिकी लेखक नॉबल विजेता जॉन स्टाइनबेक (1902-1968) ने येरेवान में कवि के घर में उनसे मुलाक़ात की और फिर एक पत्र में लिखा : "लोग एक दूसरे के सबसे क़रीब हो जाते हैं जब वे एक साथ हँसते हैं। और मुझे याद है कि येरेवान में हम एक साथ ख़ूब हँसे थे।"

होवानेस शिराज़ ने आर्मेनियाई नरसंहार की पृष्ठभूमि पर आधारित 'आर्मेनियाई दांते' महाकाव्य की रचना की, एक ऐसे विषय पर जो सोवियत संघ में प्रतिबंधित था। इस सर्वोत्कृष्ट कृति का पहला संस्करण 1941 में लिखा गया। इस कृति का

अंश मात्र ही सोवियत आर्मेनिया में प्रकाशित हो पाया था और कुछेक अध्याय लेबनान और ईरान में छपे। कवि की मृत्यु के छह वर्ष बाद 1990 में उनका सम्पूर्ण महाकाव्य (8000 से अधिक पंक्तियाँ) येरेवान में प्रकाशित हुआ।

कवि पारुइर सेवाक ने उनके बारे में लिखा : "इस शिराज़ी पर्वत पर ही आधुनिक आर्मेनियाई कविता का उदय हुआ है"। शिराज़ की कृतियों का 60 से अधिक भाषाओं में अनुवाद हुआ है।

शिराज़ एक संस्थान-विरोधी कवि थे। फिर भी वे सोवियत आर्मेनिया के प्रमुख नेताओं में अति लोकप्रिय रहे। हालाँकि जीवन-भर वे सोवियत नेतृत्व के खिलाफ लड़ते रहे। जब 1974 में प्रसिद्ध आलोचक सुरेन आग़ाबाब्यान ने उन्हें 'ऑर्डर ऑफ़ लेनिन' से नवाज़े जाने का समाचार दिया था तो शिराज़ ने तल्ख़ी से कहा था : "...बदले में सोवियत सरकार क्या चाहती है? मेरी चुप्पी?"

शिराज़ लगभग चालीस काव्य-संग्रहों और अनुवादों के रचयिता हैं। बोलचाल की भाषा और लोक तत्वों से पोषित उनकी संवेदनशील शैली ने उनके काव्य को आर्मेनियाई साहित्य में सर्वोच्च स्थान दिलाया।

शिराज़ की कविताएँ दुनिया-भर में चाव से पढ़ी जाती हैं। रूसी कवि आंद्रेइ दिमेंट्येव (1928-2018) ने लिखा है कि सेर्गेय येसेनिन की तरह होवानेस शिराज़ भी रूपकों का अधिक प्रयोग करते हैं इसलिए उनकी कविताओं का अनुवाद करना ख़ासा मुश्किल है।

सोवियत साहित्यकारों के साथ एक बैठक के दौरान हिन्दी के महान लेखक भीष्म साहनी ने अपने पसन्दीदा कवियों के बारे में बताते हुए होवानेस शिराज़ का भी नाम लिया था।

जीवन के अन्तिम क्षण तक उन्होंने आर्मेनियाइयों का बेहद प्यार पाया। अपने गाँव और बचपन की स्मृतियों से उनका काव्य-संसार निर्मित हुआ। कवि ने दुनिया में निरन्तर हो रहे बदलावों को महसूस किया था। कवि ने लिखा था, "दिल ही है जो कवि को वशीभूत रखता है और यह दिल आम जन को समर्पित है।" उनके लिए कविता मुख्यतः प्रकृति के शाश्वत अस्तित्व की ध्वनियों और प्रसंगों का प्रतिबिम्ब थी। उनकी कविता मनुष्य, प्रकृति और मातृभूमि के प्रति प्रेम से प्रेरित थी। होवानेस शिराज़ आर्मेनियाई आत्मा के अन्वेषक थे।

येरेवान के गौरवपूर्ण कोमितास पैन्थियॉन में अनेक आर्मेनियाई विभूतियों के बीच उनकी भी अन्तिम विश्रामस्थली है।

आर्मेनियाई दांते

हाय की अस्थियों से बने हैं
हायास्तान के पर्वत

1.

यह दुनिया हजारों तरह की पीड़ाओं और व्यथाओं से भरी हुई है। किन्तु इस छोटे से राष्ट्र ने जो पीड़ाएँ झेली हैं उनकी न तो तुलना सम्भव है और न ही ऐसा वर्णन जिससे कि हृदय को शान्ति मिले। यहाँ की नदियाँ जल से नहीं हाय माँओं और उनके शिशुओं के आँसुओं से बनी हैं। रो-रोकर सूख गई आँखों का ही प्रताप है कि धरा डूबने से बची रही। आह! दूसरों ने देखा यह अत्याचार पर उन्होंने मुख न खोला।

क्या आर्मेनियाई राष्ट्र की तरह का कोई दूसरा देश है, जिसने खौफ़नाक नरक जैसी पीड़ा और क्रूरता को झेला है? ऐसा नरसंहार होता देखा है?

ओ दुष्ट दांते अब तुम कहाँ हो? तब तो तुम विर्जिलियो के संग चले गए थे नरक देखने और भयभीत हो गए थे ईश्वरीय कोप से जलते बन्दों की चीखों-कराहों को सुनकर। तुमने मेरे देश की चीखें तो नहीं सुनीं! बोलो क्या कहोगे तुम इन तड़पते लोगों को देखकर? क्या ये सब उस नरक से बदतर नहीं है?

अब तो प्रकट हो जाओ स्वर्ग के अरण्यवासी दांते! ओ पिता हमारे! लौकिक जगत में हम तुम्हें पुकार रहे अरसे से अब तक खड़े-खड़े। क्या तुम हमारी व्यथा की तुलना किसी भी व्यथा से कर सकते हो? अब इस भयानक अतीत को पुस्तकों में बंद कर दो, निकल न सकें वे कभी हमारे भविष्य को डराने फिर से।

2.

"हे दांते महान्,
क्या तुम अब भी नरक में भटक रहे हो?
मौत को देख सम्मोहित हो

या अपने पापों से डरे हो?
अथवा स्वर्ग के लिए,
कर रही है मार्गदर्शन
प्रिय बेत्रिश तुम्हारा
या फिर उसके संग कर रहे तुम
स्वर्ग में ही विचरण?
जहाँ भी हो तुम,
पिता की आत्मा की भाँति
कर रहे हो निर्द्वंद्व विचरण
क्षण-भर के लिए नीचे उतर आओ,
हमारी विनती है कि नीचे आओ,
ऐसा नरक दिखाऊँगा
कि अपने गीत का नरक भूल जाओगे
कि
तुम ईश्वर की निन्दा करोगे
मौत को बुलाओगे
अपने घावों पर मरहम लगाने।

लेकिन माफ़ करना गुरु,
मुझ जैसे शिष्य को
क्योंकि अब करूँगा मैं, तुम्हारा मार्गदर्शन
केवल मैं ही जानता हूँ
नरक का वह उत्पीड़न से भरा पथ...
अकेरोन[1] नदी की गहराई को
हमें हर हाल में पार करना है
नरक के काले तटों पर पहुँचने के लिए
किसी कैरन[2] से याचना नहीं करनी है

हाय,
आग भभक उठी है,

---

1. अकेरोन—यूनानी लोक मिथकों के अनुसार यह नरक में आँसुओं की नदी है।
2. कैरन—यूनानी लोक मिथकों के अनुसार एक फ़रिश्ता है, जो सद् आत्माओं को मृत्युलोक से अकेरोन और स्टिक्स जैसी (वैतरणी) नदियाँ पार कराकर यमलोक में पहुँचाता है।

धुआँ फैला है चारों ओर
पृथ्वी की देह पर,
नरक में
घाव से बजबजाते हम
हाय!

यदि है करुणा बची आँखों में
तुम्हारे
तो नीचे आ जाओ
कटे-बँटे इस देश का दु:ख साझा करने
ओ दांते!
विनती कर रहा था याद करता उन्हें
उस रात मैं
मासिस[1] के आगे कि अचानक
एक चमकता बादल आ बैठा
पर्वत पर, नीरव...

पिघला बादल धीरे-धीरे
आह! खड़े थे दांते ऐन मेरे सामने
सर ताज से ढँका था उनका
और आँखों में थी मुस्कान
अनिश्चित।

होठ थे नि:शब्द
पर मैंने पढ़ ली
पिता की वह नज़र
मुझ शिशु के सफ़ेद बाल देखकर
रखा मेरे सिर पर उन्होंने अपना हाथ
और हो गए नि:स्तब्ध मौन
ओह!
चलो, पिता मेरे, खोल दूँ तुम्हारे समक्ष
अपने सफ़ेद बालों के अँधेरे राज़...

---

1. मासिस—आर्मेनिया के पवित्र पर्वत आरारात का दूसरा नाम।

खंड-2

वे आँखें जो करुणा से न भरी हों, जिनसे आँसू न बहे हों कभी दूसरों के दर्द को देखकर, वे पत्थर व काँच की आँखें मेरी कृति पर न पड़ें कभी। वे आँखें नहीं साँपों के सिर पर चमकती मणियाँ हैं, लानत है उन पर। मेरे इस शोकगीत से सिसकियाँ हैं निकलती। ओ भविष्य की बहुभाषी पीढ़ियों, हर पंक्ति में छिपा मैं, पढ़ूँगा तुम्हारे भाव। हर पंक्ति के नीचे दुबका मैं क्या देख भी पाऊँगा आँखें, राष्ट्र की व्यथा से द्रवित जिनसे टपकते आँसुओं की आवाज़ें शान्ति को तोड़तीं।

दुःख के अँधेरे

याद है न वो कहावत कि दुनिया में ऐसे भी हैं दुख जिन्हें भुला देने से खिल जाते हैं गुलाब

पर ऐसी भी तो हैं पीड़ाएँ, जिन्हें भुला देने से
पैदा होती हैं नयी पीड़ाएँ,
शूरवीर संतानों को खोने की पीड़ाएँ, युद्ध की आशंकाएँ,
मनुष्य की आत्मा की पीड़ाएँ
"लानत है उस पर,
जिसने भुला दिया"-प्राचीन ज्ञान
जो है सदियों से अंकित चर्मपत्रों पर।
कल के रण-क्षेत्र की भाँति
चिथड़ा
चीखता हृदय मेरा,
अब भुलाना मरहम नहीं लगाता
इस हृदय पर

हे विशाल और छोटे राष्ट्रों की छोटी-बड़ी संतानों!
उठो, आओ, एक होकर विश्व-भर की अन्तरात्मा को जगाएँ
आह्वान करें
कैद हुए मासिस
और पीड़ित अनमोल भूमि वापस पाने के लिए।

प्रतीक्षा का धुँधलका

आगे बढ़ो, मेरे देशवासियों
देखो कैसी शान्ति से आराक्स माँ भी समुद्र की ओर बढ़ रही है,

मिलने को उससे
याद रखो, मेरे बंधु,
मारे गए सत्तर लाख संतानों के रक्त-सागर में
तुम्हारा एक कतरा भी दोष नहीं था
ऐसा रक्त-सागर था वह
जिससे रेगिस्तान तो तृप्त हो गया,
पर दुश्मन नहीं!
दुश्मन नहीं!

गोलगोथा[1] की रात

मेरे सुदूर अश्वेत भाइयों, मेरे हाय राष्ट्र की भाँति तुम्हारे राष्ट्र का इतिहास भी रक्तरंजित रहा है।

लेकिन अब हम वर्तमान पर ध्यान केन्द्रित करें।

और नये युद्धों की जड़ें काटें। (विश्व जाने कि) हम आर्मेनियाइयों का संहार बेवजह हुआ है। अब मैं नहीं चाहता कि किसी का भी रक्त बहे। इस नारकीय वातावरण में भी मेरा दिल क्षमाशील है।

सूली पर चढ़ानेवाली रात

हे, सितारों की तरह बहुसंख्यक स्वप्नमय भारतीय राष्ट्र,

तुम स्वयं अभी अँधेरे में हो, लेकिन मुझे विवेक व आत्मा की आँखें दो!

मेरी सिसकियाँ खुले कान से

सुनो और देखो अपनी आँखों से हम पर की गई क्रूरताएँ। दुनिया की चुप्पी को सच मत मानो। आओ,

हमारे कंधे से कन्धा मिलाओ, हाथों में हथियार उठाओ।

ओ दुनिया में शान्ति का सन्देश देनेवाले दूत, ठहरकर देखो—यह जो सूरज उगता दिखता है, यह कुछ और नहीं,

बल्कि पीड़ित निशा के अंधकार में

बिखरे हुई सितारों का मिलन है।

याद करो, जब दुनिया में था चोर और भेड़ियों का राज

1. यरुशलम में वह जगह जहाँ ईसा मसीह को सूली पर चढ़ाया गया था।

तब हर राष्ट्र अपने आँगन में स्वाधीनता का चिराग जला रहा था, तब हाँ तभी, उठा उनका खड्ग और वे भेड़िए काटने लगे हमारे राष्ट्र का मस्तक। इस भयानकता में हाय पत्थर तक रो उठे,

पर दूसरों की अन्तरात्माएँ सोती रहीं।
पर एक तुम हो, हिन्द देश, जिसने
पाँच सदियों से कैद अपने गोआ को वापस लिया,
मेरे कैदी मासिस को देख क्या तुम
हमारी पीड़ा को साझा नहीं करोगे?

नदी की कराहों की रात

और तुम बिसातियों की तथाकथित अमर संतानों,

अब तक तुम हैमलेट की मानवीय दुर्बलताओं को मन में रखे, जुबान से कराह रहे हो। अब तुम

मेरे गीतों को आत्मसात करो। यदि कल का भीषण संहार तुमने सच में नहीं देखा है, चलो तुम्हें याद दिला दें। याद करके तुम्हारी आँखें जल उठेंगी।

आओ, तुम्हारे भीतर तुम्हें खोखला करनेवाली दीमकों को खत्म कर डालें।

यह तुम्हारी कल की समृद्धि के लिए भी है जरूरी।

हे, अपनी बल-बुद्धि पर गर्व करनेवालों, जैसे आपकी भूमि समुद्र से घिरी हुई है, वैसे ही कुछ राष्ट्रों का अतीत

तो कुछ का वर्तमान दो महायुद्धों के आँसुओं से घिरा हुआ है। लानत है उन पर जो तीसरे को रचे...।

पर हे महान देश, अपने महलों में आप बैठे उपेक्षा के वीभत्स बर्फ़ से दूसरे की पीड़ा को दफ़्न कर देते हो।

आप कैसे महान हैं, जो छोटे को और छोटा बना देता है और निरन्तर संहार रचता है।

और कैसी है आपकी महानता जो हमारी पीड़ा को समझ न सके। आपने तो उस पावन स्मृति को विस्मृत कर दिया है, जो कभी ईश्वर ने आपको सौंपी थी। मैं अब उस ईश्वर की स्तुति क्यों करूँ। मैं अब उन पर विश्वास क्यों करूँ, जब तक हमको मिलता नहीं न्याय। कल तक आप इस जनसंहार में शामिल थे। और आज आपकी चुप्पी आपको महापराधी बना रही है।

अन्तिम गीत

मैं इस सदी के सीने पर उकेरूँगा
तीस लाख हायों का नाम,
जो इस धरती पर
रिसता घाव बन गए।
उकेरूँगा तीस लाख निर्दोषों के नाम
जो हाय दर्द के चिन्ह बने
निर्दयी दुनिया की आँखों के सामने
नशे में धुत खड्ग से
हाय खून का सागर बने

उन दिनों
दर्द से
आहें भरते थे हाय
वंचित अपने पर्वत और खेतों से
सदियों से वंचित भाग्य से

जनसंहार की आँधी से
उड़ा हाय-इतिहास का चर्मपत्र
सुदूर आसमान में
देख मृत्यु-दंड का विधान
जम गया भय से
बनकर चाँद वहाँ

हाय, देखो यही थे वे लाल बादल
जो हमारे पर्वतों पर आ बैठे थे
तभी तो विशालकाय सागर से
मुट्ठी-भर हम रह गए।
उकेरना है,
मुझे उकेरना है
हाँ मुझे उकेरना है
द्वेष-भरे शत्रुओं के सीने पर
आरारात के छेद की भाँति

तीस लाख हायों के नाम
हा!
तोड़ कर रख दी गयी
आरारात की पुरानी प्रजाति
हिम-खंडों की तरह

आह, उकेरना है मुझे
उकेरना है जब तक कि
दिल का घाव शीतल न हो जाए
पृथ्वी ने भी देखा महापाप
हायों का यह नृशंस संहार...

(1941)

• शिराज़ के इस महाकाव्य का अनुवाद चम्पू काव्य की शैली में किया गया है।

दानिएल वारुजान
(1884-1915)

20वीं शताब्दी में आधुनिक पश्चिमी आर्मेनियाई कविता की प्रगतिशील काव्यधारा के चार प्रमुख स्तम्भों में से एक दानिएल वारुजान थे। इस धारा के अन्य तीन स्तम्भ हैं—सिआमान्थो, रुबेन सेवाक और मिसाख मेज़ारेंत्स। मेज़ारेंत्स (1886-1908) प्रकृति के उपासक एवं सौन्दर्य-पूजक कवि के रूप में प्रसिद्ध हुए। सिआमान्थो ने स्वाधीनता व क्रान्ति के लिए अपने राष्ट्र को जगाने व वीरता से संघर्ष करने का आह्वान किया और करुण रस की कविताओं के लिए प्रसिद्धि पाई। किन्तु दानिएल की प्रतिभा हर क्षेत्र में छा गई।

दानिएल वारुजान (दानिएल छपुगखार्यान) का जन्म 1884 ई. को पश्चिमी आर्मेनिया के सेबास्ट्या राज्य (अब सिवास) के बरग्नीक गाँव में हुआ। इस अंचल की प्राकृतिक छटा ने उन्हें बहुत प्रभावित किया। साथ ही माँ से सुनी मार-काट और पिता के उत्पीड़न की कहानियों ने भी उनके बालमन को झकझोरा।

वारुजान की प्राथमिक शिक्षा गाँव के विद्यालय में हुई और फिर आगे की शिक्षा के लिए वे कॉन्स्टेंटिनोपल आ गए। यहाँ सागज आग़ाजी मखिथार्यान विद्यालय और फिर खाग़् केदोन (काल्सेदन) विद्यालय में उन्होंने अपनी शिक्षा जारी रखी। कॉन्स्टेंटिनोपल में सुल्तान हामिद द्वारा प्रायोजित वीभत्स कत्लेआम के नतीजों को उन्हें नज़दीक से देखना पड़ा। इन भयावह घटनाओं के भुक्तभोगी स्वयं कवि के पिता थे जो लम्बे समय से लापता थे। कॉन्स्टेंटिनोपल की जेल में जंजीरों से बँधे पिता से वारुजान की मुलाक़ात हुई। वर्षों बाद उन्होंने 'मेरे पिता जेल में' नामक कविता में पिता की यातनाओं को कुछ इस तरह से याद किया :

"छोटा था मैं, आया अकेले
अँधेरी जेल में तुमसे मिलने
बीमार थी माँ, किन्तु भटक रहा था मैं
जेल और माँ के बिछावन के बीच में।"

कुछ समय बाद पिता किसी तरह जेल से निकलने में सफल हुए और कॉन्स्टेंटिनोपल के एक सराय में उन्हें जीविकोपार्जन के लिए काम मिल गया। विद्यालय की छुट्टियों में युवक दानिएल ने पिता के ही संग सराय में रहते हुए आप्रवासियों के कष्टपूर्ण जीवन को समीप से देखा।

1902 में दानिएल ने आगे की पढ़ाई के लिए वेनिस के मुराद राफाएल्यान विद्यालय में प्रवेश लिया और वहीं पुनर्जागरण काल के चित्र तथा शिल्पकला के शानदार स्मारकों को देखकर मंत्रमुग्ध हुए। उन्होंने बेरोक उत्साह से प्रसिद्ध कृतियों, विशेष रूप से लियो टॉलस्टॉय और फ्रांसीसी विचारक ज्यां जाक रूसो को पढ़ा तथा समर्पित होकर प्राचीन और आधुनिक आर्मेनियाई इतिहास और साहित्य का अध्ययन किया। वेनिस में ही उन्होंने अप्रवासियों के जीवन और 1896 की मार-काट से जुड़ी कविताएँ लिखीं।

साहित्य के विश्वप्रसिद्ध रचनाकारों से निकट परिचय के बावजूद उनकी लेखन शैली में उनकी अपनी विशिष्टता बनी रही। रेनेसांस के दौर की इतालवी और फ्लेमिश कलाओं से प्रेरणा पाकर उन्होंने अपनी कलात्मक तूलिका को 'कोषिनील लाल' और 'रक्त के महासागर' के रंगों में रंजित कर दिया।

1905 में वारुजान ने बेल्जियम के गेंट विश्वविद्यालय में साहित्य, समाजशास्त्र, अर्थशास्त्र और राजनीतिशास्त्र की अनियमित पढ़ाई की। ध्यातव्य है कि 9 फरवरी, 1958 को इसी विश्वविद्यालय में वारुजान के सम्मान में उनकी मूर्ति स्थापित की गई जिसके नीचे एक पट्टिका पर कवि की निम्नलिखित पंक्तियां अंकित हैं :

"वह जिन्दगी कभी खत्म नहीं होती
जिसमें सपने जिन्दा रहते हैं
सपने अमर हो जाते हैं।"

सन् 1909 में वारुजान अपने जन्मस्थान लौट आए और सेबास्ट्या राज्य के आराम्यान कॉलेज में अध्यापन कार्य करने लगे। 1912 में आराक्सी वारुजान से विवाह करने के बाद दानिएल कॉन्स्टेंटिनोपल के 'सेंट ग्रेगोरी द इलुमिनेटर' स्कूल में प्रधानाचार्य बन गए।

सन् 1911 में उन्होंने थोखात के राष्ट्रीय महाविद्यालय में कार्यभार ग्रहण किया। इस दौरान उन्होंने 'कम्पन', 'मूर्तिपूजक', 'रोटी की गुहार' कविताओं की

रचना की। उनकी कविताएँ जन-जन में लोकप्रिय होने लगीं। उनकी कविताओं में दार्शनिक ऊँचाइयाँ हैं। वे साहित्यिक और दार्शनिक कविताओं के प्रभावशाली कवि बनकर उभरे।

सन् 1915 में उन्होंने अपना पचास पृष्ठों का कविता-संग्रह 'रोटी का गीत' लिखना शुरू किया ही था कि तुर्क सरकार द्वारा इसे ज़ब्त कर लिया गया और यह संग्रह अधूरा रह गया। कहा जाता है कि उनके मरणोपरान्त तुर्क अधिकारियों को रिश्वत खिलाकर इस पाण्डुलिपि को प्राप्त कर लिया गया और 1921 में इसे प्रकाशित किया गया। इस रचना में कवि ने आर्मेनियाई ग्रामीण जीवन का महिमा गान किया है।

सन् 1915 का खूनी नरसंहार दस्तक दे चुका था। 24 अप्रैल को तुर्क अधिकारियों ने उन्हें गिरफ्तार कर लिया। फिर 26 अगस्त को पश्चिमी आर्मेनिया से निष्कासित प्रसिद्ध साहित्यकारों, संस्कृतिकर्मियों के साथ ले जाते हुए छांकर शहर के समीप एक घाटी में उनकी हत्या कर दी गई। तब वे मात्र 31 वर्ष के थे।

दानिएल वारुजान ने बहुत अल्प आयु पाई। लेकिन वे सामाजिक-सांस्कृतिक दृष्टि से समृद्ध सामग्री तथा काव्य के कलात्मक रूपों के उत्तम नमूने छोड़ गए।

फ्रांसीसी आर्मेनोलॉजिस्ट फ्रेडरिक फेयडी ने लिखा है : "वारुजान उतना ही पश्चिम का है जितना कि आर्मेनिया का।"

सन् 2018 में ब्रिटिश फिल्म निर्देशक गारो बेर्बेर्यान ने वारुजान के जीवन के अन्तिम महीनों पर 'तानिएल' नाम की लघु कला फ़िल्म बनाई जो अनेक फिल्म समारोहों में पुरस्कृत हुई।

भेंट

सुदूर चिनारी वन से काट लाया हूँ मैं
बाँस की कुछ कलमें
उन्हीं कलमों से गाईं मैंने महिमाएँ
गाया ज्ञान हे! राष्ट्र मेरी उसी बाँसुरी से
अब उस प्रकाश को
तुझे अर्पित करता हूँ, प्यारे स्वदेश!

बाँस की कलम से गाया मैंने विषाद
तुम्हें देता हूँ, पथिको
देता हूँ मैं यह भेंट, अभागे पथिको!

बाँस की कलम से गाया मैंने दुल्हनों को
बाँसुरी से है रुदन निकलता
ओ दुल्हनो

बाँस की कलम से गाया मैंने खून
देता हूँ मैं भेंट तुम्हें वह मृतको

देता हूँ मैं भेंट, आग के शिकारों को
राख में से उग आए टिमोथी घास को
बाँस की कलम से गाया मैंने घाव
बाँसुरी से मेरा दिल है बजता

बाँस की कलम से गाया मैंने सूना घर
तुमको देता हूँ भेंट, ओ पिता मेरे
बाँसुरी से गाया सूखा फव्वारा

तुमको देता हूँ भेंट, ओ माँ दुखियारी!
बाँस की कलम से गाया मैंने आँगन
बाँसुरी से है धुआँ निकलता

संघर्ष...संघर्ष...संघर्ष...गाया मैंने
देता हूँ मैं भेंट हाय योद्धाओं को
—बाँस की कलम से करता हूँ प्रज्ज्वलित अग्नि
—अर्पित करता हूँ तुम्हें ओ वीर योद्धाओ!
बाँस की कलम से गाया मैंने प्रतिशोध
बाँसुरी से हैं अब निकलते शोले!

(1910)

राख के सामने

जल रहीं झोपड़ियाँ
जल गईं छोटी-छोटी उम्मीदें लोगों की
धुएँ ने रँग दिया मध्यान्ह का नीला आकाश काला-काला

***

शोक में विलाप करते
कोशिश में जुटे हैं
वे
निर्मम आग को
आँसुओं से बुझाने को

राख के सामने खड़ी अब...
शिशु को लगाए अपनी छाती से
माँ तबाही में भटक रही है
एक चिथड़ा ढूँढ़ती
अब तो फीके दूध को भी
आवरण नसीब नहीं
कि
जा टकराया पाँव जल गए पालने से

***

हे परमात्मा! तुम्हीं बताओ,
कहाँ जाएँ अब ये अभागे
तुमने उनका घर लिया, और ली उम्मीद भी
तुम्हीं बताओ, ओ परमपिता
कहाँ ये जाएँ अब?

***

कब आएगा मानवता का वह दिन सुखद
कब बाँधेगा भाईचारा टूटे दिलों को
अपने आलिंगन में भर लेगा
ओ विजयी!
आशाहीन ये लोग
कब तक करेंगे विलाप
राख बने अपने घरों का,
कब खत्म होगा शीत-भरे निर्वासन का दौर
कब आखिर कब
पाएँगे ये लोग
फिर से अपनी जगह!
हे पिता
हे परम पिता।

(1905)

शुभकामनाएँ

पूरब दिशा में
शान्ति सदा रहे...
खून नहीं पसीना बहे
हलों की लीकों पर
और जब घंटा बजे कभी किसी गाँव में
खुशखबरी वह लाए...

पश्चिम दिशा में
जमीन उपजाऊ बनी रहे
हर सितारा ओस की बूँद बने
हर कील सोना ढाले
और जब भेड़ें पहाड़ों पर चरने जाएँ
घास और फूल उगे रहें...

और उत्तर में
प्रचुरता बनी रहे
सुनहले गेहूँ के सागर में
हँसिया तैरती रहे।
कोठी को यदि खोल दें
खुशियाँ झड़ने लगें

दक्षिण दिशा में
उर्वरता सदा रहे।

शहद छत्तों में भरा रहे
शरबत छलकता रहे
गीत गाती रहें बहुएँ
रोटियाँ पकाते हुए!

(1915)

विदेशी रचनाकारों की कविताएँ

कीथ गारेब्यान

रहस्योद्घाटन

(1)

पहले रहस्य का खुलना
काश उन्हें बर्फ़ में दफनाया होता या फिर सड़े-गले पत्तों के ढेर में
तो आत्मा ने पहचान लिया होता सही देह को तत्क्षण

कैसे इस औरत ने पुकारा होगा कभी अपने बेटे को
अंगूर के पत्तों में चावल और मेवे लपेटते हुए

कैसे तो देखा होगा इस लड़की ने लड़के को
(उसकी गर्दन कटी और लड़के का दायाँ हाथ गिरा)

जब चर्च की चिता पर लपटें उसकी देह निगल रही थीं
तब उस जलते बूढ़े ने कैसे की होगी प्रार्थना

गर्भ में संगीन घुपा देख
कैसे किया होगा उस माँ ने अपने इस बच्चे को प्यार

आसमान में नाचते सितारों को
बताया होगा उसका नाम

चट्टानों पर दिमाग के रेशों से अल्पना बना इस नवजात शिशु ने,
अपनी कल्पना में बीथोवन का मूनलाइट सोनाटा सुना—सराहा होगा जाने कैसे

उनकी स्मृतियाँ करती रहस्यों का उद्घाटन
कल्पना से पुष्ट होती उनकी भावनाएँ

वे ये रूपक न बन सके, मरे और बनकर रह गए संख्याएँ
उनकी आत्माएँ घूमती हैं हवाओं में घुमड़ती हैं तलछट में।

(2)

रहस्य

यूफ़ेरेट्स के अतल-तल में
अन्तिम सोचों-यादों से काती गईं
नरमुंडों की जालीदार मीनारें हैं
मछलियाँ तिरती हैं जिनमें इधर-उधर

अंगोरा से ज़ेऽथून तक
इतिहास ने देख ली
आदि से अन्त तक की सारी यात्रा
मानो अकस्मात ही
पीढ़ियाँ लुप्त हुईं बियाबान में
गोया चाट ली हो टिड्डी दल ने
सारी फसल एकाएक

बचे रह गए जो शापित वीर
रहते वे दुःस्वप्नों से आक्रान्त ही
पकड़े जाते आसानी से सपनों में भी
चतुराई से मारे जाते सपनों में भी
नहीं बचा उनका कुछ भी इस धरती पर
नहीं बचा उनका ब्रह्मांड कहीं भी।

फ़ोर्टनर एंडरसन

फ़ोर्टनर एंडरसन कवि, पर्फ़ोरमर एवं कम्पोजर हैं। वे मूलत: अमेरीका के हैं, किन्तु 1976 से ही कनाडा में रह रहे हैं।

'समटाइम्स आई थिंक', 'सिक्स सिल्क पर्सेज़', 'सोलेटरीठ' आदि उनकी रचनाएँ हैं। उन्हें अनेक पुरस्कारों एवं सम्मानों से नवाजा गया है।

फ़ोर्टनर एंडरसन की कविता 'आर्मेनिया से पहले' आर्मेनिया के लोगों के जीवन के विकट इतिहास को प्रस्तुत करती है।

आर्मेनिया से पहले...

प्रस्थान से पहले
नाकाबंदी से पहले
युद्ध से पहले
22 नवम्बर, 1993 से पहले, जब संगीतज्ञ मिखाइल होवानिस्यान ने पहली और आखिरी बार
अपने दादा को रोते देखा था
तीसरी स्वतंत्रता से पहले
गणतंत्रों के विघटन से पहले
स्पीताक में आए भूकंप से पहले
जीओ..जीओ लिखनेवाले पॉरुइर सेवाक
खुद सत्ता ने जिन्हें मार डाला
उससे भी पहले
गीतेन्द्र सायाथ नोवा के पहले
24 अप्रैल, 1965 के पहले
गुलाग द्वारा कैद मुकदमों और निर्वासनों से पहले
महायुद्ध से पहले
कार्स के उस समझौते के पहले, जिसने हायकों की आत्मा गोया खींच ली
और वे आनेवाले हर दिन बस बाट जोहते रहे मासिस तले
क्रान्ति के पहले
प्रथम गणतंत्र, सेव्र समझौते और हमलों से पहले
ढेरों अनाथों को बचाने से पहले
उस घिनौने अपराध के, उस अकाल के और रेगिस्तान में प्रस्थान के भी पहले
तमाम आर्मेनियाइयों के कवि
शान्तिदूत होवानेस थुमान्यान के पहले
लाल इतवार के पहले
अदाना के पहले

हामिद्यान के पहले

ऑटोमनों, रूसियों और फ़ारसियों के पहले

सन् 1360 में शहरों को तबाह करने के लिए नंगे पर्वत-शिखरों पर तैमूर लंग की सेनाओं के आने के पहले

300,000 लोगों को आराक्स में डुबो कर उसके पानी को लाल कर देनेवाले शाह अब्बास के पहले

आरेनी और नोरावांख से पहले, जहाँ शिल्पराज मोमिक ने स्यूनिख के राजकुमारों के लिए क्रॉस उत्कीर्ण किए थे

ताय्ख वानांद के बाग्रातुनी और आनी के पहले जहाँ अनगिनत मृतकों ने सँकरी गलियों को छेक-सा दिया था

नेर्सेस द्वारा बनाया ज़वार्थनोत्स जो दस सदियों तक गुमनामी के पर्दे में छिपा रहा, उसके भी पहले

खलीफा के उदय के पहले

जोरास्ट्रियनों के भूमि देने से मना कर देनेवाले नवार्साक के समझौते के पहले

पुण्यात्मा माश्तोत्स द्वारा उन 36 वर्णों को जन्म देने से पहले, जिनसे एक राष्ट्र बना

आर्शाकुनी से पहले

नई जागृति देनेवाले ग्रेगोरियस से पहले, जो तेरह सालों तक खाई के अन्तर्तल में रेत के एक कण जितने प्रकाश में पड़े रहे स्वर्ग से रोटी गिरी पर वह पागल राजा घुटनों के बल घिसटता चन्द्रमा और मिहिर के बेटे आरामाज़्द की प्रार्थना करता रहा

ट्राब्ज़ोन के पहले

तद्दी और बर्थोलोमेव के पहले

सिकंदर महान और आर्ताक्सियस के पहले

डेरियस, सारगोन और उरार्तु के पहले

हायक के पहले

आरेनी-1 के पहले, जिसने दुख की तलहटी में गेहूँ, जौ और खुबानियाँ खाईं

वहाँ खून बह रहा था

जिसमें पत्थर रँग गए थे

पहाड़ों पर जगह-जगह जलते अनगिन आगों से धुएँ की गंध बिखरी हवाओं में

हम साँस नहीं ले पाते और सूरज कहीं और चमक रहा है

यहाँ हड्डियाँ बिखरी हैं और टूटे दाँत

कब्रों में, तहखानों में और जमीन पर एक के ऊपर एक

उन लाशों की गड्डियों पर चढ़ते-चढ़ते हम थक गए

पूर्व से आनेवाली भूरी धूल से हमारे जूते सन गए

इससे हमारी आँखें जल रही हैं
यहाँ पर अनगिनत असीम आँसू थे
इतने कि चट्टानों को मुलायम कर दें
इतने कि एक असीम सागर उनसे बन जाए
यहाँ भवन भी रो रहे हैं
तब भी यहाँ बच्चों के उगाए
फूल खिलते हैं
लाल और सफेद गुलाब
चमकाए पत्थरों पर ढेरों-ढेर
कभी न बुझनेवाली आग के ईंधन के मानिन्द।

नज़वान दरवेश

जेरूसेलम में जन्मे नज़वान दरवेश फ़िलीस्तीनी कवि हैं। अरबी भाषा में लिखनेवाले एक महत्त्वपूर्ण कवि हैं। उनकी कविताओं में विस्थापन एवं मृत्यु का दर्द बार-बार रेखांकित होता है। ये कविताएँ उनके संग्रह 'नथिंग मोर टू लूज़' से ली गई हैं।

आर्मेनियाई कॉन्याक

येरेवान के कॉन्याक की एक बोतल
इतिहास की तरह बंद
और खामोश
मेरी रसोई की मेज पर रखी हुई है।
यदि मैं उसे तोड़ दूँ
तो मैं सौ सालों का प्रेम खो बैठूँगा
और यदि मैं उसे खोल देता हूँ
तो दीवारों पर इधर-उधर लटके
काले-सफेद पूर्वज
उतर आएँगे
मेरे साथ
पीने के लिए
मैं उस इतिहास को जानता हूँ
जिसे भुला दिया गया है
और
मैं जानता हूँ
कि कॉन्याक की यह एकाकी बोतल
क्यों इतनी शान से खड़ी है।

यदि मैं इसे अभी तोड़ देता हूँ
तो मैं अपने लोगों के सौ सालों का इतिहास खो बैठूँगा।

खामोशी का वह पल

और आर्मेनियाई ने क्या कहा?

एक उमायाद* भिक्षु
हमारे सर पर
गेहूँ और ऊन कात रहा है
समय बिजूका है
यही आर्मेनियाई ने कहा था

---

* उमायाद, डेमास्कस में 661 ई. स्थापित पहला मुस्लिम वंश था। पहले चार खलीफ़ा—अबु बक़र, उमर, उस्मान और अली इसी वंश से हुए।

सुमन केशरी

लथपथ आर्मेनिया

वह ढूँढ़ रही है अपनी बच्ची को जिसे वह खाई में पड़ी पाट पर छोड़
चली गई थी खेत में
उस आदमी के बुलावे पर
बावजूद इसके कि
वह उन्हीं में से था
जिनसे छिपी भाग रही थी अब तक

उस आदमी के हाथ में रोटियाँ थीं और
औरत के पेट में इतनी भूख
कि उसे मंजूर था
बच्ची को पाट पर लिटा
उसके पीछे
खेतों में चली जाना

भूख से यूँ भी बच्ची उससे ज़्यादा अधमरी थी
जितनी वह औरत जिसके स्तनों में अब दूध की बूँद भी न बची थी
किन्तु जान कुछ ज़्यादा थी
और शरीर में अब भी उभार और कटाव बाकी थे
बावजूद कई दिनों के फाके के
और भूखी अन्तड़ियाँ लिये
चलते रहने के मीलों-मील
जाने कैसे तो वह अब तक साबुत बची थी
और उस आदमी को दिख गई थी एक साबुत औरत
चेहरे से साबुत
अपनी चाल में साबुत

रोटियों की जादूगरी में बँधी वह औरत
बस इतना जानती थी
कि उसे एक बार
भरपेट रोटी खानी थी
और फिर सोना था
अपनी बच्ची का सिर अपनी बाँह के तकिए पर रख
उसके होठों को स्तन से लगा कर

शाम ढलने पर
दुहरी होकर लौटी औरत
ढूँढ़ रही है
अपनी बच्ची को
जिसका नाम तक उसे याद नहीं
यह भी याद नहीं
किस खाई में पड़े पाट पर
लिटाया था उसने
उस माँसपिंड को
हाँ खून को सूँघ कर
गीदड़-सियार लपक रहे हैं
गिद्ध मँडरा रहे हैं
सूरज तो कब का डूब चुका
चाँद-तारे तक निकलने
से घबरा रहे हैं

और अब यह कलेजा चीरती
चीख!

हमने रचे प्रेमगीत संगीनों के सायों तले...

वे प्रेमगीत रचने के दिन नहीं थे
खदेड़े जा रहे थे हम
अपने घरों से
गलियों से
गाँवों से
कस्बों से
झुंड के झुंड चले जा रहे थे हम
एक नामालूम दिशा में...
कालखंड में...

रास्तों में हमने अपने ही लोगों को देखा
सियारों के मुँह में
देखा सूरज को छिपते
गिद्धों के पीछे
देखी खून और माँस-पिंडों की बरसात होते
देखे खून के ताल
नदियाँ देखीं लाल लाल
वे प्रेम करने के दिन न थे
वे दिन न थे प्रेमगीत रचने के

हम जानते थे
हमारी देहगंध उनमें
चाह नहीं
घृणा ही भरेगी
क्रोध से तमतमाने लगेंगे उनके चेहरे
अंग-प्रत्यंग उनके हथियार हो जाएँगे

हमारे लिए
भूमि कब्रगाह हो जाएगी हमारे लिए
हवा भारी होगी लोथरों की बू से
तब हमने प्रेमगीत रचा

ऐन उन आग उगलती आँखों के सामने
उसने मुझे फूल दिए कुछ जंगली
और
मेरे होठों को इबादत-सा छुआ
उसने मेरी देह में चाहत के बीज बोए
ऐन संगीनों के साए में
इस तरह अपनी उम्मीदों को हमने
चकमक-सा छिपाए रखा
अपने हृदय में...

खंड-3

कहानियाँ एवं उपन्यास अंश

हामास्तेग़

(1895-1966)

हामास्तेग़ का नाम वस्तुतः हाम्बार्जुम केलेन्यान था। उन्होंने अपने और अपने भाइयों के नामों—आस्तुर और येग़या के प्रथम अक्षरों को जोड़कर अपना नाम बनाया था। उनका जन्म सन् 1895 में पश्चिमी आर्मेनिया के ख़ारबेर्द राज्य के फेरछेंच गाँव में हुआ था। तब ख़ारबेर्द प्रतिभाशाली लेखकों की जन्मभूमि के नाम से प्रसिद्ध था। गाँव के लोगों, रीति-रिवाजों, त्यौहारों, वहाँ के संतों, परम्पराओं और किंवदंतियों ने युवा मस्तिष्क पर अमिट छाप छोड़ दी थी। बाद में, 'एक कुत्ते के साथ संवाद' नामक कहानी में काव्यात्मक-चित्रात्मक भाषा के माध्यम से उन्होंने अपने गाँव की पुरानी यादों को सजीव किया था। हामास्तेग़ ने सन् 1910 से यानी पन्द्रह वर्ष की आयु से ही कविताएँ लिखना शुरू कर दी थीं।

सन् 1911 में उन्होंने अपनी प्राथमिक शिक्षा स्थानीय स्कूल में, बाद में मेज़िरेह शहर के कॉलेज में प्राप्त की। वर्ष-भर अपने गाँव में अध्यापन किया। सन् 1913 में उनके पिता ने उन्हें अमेरिका बुला लिया। आगे की पढ़ाई हामास्तेग़ ने अमेरिका में जारी रखी। यद्यपि उन्होंने नई परिस्थितियों और नये प्रभाव में सृजन जारी रखा, लेकिन उनका मन आदर्श सपनों की दुनिया में विचरण करता रहा।

सन् 1924 में बोस्टन में हामास्तेग़ की पहली कृति 'गाँव' और सन् 1928 में पेरिस में उनकी दूसरी कृति 'वर्षा' प्रकाशित हुईं। ये रचनाएँ आर्मेनियाई प्रवासी साहित्य की प्रथम मौलिक और मूल्यवान कृतियाँ मानी जाती हैं।

हामास्तेग़ की साहित्यिक श्रेष्ठता प्राप्त करने में प्रसिद्ध उपन्यासकार आलेक्सान्द्र शिर्वान्ज़ादे (1858-1935) का महत्त्वपूर्ण योगदान रहा, जिनसे उनकी मुलाक़ात न्यूयॉर्क में सन् 1920 में हुई थी। शिर्वान्ज़ादे की यथार्थवादी रचनाओं को उन्होंने पहले भी पढ़ा था लेकिन "...हमारे आपसी विमर्श ने मुझे प्रेरित किया कि मैं अपनी काल्पनिक ऊँचाइयों से नीचे आऊँ और खुद को ज़मीन पर महसूस करूँ!" शिर्वान्ज़ादे के परामर्श पर हामास्तेग़ यथार्थवाद की ओर झुकें, यद्यपि उन्होंने 'नीली चिड़ियाँ' सरीखे रूमानी काव्य की प्रेरणाओं को भी जीवित रखा।

हामास्तेग़ के प्रथम साहित्यिक प्रयासों के बाद उनके रचना-क्रम में एक लम्बा ठहराव आया। 1931 में हामास्तेग़ लेखन में पुनः लौट आए। सन् 1931 में उन्होंने 'सफ़ेद घुड़सवार' लिखना शुरू किया, जिसके कुछ अंश 'हाग्रेनीख' पत्रिका में प्रकाशित हुए लेकिन पूरा उपन्यास सन् 1953 में प्रकाशित हुआ। हामास्तेग़ के लिए पचास का दशक महत्त्वपूर्ण रहा, जब डायस्पोरा के विभिन्न केन्द्रों में उनकी रचनाएँ सराही गईं।

सन् 1955 में काहिरा में उनकी 'बहादुर नाज़ार और तेरह कहानियाँ' नामक काव्य-संग्रह प्रकाशित हुआ। सन् 1957 में बेयरूत में 'प्रार्थना घर' प्रकाशित हुआ। पुनः सन् 1960 में काहिरा में ही 'तोमार माखियाकान' और सन् 1966 में बेयरूत में उनकी अन्तिम कृति 'पहला प्यार' प्रकाशित हुई।

हामास्तेग़ ने अपने जीवन का अधिकांश हिस्सा संयुक्त राज्य अमेरिका में बिताया। अमेरिका में रहते हुए हामास्तेग़ ने देशभक्ति की भावना से ओतप्रोत साहित्य की रचना की। तब उन्हें पहली बार महसूस हुआ कि वे सही रास्ते पर हैं। उन्होंने लिखा, "हमारे लेखक अन्तर्राष्ट्रीय साहित्य में अपना उचित स्थान पा सकते हैं बशर्ते वे विश्व को आर्मेनियाई रंगों से चमत्कृत करें! वह रंग जो दूसरे रंगों से सर्वथा भिन्न हो!"

आर्मेनिया की उनकी एक मात्र यात्रा सन् 1928 से 1930 में हुई। उसके बाद वे आर्मेनिया की यात्रा करने के स्वप्न ही पालते रहे किन्तु उनकी यह इच्छा पूरी नहीं हो पाई। सन् 1966 के दौरान जीवन की संध्या में हामास्तेग़ लिखते हैं : "सच्चाई तो यह है कि अब आर्मेनिया और आर्मेनियाई मेरे चित्त के आध्यात्मिक कोने में समा गए हैं...एक जगह जहाँ मैं सचमुच जाना चाहता हूँ वह है आर्मेनिया, पर न जाने क्यों मैं वहाँ जाने से बचता रहा हूँ...।"

26 नवम्बर 1966 को कैलिफोर्निया में जब अमेरिकी आर्मेनियाई समुदाय लेखक की 60वीं वर्षगाँठ धूम-धाम से मना रहा था, उसी समारोह में अपने लोगों को सम्बोधित करते वक्त गम्भीर हृदयाघात से उनकी मृत्यु हो गई।

हामास्तेग़ की रचनाएँ राष्ट्रीय महत्त्व की हैं। उनके गद्य और पद्य में मातृभूमि के लिए संघर्षरत लोगों, जो मातृभूमि से कोसों दूर है, की भावनाएँ गुँथी हुई हैं। हामास्तेग़ आर्मेनियाई प्रवासी साहित्य के संस्थापक थे। उन्होंने कविता, लघुकथाएँ, उपन्यास, नाटक आदि अनेक विधाओं में रचनाएँ कीं, लेकिन उनकी प्रतिभा कहानी में चमकी। आर्मेनियाई जनसंहार पर हुए लेखन में हामास्तेग़ का ख़ास महत्त्व रहा है। 'काश! कि वे दिन होते' जनसंहार की पृष्ठभूमि पर लिखी आर्मेनियाई साहित्य की सर्वोत्कृष्ट रचनाओं में से एक है।

काश! कि वे दिन होते

—"लाठी को हवा में ऐसे लहरा रहे हो...आँख में घुसा दोगे क्या? आसानी से नहीं मरूँगी मक्सी, जब तक कि तुम जैसे चालीस बिन-दाँत नामर्दों को दफ़ना न दूँ..." चीखती, चिल्लाती मनुष छत की बाईं तरफ टँगे सूख चूके कपड़ों को नीचे उतार रही थी।

रसोई के बाहर चौक में बैठा मक्सी, मनुष की आवाज़ सुन रहा था। गुस्से से मुँह से चम्मच निकाल वह भी ऊँची आवाज़ में बोलने लगा।

—"हे भगवान! मुझे सहने की शक्ति दो, शान्ति दो। ए बुढ़िया! मत जगा मेरे भीतर के शैतान को।"

—"नहीं, मैं बिलकुल भी नहीं चाहती कि तुम्हारे पोते-पोतियाँ मेरी चारदीवारी के भीतर आएँ और मिट्टी खोद-खोद खेलें...दुबारा जो उन्हें देखा ना तो उनके घुटने तोड़ दूँगी," मनुष ने खिसियाते हुए कहा।

—"ऐ चुड़ैल, तुम्हारी बक-बक बंद होगी या कि मैं उठूँ?"

और सच में मक्सी उठने लगा, "मर्द होकर भला मैं औरत की बातें बर्दाश्त करूँ, फिर इन मूँछों का क्या काम!" बड़बड़ाते हुए मक्सी लाठी ढूँढ़ने लगा।

मनुष भी कहाँ रुकनेवाली थी। वह बात बढ़ाए जा रही थी। इन दोनों बूढ़ों की लड़ाई तो ऐसे ही चलती रहती यदि इसी बीच मक्सी का बेटा न आ गया होता।

इन दोनों के बीच की लड़ाई कोई नई बात नहीं थी। पिछले तीन सालों से ऐसा ही चल रहा था। एक दिन भी ऐसा न बीता होगा जब ये एक–दूसरे से न झगड़े हों, चीखे-चिल्लाए न हों या फिर एक दूसरे को इन्होंने गरियाया न हो। चाहे घर की छत हो या गिरजाघर, जहाँ भी मिलते, वे शुरू हो जाते। गाँव वाले इसके पीछे का कारण कुछ ज़्यादा नहीं जानते थे। मक्सी के बेटे आरुथ को भी कुछ ख़ास मालूम नहीं था कि अचानक इनके बीच ऐसा क्या हुआ...

***

वे दिन मक्सी के लिए मातम के दिन थे। अभी पन्द्रह दिन पहले ही, उसकी इकलौती साथिन, उसकी पत्नी गुजर गई थी। मक्सी के लिए यह क्षति अपूरणीय थी, और वह भला दुःखी क्यों न हो, आखिर वह अपनी पत्नी आन्निक के साथ एक ही

तकिए पर बूढ़ा हुआ था। आह! कितने अच्छे दिन थे वे। गर्मियों में जब पूरा गाँव खलिहान पर चला जाता था, ये दोनों घर के मोखे पर बैठकर धूप सेंकते थे। जब सूरज की किरणें उनकी आँखों को लगतीं तो वे ऊपर जाकर गर्म दीवार से सट कर बैठ जाते। इनके शान्ति से बैठते ही गाँव का जीवन गतिमान हो उठता था।

पोते-पोतियाँ छत पर कठघोड़े से खेलते रहते। दूर से फसल गहाई की आवाज़ें सुनाई देती थीं। दोपहर को परछाई खिंच जाती थी। कई बार इन बूढ़ों के सर के ऊपर से मधुमक्खियों के झुंड गुजर जाते थे, मानो हजारों तारों से बनी साज बज उठती...गूँजती रहती कुछ देर।

दोनों बूढ़े हाथों से ललाट को ढक मधुमक्खियों के झुंडों को जाते देखते। उनके लिए यह जानना जरूरी था कि कौन से पेड़ या कौन से बगीचे में ये मधुमक्खियाँ बैठ गई हैं।

—"देखा, किस ओर गईं?" मक्सी ने पूछा।

—"मैं भला कैसे देख पाऊँगी, बुढ़ी हो गई हूँ। अब आँखें पहचान नहीं पातीं... मैंने सिर्फ एक परछाई देखी..." आन्निक ने कहा।

—"मुझे लग रहा है ये मारकोस के बगीचे में विलो के पेड़ पर जाकर बैठी हैं।"

—"मुझे तो सिर्फ उनकी धुन ही सुनाई पड़ी..."

—"मीनास के बगीचे में बैठ गई हैं वे।" एक पोते ने दूर से चिल्लाकर कहा। सारे पोते-पोतियाँ खेल-कूद छोड़कर मधुमक्खियों को देख रहे थे।

—"हाँ, ऐसा? लगता है ये आरेविक की मधुमक्खियाँ हैं। हेऽ, जल्दी से भागो बच्चों और जाकर आरेविक को खबर पहुँचा दो। उनके घर पर तो कोई होगा नहीं न, खेतों में होंगे, और उन्हें मालूम नहीं होगा। जाओ बोल दो उन्हें कि उनकी मधुमक्खियाँ मीनास के बगीचे में बैठ गई हैं। जल्दी से इन्हें वापस ले जाएँ...कहीं ये उड़ न जाएँ।

सभी पोते-पोतियाँ एक साथ भागे और रास्ते में चरती मुर्गियों को छेड़ते हुए दौड़ने लगे। खबर पहले कौन पहुँचाएगा, इसको लेकर उनमें होड़ लग गई थी।

गर्मियों के समय जब पूरा गाँव खाली हो जाता था, इन बूढ़ों का यही काम होता था। इस काम के बाद ये दोनों एक-दूसरे से सटकर बैठ जाते। देखते-देखते दो मुर्गियाँ कुट-कुट करते जमीन को खोदते हुए एक-दूसरे के पास आ जातीं और मक्सी की लाठी के पास लड़ने लगतीं।

मक्सी जब भी मुर्गियों को झगड़ते देखता, एक अजीब खुशी से भर जाता। कई बार तो उन्हें पास में लाकर लड़वाता और खूब मजा लेता। ऐसे समय मक्सी अपनी पत्नी के साथ मजाक करता, हुक्के के धुएँ को आन्निक के मुँह पर छोड़ते हुए हाथों को उसके कंधे पर टिका देता। उसके स्कार्फ़ के एक छोर को खींचते हुए बोलता।

—"आन्निक, इस गाँठ को खोलो तो, देखूँ तुममें ताकत बची भी है कि नहीं? आन्निक की ठुड्डी पर हँसी छा जाती और नीले मसूड़े दिखने लगते। एक तरफ

मुर्गियाँ लड़ती रहतीं और दूसरी तरफ आन्निक गाँठ खोलने में लग जाती। ऐसे खुशनुमा पल उन्हें पुराने दिनों के नावासार्द* उत्सव की याद दिलाते।

एक दिन गिरजाघर के रास्ते में आन्निक ने मक्सी से कहा कि प्रार्थना के समय उसे पीठ में जोरों का दर्द महसूस हुआ। उसके बाद तो आन्निक सीधे बिछावन पर ही पड़ गई। तीन दिन तक उसी अवस्था में पड़े रहने के बाद वह शान्ति से चल बसी। मक्सी ने पहली बार खुद को तब काफी अकेला महूसस किया, जब कब्रिस्तान से घर लौटकर उसने देखा कि बहू उसकी बिछावन अलग रख रही है। मक्सी की चाह थी कि दोनों साथ-साथ ही मरें, क्योंकि जीवन के अच्छे-बुरे दिन दोनों ने साथ मिलकर बिताए थे। महीने-भर बाद ही मक्सी अपनी पत्नी को भूल गया, जैसे समय बीतने के साथ ही मृतकों को भुला दिया जाता है। लेकिन मक्सी अपने अकेलेपन को न भूल सका।

अब वह अकेले ही छत पर चढ़ता, मुर्गियों को लड़वाता, पोते-पोतियों के साथ मजाक करता, खलिहान की चहल-पहल को देखता। एक दिन मक्सी ने देखा कि मनुष अपनी छत से उनके छत तक कपड़े सुखाने के लिए तार लगा रही थी।

—"ठहरो मनुष, ऐसे नहीं..." मक्सी ने कहा, "रुको, नीचे जाकर मैं कील लेकर आता हूँ...उससे अच्छे से हो जायेगा।"

मक्सी नीचे से कील ले आया, दीवार में उसे ठोक कर, उसमें तार को मजबूती से बाँध दिया जिससे कि मनुष अपने कपड़े अच्छी तरह से टाँग कर सुखा सके।

शाम को जब मनुष कपड़े उठाने गई तो फिर से मक्सी उसकी मदद करने लगा। ऐसी मदद तो उसने अपने जीवन में पड़ोसियों की तो क्या, अपनी पत्नी की भी नहीं की थी। मनुष आश्चर्यचकित हो मौन रह गई। मक्सी अब तो रोजाना दीवार पर पीठ टिकाए मनुष के छत पर आने का इन्तजार करता। मक्सी खुद ही नहीं जानता कि जीवन की इस अवस्था में यह इन्तजार किसलिए है। मक्सी और मनुष लम्बे समय से एक-दूसरे के पड़ोसी थे। मनुष अपने पति को काफी पहले खो चुकी थी। अब वो लगभग पचास साल की है। वह अकेली ही किसी तरह अपना गुजर-बसर करती थी, साथ ही नित्य दिन गिरजाघर भी जाया करती थी।

एक दिन रोटियाँ पकाने के बाद मनुष छत पर चू...चू...करके मुर्गियों को बुला रही थी, वहीं मक्सी दीवार से टिक कर बैठे हुए माला फेर रहा था। उस दिन मनुष की आवाज़ उसे गिरजाघर में गाए गए भजनों की तरह मधुर प्रतीत हो रही थी। मनुष का चेहरा तन्दूर की भाँति लाल हो गया था और माथे पर पसीने की बूँदें छलक आई थीं।

---

* प्राचीन आर्मेनियाई अगस्त माह को वर्ष का पहला महीना मानते थे और उसे नावासार्द पुकारते थे। नावासार्द सबसे बड़ा त्योहार माना जाता था जो कई दिनों तक चलता था।

—"क्या कर रही हो मनुष, मुर्गियों को बुला रही हो? हाँ हाँ, तुम्हारी एक मुर्गी मेरी तरफ आ गई है," मक्सी ने लहराते स्वर में कहा। मनुष मक्सी की छत पर आई और मुर्गियों को हँकाने लगी।

—"खाने में क्या पकाया है मनुष? आओ, इधर बैठो, ईश्वर की कृपा बनी रहे तुम पर...यह दुनिया तो आनी-जानी है!" मक्सी ने अपनी बात जारी रखी।

—"क्या करें, जब तक ताकत है, किसी तरह गुजारा करेंगे।"

मनुष के नजदीक जाकर अपनी मूछों को उमेठते हुए मक्सी ने कहा, "अगर किसी चीज की जरूरत हो तो मुझे बताना, मनुष! आखिर पड़ोसी ही तो एक-दूसरे के काम आएँगे, क्यों? इस साल हमारी फसल अच्छी रही। यदि तुम्हें गेहूँ की जरूरत हो तो कुछ बोरे तुम्हारे घर पर खुद रखवा दूँगा। आर्थुर को कुछ भी मालूम नहीं चलने दूँगा।"...

मनुष को अब कुछ सन्देह हुआ। छत और सीढ़ियों से आकर उसके चारों ओर मुर्गियाँ इकट्ठी हो गई थी। ये छोटे जन्तु अपनी मुंडी आगे बढ़ाए हुए, फुदकते हुए इस इन्तजार में थे कि मनुष उन्हें कुछ खाने को देगी। ये बेचारे आनेवाली त्रासदी से बिलकुल ही अनभिज्ञ थे कि आसमान टूट पड़नेवाला है। मक्सी के पास यह अच्छा मौका था कि वह अपने दिल की बात कह दे। सारे गाँव वाले अपने-अपने कामों में व्यस्त थे। उसने अपने पोते-पोतियों को भी किसी काम से बाहर भेज दिया था। छत पर मुर्गियों और उन दोनों के अलावा कोई और न था।

—"भगवान् की कृपा से तुम्हारे पास मुझ जैसी शक्ति बची है..." उस पर निगाहें टिकाए मक्सी बोला, "चेहरा भी तुम्हारा अभी सुर्ख गुलाब की तरह है।"

मनुष का शक सही निकला। आसमान क्यों नहीं फट गया। सूरज क्यों नहीं डूब गया। मनुष चिल्लाने ही वाली थी कि वह रुक गई।

आह, गाँव वाले क्या कहेंगे जब वे जानेंगे...

गुस्से से तमतमाते हुए वह मुर्गियों को ले नीचे उतर आई। मक्सी एक दोषी अपराधी की भाँति अपनी जगह पर खड़ा रहा। एक क्षण तो उसे पछतावा भी हुआ। होठों को ऐसे मोड़ा जैसे सीटी बजानेवाला हो। मक्सी को मालूम था कि ऐसे मजाक बूढ़ों के लिए नहीं हैं। लेकिन करता भी क्या, आखिर पड़ोसन ही तो थी। साथ-साथ बैठते, बातचीत करते...

रोज की तरह आज भी मक्सी दीवार के सहारे टिककर बैठा था। मनुष भी छत पर आ गई थी। उसे चिमनी के ऊपर का ढक्कन ठीक करना था, लेकिन न जाने क्या हुआ कि गुस्से में चिल्लाते हुए अपनी छत पर से मक्सी के पोते-पोतियों को भी खदेड़ कर भगाने लगी। इसी के साथ उसने अपने जूतों को भी बच्चों पर फेंका जो मक्सी के सर के ऊपर से उड़ते हुए उन तक जा गिरे। मक्सी इसका कारण समझ चुका था और गुस्से में भुनभुनाते हुए सोच रहा था कि यदि गाँव वाले जानेंगे

तो क्या सोचेंगे। वह खुद को अपराधी महसूस कर रहा था। बड़ी मुश्किल से उसने मन को शान्त किया। अगले दिन मक्सी के मुर्गे-मुर्गियाँ गर्दन को आगे-पीछे करते, फंख फड़फड़ाते मनुष की छत पर चले गए और कुक्क बोल ही पाए थे कि मनुष बीच में ही उनकी आवाज़ दबाकर उन्हें भगाने लगी।

मक्सी ने ये सब देख लिया। आखिर कैसे बर्दाश्त करते...उसकी मूछें किस काम की थीं फिर?

—"मुर्गियों को क्यों भगा दिया?" मक्सी तमतमाते हुए चिल्लाया।

—"मेरी छत पर क्यों चली आईं?"

—"वे तो आएँगी ही।"

—"नहीं आएँगी, आएँगी तो उनके सिर काट दूँगी।"

—"तो मैं भी तेरी टाँगे तोड़ दूँगा।"

झगड़ा और भी बढ़ जाता यदि पड़ोस वाले समय पर न पहुँच जाते।

—"मुर्गियाँ छत पर ही तो चढ़ी हैं। इससे क्या हो गया?" पूरी घटना से अनजान गाँव वाले बोल रहे थे।

दूसरे दिन मक्सी अपने पोते-पोतियों को सिखा रहा था कि कैसे मनुष की चिमनी को पत्थरों से तोड़ा जाए। मनुष ये हरकतें देखकर छत पर चढ़ती, गुस्से से चिल्लाती और मक्सी के पोते-पोतियों के पीछे भागती। इन वजहों से गाँव वाले बार-बार उनके झगड़े और गाली-गलौज के साक्षी बनते। समय के साथ मक्सी और मनुष के बीच नफ़रत गहराती चली गई। मक्सी तो यह तक भी नहीं चाहता था कि मनुष के कपड़ों की छाया उनके घर पर पड़े। खबरदार, जो मनुष की एक भी मुर्गी इस तरफ आई।

कितने अच्छे दिन थे कि दोनों पड़ोसियों के मुर्गे-मुर्गियाँ अपने अहंकार को भुलाकर, मिल-जुलकर लगभग शान्ति से रहते थे।

"मनुष्य भी अजूबा जीव है। रात-दिन एक-दूसरे के मुर्गे-मुर्गियों पर नजर गड़ाए रहता है"...कुछ ऐसा ही सोच रहा था मनुष का मुर्गा। जब भी वह मक्सी की छत पर, दीवार के नीचे कुट-कुट करनेवाली सुन्दर मुर्गी से मिलने जाता तो मक्सी की लाठी उस पर पड़ जाती। मक्सी की लाठी से मनुष के लगभग सारे मुर्गे-मुर्गियाँ लँगड़े हो चुके थे।

उस शाम मूसलाधार बारिश हो रही थी। मनुष चादर लपेटे छत पर देखने आई कि पानी नीचे क्यों टपक रहा है। उसने देखा कि पानी निकलने की नली अपनी जगह से हटी हुई है। उस नली से दोनों घरों की छतों का पानी नीचे उतरता था। बरसात के शोर में भी मक्सी को मनुष के पैरों की आहट सुनाई दे गई थी और वह भी ऊपर आ गया। उसका ध्यान भी नली पर गया जो अपनी जगह पर नहीं थी। मनुष उसे अपनी छत की तरफ मोड़ कर नीचे ही आई थी कि उसे महसूस

हुआ कि अभी बूँदें टपकना बंद ही हुई थीं कि फिर से शुरू हो गईं। वह फिर से ऊपर आई और देखा कि मक्सी नली के पास खड़ा है। दोनों की मुलाकात वहीं पर हो गई।

—"उस नली के पास मत जाना," मक्सी ने गुस्से में कहा।

—"ऐ दुष्ट, नरक की आग! मेरे पलंग पानी के नीचे बहा जा रहा है..." मनुष अँधेरे में गुस्से से चिल्लाई।

—"इस नली की जगह इधर है, इधर...समझी?" मक्सी ने कहा।

—"पिछले तीस सालों से यहाँ रह रही हूँ और नली को ऐसे ही देखा है..."

—"तू चुड़ैल क्या जानती है? अपने दादा के दिनों से मुझे याद है कि इस नली को मोड़ने का अधिकार तुम्हारे पास नहीं है। आखिर मेरे पास दस्तावेज पड़े हैं और कचहरी भी तो है।"

मक्सी और मनुष के बीच अँधेरे में बारिश की बूँदों तले खूब बक-झक हुई।

—"अगर तुम्हें पकड़ा न तो छत से नीचे ढकेल दूँगा।" मक्सी चिल्लाया।

पड़ोसी इकट्ठे होकर बीच-बचाव करने आ गए थे...मक्सी और मनुष किसी तरह अपने पीछे बारिश का शोर छोड़ नीचे उतरे।

तब के बाद तो हर बारिश पर मक्सी और मनुष एक-दूसरे पर नजर रखते थे। एक-दूसरे के पैरों की आहट सुनते ही ऊपर चढ़ते और चिल्लाना शुरू कर देते।

पड़ोसी उनकी लड़ाइयों से तंग आ चुके थे।

रात को बहुत मूसलाधार बारिश शुरू हुई। खिड़कियों के पल्ले हवा के झोंके से खुल और बंद हो रहे थे। पहाड़ों की तरह विशाल बादल रह-रहकर फट रहे थे। बिजलियाँ अँधेरे में चमक रही थीं। छतों से टीन के टुकड़े उड़कर सड़कों पर आ गिरे थे और पुराने ओवरकोट उड़कर अपनी बाँहों से पेड़ों को आलिंगन में बाँध रहे थे। उस भयानक रात को मक्सी और मनुष भी भूतों की तरह धक्का-मुक्की कर रहे थे।

—"यह नली उधर नहीं, इस तरफ होगी।"

—"उधर नहीं, इस तरफ होगी।"

—"नहीं, ऐसे नहीं होगी।"

पल-भर में न जाने कैसे हुआ कि मक्सी का पैर फिसला और वह छत से नीचे गिर पड़ा। छत ज़्यादा ऊँची तो नहीं थी लेकिन बूढ़े की हड्डियाँ कैसे बर्दाश्त कर पातीं। मक्सी बिछावन पर पड़ गया। मक्सी को यह चिन्ता नहीं थी कि वह मर जाएगा। वह किसको समझाता कि वह तो उसका पैर फिसल गया था वरना औरत जात से थोड़े न दबता। मक्सी पूरे तीन महीने बिस्तर पर पड़ा रहा। अपनी पीठ भी हिला न पाता, मानो हड्डियों ने एक-दूसरे को जकड़ लिया हो।

गाँव वाले मक्सी को देखने जाते। वह उन्हें बतलाता कि उसके बाप के समय से नली उसकी छत की तरफ थी। अगर वह चाहें तो मनुष के घर की सड़क की

तरफ खुली हुई चिमनी भी बंद कर सकता है। आखिर दस्तावेज तो उसके पास है और कचहरी भी वह जा सकता है। गाँव वालों के साथ-साथ एक दिन गिरजाघर के पादरी भी उसे देखने चले आए।

—"प्रभु तुम्हारी रक्षा करें...यह ठीक बात नहीं है...तुम जैसे बूढ़ों के लिए यह बिलकुल ठीक नहीं है। आओ, मैं तुम दोनों की सुलह कराता हूँ।"

—"फादर, अगर बदले में पूरा गाँव मेरी कब्र पर रोज मोमबत्ती जलाने का वादा करे, तब भी मुझे यह सुलह मंज़ूर नहीं है...हाय मेरी पसलियाँ...आप नहीं जानते उस औरत को फ़ादर...इस चुड़ैल की ज़हरीली जुबान ने ही इसके ख़सम की जान ले ली। घुट-घुटकर मर गया बेचारा।...हाय-हाय मेरी पसलियाँ...यह औरत पैदा ही उलटी हुई है...फ़ादर, आपने तो नारेक* को पढ़ा है..."

वह बैठने की कोशिश करता लेकिन हड्डियाँ इतनी दुखतीं कि सर फिर से तकिए पर टिका देता। "बताएँ तो सही, इस अकेली औरत के आँगन से इतना धुआँ क्यों निकलता है? ये औरत पैदा ही उलटी हुई है...जहाँ भी देखो, मेरी छत उसके घर के धुएँ और मुर्गियों की बीट से भरी रहती है...अरे मेरी मुर्गियाँ तो गन्दगी कभी नहीं फैलातीं। हाय मेरी पीठ...ऐह! बस एक बार मैं इस पलंग से उठ जाऊँ तो फिर मुझे पता है कि क्या करना है...बार-बार वह मेरी छत से ऐसे गुजरती है कि लगता है जैसे मेरी छत मेरे ही ऊपर गिर जाएगी। हाँ, हाँ, मैं बता रहा हूँ, यह कोई और नहीं, ऊपर उसी के चलने की आवाज़ आ रही है...फ़ादर मैं ऐसे ही मर जाऊँगा लेकिन कभी भी इस औरत के साथ सुलह नहीं करूँगा।"

पादरी के समझाने की सारी कोशिशें बेकार गईं। बाइबिल के पुराने टेस्टामेंट और अपोसटोलिक आदेशों के भी हवाले दिए गए, फिर भी वह राज़ी नहीं हुआ। मक्सी आसानी से माननेवाला इनसान नहीं था। यदि ईश्वर भी नीचे आकर अपनी आग्नेय आँखों से डराते तब भी वह नहीं मानता। मक्सी ने जल्दी ठीक होने के लिए अपने शरीर पर बलि दिए गए बकरे की खाल लपेट ली, जिससे हड्डियाँ जुड़ जाएँ और वह बिछावन से उठ सके।

—"खबरदार! अब बचना मनुष!"

उस दिन मनुष का जन्मदिन था। मक्सी को पता चल गया कि मनुष गिरजाघर गई हुई है, जहाँ उसे पवित्र प्रसाद दिया गया था। यह जानकर मक्सी ने पूरे दो साल गिरजाघर में पैर नहीं रखा। पादरी से बात तक न की।

---

* ग्रिगोर नारेकाजी 10वीं शताब्दी के रहस्यवादी कवि, भिक्षु और धर्मशास्त्री थे। वे आर्मेनियाई अपोस्टोलिक चर्च में संत की उपाधि से नवाज़े गए हैं। वे अपनी पुस्तक 'बुक ऑफ लेमेंटेशंस' जिसे 'नारेक' के नाम से भी जाना जाता है, के रचयिता के रूप में सम्मानित हैं। यह कृति सभी आर्मेनियाइयों के घरों में अवश्य पाई जाती है। इसके बारे में आर्मेनियाइयों की आस्था है कि इस पुस्तक में किसी भी व्यक्ति को रोगमुक्त करने की शक्ति है।

—"सब झूठ है...फादर, ये तुम्हारे गिरजाघर, तुम्हारे संत, सब-के-सब झूठे हैं। ईश्वर ने गिरजाघर में ही उस औरत को सज़ा क्यों नहीं दी। पवित्र प्रसाद देते वक्त भी तुम्हारे हाथ काँपे नहीं...तो अब मैं तुम्हारी किस बात पर विश्वास करूँ... मैं ऐसे ही मरूँगा लेकिन गिरजाघर नहीं जाऊँगा...आह! आखिर परमात्मा को मुझसे हिसाब माँगने का क्या हक है...माँगेंगे तो मैं देख लूँगा..."

मक्सी ने पादरी को खरी-खोटी सुनाई, क्योंकि पादरी उस दिन उन्हें गिरजाघर ले जाना चाहते थे।

***

तीन साल बीत गए...गाँव छोड़ने की हालत बन गई। गाँव वालों को तो पहले ही इस भयावहता का अनुमान कुछ-कुछ होने लगा था। कइयों ने सपनों में नरभक्षी देखे थे, विवाह देखे थे। मार्कोस के मुर्गे के कुकड़ू-कूँ की आवाज़ लगाने से पहले ही, आधी रात को ही सारे दरवाजे बंद कर दिए गए। गाँव में हाय-तौबा मच गई। टोकरियाँ भरी जा रही थीं। बथान के जानवर बेचैन, अजीब तरह की आवाज़ें निकालने लगे। कोई अपने बर्तनों को बाँधने में लगा था तो कुछ अपने बिस्तर को। एक माँ रोटी के साथ-साथ अपनी पीठ पर अपने शिशु को बाँध रही थी। एक आदमी हाथ में पेंच, कड़ाही और अंकुसी पकड़े सामूहिक निर्णय के इंतज़ार में था। मंजिक विलो लकड़ी की खपच्चियों से बने पिंजड़े में बेहतरीन कबूतरों को भर रहा था। सभी खलिहान में इकट्ठे हो रहे थे। कहाँ जाना है, किसी को पता नहीं था। सिर्फ हायरापेतांज़ दानियेल के चेहरे पर ख़ुशी और संतुष्टि के भाव थे। उसने नये कपड़े पहने थे और सर्वज्ञाता की मुद्रा में सबको आदेश दे रहा था कि अपने साथ ज़्यादा सामान ले जाने की जरूरत नहीं है, क्योंकि उसे विश्वस्त सूत्रों से पता चला है कि उन सबको पिन्क्योल* की तरफ जाना है, जहाँ शहद की नदी बहती है। वह बतला रहा था कि वह उधर पहले भी जा चुका है और विशेष रूप से यह भी निर्देश दे रहा था कि लोग खस-खस के बीज साथ में ले लें, जो कि उधर नहीं मिलते।

मक्सी ने अपने घर का दरवाजा बंद कर दिया और लकड़ी से बनी कुंजी अपने कमरबंद में खोंस ली और एक कोने में खड़े होकर बहू से पूछा कि क्या उसने छत की चिमनी बंद कर दी? वह सोच रहा था कि बारिश हुई तो पूरा पानी अन्दर चला आएगा, खासकर तब, जब काफी समय से उसने नली की हालत भी नहीं देखी थी। मनुष ने जरूर कुछ छेड़-छाड़ तो की ही होगी...वह मन-ही-मन यही सब सोच रहा था। उसे विश्वास ही नहीं हो रहा था कि वह अपने घर से दूर जा रहा है।

---

* पिन्क्योल—आर्मेनियाई में चापाग़जूर, अब पूर्वी तुर्की का एक शहर है जो पहाड़ों और अनगिनत झीलों से घिरा हुआ है।

रास्ते में इनके कारवाँ में दूसरे गाँवों के कारवाँ मिल गए। अगली रात भयानक रात थी...। नरसंहार की रात! भीड़ में से नौजवान लड़के और आदमियों को अलग कर दिया गया...। औरतों का अपहरण कर लिया गया...। माँ को दक्षिण का, तो बेटे को उत्तर का रास्ता पकड़ना पड़ा...। सब कुछ एक भयावह सपने की तरह हो रहा था...। मक्सी को बहुत बेचैनी महसूस हो रही थी। वह समझ चुका था कि अब वे लोग अपने घर और प्रियजनों से बहुत दूर हो रहे हैं—अनजानों के संग एक अनजान राह पर। तीसरे दिन दोपहर को, मक्सी का कारवाँ एक जगह रुका। उसने देखा कि दूर से रेतीले गुब्बार उठाता एक और कारवाँ नजदीक आ रहा है।

हर बार जब लोग किसी नये कारवाँ से मिलते तो उसमें अपने संगी-साथी खोजते। अपने प्रियजनों को ढूँढ़ते। अपने घरवालों के बारे में कोई जानकारी मिलने की उम्मीद में मक्सी भी, कुंजी को कमरबंद में कसे अपनी लाठी पर टिका, खड़ा था। उसकी नजरें दूर से आते कारवां को, स्वजनों के मिलने की आस में लगी थीं। दोनों कारवां एक-दूसरे के समीप आ गए। लोग आपस में घुल-मिल रहे थे। बात-चीत होने लगी थी।

कुछ को तो अपने परिचित और स्वजन मिल गए थे और वे उनसे उमंग से बातचीत करने लगे। मक्सी ने भी कुछ लोगों से अपने प्रियजनों के बारे में पूछा। आँखें घुमाते ही देखा, अरे यह कौन...? वहाँ मनुष खड़ी थी। मक्सी की लाठी काँपने लगी। उसने बाँहें फैलाकर मनुष को ऐसे आवाज़ लगाई मानो वे दोनों एक ही तकिए पर बूढ़े हुए दम्पति हों।—मनु...ष!,—मक्सीऽ...! दोनों आलिंगन में बँध गए और छोटे बच्चों की तरह रोने लगे। मक्सी अपने आँसुओं को मुश्किल से रोक पाया और लाल रूमाल से आँखों को पोंछते हुए बोला—आह मनुष, काश! कि वे दिन होते...”

मुशेग़ गाल्शोयान

(1933-1980)

मुशेग़ गाल्शोयान (मुशेग़ मानुक्यान) का जन्म 13 दिसम्बर, 1933 को सोवियत आर्मेनिया के थालिन प्रान्त के मेहरिबान (काथनाग़फ्यूर) शहर में हुआ था, किन्तु ऑटोमन आर्मेनिया के उनके पुश्तैनी प्रान्त सासून का उनके लेखन और जीवन पर गहरा प्रभाव रहा। मुशेग़ के माता-पिता सासून से विस्थापित शरणार्थी थे जो पूर्वी आर्मेनिया के थालिन में आकर बस गए थे। सन् 1915 में युवा तुर्क सरकार द्वारा आयोजित आर्मेनियाइयों के नरसंहार में इनके दादा के परिवार में कोई नहीं बच पाया था। पिता की अथाह पीड़ा ने बालक मुशेग़ पर अमिट छाप छोड़ी। उन्होंने अपनी लेखनी अपने देश के नाम समर्पित कर देने का फ़ैसला ले लिया। पिता से सुनी उन कथाओं को युवक मुशेग़ ने अपनी स्मृति में संरक्षित कर लिया था। बाद में जब वे लेखन में उतरे तो उन स्मृतियों का ऐसा जीवंत वर्णन किया मानो वे खुद बरसों सासून में रहे हों।

1957 में गाल्शोयान ने येरेवान कृषि संस्थान से अपनी शिक्षा पूरी की। इसके बाद साहित्य और पत्रिकारिता के क्षेत्र में आए। 'आवांगार्द' और 'गारून' मासिक पत्रिकाओं में लेख आदि लिखते हुए उनका प्रथम लघु उपन्यास 'द्ज़ोरी मीरो' प्रकाशित हुआ जिसने एक गम्भीर साहित्यकार के रूप में उनको पहचान दिलाई।

सन् 1969-1971 के बीच वे मास्को की साहित्यिक गतिविधियों में सक्रिय रहे। इन वर्षों के दौरान उन्होंने 'सारस' (1969), 'पुष्पित पत्थर' (1973) और 'भाड़घर' (1974, राज्य पुरस्कार प्राप्त) जैसी महत्त्वपूर्ण कहानियाँ लिखीं।

सन् 1975 से गाल्शोयान ने सरकारी प्रकाशन गृह 'हायास्तान' के निदेशक का पदभार सँभाला।

उनकी कहानी 'सदा' सुप्रसिद्ध कहानी-संग्रह 'मारुथा पहाड़ के बादल' में संकलित है जो सन् 1981 में प्रकाशित हुआ था। सोवियत संघ ने इस पुस्तक के लिए गाल्शोयान को मरणोपरान्त राज्य पुरस्कार से नवाज़ा। यह कहानी 1915 के आर्मेनियाई नरसंहार की पृष्ठभूमि पर लिखी गई है।

सन् 1980 में काथनाग़फ्यूर गाँव में शिकार करते वक्त आकस्मिक गोली लगने से इनका निधन हो गया।

सदा

"आलेऽऽऽ...आलेऽऽऽ, मेरी रूह, आलेऽऽऽ"

वह भीमकाय और रोएँदार बूढ़ा आदमी लाठी के सहारे खड़ा लय में पुकारे जा रहा था। पहाड़ी की ढलान पर भेड़ों का झुंड इत्मीनान से चर रहा था। ज़ोरो... बूढ़ा ज़ोरो कोई पेशेवर चरवाहा नहीं था। दरअसल गाँव में कोई भी चरवाहा नहीं था। सभी बारी-बारी से पशुओं को चराने ले जाते थे। उस दिन ज़ोरो की बारी थी और ज़ोरो लाठी के सहारे खड़ा गाते हुए अपनी प्रेमिका की यादों में खोया हुआ था।

"आलेऽऽऽ...आलेऽऽ, मेरी जान, आलेऽऽऽ"

सूर्योदय से सूर्यास्त तक उस पगले की जुबान पर आले का ही नाम रहता।

आह! बात भी कब की! एक नीले वसन्त की...एक नीली और नर्म-सी सुबह, नीली-सी दुनिया...नीले आवरण से ढँका माराथुक पर्वत, नीले आकाश से भरी घाटियाँ और वादियाँ, पहाड़ों की गोद में बसे गाँवों की साँसें भी नीली ही थीं, उन्मुक्त घोड़ों की धौंकनी से घाटी में नीलिमा उफ़न रही थी। माराथुक पर्वत की तलहटी में पसरे मवेशी वसन्ती कायनात की खुशबू से सराबोर थे। मेमने अपनी थूथन सटाए पत्थरों पर जमी कोमल शैवाल को चाट रहे थे। जोंकमारी और नागफनी के काँटों से बचते, चिड़ियों की फरफराहट पर चौकन्ने हो उछल-कूद कर रहे थे।

उसी वक्त दस-ग्यारह साल का ज़ोरो एक ढलवाँ चट्टान पर खड़ा ढेलवांस को वेग से घुमाता जा रहा था...ज़ज़ज़ज़...घूमते-सनसनाते पत्थर अचानक अपनी दिशा बदल लेते थे और उड़ते कौओं को छेड़ते घाटी में गिर जाते थे।

नीचे फूल-पौधों को बीनती रंग-बिरंगी अल्हड़ लड़कियों का तारक-पुंज चमक रहा था। छोटी काली आँखों वाली और पतली चोटियों की जोड़ी लहराती सात साल की, सुन्दर तहबंद में लिपटी, आग का शोला दिखती आले उनमें से एक थी। हाँ...हाँ...ज़ोरो के मासूम धवल मेमनों की तरह ही वह भी इधर-उधर कुलाँचे भर रही थी—फूलों की माला सिर पर ओढ़े, मानो हवा के झोंकों से बना एक रंगीन गुलदस्ता हो...

नन्ही, प्यारी आले...ओह...ज़ोरो को एकाएक महसूस हुआ था कि आले उसकी है...किसी और की नहीं...सिर्फ उसकी!

यह नीली दुनिया उसकी है, ये खेत, यह सुबह, यह रेशमी घूँघट में छुपा माराथुक पर्वत उसका है। गिरजाघर पर टँगा आशीर्वाद सरीखा वह उजले बादल का टुकड़ा भी उसका है। घुमावदार ताल्वोरिक नदी की कलकल, गाँव पर तिरता धुआँ, वो अधीर बकरियाँ और मेमने सब उसके ही हैं। सूरज, आकाश, खूबसूरत पत्थर व चट्टान और उस पर खड़ा वह हाथ में ज़ज़ज़ज़...करता तूफानी ढेलवांस उसका है और आले...रंग-बिरंगे फूलों में दमकती, उछलती-कूदती मासूम आले भी उसकी है, किसी और की नहीं, सिर्फ उसकी।

वसन्त की वह मधुर सुबह ज़ोरो की स्मृति में चिरकाल के लिए अंकित हो गई थी। ज़ोरो फिर उसे भूल नहीं पाया। ज़ोरो ने उसे पाया था बस खो देने के लिए!

उस्मानी ग्रहण लगनेवाला था।

बूढ़े ज़ोरो के घर में शादी थी। उसने तय किया था कि शादी के लिए शराब लाने वह खुद जाएगा और लाएगा तो आरारात पर्वत की वादियों की दुर्लभ शराब। बड़े और मंझले बेटे की शादी करवा चुका था। तब हालत खस्ता थी। छोटी-सी दावत कर शादी के जश्न जैसा कुछ मना लिया था। पर इधर किस्मत मेहरबान है! इस बार सारे गाँव के लिए, नजदीक-दूर के रिश्तेदारों के लिए बड़ी वाली दावत की मेज सजा सकता है, तरह-तरह के पकवान और बेहतरीन शराब परोस सकता है। बड़े बेटे का सुझाव कि किसी भी अच्छी दुकान से शराब मँगवाई जा सकती है, नाकाम रहा। बूढ़े ने ठान लिया था कि वह खुद चुनकर आरारात पर्वत की वादियों से अंगूरी लाएगा।

अगले दिन सुबह-सवेरे गाड़ी में बेटे को बिठाकर वह तलाश में निकला। जाने कितने गाँवों में गया, जाने कितने पीपों की शराब चखी, पर कुछ भी पसन्द न आया।

शाम की सुनहरी किरणों की तह में घने पेड़ों से आच्छादित चौड़ी सड़क पर गाड़ी वेग से उड़ रही थी कि अचानक पेड़ों के दरमियान एक रास्ता दिखा। ज़ोरो के दिल में न जाने क्यों हलचल-सी मच गई।

—"इधर चलो।" और हाथ से स्टीयरिंग मोड़ दिया। गाड़ी बेलगाम सड़क से उतर गई। जाकर झाड़ियों में उलझ गई। बड़ी दुर्घटना नहीं थी। दरवाजे पर हल्की-सी खरोंच-भर थी, पर बेटा बुरी तरह छिल गया था।

—"मनहूस शकल मत बनाओ। जो होता है भले के लिए होता है।" ज़ोरो ने उसे शान्त किया, "मुझे तो यह गाँव बहुत पसन्द आ रहा है।" बूढ़े ने गाँव के बीचोबीच गाड़ी रुकवाई, "अब अच्छी या बुरी, जो भी मिले यहीं से ले लेंगे।"

भीड़ उसकी गाड़ी के इर्द-गिर्द जम गई। सब अपने-अपने घर की बनी लाल शराब की तारीफ़ों में लगे थे और अपने शराब के तहखानों में चलने का न्योता दे रहे थे। सिर्फ एक दुबला-पतला-सा आदमी शान्त खड़ा हुआ था। ज़ोरो उसी के पास गया।

—"...क्यों नहीं है?" उस आदमी ने आश्चर्य से बूढ़े को देखा—"अंगूर के बगान वाले के पास शराब न होगी?"

—"खुदा कसम, पसन्द आ गई तो बेटे की शादी तुम्हारी शराब से ही मीठी कर दूँगा। चलो, चखवाओ...!"

खुशनुमा अंगूर की लताओं से घिरा खूबसूरत घर था। घर के बगीचे में खूबानी की शाखा से जमीन तक लटकी मोटी लाल मिर्चें सूख रही थीं। एक छोटी चंचल-सी बुढ़िया मिर्चों को उतार रही थी।

—"बड़ी अच्छी गृहस्थी है तुम्हारी।" घर-बगीचे ने ज़ोरो का मन मोह लिया था, "तुम्हारा घर आबाद रहे!"

बुढ़िया ने पीछे घूमकर देखा। सोचा कि उठकर आगंतुक का स्वागत करे किन्तु बैठी रही और उत्सुकता से बूढ़े को देखती रही।

—"तुम्हारी घरवाली है?" ज़ोरो ने पूछा।

—"हाँ, तुम्हारे ही तरफ की है!"

—"मेरे तरफ की! अरे वाह...! इधर आओ तो बहन।" ज़ोरो खिल उठा—"अपना परिचय तो दो!"

बुढ़िया छोटे-छोटे कदमों से चलती नजदीक आई और मुस्कुराते हुए उसने हाथ बढ़ाया। उसके हाथ में लटकी सूखी लाल मिर्चें टकराकर सरसराती-सी आवाज़ निकाल रही थीं। बुढ़िया को अचानक शर्म आई कि अपने देस के आदमी का स्वागत वह लाल मिर्चों से कर रही है।

—"किस गाँव से हो, बहन?"

जवाब सुनकर ज़ोरो का दिल धक से उछला—"सारेकान?" बड़ी मुश्किल से वह बोल पाया—"सारेकान?" यूँ तो बुढ़िया उसके नजदीक ही खड़ी थी लेकिन उत्तेजना में ज़ोरो उससे लगभग सट गया था और उसकी आँखों में टुकुर-टुकुर ताके जा रहा था।

समय की चोट से थकी और उदास थी बुढ़िया की आँखें...जैसी कि तब वहाँ के तमाम लोगों की हुआ करती थीं। लेकिन उसकी आँखों की गहराई में शरारती चिंगारियाँ बची हुई थीं। ज़ोरो सिर झुकाकर उसे घूरता रहा।

उसने बुढ़िया के हाथ में लटकी सूखी लाल मिर्चों को देखा और कहीं दूर से आती एक मुस्कान उसके होंठों पर तिर गई। उसकी बूढ़ी मूँछों के जाले में न जाने कितनी स्मृतियाँ उलझने लगी थीं! तबाही, भगदड़, हिज़रत, कत्लेआम, खो गया बचपन...और गुम चुकी वह! "आलेऽऽ" वह फुसफुसाया। बुढ़िया ने सुना नहीं।

—"आले!" ज़ोरो ने दोहराया और तनकर खड़ा हो गया। इतना सीधा कि उसके बेटे ने भी उसे ऐसा पहले कभी नहीं देखा था। उसने बुढ़िया को ऊपर से नीचे तक फिर से देखा, बुढ़िया के पीछे घर को देखा और उसके भी पीछे की धुँधली-सी उस पर्वतमाला को जिसकी एक चट्टान पर वह कभी ढेलवांस घुमाया करता था। उसने अपनी साँसें बटोरीं और पूरी ताकत से चीखा—"आलेऽऽऽ-आलेऽऽऽ"

बुढ़िया ज़ोरो को पहचानने की कोशिश करने लगी। उसके लबों से अपना नाम सुनकर वह चौंकी थी पर बूढ़े का चीखना उसे मधुर प्रतीत हुआ। उन गर्म-नर्म आत्मीय पलों ने बुढ़िया को भीतर तक भिगो दिया। दोनों एक-दूसरे को ठगे से देखते रहे।

—"अरे मैं ज़ोरो हूँ..." उसने आले का हाथ जकड़ लिया, उसे अपने झुके सिर से लगाया और फिर चूम लिया!

बुढ़िया स्तब्ध रह गई। मेहमाननवाजी के कायदे से तो पहले उसे ही अतिथि का हाथ चूमना था, उसने जल्दी से वही किया। न जाने कब से उसके भीतर दफ़्न आँसुओं ने अपना रास्ता तलाश लिया और ज़ोरो की काँपती हथेलियाँ भीगने लगीं।

इस लाड़-प्यार के दरमियान हाथ में टँगी सूखी मिर्चों की गंध से अचानक आले छींक पड़ी फिर एक मासूम हँसी के साथ उसने अपनी आँखें मसलीं, जिससे उसके बहते आँसू आँखों की कोटर में पसर गए। इस भावुक आवेग के गुजर जाने के बाद वह हलका महसूस करने लगी थी। दोनों बच्चों की तरह मुट्ठियों से अपनी आँखें पोंछे जा रहे थे और विभोर हो रहे थे।

—"बाबो! देरी हो रही है! अब निकला जाए!" बेटा इस स्वांग से ऊब चुका था।

ज़ोरो की तन्द्रा टूटी। नजर बेटे पर गई फिर गृहस्वामी पर। गर्दन डुलाते आले से कुछ कहना चाहता था पर कह नहीं पाया।

—"अच्छा, तुम्हारी घरवाली है?" आदमी को देखते हुए वह बोला—"खुशनसीब हो!...शराब कहाँ है?" उसने जल्दी से जोड़ा।

गृहस्वामी तहखाने से ताँबे के पात्र में शराब चखाने के लिए लाया जिसे ज़ोरो ने एक ही साँस में गटक लिया।

—"वाह, उम्दा है!" हथेली से अपनी मूँछों को पोंछते हुए उसने कहा, "इतनी मीठी शराब इन होंठों ने पहले कभी नहीं चखी, दिव्य...!" बेटे की ओर मुड़कर जोड़ा—"अब समझे रे, क्यों सुबह से शाम तक इतना भटके? आखिर खजाना यहीं पर जो मिलना था। इन सबको भर दो।" उसने साथ लाई खाली सुराहियाँ दिखाते हुए कहा।

—"क्या सारा का सारा?" आदमी ने पूछा।

—"बिलकुल, पूरा पीपा मेरा है!" ज़ोरो उतावला होकर बोला—"सारा डालो, दाम की मत सोचो। यह अनमोल है!"

गृहस्वामी तहखाने से पीपा लेकर आ गया और ताँबे के प्याले से सुराहियाँ भरने को बढ़ा कि ज़ोरो ने टोक दिया :

—"किसी और बर्तन से निकालो। यह प्याला मेरा है!"

गृहस्वामी ने बहुत आरजू की कि भइया इत्मीनान से बैठक में चलकर पीते हैं, बतियाते हैं, तुम तो ससुरालिए ही निकले! आले ने भी कहा पर ज़ोरो बाहर ही जमा रहा। बेटे ने चिकोटी काटी। चलने का इशारा किया लेकिन ज़ोरो बेपरवाह ताँबे के प्याले से आत्मा तृप्त करता रहा।

उसकी वहीं रहने की जिद देखकर बुढ़िया अन्दर से रोटियाँ लेकर आई जिसे उसने एक छोटी-सी मेज पर रख दिया। ज़ोरो ने उसे छुआ तक नहीं। उसने पीपे से अपनी पीठ टिका दी थी और शराब की चुस्कियाँ लेता जाता था और कराहता जा रहा था।

—"हाय, आले!"

बुढ़िया मेज पर झुकी, कुहनियाँ टिकाए खयालों में खोई हुई थी एक नन्ही गठरी-सी बनकर। आँसुओं की लहर जोर मार रही थी जिसे बुढ़िया ने किसी तरह रोक रखा था।

—"तुम्हारे आदमी को तो देख लिया...और बाल-बच्चे?"

—"हाँ, हैं न, बेटे हैं, बेटियाँ हैं, सबके बाल-बच्चे हैं, बहुएँ हैं...और तुम्हारे घर में कौन-कौन है ज़ोरो?"

—"बेटे हैं, बहुए हैं, सुशील बेटियाँ हैं और ढेर सारे नाती-पोते, आले! सब मेरे हैं और यह शराब भी!" ज़ोरो ने प्याला फिर से भरा—"मेरे छोटे बेटे की शादी का, खुशियों भरा जाम! आले, मेरी जान आले!"

बूढ़े ने अपनी भारी आवाज़ में गाना शुरू कर दिया। गृहस्वामी ने बुढ़िया को कुहनी मारी और ज़ोरो की तरफ कनखियाते हुए मुस्कुराया—उसकी शराब वाकई दमदार है!

बेटे ने गृहस्वामी के साथ शराब का हिसाब-किताब निपटाया। ज़ोरो गाता रहा। बेटे ने शराब गाड़ी में लादी। गृहस्वामी ने इत्मीनान से पाइप जलाया और आले की बगल में बैठ गया। ज़ोरो तब भी अपने में मगन गाता रहा। बेटे ने उसके हाथ से प्याला ले लिया और बाँहों में हाथ डालकर ले जाने की कोशिश की।

—"चलो बाबो, चलते हैं।"

ज़ोरो ने हाथ झटक दिया। और बाहर के दरवाजे पर टिका रहा।

—"माराथुक की कसम, मेरा पैर यहाँ से नहीं खिसकेगा।" ज़ोरो को पूरी तरह चढ़ गई थी।

गृहस्वामी ने पेशकश की कि ज़ोरो चलकर घर में आराम करें।

—"हाय-हाय, क्या इस वक्त आँखें बंद हो सकती हैं।" ज़ोरो ने आँखें मसलीं, "अरे तुम कहाँ खो गई, आले?"

बेटे ने बिगड़कर चलने को कहा। ज़ोरो ने एक मोटी-सी गाली दी—"चुप कर, हरामजादे!"

फिर एक गाली गृहस्वामी की तरफ उछाली—"तू भी फूट ले, बछिया के ताऊ।"

—"मुझको मेरे ही घर से निकाल रहे हो?" गृहस्वामी हँसकर बोला। शराब के असर को उससे बेहतर कौन जानता था, "जाना तो तुमको ही होगा भइया!"

—"अबे सिर फोड़ दूँगा...तुम्हारे सारे पीपे तोड़ दूँगा, पूरी शराब बरबाद कर दूँगा। साले मुझको निकाल रहे हो घर से, मुझको? आलेऽऽऽ...!"

बेटे और गृहस्वामी ने उसे टाँगकर उठाया और उसे घसीटते हुए बाहर ले गए। पूरे रास्ते ज़ोरो की आँखें आले को तलाशती रहीं। उधर बुढ़िया उसकी हालत देख बुरी तरह सहम गई थी और सिसकने लगी थी। फिर भी इतने प्यार से लिया जाता अपना नाम उसने पहले नहीं सुना था। ज़ोरो के दिल की गहराइयों से निकली सदा उसे उदास कर रही थी।

ज़ोरो की आवाज़ उससे दूर होती चली गई।

***

उस दिन ज़ोरो का मन भिन्नाया हुआ था। कुछ देर तक चट्टान पर खड़ा नाती-पोतों की बातें सुनता रहा, पर दिमाग तो वहीं लगा हुआ था, आले के पास। झूठमूठ में हाँ-हूँ करता रहा फिर घर की तरफ बढ़ गया। आखिर अब तक दोबारा क्यों नहीं गया उसके पास, क्या गाड़ी नहीं थी? क्या समय की किल्लत थी? बीमार पड़ गया था या हाथ-पैर काम नहीं कर रहे थे? या...

क्या...? उसने खुद को जी भरकर कोसा। चलते-चलते उसने तय कर लिया कि इन सबके पीछे असली मुजरिम कौन है! हाँ, बिलकुल। उसकी घरवाली। उस पर ज़ोरो को जोर से गुस्सा आया।

—"तेरे हाथ का खाना हराम है!" घर में घुसते ही वह बोला—"तूने दाहिने हाथ से खाना दिया और बाएँ हाथ से मेरी आत्मा छीन ली!" बोलते-बोलते ज़ोरो ने अपनी ही लाठी अपने सिर पर दे मारी और लगा मानो दिमाग में रोशनी कौंध गई!

—"धत तेरे की, इतना परेशान होने की जरूरत क्या थी, कितना आसान-सा हल है। जाऊँगा और उसे लेकर चला आऊँगा!"

उसकी घरवाली मुँह बाए उसे देखे जा रही थी—"सनक गया है बुड्ढा।" वह सोच रही थी।

—"मेरे पैरों की बेड़ी हो तुम!" ज़ोरो की आवाज़ ऊँची हो गई।

—"हम साले हैं ही गधे। आखिर मेरा आर्मेनियाई जज्बा कहाँ खो गया था, बताओ दिमाग में उस वक्त क्यों नहीं घुसा, जब गया था आले के घर, तब क्यों नहीं उसे साथ ले आया..." उसने मन-ही-मन सोचा।

—"मेरे गले की रस्सी हैं तेरी औलादें!" ज़ोरो लड़ने के मूड में था।

—"उस दिन उसे गाड़ी में बिठा तो लेता, पर यह ससुरा बेटा लाने देता क्या?"

—"शनिचरा है तुम्हारा छोटा बेटा, दूध में गिरी मक्खी। और यह घर तो बिलकुल नरक का कैदखाना है। अब मैं यहाँ साँस नहीं ले सकता। मैं अलग हो रहा हूँ!" ज़ोरो ने तय कर लिया था।

"घर के सामनेवाला वह जो झोपड़ा है, आज चुपचाप उसे सजा लूँगा और तड़के निकलकर उसे ले आऊँगा....राजी नहीं हुई तो जबरन उठाकर ले आऊँगा... देखें तो कोई क्या करता है..." बाहर निकला और भड़ाक से दरवाजा बंद कर दिया।

झोपड़ा पहले उनका घर हुआ करता था। उसके दरवाजे का ताला टूटा हुआ था। किसी तरह उसे तार से बाँधकर रखा गया था। आलतू-फालतू पुरानी चीजों से झोपड़ा भरा हुआ था। एक पुराना पालना, घर को गर्म करनेवाला चूल्हा, उसकी चिमनी, हँसुआ, हल, खर-पतवार साफ करनेवाले औजार बिखरे पड़े थे। चूल्हा और दो कुर्सियों को छोड़ उसने बाकी सामान एक तरफ कर दिया। फ़र्श की सफ़ाई की, दीवारों को पोंछा और दरवाजे की चूलों को कसा। उसकी समझ से घर रहने लायक हो गया था।

जब तक बेटे शाम को लौटे तब तक ज़ोरो ने अपना पलंग, गद्दा, चादर आदि झोंपड़े में सजा दिया था। कुछ काम के बर्तन और एक कनस्तर आटा भी पहुँचा चुका था। अब आराम से घर के सामने बैठा धुआँ उड़ा रहा था।

घर में कोहराम मच गया। आखिर किसने बाबो का दिल दुखा दिया? सब एक-दूसरे से जवाबतलब करने लगे। माँ से पूछा और फिर सीधे बाप से जानने की कोशिश की। ज़ोरो ने टका-सा जवाब दिया—

—"सबने...सबने ज़ोरो का दिल दुखाया है...ज़ोरो इस दुनिया से खफ़ा है... (सिर्फ आले को छोड़कर)।" और फिर फैसला सुना दिया—"अलग रहूँगा।" कहकर वह झोंपड़े में चला गया।

अगली दोपहर वह आले के गाँव पहुँच गया था। काफ़ी देर तक आले के घर के इर्द-गिर्द चक्कर काटता रहा इस उम्मीद में कि आले से मुलाकात हो जाएगी। घर के अन्दर जाने में संकोच हो रहा था—पता नहीं कौन-कौन बैठा होगा वहाँ। आले की खिड़की पर दस्तक दी और फिर मन-ही-मन उसे चूमते हुए शहतूत के तने के पीछे छिपकर खड़ा रहा—"क्या नहीं आएगी आले? अगर आ गई तो हाथ से चुपके से अपने पास बुला लूँगा।" उसने फिर दस्तक दी—"एक बार घुसने में हर्ज ही क्या है?" उसने सोचा और चहारदीवारी में घुस गया। इधर-उधर ताकने-झाँकने के बावजूद आले नहीं दिखी। वह वापस सड़क पर निकल आया। बाहर बच्चे खेल रहे थे, कोई और नहीं दिखा। वसन्त का समय था, सब अपने-अपने कामों में लगे हुए होंगे।

ज़ोरो के पास अब कोई चारा नहीं बचा था, साहस कर वह घिरे हुए बगीचे में घुस गया।

बगिया में घुसते ही उसे आले दिखाई दी। वह उसी खूबानी के पास खड़ी थी जहाँ पिछली बार मिली थी। हाथों में कुदाल लिए क्यारियाँ बना रही थी। बहुत नाजुक नन्ही-सी थी बुढ़िया। उसके कंधे और गर्दन कुदाल पर झुके हुए थे। ज़ोरो को लगा कि वह कुछ गुनगुना रही है, अपनी जगह का ही कोई गीत। हाँ-हाँ! वह तो वही गीत गुनगुना रही थी जिसे पहली मुलाकात में ज़ोरो ने गाया था।

ज़ोरो की आहट पर बुढ़िया अस्वाभाविक चपलता से मुड़ी।

—"मेरी जान आले!" ज़ोरो ने आले से कुदाल ले उसे खूबानी पर टिका दिया और उसका हाथ अपनी हथेलियों में समेट लिया—"सब खैरियत है?...मुट्ठी-भर रह गई हो, उस बच्ची आले की तरह!" उसने पहाड़ों की तरफ गर्दन उचकाते हुए बोला—"उस नन्ही-सी आले की तरह...याद है न? खुदा कसम आज तक आँखों में बसी हो। तुम्हारे सिर पर फूलों की माला थी और तुम मेमने की तरह इस पत्थर से उस पत्थर पर कूद रही थी, कुछ याद है? उन विलक्षण पलों में मेरा दिल चुराकर ले गई, आले!" ज़ोरो पहले जैसे तनकर खड़ा हो गया। बुढ़िया उसकी अधखुली आँखों को देख रही थी।

—"चलो, घर में चलते हैं!"

—"नहीं, घर में नहीं, मेरी जिगर!" उत्साह से बोला ज़ोरो—"वो...वहाँ बगीचे में जो सेब का पेड़ है, आओ, उसके नीचे बैठते हैं।" आले से ताँबे के प्याले में अंगूरी लाने को कहा और लाठी लेकर सेब के पेड़ के नीचे एक पत्थर पर बैठ गया। ऊनी टोपा उतारकर घुटने पर पहनाया—"मेरा प्यार सच्चा है, माराथुक का आशीर्वाद मेरी रक्षा करेगा!"

—"जो करने जा रहा हूँ, वह जायज है आले!" बुढ़िया के हाथ से जाम लेकर बोला—"माराथुक का आशीर्वाद भी है मेरे साथ!" प्याला खाली कर डाला और गम्भीर मुद्रा में आ गया।

—"पूछो कि ज़ोरो यहाँ क्यों आया है?"

—"एक ही देस के हैं हम! घर आना-जाना तो बनता ही है!"

—"ब...ब...बस? इतना ही, आले?" ज़ोरो ने खूबानी की ओर उँगली से इशारा किया, "अभी थोड़ी देर पहले तुमको क्या बता रहा था? वह दिन भी आज के दिन जैसा ही मधुर था जब मेरा दिल तुम पर आ गया था।"

ज़ोरो उत्तर की आस में कुछ पल ठिठका। बुढ़िया विस्मय से उसे ताक रही थी।

—"रोटियाँ लाऊँ?"

—"रोटी? अरे, अंगूरी नहीं बची है क्या?"

"हाय मेरे माराथुक, तेरी पवित्र बाँहों में ही यह आग लगी थी, उन्हीं बाँहों से कलेजे पर ठंडक बख्श दें!" ज़ोरो ने मन-ही-मन प्रार्थना की।

—"उस दिन..." बुढ़िया सुराही सहित प्रकट हुई, ज़ोरो फिर चालू हो गया—"वसन्त के उस दिन, आले, पहाड़ की चोटी पर बने गिरजाघर के नीचे माराथुक ने मुझे प्यार का तोहफ़ा दिया था...इतनी-सी आले..." उसने हाथ से समझाया—"नन्हे-नन्हे नंगे पैरों वाली आले, फूलों से लिपटी आले मेरी थी, बस मेरी! समझी? लेकिन हैवानों ने तुम्हें मुझसे छीन लिया। उस्मानी लकड़बग्घे तबाही मचाते मेमनों के झुंड में घुस गए थे। कैसी लूटपाट मची थी। गाँव के गाँव जल रहे थे...खून का दरिया बह रहा था और उसी दिन मेरी किस्मत को ग्रहण लग गया... मैंने तुम्हें खो दिया। मेरी बात सच्ची है मेरी जान!"

—"क्या तुम जनसंहार के बारे में बोल रहे हो ज़ोरो?" बुढ़िया ने भोलेपन से पूछा।

—"जनसंहार के भी और अपने खोए प्यार के भी!"

बूढ़े ने शराब की घूँट भरी, पाइप सुलगाया और बुढ़िया से जवाब की प्रतीक्षा करने लगा। वह चुप रही और एक ओर झुककर अपनी घिसी सूखी उँगलियों से घास के साथ खेलती रही।

—"वह क्षण अभी भी नहीं खोया है आले..." ज़ोरो फुसफुसाया, "उस दिन से मैं प्यार में पूरी तरह डूब गया था...चलो, तैयार हो जाओ, चलते हैं मेरी जान!"

—"अरे, कहाँ?" अचम्भित होकर आले ने पूछा।

—"पूछ रही हो कहाँ? अरे, तबसे इतनी कहानी काहे सुना रहा हूँ? चल उठ आले, चलते हैं अपने गाँव...घर-बार छोड़ दिया है मैंने, थोड़ा-सा जीवन बचा है, एक साथ बिताते हैं न, आगे जो माराथुक की इच्छा हो!"

—"पक्का पगला गए हो!" आले ने निचले होंठ को दाँत से भींचा और ज़ोरो के सामने से प्याला उठाने की कोशिश की।

—"नहीं, यह नहीं...इस कमबख्त शराब का क्या कुसूर? इसका है...इसका आले!" हाथ दिल पर रख समझाया ज़ोरो ने—"बात इसकी है...मेरा दिल, मेरी रूह...क्या वह हसीन सुबह इसीलिए हुई थी कि हम कभी एक तकिए पर अपनी अन्तिम साँसें ले न सकें? जब साथ में होना नहीं लिखा था, तो क्यों...आखिर क्यों उस नीली सुबह, ज़ोरो को उसकी प्यारी आले मिली थी, जिसे शाम होने से पहले ही उसने खो दिया था, बताओ आले। इस पहले से ही अन्यायी दुनिया में एक और अन्याय कर भाग जाना था उस सुबह को? ज़ोरो की रूह को गहरा डंक मारकर चले जाना था उसे? आकर ज़ोरो को ललचाना था कि कुदरत का इतना खूबसूरत उपहार भी है इस दुनिया में...और उसे छीन, मुझे बरबाद कर भाग जाना था उसे? क्या वह महज एक सपना था?...सिर्फ एक हसीन कहानी? न...कतई नहीं...वह सुबह थी, है और सदा रहेगी।"

—"उठो जान, सामान बाँधो, चलते हैं..." ज़ोरो उतावला हो रहा था।

—"ज़ोरो! खुदा कसम, तुम्हारी मति मारी गई है!" आले ने शिकायती लहजे में कहा

—"उठाकर ले जाऊँगा!" ज़ोरो ने मुट्ठी को घुटने पर मारा। बुढ़िया हथेली से मुँह ढककर हँसने लगी।

—"उठाकर कैसे ले जाओगे ज़ोरो?"

—"इ..इतनी-सी...मुट्ठी-भर हो। बोरी में डालकर कंधे पर लाद लूँगा...बस, गाँव से निकलना ही थोड़ा मुश्किल है...फिर दुनिया कुत्तों की तरह पीछे भी पड़ जाए, तो परवाह नहीं। फिर आले मेरी होगी!!! सोच लो, उठाकर ले जाऊँगा। राजी हो जा मेरी जान!"

उधर घर के आँगन से मर्दाना आवाज़ आई। कोई आले को बुला रहा था।

—"मेरा आदमी है।" बुढ़िया ने उठने में देरी नहीं की।

—"तेरा आदमी भलामानुस है, पर तुझको तो ले ही जाऊँगा, तू देखती जा...बस रात होने दे।" बुढ़िया के तहबंद को खींचता ज़ोरो दबी जुबान से बोला—"अच्छा-अच्छा, चुप रहना ठीक, किसी को पता न चले।"

बुढ़िया तहबंद के कोने से मुँह ढक हँसती रही पर दिखाया मानो गाल पोंछ रही हो।

—"चलो, ज़ोरो, घर में चलते हैं।"

—"घर में मेरा क्या काम? अभी चलता हूँ, अँधेरा होने पर आ जाऊँगा, तुम तैयार रहना। एक बार जो ठान लिया तो ठान लिया।"

अन्दर से फिर आवाज़ आई। ज़ोरो ने बुढ़िया का आँचल खींचा, उसने भौंहें सिकोड़कर मुट्ठी दिखाई।

—"उठाकर ले जाऊँगा!" वह फुसफुसाया—"चाहो न चाहो, ले जाऊँगा।"

—"अच्छा...तुम हो?" गृहस्वामी प्रकट हो गया—"सब खैरियत तो है न? औऱ शराब चाहिए थी क्या?" वह हँसते हुए बोला।

—"हाँ, चाहिए तो थी!" ईमानदारी से स्वीकारा ज़ोरो ने और मुस्कुराकर जोड़ा, "तेरे घर की जैसी अंगूरी दुनिया में कहीं नहीं मिलती। और पिछली बार जो किया था मैंने तो मेरा सिर फोड़ने का पूरा अधिकार है तुझको।"

इस बीच ज़ोरो के आने की खबर आग की तरह घर में फैल गई। दो बेटे, एक जोड़ी बहुएँ, नाती-पोते सबके लिए बड़ी वाली मेज लगा दी गई।

—"वाह! क्या खूब सजा दिया है!" मन-ही-मन तारीफ़ की ज़ोरो ने—"जश्न मना रहे हैं। माराथुक की कसम...मेरी और आले की शादी का जश्न!"

घर वाले बेहद खुश थे। पिछली बार ज़ोरो से मुलाकात नहीं हो पाई थी। इतना ही सुना था कि जो आए थे वह माँ के देस के थे—"गजब के जिन्दादिल आदमी...

कैसे मस्ती से पीते और गाते रहे थे। हाँ, वापस भेजने में थोड़ी मुश्किल जरूर हुई थी। शायद टाँगकर ले जाना पड़ा था। खैर, कैसी सफेद घनी मूँछें हैं और कितनी गहरी झुर्रियाँ! कितने जोश में बात करते हैं और उतने ही जोश से गिलास भरते हैं। क्या सौभाग्य है, वे फिर आज मेहमान हैं!"

—"अब आप हमारे मामा हो!" छोटा बेटा उत्साह में था—"माँ की ओर से कोई बचा नहीं मामू जान!"

—"मामा समझो या काका, तुम जानो!" ज़ोरो ने मन ही में जवाब दिया—"मेरा नाम ज़ोरो है और अपना नाम बदल लूँगा अगर तेरी माँ को आज उठाकर न ले गया...हाँ बेटा, कोई मुरव्वत नहीं!"

छोटा बेटा माँ पर गया था। "बिलकुल आले जैसा है।" सोचा ज़ोरो ने और पूछा—"तेरी बहू कौन-सी है, मेरे मेमने?"

उसकी पत्नी सामने आई। वह ज़ोरो को बहुत अच्छी लगी।

—"यह जाम तुम्हारे नाम!" ज़ोरो ने एक के बाद एक, दो प्याले ख़ाली कर दिए। फिर उसने लड़के पर नजर दौड़ाई। उसे लगा लड़के की आँखों में अनोखी-सी चमक थी। ज़ोरो जानता था यह संगीत की चमक है। ऐसे युवक सुरीले होते हैं।

—"कुछ गाओ, मेरे प्यारे!"

गीत सुनते हुए उसने पाया कि उसकी आँखें धुँधलाने लगी हैं। "अभी से? इस छोटे-से प्याले से इतना तो पीया नहीं!" उसे ताज्जुब हुआ—"मैं यहाँ जश्न मनाने नहीं आया हूँ।" उसने खुद को गरियाया—"अब एक बूँद भी न लूँगा। बाकियों को पीने दो। पीएँ और जल्दी सो जाएँ...अरे, आले कहाँ है?"

आले भोजन परोसने में लगी हुई थी। उसके होंठों पर दबी हुई मुस्कुराहट तैर रही थी।

"शाबाश बेटा! क्या खूब गाते हो!" ज़ोरो ने यंत्रवत् प्याला होंठों से लगाया और ठिठक गया—"पीऊँ या न पीऊँ?" फिर पी गया—"आबाद रहो बेटा। अब तुम सुनो, मैं गाता हूँ।"

ज़ोरो ने आँखें बंद की और तन्मय होकर गाने लगा। बूढ़े की कर्कश आवाज़ काँप रही थी।

गीत प्रकृति और प्यार के बारे में था। पत्थरों और रंगीन फूलों के, पहाड़ों पर चढ़ते हाँफते बैलों और बैलगाड़ियों के, पहाड़ के सीने पर बने सीढ़ीदार बाजरे के खेतों के बारे में था। झूमकर गाते ज़ोरो का हाथ एक बोतल से टकरा गया। बोतल गिर पड़ी। बहू ने ज़ोरो के फैलते हाथों के लिए और जगह बना दी। वह थोड़ा किनारे हट गई।

ज़ोरो गाना खत्म कर चुका था पर वैसे ही लहराता रहा। आँखें बंद किए ही अन्त में अलापा—"आले!"

यह गीत का हिस्सा था या कि वह अपनी घरवाली का नाम ले रहा था, गृहस्वामी समझ नहीं पाया। आले काम निपटाकर मेज के एक कोने से चिपकी हुई थी। पहले वाला उत्साह जाता रहा था, उसकी होंठों की मुस्कान भी मिट चुकी थी।

—"आलेऽ..." ज़ोरो ने खिड़की के बाहर झाँका, पहाड़ों के ऊपर डूबते सूरज को देखा और लहराते हुए कहा—"काश सूर्योदय न होता इस दुनिया में! न दोपहर होती, न सूर्यास्त, न शाम और न ही रात! न गर्मी होती और न सर्दी होती... महज एक वसन्त होता! न ही उम्र की बंदिश होती, आले! बच्चा बच्चा ही रहता। मैं उस चट्टान पर, तुम उन खूबसूरत वादियों में और तुम्हारे सिर पर फूलों की माला होती, हेऽ आले!"

—"वे तुमसे बोल रहे हैं, माँ," सब चुपचाप बूढ़े का एकालाप सुन रहे थे। सिर्फ आले का छोटा बेटा इस संगीत को महसूस कर पा रहा था। उसकी आँखें नम हो गई थीं, "मामू ज़ोरो तुम्हें बुला रहे हैं, माँ!...आओ, इनकी बगल में बैठो!"

पर माँ खड़ी नहीं हो पा रही थी।

बेटे ने माँ को उठाने में मदद की और ज़ोरो की बगल में बैठा दिया।

—"हे माराथुक!" ज़ोरो उठ खड़ा हुआ और बुढ़िया को आलिंगन में जकड़ लिया!

बुढ़िया का सिर उसके सीने से सट गया था। ज़ोरो ने अपना सिर बुढ़िया के सिर पर झुकाया। उसके कोमल बाल ज़ोरो के गाल को छू रहे थे। ज़ोरो की नजर खिड़की की तरफ मुड़ी-माराथुक की तरफ और ज़ोरो लय में पुकारे जा रहा था...

—"आले...आले, मेरी जान, आलेऽऽऽ..."

(यह कहानी 'हंस' के अप्रैल 2017 के अंक में छपी थी।
इसे उपलब्ध करवाने के लिए हम 'हंस' के आभारी हैं —**सम्पादक**)

फ्रान्ज़ विक्टर वरफ़ेल
(1890-1945)

प्राग, ऑस्ट्रिया में 10 सितम्बर, 1890 में जन्मे फ्रान्ज़ विक्टर वरफ़ेल एक बोहेमियन उपन्यासकार, नाटककार व कवि थे। उन्होंने मुख्यत: प्रथम व द्वितीय विश्वयुद्धों के बीच अपना लेखन किया। उन्हें मुख्यत: उनके उपन्यास 'फ़ोर्टी डेज़ ऑफ़ मूसा दाग़' से जाना जाता है, जो 1915 के आर्मेनियाई जनसंहार पर आधारित है और इस पर फ़िल्म भी बन चुकी है। वरफ़ेल स्वयं यहूदी थे। उन्होंने 11 वर्ष की कम आयु में ही लेखन आरम्भ कर दिया था। उन्होंने सबसे पहले कविताएँ रचीं, जो 'द फ्रेंड ऑफ़ वर्ल्ड' नाम से संकलित हैं। उन्होंने प्रथम विश्वयुद्ध में एस्ट्रो-हंगेरियन सेना में टेलीफोन ऑपरेटर के रूप में काम किया था, जिसके चलते वे युद्ध की विभीषिका को सामने से देख पाए। उन्हें ग्रीक आदि मिथकों का भरपूर ज्ञान था, और वे ईसाइयत के भी अच्छे जानकार थे, जिसका पता उनके लेखन से चलता है, जहाँ वे बहुत संवेदनात्मक ढंग से इसका प्रसंगानुकूल प्रयोग करते हैं।

उनकी मृत्यु 1945 में अमेरिका के लॉस एंजेल्स में हुई।

मूसा दाग़ के चालीस दिन

(उपन्यास अंश)

देवताओं का अन्तःसंगीत

वे सारे योद्धा स्काईयन गेट पर युद्धरत हैं और प्रत्येक का यह मानना है कि उनकी विजय या पराजय उनके अपने हथियारों पर निर्भर है। हालाँकि, उनका यह वीरतापूर्ण संघर्ष, उस संघर्ष का प्रतिबिम्ब-भर है, जो मनुष्य मात्र के भाग्य-निर्धारण हेतु इन चीखते-चिल्लाते हुए देवताओं ने किया है। यहाँ तक कि इन देवताओं को भी यह पता नहीं है कि उनका संघर्ष परम सत्ता द्वारा बहुत पहले से तय किए गए उस संघर्ष का प्रतिबिम्ब-भर है जिससे शान्ति और संघर्ष का झरना फूटता है।

जिस समय डॉ. जोहानेस लैपसियस अपने ड्राइवर से गाड़ी और तेज चलाने को कह रहे थे, तब तक वे नदी के बड़े पुल पर पहुँच गए थे। पेरा नामक यह हरा-भरा सा उपनगर इस्ताम्बुल के मार्ग में ही था। तभी ऑटोमैटिक सायरन बजने लगा। पुल पर लगा बैरियर गिरने लगा। पुल किसी जीवित प्राणी की तरह थर्राने लगा और बीच से दो टुकड़ों में विभाजित होकर इसके जंग लगे पल्ले धीरे-धीरे ऊपर की ओर उठने लगे, ताकि एक युद्ध-पोत के लिए गोल्डन हॉर्न हार्बर के सबसे भीतरी भाग तक पहुँचने का मार्ग बनाया जा सके। "यह सचमुच बहुत भयानक है," डॉ. लैपसियस ने ऊँचे स्वर में जर्मन भाषा में कहा और इस तरह निढाल हो गए जैसे उन्होंने हथियार डाल दिए हों। किन्तु अगले ही पल वे टैक्सी से बाहर थे। फटाफट उन्होंने ड्राइवर को बिना गिने ही कुछ पैसे दिये और नदी तट की ओर दौड़ पड़े, जहाँ किराये से चलनेवाली कुछ नावें और कयाक इत्यादि खड़ी हुई थीं, रास्ते में वे एक छिलके के कारण फिसलते-फिसलते बचे। उनके पास ज़्यादा विकल्प नहीं थे क्योंकि वहाँ सिर्फ दो बूढ़े नाविक मौजूद थे, जो इस समय कमाई करने को ज़्यादा उत्सुक नहीं दिख रहे थे। लैपसियस झटपट ही एक नाव में सवार हो गए और निराशा में डूबे हुए इस्ताम्बुल की ओर बढ़ चले। सैक्रेटेरियट के युद्ध मंत्रालय में उनकी तय हुई मुलाकात में अब भी छह मिनट का समय शेष था। यदि उनका नाविक पूरा जोर लगाकर नाव चलाए, तब भी उन्हें नदी पार करने में दस मिनट का

समय लगना था। अधीर डॉ. लैपसियस को यह भी लग रहा था कि दूसरे छोर पर उतरने के बाद भी कुछ समय लगेगा। वहाँ से मंत्रालय तक का रास्ता पाँच मिनट का है। यदि सब कुछ सही सलामत रहा तो अगले छह से पन्द्रह मिनट में मैं मंत्रालय पहुँच ही जाऊँगा, मुलाकात के नियत समय से नौ मिनट विलम्ब से। यह बेहद दुर्भाग्यपूर्ण है किन्तु उतना बुरा भी नहीं।...और, ज़ाहिर है, सब कुछ गलत हो गया।

वेनिस के किसी गोंडोला नाविक की ही तरह वह नाविक एकदम निर्विकार भाव से नाव खे रहा था, उसके ऊपर न तो भर्त्सनाओं का कोई असर हो रहा था न ही अनुनय-विनय का। नाव हिल-डुल तो रही थी पर आगे नहीं बढ़ रही थी। 'ये ज्वार का समय है, समुद्र अन्दर की ओर आ रहा है,' इस तरह से उस नाविक ने अपनी विवशता प्रकट की, जिसका अर्थ था कि इस हाल में कुछ किया नहीं जा सकता। इसी दौरान मछली पकड़नेवाली नाव भी बीच में आ गयी, जिसका मतलब था, 02 मिनट की और देरी। जिस तरह लहरों के बीच फँसा मनुष्य समय की अहमियत समझ सकता है, उसी तरह जर्मन मूल का ये व्यक्ति भी। केवल इसी मुलाकात के लिए वे इतनी थकान-भरी यात्रा करके पॉट्सडम से कॉन्स्टेंटिनोपल आए थे। जर्मन राजदूत सिर्फ उनकी ही नहीं बल्कि प्रत्येक तटस्थ प्रतिनिधि की घेराबंदी करते जा रहे थे। इस नियत मुलाकात के द्वारा उन्हें नगर के हर सम्भव आवास में जर्मन एवं अमेरिकन लोगों से मिलकर जानकारियाँ जुटानी थीं। इस नियत मुलाकात ने उन्हें अमेरिकी बाइबिल सोसाइटी के कार्यालयों में पूरे दिन बैठाए रखा था, तथा विभिन्न स्तर के अधिकारियों के समक्ष एक उपद्रवी के रूप में प्रस्तुत किया था, उन्हें पूरे सफर के दौरान जासूसों से बचते हुए गुप्त कमरों में आर्मेनियाई लोगों से मिलने को भेजा गया था। यह सब कुछ एक बड़ी भिड़ंत के लिए तैयार रहने के लिये था। और दुर्भाग्यवश उन्हें इस महत्त्वपूर्ण कार्य में विलम्ब हो रहा था। लहरें दानवी आकार ले रही थीं। सैन्य मिशन से जुड़े उस खुशमिज़ाज जर्मन नौसेना कमांडर ने इस वार्तालाप को व्यवस्थित करने के लिए कितनी मेहनत की थी। यह मुलाकात पहले भी तीन बार स्थगित हो चुकी थी। तुर्की के एनवेर पाशा ही इस युद्ध के सूत्रधार थे। डॉ. जोहानेस लैपसियस जैसे महत्त्वहीन विरोधी के समक्ष किसी भी तरह की औपचारिकता की उन्हें कोई परवाह नहीं थी।

दस मिनट देखते ही देखते गुजर गए। एनवेर ने अब तक इस बहसबाज जर्मन को किसी भी सूरत में प्रवेश न देने का आदेश दे दिया होगा। उनकी ख्याति का कीमा बन चुका था। "मेरा अपना देश अस्तित्व बचाये रखने के लिए जूझ रहा है। अँधेरे में भी हमारे आसमान पर विमान उड़ते हैं। आखिर आर्मेनियाई लोगों की मेरे जीवन में अहमियत ही क्या है?" जोहानेस लैपसियस ने पल-भर में एक आह के साथ इन विचारों को झटक दिया। नहीं! आर्मेनियाई लोगों का उनके जीवन में बहुत महत्त्व है-इस बारे में दिल की गहराई तक वे आश्वस्त थे। दरअसल वे लोग उनके

अपने पागल और पापी देशवासियों से निस्सन्देह ज़्यादा महत्त्वपूर्ण थे। अब्दुल हामिद के नरसंहार के समय से, 1896 के नरसंहार के बाद से, मिशनरी अनुभव के पहले ही दिन से, उन्होंने खुद को इन दुर्भाग्यपूर्ण स्थितियों में ही घिरा पाया है। इस धरती पर उनके आने की यही वजह थी। तभी उन्हें कुछ ऐसे चेहरे दिखाई दिए, जिन्होंने गोया अपना सब कुछ उलीच कर रख दिया हो। सूली पर चढ़े जीसस की आँखें भी ऐसी ही दिखती होंगी। केवल उनके लिए ही लैपसियस ने इन लोगों से प्रेम किया। एक घंटे पहले ही वे तुर्की के प्रधान आर्मेनियाई पुजारी, आदरणीय जेवन से मिले थे, और उनकी आँखों की गहरी निराशा को अनदेखा करने के लिए उन्हें अपना चेहरा दूसरी ओर घुमा देना पड़ा था। उनसे मिलने के कारण ही उन्हें देरी हुई थी। किन्तु उनसे मिलने के बाद कपड़े बदलने के लिए वापस पेरा स्थित अपने होटल टोकटल्यान में जाना नितांत मूर्खता थी। लेकिन प्रोटेस्टेंट पादरी से मिलने के लिए लम्बा काला चोगा पहनना भी तो जरूरी था। और, एनवेर के समक्ष वे कुछ जताना भी नहीं चाहते थे, उस बेहद महत्त्वपूर्ण साक्षात्कार के लिए वे सबसे ज़्यादा फ़िक्रमन्द थे और किसी भी तरह की औपचारिकता से बचना चाहते थे। वे अपने विरोधी इन इत्तिहादी लोगों को भली-भाँति जानते थे। बातचीत का एक अनौपचारिक ढंग, ग्रे रंग का सूट, आश्वस्तिदायक उपस्थिति, और इस सबके पीछे ताकत का संकेत-उन दुःसाहसियों से निपटने का यही सही तरीका था। और, यह सब कुछ इस ग्रे सूट के ही कारण हुआ है।

उन्हें प्रधान पुजारी के साथ इतना समय नहीं बिताना चाहिए था और कुछ ही मिनटों में काम निपटा लेना चाहिए था। किन्तु दुर्भाग्य से, व्यवस्थित एकाग्रता की भी डॉ. लैपसियस में हमेशा कमी रही। यहाँ तक कि, अब्दुल हामिद के समय में हुए नरसंहार में आर्मेनियाई लोगों की मदद करने में उन्हें प्राप्त हुई सफलता के पीछे भी सोच-विचार पूर्ण नीति न होकर, उनका भावुक आग्रह था। उनमें अब भी, यदाकदा, 'डांस ऑफ डैथ', 'द इंटरनल ज्यू', 'जॉन बुल' जैसी कविताओं को लिखने का युवा शौक बरकरार था। ऐन मौके पर कुछ फेर-बदलकर देना उनकी कमजोरी थी। और इसीलिए आज भी जब उस दयनीय पादरी ने कहा कि, "आप एक घंटे में एनवेर के साथ होंगे," वे उसका विरोध नहीं कर पाए। महामान्य जेवन की धीमी आवाज़ जागकर गुजारी गई रातों को बयान कर रही थी और लगता था कि वह आवाज़ उनके लोगों की तरह बुझनेवाली है। "आप उस आदमी के सामने खड़े होंगे। ईश्वर भला करे। लेकिन आप भी कुछ नहीं कर पाएँगे।"

"जनाब, मैं इतना निराशावादी नहीं हूँ," यह आश्वासन देने के लिए लैपसियस को थोड़ा प्रयास करना पड़ा।

किन्तु संतप्त परवशता की एक सांकेतिक भंगिमा ने उसके शब्दों पर विराम लगा दिया। "हमने आज ही सुना है कि ज़ेऽथून, आनी और माराश के बाद पूर्वी

अनातोलिया के जिलों पर भी निर्वासन का वही खतरा मँडरानेवाला है। अब तक, एशिया माइनर के पश्चिमी भाग को छोड़कर, केवल अलेप्पो और अलेक्सान्ड्रेटा के समुद्री किनारे की पट्टी बची है। आप अन्य लोगों से कहीं बेहतर इस बात को जानते हैं कि निर्वासन अपेक्षाकृत अधिक पीड़ादायी और दीर्घकालिक मृत्यु की तरह होता है। लोग बताते हैं कि 'ज़ेऽथून का एक भी निवासी जीवित नहीं बचा' और प्रधान की निगाहें देख लैपसियस की विरोध करने की हिम्मत न हुई। "असम्भव को रहने दें और केवल जो सम्भव है वही करें। वैसे मुझे नहीं लगता पर हो सकता है कि आप अलेप्पो और तटीय गाँवों के लिए कुछ कर सकें। जिस भी समाचार पत्र में चाहें, जर्मनी के लोकमत के बारे में बताएँ। मामले की नैतिकता पर बात मत कीजिएगा। इसका उलटा असर होगा। केवल राजनीतिक तथ्यों पर डटे रहें। उन्हें आर्थिक नुकसान की धमकी दें। यही सबसे प्रभावी तरीका होगा। और अब मेरे प्यारे बेटे! इस महान कार्य के लिये मेरा आशीर्वाद आपके साथ है। ईश्वर सदा आपके साथ हों।" लैपसियस ने अपना मस्तक झुका दिया। प्रधान पुजारी ने अपने हाथ से वक्ष पर क्रॉस का बड़ा-सा चिन्ह बनाया। और इस तरह अब वे इस भारी भरकम नौका में सवार थे, जो ध्यानमग्न दृढ़निश्चयी नाविक द्वारा खेई जाकर गोल्डन हॉर्न की जलराशि को चीरती हुई आगे बढ़ी जा रही है। और अन्ततः जब वे पहुँचे तब तक 20 मिनट का विलम्ब हो चुका था। एक ही नजर में डॉ. लैपसियस को आभास हो गया कि वहाँ कोई ट्रॉली उपलब्ध नहीं थी। उनके अधरों पर एक ऐंठी-सी मुस्कान फैल गई क्योंकि कुटिल अवरोधों की इस पूरी श्रृंखला में खतरे से भी बड़ी कोई बात छिपी हुई थी। जरूर कोई दैवीय विरोधी शक्ति आर्मेनियाई मामले में उनके हस्तक्षेप को रोक रही थी, और व्यवधान पैदा कर रही थी। उस गठीले वयस्क व्यक्ति ने, जो अपने हाव-भाव से ही विशिष्ट दिखाई पड़ रहे थे, टैक्सी ढूँढ़ने की कोई कोशिश न की और तेजी से दौड़ना शुरू कर दिया।

वे अधिक दूर नहीं पहुँचे थे। पुराने इस्ताम्बुल के चौराहे और गलियाँ लोगों से भरे पड़े थे, सम्भवतः कोई त्योहार था। रंग-बिरंगी झंडियों से सजी खुशनुमा दुकानों में तुर्क टोपी पहने हजारों लोगों की चहल-पहल थी। ये क्या था? क्या सहयोगी दलों को चानकलै से बाहर निकाल दिया गया है? लैपसियस दूर से आती बन्दूकों की आवाज़ के बारे में सोच रहे थे, जो उन्हें अक्सर रात के समय सुनाई देती थीं। कुस्तुनतुनिया में घुसने के लिए बेकरार ब्रिटिश सेना की घड़घड़ाती तोपें। फिर उन्हें याद आया कि यह तो युवा तुर्क क्रान्ति की जीत की वर्षगाँठ है—कदाचित उस वैभवशाली दिवस की वर्षगाँठ जब कमेटी ने सत्ता पर कब्जा करने के लिए अन्ततः अपने सभी राजनीतिक विरोधियों का सफ़ाया कर दिया था। भीड़ को इससे कोई मतलब नहीं कि क्या मनाया जा रहा है या क्यों मनाया जा रहा है, वह सिर्फ चिल्लाती है और झगड़ा-फसाद करती है। एक दुकान के सामने भयंकर भीड़। कुछ लड़के

कंधों पर चढ़कर दुकान के सामने के हिस्से पर चढ़ गए और अगले ही पल दुकान का साइनबोर्ड धड़ाम से नीचे आ गिरा। भीड़ में फँसे लैपसियस ने पास के ही एक आदमी से, जोकि तुर्क टोपी नहीं पहने हुए था, पूछा कि ये सब क्या हो रहा है? "अब कोई विदेशी साइनबोर्ड नहीं," उसने बताया, "टर्की बस तुर्कों के लिए है। आज से सारे साइनबोर्ड, मार्गों के नाम और विज्ञापन केवल और केवल तुर्की भाषा में ही लिखे जाएँगे।" यह कहकर वह व्यक्ति (जो कि ग्रीक अथवा लेवन्टाइन रहा होगा) उपहासपूर्वक हँसने लगा, "इस बार उन्होंने अपने जिस समर्थक को नष्ट किया है वह एक जर्मन बिजनेस हाउस है।"

रुकी हुई ट्रामों की लम्बी कतार रेंगना शुरू हो गयी। लैपसियस ने सोचा, "मैं अब वहाँ पहुँच भी जाऊँ, तो भी कोई लाभ नहीं है। सब कुछ खत्म हो चुका है।" इसके बाद भी उन्होंने तेजी दिखाई और बिना सोचे-समझे भीड़ को चीरते हुए लगातार आगे बढ़ते रहे। एक और गली पार करते ही उनके सामने एक विशाल दालान था। सेक्रेटेरियट का विशाल भव्य महल, मेहमूद-2 की गगनचुम्बी मीनार।

और अब पादरी ने आने में अपना पूरा समय लिया। वह ऐसी धीमी रफ़्तार से आया जैसे कि शेर की माँद में हाँफते हुए नहीं घुसना चाहिए। अन्तहीन सीढ़ियों व गलियारे को पार करते हुए अन्त में थके-माँदे जब वे पहुँचे तो युद्ध मंत्रालय के दफ्तर में उन्होंने अपने कार्ड दे दिये। लेकिन वहाँ वर्दी से सुसज्जित एक सौम्य सैन्य अधिकारी एवं एड डी कैम्प ने उसे सूचना दी कि महामहिम एनवेर पाशा ने आपकी प्रतीक्षा करने में असमर्थता जाहिर करते हुए डॉक्टर से निवेदन किया है कि सेराग्लियों में गृह-मंत्रालय में पहुँच जाएँ।

अतः डॉ. जोहानेस लैपसियस को उससे भी अधिक लम्बी यात्रा के लिये निकलना पड़ा। लेकिन अब यह अनिष्टकर जादू टूट चुका था। शैतानों ने दूसरा तरीका सोच लिया था। एक तरह से, उन्होंने उन्हें तनावमुक्त होने के लिए बाध्य कर दिया था। बाहर निकलते ही एक टैक्सी मिल गई जो अभी खाली हुई थी। ड्राइवर की निगाह भी एक आसान यात्रा की तलाश में थी। वह भी भीड़ से बचना चाहता था इसलिए अपेक्षित रूप से बहुत ही कम समय में गाड़ी लक्ष्य तक पहुँच गयी। वह मसीहा शान्त भाव व आत्मविश्वास से लबरेज़ था, जिसका कारण वह स्वयं भी नहीं जानता था। वह अपने कदमों की आहट से सेराग्लियो के नितांत सन्नाटे को चीरता हुआ मंत्रालय की ओर बढ़ने लगा। यहाँ वे लोग उनकी प्रतीक्षा में थे। इसके पहले कि वे अपना परिचय पत्र दिखाते, एक अधिकारी ने इस प्रश्न के साथ उनका स्वागत किया, "डॉ. लैपसियस?" कैसा शुभ संकेत है। कुछ और सीढ़ियाँ और एक लम्बा गलियारा पार करना था। लेकिन, सुखद पूर्वाभास के पंखों पर सवार उस पादरी को लग रहा था मानो वे सीढ़ियाँ चढ़ नहीं रहे हैं अपितु उड़ रहे हैं। तलत बे के छोटे किले में स्थित गृह मंत्रालय की अटूट शान्ति

उन्हें किसी सुखद स्वप्न का-सा अनुभव करा रही थी। ये राजकीय कक्ष लगभग जादुई से लग रहे थे। कोई दरवाजा नहीं, केवल लहराते हुए परदों से विभाजित। न जाने क्यों ये सब उन्हें आनेवाली सफलता के आभास से प्रसन्न कर रहे थे। उन्हें गलियारे के एक छोर पर बने एक विशिष्ट कक्ष में ले जाया गया। मंत्रालय में एनवेर पाशा के मुख्यालय में। निस्सन्देह इन्हीं दो कक्षों में आर्मेनिया के भाग्य का पासा डाला गया है। एक विशाल कक्ष, जो प्रतीक्षालय-सा लग रहा था। उससे लगा हुआ एक अध्ययन कक्ष जहाँ पर केवल एक बड़ी-सी खाली मेज पड़ी हुई थी। इस अध्ययन कक्ष के पर्दे खुले हुए थे। खाली मेज के पीछे दीवार पर लैपसियस ने तीन चित्र देखे—दाँयी ओर नेपोलियन, बाँईं ओर महान फ्रेडरिक और बीच में एक तुर्क जनरल का बड़े आकार का छायाचित्र। निस्सन्देह यही एनवेर पाशा है, युद्ध का नया देवता!

प्रतीक्षारत वे खिड़की के पास बैठ गए। उनकी आँखें छत्तेदार चीड़ के पेड़ों तले पनाह लिये टूटे गुम्बदों आदि के अवशेषों की सुन्दरता में शान्ति तलाशने लगीं। उससे परे बोस्पोरस जलसंधि (स्ट्रेट) में, जहाँ से छोटे-छोटे खिलौनों के मानिन्द स्टीमर आगे बढ़ते जा रहे थे। पादरी की उदास दृष्टि, उभरी हुए सफ़ेद दाढ़ी से झाँकते हुए उनके बच्चे की तरह के होंठ, उनके रूखे गाल जो हड़बड़ी और बेचैनी के कारण फिलहाल गुलाबी दिख रहे थे—और ये सब एक ऐसे व्यक्ति की छवि उकेर रहे थे जो लम्बे समय से कष्ट झेल रहा हो, जो कोमल हृदय वाला हो किन्तु स्वयं के प्रति अत्यन्त कठोर। एक सेवक ताँबे के पात्र में कॉफी लेकर अन्दर आया। लैपसियस ने जल्दी-जल्दी तीन छोटे कप कॉफी के पी लिए। उस कॉफी से एक फायदा यह हुआ कि उनकी नाड़ियों में कसावट आ गयी और शिराओं ने मस्तिस्क में नवीन रक्त-संचार किया। जब एनवेर पाशा उनके पास आए, वे चौथा कप भी खाली कर चुके थे।

बर्लिन छोड़ने के पूर्व जोहानेस लैपसियस, एनवेर पाशा के बारे में विस्तृत जानकारी ले चुके थे। वे इस बात से आश्चर्यचकित थे कि विश्व में जीवन-मृत्यु का फैसला करनेवाले सात या नौ योद्धाओं में से एक यह तुर्क युद्ध-देवता कितना सहज और साधारण और छोटा है। उन्हें तुरन्त समझ में आ गया कि यहाँ नेपोलियन और फ्रेडरिक महान के चित्र क्यों लगे हुए हैं। पाँच फीट की लम्बाई वाले, कम कद के महान व्यक्ति, जिनकी बुद्धिमत्ता को उनकी शारीरिक कमतरी कहीं प्रभावित न कर सकी। लैपसियस इस बात के लिए कोई भी शर्त लगाने को तैयार थे कि पाशा ने लिफ्टर पहन रखे हैं। भेड़ की खाल से बनी उनकी केपी जो तयशुदा मानकों से कहीं अधिक लम्बी थी, उन्होंने हॉल में भी नहीं उतारी। सुन्दर सुनहरी धारियों से युक्त मार्शल की यूनिफ़ॉर्म बड़ी सुघड़ता से पाशा की कमर तक ढली हुई-सी

लग रही थी। यूनीफ़ॉर्म के सतर्क किनारे उसकी शान में चार चाँद लगा रहे थे। यूनीफ़ॉर्म में पंक्तिबद्ध झिलमिलाते हुए तमगे उसके व्यक्तित्व को और निखार रहे थे। 'जिप्सी बैरन', लैपसियस ने मन-ही-मन सोचा और यद्यपि उसका दिल बुरी तरह से धड़क रहा था, वह युवावस्था में किए जानेवाले तीव्रगति नृत्य वाल्ट्स के विचार को अपने मन-मस्तिष्क से निकाल नहीं पा रहे थे।

मैं तुम्हें यह और इससे अधिक
देने का वादा करता हूँ।

यूनिफॉर्म की भव्यता देखते-देखते उस पर जड़ी इन पंक्तियों पर उनकी निगाहें अटक गईं और उन्हें लगा कि इन पंक्तियों का आशय युवा सेनापति की नजरों और शिष्ट आचरण से कहीं भिन्न है।

एनवेर पाशा शर्मसार और लगभग झेंपा हुआ सा था; बीच-बीच में वह लड़कियों की तरह अपनी पलकें उठाता था। उसकी सँकरी कमर और झुके हुए कंधे उसकी मुद्राओं को एक विशेष नजाकत प्रदान कर रहे थे। लैपसियस को भारीपन और मोटापा महसूस हो रहा था।

शत्रु ने पहले वार में अपने व्यक्तित्व के प्रति सहानुभति जगा दी थी। वह भली-भाँति जानता था कि आगंतुक को कैसे प्रभावित किया जाता है। लैपसियस का स्वागत करने के बाद वह उन्हें पास के अध्ययन कक्ष में नहीं ले गया बल्कि उन्हें वहीं बैठे रहने का आग्रह करते हुए उसने अपने आप ही मेज के पास लगी हुई कुर्सी को खिड़की के पास खींच लिया और इस बात से उसे कोई परेशानी नहीं हुई। उसके चेहरे पर प्रकाश था जबकि आगंतुक के चेहरे पर छाया पड़ रही थी।

जोहानेस ने एक जर्मन महिला के अभिनन्दन पत्र के वाचन के साथ साक्षात्कार का आरम्भ किया, जिसे उसने जनरल के चरणों में रख दिया (उसने सावधानीपूर्वक यह विचार कर लिया था कि अभियान के लिए किस प्रकार इसका उपयोग करना है)। जनरल के चेहरे पर एक विशिष्ट शर्मीली-सी मुस्कान तैर गयी और बड़े ही लुभावने अन्दाज़ में, जो उसके आकर्षक व्यक्तित्व को और भी आकर्षक बना रही थी, बेहतरीन जर्मन भाषा में बोला, "जर्मनी के प्रति मेरे मन में गहरा सम्मान है। निस्सन्देह आप लोग दुनिया के सबसे अधिक आश्चर्यचकित करनेवाले लोगों में से एक हैं। जब भी मुझे व्यक्तिगत रूप से किसी जर्मन नागरिक का स्वागत करने का अवसर मिलता है, मुझे बेहद खुशी होती है।"

लैपसियस को यह बात ज्ञात थी कि एनवेर समिति में फ्रांस का पक्षधर है और कदाचित व्यक्तिगत तौर पर भी ऐसा ही हो। उसकी यह हर सम्भव कोशिश होती थी कि उसे जर्मनी की ओर से युद्ध में भाग न लेना पड़े, और वह मित्र देशों की ओर से लड़े। इन सब बातों का इस वक्त कोई महत्त्व नहीं था। लैपसियस अपने ही तरीके से नम्रता एवं सावधानीपूर्वक बातों को आगे बढ़ा रहा था। "महामहिम,

जर्मनी में आपके अनेक प्रशंसक हैं। हम सब आपकी विजयों से सारे संसार के अचम्भित हो जाने की अपेक्षा रखते हैं।"

एनवेर ने अपनी आँखें खोलीं। उसके हाथ की हल्की-सी हरकत और शरीर की भाषा यह संकेत दे रही थी कि वह इस चाटुकारितापूर्ण बात के बदले की जानेवाली अनचाही माँग से बचना चाहता था। एक चुप्पी-सी छा गयी, जो यह कहती प्रतीत हो रही थी कि, "भई देखते हैं कि तुम अपने मन के किस कोने में ले जाने में सफल होते हो।" लैपसियस ने खिड़की की ओर अपना सिर घुमाया, कहीं कोई आवाज़ नहीं छोड़ बोसपोरस से आनेवाले शोर और सांकेतिक घंटियों की धीमी अस्पष्ट ध्वनि के।

—"मैं यह गौर कर रहा था कि यहाँ इस्ताम्बुल के लोग कितने उत्साही हैं, विशेषकर आज के दिन। इस जनसमुदाय से मैं अत्यधिक प्रभावित हुआ।"

जनरल ने अपनी सहज लेकिन उदासीन आवाज़ में देशभक्ति से ओत-प्रोत एक सारगर्भित घोषणा करने का निश्चय किया : "युद्ध कठिन है। लेकिन हमारे लोग अपना कर्तव्य जानते हैं।"

उस जर्मन ने अपना पहला प्रयास किया, "महामहिम, क्या आन्तरिक स्थिति भी ऐसी ही है?"

एनवेर ने बड़ी प्रसन्नता के साथ कक्ष के सुदूर कोने में अपनी दृष्टि डाली। "निश्चित रूप से। अन्दरूनी तौर पर बहुत बड़ी चीजें हो रही हैं।"

—"महामहिम, ये सब बातें मुझे भली-भाँति ज्ञात हैं।"

उस युद्धप्रेमी सिपहसालार के चेहरे पर आश्चर्य ऐसे उभरा मानो उसे बात समझ न आई हो।

वह एक महान साम्राज्य का नेता था, इस दृष्टि से उसके हाव-भाव आदि विलक्षण रूप से युवकोचित थे। "कॉकेशियन सीमा की स्थिति दिन-ब-दिन बेहतर हो रही है। और हाँ, जमाल और तुम्हारे देशवासी क्रेस के अधीन दक्षिणी सेना के बारे में कुछ कहना अभी जल्दबाजी होगी।"

—"महामहिम, आपने काफी साहस बढ़ानेवाली बात कही है। लेकिन आन्तरिक स्थिति से मेरा तात्पर्य शान्तिपूर्ण विदेशियों से है, युद्ध क्षेत्र से नहीं।"

—"जब कोई राज्य युद्ध की स्थिति में हो तो उसके सभी सरकारी जिले कमोबेश युद्ध क्षेत्र ही होते हैं।"

इस बात को थोड़ा बल देकर कहा गया था। सीमा चौकियों पर मुठभेड़ की खबर ने डॉ. लैपसियस को अपनी बात पर सीधे आने को मजबूर कर दिया। "महामहिम, आप इस बात से शायद अवगत होंगे कि मैं यहाँ व्यक्तिगत तौर पर नहीं वरन जर्मन ओरियेंटल सोसाइटी के प्रतिनिधि के रूप में मिलने आया हूँ और उन्हें कुछ गतिविधियों पर मेरी रिपोर्ट की आवश्यकता होगी।"

एनवेर आश्चर्य से आँखें फाड़कर देखता रह गया। वास्तव में ये ओरियेंटल सोसाइटी है क्या?

—"हमारे विदेश कार्यालय और स्वयं हमारे चांसलर को मेरे मिशन से सहानुभूति है। यहाँ से लौटने के पश्चात् राइसस्टैग में मुझे जर्मन प्रेस की सूचना के लिए आर्मेनिया के सवाल पर एक व्याख्यान देना है।"

एनवेर पाशा, जो अभी तक स्वभावगत धैर्य से आँखें नीचे किए हुए सब कुछ सुन रहे थे, "आर्मेनिया के सवाल" को सुनते ही चौंक गए। उनका चेहरा ऐसी खीझ से भरा हुआ लग रहा था मानो किसी बिगड़ैल बच्चे को उसके माता-पिता डाँट रहे हों और तुरन्त ही चेहरे से वो खीझ का भाव समाप्त भी हो गया। तथापि डॉ. लैपसियस को मन-ही-मन अपनी असफलता दिखायी दे रही थी। "महामहिम, मैं बस अपनी इस जरूरत के चलते आपके पास आया हूँ, क्योंकि मैं इस बात से आश्वस्त हूँ कि आप जैसा उत्कृष्ट नेता ऐसा कोई काम नहीं करेगा जिससे इतिहास में उसके नाम पर कीचड़ उछले।"

एनवेर पाशा ने अत्यन्त मृदु एवं कृतार्थ करनेवाली वाणी में बोलना प्रारम्भ किया, "आदरणीय लैपसियस, मैं जानता हूँ कि आप यहाँ इन सब मामलों में मेरे विचार जानने के लिए आए हैं। और, यद्यपि ऐसे अनेकानेक महत्त्वपूर्ण मामले हैं जहाँ मेरी आवश्यकता है, मैं आपके लिए आवश्यक समय सहर्ष ही निकाल सकता हूँ और वे सारी जानकारियाँ दे सकता हूँ जो आपको चाहिएँ।"

लैपसियस उनकी इस त्याग-मुद्रा को मानने के लिए विवश थे और इस बात की गम्भीरता को प्रदर्शित करने के लिए उन्होंने अपने सिर को धीरे-से झुकाया।

जनरल ने अपनी बात जारी रखते हुए कहा "जब कभी मैंने और मेरे मित्रों ने सरकार चलाई, हमने आर्मेनिया की छोटी-छोटी माँगों को पूरा करने का हर सम्भव प्रयास किया ताकि उनके साथ पूरा न्याय हो सके। इसके पीछे हमारी पुरानी समझ थी। आपके आर्मेनियाई मित्रों ने हमारी क्रान्ति का सक्रिय रूप से स्वागत किया था। उन्होंने हर तरह से वफ़ादारी निभाने की कसमें खायीं थीं। दुर्भाग्य से उन्होंने रातोंरात उन कसमों को तोड़ दिया। जहाँ तक सम्भव हुआ हम अपनी आँखें बंद किए रहे, जब तक कि तुर्की (शासक देश) के लोगों को कोई खतरा नहीं था। हम तुर्की में रह रहे हैं, नहीं क्या? लेकिन युद्ध का एलान होने के बाद जब विध्वंसकारी, आपराधिक एवं देशद्रोही गतिविधियाँ लगातार बढ़ती गयीं, जब सेना से पलायन आवश्यकता से अधिक बढ़ गया, जानिए, कि यह बातें बस अभी दिमाग में आईं—जैसे ज़ेऽथून का विद्रोह! मैं सोच रहा हूँ तब मोर्चा खोलने का समय आ गया। फिर हमें लगा कि या तो हमें दमन की कार्रवाई करनी चाहिए अथवा लोकतांत्रिक सरकार बने रहने के लिए, युद्ध को दिशा देने के अधिकारों को छोड़ देना चाहिए।"

लैपसियस ने ऐसे सिर हिलाया मानो वे उसकी बात से पूरी तरह आश्वस्त होने को तैयार हों। "महामहिम क्या ये मामले क़ानूनी और प्रमाणित तौर पर देशद्रोह और राजद्रोह के आपराधिक कार्य की श्रेणी में आते हैं?"

एनवेर के हाथों की भंगिमा यह स्पष्ट कर रही थी कि इस तरह के अपराधों की मात्रा इतनी बढ़ गयी है कि ये कभी खत्म नहीं हो सकते। "रूस के साथ षडयंत्र/पीटर्सबर्ग ड्यूमा में सासोमोव ने अपने भाषण में आर्मेनियाई लोगों की जिस तरह से तारीफ़ की है, उससे ये बात बिलकुल स्पष्ट है। फ्रांस और इंग्लैंड के साथ षड़्यंत्र। षड़्यंत्र, जासूसी—यानि जितना भी आप सोच सकते हैं, वह सब कुछ।"

—"और उन मामलों की क़ानूनी जाँच पड़ताल हुई?"

—"जाहिर है कोर्ट मार्शल द्वारा। ठीक वैसा ही जैसा आपके देश में होता है। अधिक समय नहीं हुआ है, जब सबसे खतरनाक 15 अपराधियों को सजा हुई और उन्हें सार्वजनिक रूप से मौत के घाट उतार दिया गया था।"

लैपसियस ने मन-ही-मन सोचा कि "ये अजीब कठोरता है"। वे पीछे की ओर टिककर अपनी असन्तुलित आवाज़ को नियंत्रित करने की कोशिश करते हुए बोले, "मेरी जानकारी के मुताबिक ये 15 आर्मेनियाई युद्ध से काफी पहले गिरफ़्तार हो चुके थे। तो मिलिट्री के क़ानून के अनुसार उन पर विश्वासघात का आरोप तो नहीं बनता है।"

—"हम खुद क्रान्ति की ही उत्पत्ति हैं।" यद्यपि जनरल का जवाब विषय के अनुकूल न था, लेकिन वह ऐसे खुश हो रहे थे, मानो किसी लड़के को कोई मजेदार शरारत याद आ गयी हो। "हम जानते हैं, वह सब कैसे-कैसे किया जाता है।"

लैपसियस ने क्रान्ति और उससे जुड़ी बातों का एक विस्तृत विवरण किसी प्रकार सहन करते हुए सुना। अपना गला साफ करते हुए उन्होंने अपने अगले प्रश्न की तैयारी की : "और ये जाने-माने आर्मेनियाई बुद्धिजीवी, जिन्हें यहाँ इस्ताम्बुल में गिरफ्तार करके देश निकाला दिया गया है?—क्या वे भी विश्वासघात के आरोपी हैं?"

—"आप खुद ही समझ सकते हैं कि हम सम्भावित देशद्राहियों को डारडेन्लेस सीमा के इतने नज़दीक नहीं रख सकते।"

जोहानेस लैपसियस ने किसी प्रकार का प्रतिकार तो नहीं किया लेकिन आकस्मिक आवेश के साथ मुख्य मुद्दे पर आ गए, "और ज़ेऽथून? मैं ज़ेऽथून के बारे में महामहिम के विचार जानने के लिए अधीर हो रहा हूँ?"

एनवेर पाशा की विनम्रता की चमक इस आकस्मिक असहमति से फीकी पड़ गयी। ज़ेऽथून का विद्रोह तुर्की साम्राज्य के इतिहास के सर्वाधिक बुरे विद्रोहों में से एक है। दुर्भाग्य से हमारी सेना विद्रोहियों को दबाने के संघर्ष में बुरी तरह हताहत हुई, हालाँकि मैं आपको एकदम सही-सही आँकड़े नहीं बता सकता।"

—"महामहिम, ज़ेऽथून विद्रोह के बारे में मेरी रिपोर्ट आपसे भिन्न है।" अपनी बात को रखते हुए लैपसियस के शब्द लड़खड़ा गए। "मुझे प्राप्त सूचनाओं के अनुसार वहाँ के लोगों ने कोई क्रान्ति की ही नहीं। बल्कि जिले के अधिकारियों द्वारा महीनों तक चलनेवाला दमन अवश्य दर्ज़ है। उसके अनुसार जो छोटी-मोटी अव्यवस्थाएँ थीं, वे स्थानीय पुलिस की मजबूती से आसानी से नियंत्रित की जा सकती थीं। जबकि उसी काम के लिए कई गुना ताकतवर सेना को जान-बूझकर लगाया गया और कोई भी निष्पक्ष व्यक्ति इस बात को सरलता से समझ सकता है।"

—"आपको गलत जानकारी दी गयी है।" एनवेर पाशा अब भी शान्ति और संयम से व्यवहार कर रहे थे, "लैपसियस महोदय, क्या मैं जान सकता हूँ कि आपको सूचना देनेवाले लोग कौन थे?"

—"मैं उनमें से कुछ लोगों के नाम बता सकता हूँ। किन्तु साथ ही यह भी बताना चाहूँगा कि उनमें आर्मेनियाई लोग शामिल नहीं हैं। दूसरी ओर मेरे पास जर्मन राजदूतों की विशेष विज्ञप्तियाँ और मिशनरियों की रिपोर्टें हैं जो इन क्रूर अत्याचारों की साक्षी हैं। इन सबके अलावा मेरे पास अमेरिकन राजदूत मि. मॉर्गेनथाऊ का दिया हुआ अतिविश्वसनीय विवरण है।"

एनवेर उल्लसित होते हुए बोले, "मि. मॉर्गेनथाऊ तो एक यहूदी हैं और यहूदी लोग कट्टरतापूर्वक अल्पसंख्यकों का ही पक्ष लेते हैं।"

लैपसियस इस शिष्ट बहानेबाजी से हक्का-बक्का रह गए। उनके हाथ-पाँव बर्फ़ की तरह ठंडे पड़ गए। "महामहिम, ये मि. मॉर्गेनथाऊ का नहीं, तथ्यों का प्रश्न है। और आप इन तथ्यों को न ही वर्तमान में और न ही भविष्य में नकार सकते हैं। हजारों लोग पहले से ही निर्वासन झेल रहे हैं। अधिकारी केवल पुनर्वास की ही बात करते हैं। किन्तु आपको मेरी ये स्पष्ट सलाह है कि यह उचित नहीं है। आप ही बताइए कि कलम चला देने भर से पर्वतीय किसान, मजदूर, कारीगर, स्थानीय निवासी, कामगार और बुद्धिजीवी लोग मैसोपोटामिया के लम्बे-चौड़े रेगिस्तान में कैसे बस सकते हैं? उनके अपने घरों से दूर एक ऐसी निर्जन बंजर भूमि पर जहाँ बंजारे भी नहीं रहना चाहते? और इसका उद्‌देश्य बिलकुल स्पष्ट है। जिले के अधिकारी ये निर्वासन इस तरह से करा रहे हैं कि पहले आठ दिन की पदयात्रा में ये दीन-हीन लोग या तो मर जाएँ या भूख-प्यास, और बीमारी से पागल हो जाएँ, ताकि निर्बल लड़कों और पुरुषों को यदि सेना नहीं, तो कुर्द लड़ाके और डाकू कत्ल कर दें—और युवा स्त्रियों का बलपूर्वक अपहरण और बलात्कार किया जा सके।"

सतर्क जनरल बड़ी तन्मयता से इन बातों को सुन रहे थे, हालाँकि उनकी भाव-भंगिमा और शारीरिक भाषा यह स्पष्ट संकेत कर रही थी कि इस तरह की बातें उनके समक्ष दिन में दस-बारह बार की जाती हैं। वह अपनी सफ़ेद आस्तीन

से बाहर झाँक रहे बटन से खेलते हुए बोले, "स्थिति सचमुच अत्यन्त शोचनीय है। लेकिन इतने विशाल युद्ध क्षेत्र की सुरक्षा का जिम्मा भी तो आखिर सेनापति का ही है।"

—"युद्ध क्षेत्र?" डॉ. लैपसियस ने तेज स्वर में कहा-और अगले ही पल स्वयं को नियंत्रित कर लिया, वो एनवेर के समक्ष संयत बने रहना चाहते थे, "युद्धक्षेत्र तो हाल ही की धारणा है। ज़ेऽथून, राजद्रोह और साजिशें तो पहले से मौजूद थीं। अब्दुल हमीद ने इन सबका बेहतरीन इस्तेमाल किया, पता नहीं इस बार आर्मेनियाई इस बात पर यकीन करेंगे भी या नहीं। महामहिम, मैं आपसे उम्र में अधिक हूँ और मैंने ये सब कुछ अपनी आँखों से देखा है। लेकिन जब मैं इन निर्वासनों के बारे में सोचता हूँ, तो मैं उस पुराने पापी से माफी माँगना चाहता हूँ, उसकी हरकतें तो इस नये तरीके के सामने बचकानी थीं। महामहिम, और फिर आपकी पार्टी सत्ता में आयी ताकि सुल्तान के समय हुए रक्तपात की जगह न्याय, एकता और प्रगति का राज कायम हो। आपकी समिति का नाम भी इसकी घोषणा करता है।"

उनका यह कथन कठोर और निर्भीक था। एक पल के लिए तो डॉ. लैपसियस को ऐसा लगा कि वह युद्ध-प्रेमी उठ खड़ा होगा और साक्षात्कार समाप्त कर देगा। लेकिन एनवेर शान्त भाव से बैठे रहे। उनके चेहरे की सुन्दरता अम्लान रही। बजाय इसके कि वे उठ खड़े हों, वे आत्मविश्वास के साथ आगे की ओर झुके, "डॉ. लैपसियस, मैं आपको इसका दूसरा पक्ष दिखाऊँ?...सौभाग्य से जर्मनी के कोई आन्तरिक शत्रु नहीं हैं या न के बराबर हैं। लेकिन एक पल को यह मान लें कि यदि उसके विश्वासघातियों—एल्जास-लोथ्रिंगन अथवा पोल्स अथवा सोशल डेमोक्रेट अथवा यहूदियों आदि की संख्या आज की तुलना में कहीं अधिक होती तो? तो क्या डॉ. लैपसियस आप अपने देश को आज़ाद कराने के लिए हर मुमकिन रास्ता नहीं अपनाते जो अपने अन्दर और बाहर दुनिया-भर के शत्रुओं से जूझ रहा है? क्या आप इसे तब भी निर्दयतापूर्ण मानेंगे, जबकि आबादी के सारे खतरनाक तत्वों के झुंड को एक साथ किसी निर्जन इलाके में भेजा जा रहा हो?"

डॉ. लैपसियस को अपने क्रोध को नियंत्रित करने के लिए कड़ी मशक्कत करनी पड़ी।

उन्होंने स्पष्ट रूप से कहा, "यदि मेरी सरकार किसी दूसरी नस्ल के अपने देशवासियों के साथ इस तरह अन्यायपूर्ण, गैरक़ानूनी, अमानवीय आचरण ("गैर ईसाई तरीके से" कहते कहते वे रुक गए) कर रही होती, तो मैं तत्काल जर्मनी छोड़ देता और अमेरिका चला जाता।"

एनवेर देर तक अपलक उन्हें देखते रहे, "मुझे जर्मनी पर तरस आता है यदि अन्य लोग भी आपकी तरह सोचते हैं...यह इस बात का संकेत है कि जर्मनी के लोग अपनी राष्ट्रीय इच्छा को लागू करने में समर्थ नहीं हैं।"

साक्षात्कार कर रहे पादरी अचानक भारी थकान महसूस करने लगे। उन्हें अहसास हो गया कि अपनी दुनिया में बंद यह छोटा आदमी अपनी जगह ठीक ही कह रहा है। दुनियादारी की सच्चाई आमतौर से ईसा की सच्चाई के विरुद्ध ही पड़ती है। लेकिन इस समय सबसे बुरा यह हुआ कि एनवेर की दृढ़ता ने जोहानेस लैपसियस को आच्छादित कर उनकी इच्छाशक्ति को पंगु कर दिया था। उनके अपने देश की अनिश्चित नियति ने उनकी आत्मा पर पहाड़ का-सा बोझ रख दिया। वे बुदबुदाए, "नहीं! यह वही बात नहीं है।"

—"सही कह रहे हैं। यह वही बात नहीं है। लेकिन इस तुलना से हमें लाभ है। हम तुर्कों को आप जर्मनों की तुलना में अपने अधिकारों के लिए इससे सौ गुना अधिक संघर्ष करना पड़ा है।"

उत्पीड़ित और अन्यमनस्क लैपसियस ने अपना रूमाल निकाला, जिसे उन्होंने संसदीय बैनर की तरह तान लिया, "यह सवाल अपने बीच के किसी दुश्मन के खिलाफ स्वयं को बचाने का नहीं है, बल्कि योजनाबद्ध तरीके से अन्य लोगों के विनाश का है।"

यह बात उन्होंने उदास स्वर में कही; वे एनवेर की उदासीनता को और सहन नहीं कर सकते थे, जो कि अध्ययन कक्ष की ओर देख रहे थे, जिसकी दीवारों पर तीन नायकों की तस्वीरें लगी थीं। काश कि महाशय जेवन यहाँ सही न होते? लैपसियस को अचानक याद आया कि वे यहाँ अर्थशास्त्र पर बात करने के लिए आए थे। नये वार्तालाप के लिए उन्होंने स्वयं को जल्द ही तैयार कर लिया। "महामहिम, मैं व्यर्थ की बातों में आपका समय बर्बाद करना नहीं चाहता। लेकिन क्या मैं आपका ध्यान कुछ ऐसे विषयों की ओर आकृष्ट कर सकता हूँ जिनके बारे में सम्भवत: आपने विचार नहीं किया है, क्योंकि सेनापति होने के नाते आपके ऊपर अन्य कार्यों का जबरदस्त दबाव है। मैं सम्भवत: आन्तरिक भागों, अनातोलिया, सिलिशिया, सीरिया, के बारे में आपसे बेहतर जानकारी रखता हूँ क्योंकि मैंने इन इलाकों में वर्षों विषम परिस्थितियों में काम किया है...।"

और उन्होंने हड़बड़ी में यह जानते हुए कि समय उनके हाथ से निकलता जा रहा है, अपने तर्कों को व्यवस्थित किया। आर्मेनियाइयों के बिना तुर्की सल्तनत आर्थिक एवं सांस्कृतिक रूप से विखंडित हो जाएगी और इसकी सैन्यशक्ति पर भी इसका कुप्रभाव पड़ेगा। क्यों? उन्होंने, निर्यात जिसका नब्बे प्रतिशत ईसाइयों के हाथ में था, इस तथ्य पर जोर न दिया और महामहिम स्वयं इस बात से अवगत थे कि अधिकतर विदेशी व्यापार आर्मेनियाइयों के हाथ में था। अर्थात, वे ही लोग थे, जो युद्ध उद्योग के सर्वाधिक महत्त्वपूर्ण हिस्से जिसमें कच्चे माल की व्यवस्था के साथ-साथ तैयार माल की उपलब्धता तक शामिल थी, को अच्छी तरह चला सकते थे। उदाहरण के लिए विश्वविख्यात आवेतिस बागराद्यान एंड संस नामक

फ़र्म जिसकी शाखाएँ बारह यूरोपीय देशों में थीं। इनको बर्बाद करने में जितनी ताकत लगती उतने से कम में ही इनकी जगह दूसरी फर्म तैयार की जा सकती थी। और जहाँ तक अन्दरूनी जिलों की बात है, सालों पहले वहाँ यात्रा करते हुए लैपसियस ने देखा था कि अनातोलिया में आर्मेनियाइयों द्वारा प्रयोग में लाए जा रहे खेती के तरीके तुर्कियों के छोटे खेतों से बहुत ज़्यादा उन्नत थे। उन दिनों सिलिशिया में बसे आर्मेनियाइयों ने यूरोप से सैकड़ों थ्रेसिंग मशीनें एवं भाप से चलनेवाले हल खरीदे थे, जिससे चिढ़कर तुर्कों ने अदाना में दस हजार लोगों को काट डाला था और मशीनें एवं हल तोड़ दिए थे। सारी बदमाशी इसीलिए है। ऑटोमन साम्राज्य के सर्वाधिक प्रगतिशील और सक्रिय तबके के रूप में आर्मेनियाइयों ने सालों कड़ी मेहनत करके तुर्की को पुराने तरीके की खेती से बाहर निकालकर आधुनिक खेती और औद्योगीकरण की तरफ़ ले जाने का प्रयास किया। और इसी लाभकारी शुरुआत से गहरी चिढ़ के चलते उन्हें हिंसा व घृणा का सामना करना पड़ा। उन्हें काट डाला गया, मार दिया गया।

"इसे स्वीकार करें महामहिम कि गाँवों में शिल्पकारी, व्यापार और ग्रामीण उद्योग सब कुछ आर्मेनियाइयों के हाथ में है, यदि वे तुर्कों के हाथों आ भी जाएँ तो भी क्या वे उन आर्मेनियाई डॉक्टरों की भी जगह ले सकेंगे, जो यूरोप के बेहतरीन विश्वविद्यालयों से प्रशिक्षित होकर आए हैं और जो तुर्कियों का इलाज भी उसी तरह करते हैं, जैसे अपने आर्मेनियाई लोगों का? आखिर सभी इंजीनियरों, वकीलों और निर्यातकों का स्थान कौन लेगा, जो इतनी मेहनत से देश को आगे ले जा रहे हैं? महामहिम एक पल भी गँवाए बिना कह सकते हैं कि लोग बुद्धि-विवेक के बिना जी लेंगे। किन्तु यह न कह सकेंगे कि वे पेट के बिना जी लेंगे। और इस समय तुर्की का पेट उधड़ा पड़ा है और आपको लगता है कि ऑपरेशन के बिना वह जी जाएगा।

एनवेर पाशा ने अपने सिर को एक ओर विनयपूर्वक झुकाकर यह सब सुना। उनका पूरा व्यक्तित्व हल्के संकोच से घिरा हुआ लेकिन ताजगी और प्रखरता लिए हुए था। अनजाने ही उनके माथे पर कुछ सिलवटें उभरीं किन्तु बस उतनी ही जितनी उनकी चाकचौबंद वर्दी में दिख रही थीं। उनकी तुलना में पादरी अस्त-व्यस्त दिखने लगे थे। उनके माथे से पसीना चू रहा था और उनकी टाई ढीली हो गई थी और आस्तीनें ऊपर चढ़ गईं थीं। जनरल ने अपनी छोटी किन्तु पतली टाँगें एक दूसरे पर रख लीं, उनके घुड़सवारी वाले चमचमाते जूते ऐसे दिख रहे थे, मानो वे पैर में नहीं बल्कि शू-ट्री में सजाकर रखे गए हों।

—"माननीय लैपसियस! आप पेट की बात कर रहे हैं," वह उल्लसित भाव से मुस्कुराया, "सम्भवतः युद्ध के बाद तुर्की का पेट घट जाए।"

—"उसके पास पेट ही नहीं बचेगा महामहिम!"

बिना उत्तेजित हुए कमांडर ने अपनी बात जारी रखी, "तुर्की की जनसंख्या चार करोड़ है। अब माननीय लैपसियस, इसे हमारे नजरिए से देखिए। इन चार करोड़ लोगों को एक साथ रखकर एक स्वाभाविक साम्राज्य बनाने की कोशिश करना कोई अच्छी नीति नहीं है, यदि हम एशिया में वही स्थिति चाहते हैं जो यूरोप में जर्मनी की है। वह साम्राज्य बनने को उत्सुक है, बस हमें इस अवसर को हथिया लेना है। मैं मानता हूँ कि आर्मेनियाईयों में उच्च दर्जे की बुद्धिमत्ता है। माननीय लैपसियस क्या आप भी इस तरह की बुद्धिमत्ता के पक्ष में हैं? मैं नहीं हूँ। हम तुर्क भले ही उस तरह से बुद्धिमान नहीं हैं, किन्तु हम बहुत पहले से शूरवीर नस्ल के लोग हैं, जिन्हें साम्राज्य बनाने के लिए ही बनाया गया। इसलिए हम हर तरह की बाधा को दूर करने के लिए प्रतिबद्ध हैं।"

लैपसियस ने अपनी उँगलियाँ मरोड़ीं किन्तु वे एक शब्द भी न बोले। यह घमंडी एक महाशक्ति का सर्वेसर्वा था। इसका सुन्दर छोटा-सा सर उन सभी बातों पर बड़ी गहराई से सोचता था, जिस पर यथार्थ को जाननेवाले चकित रह जाते। किन्तु उसकी कोई भी बात डॉ. लैपसियस की आँखों में धूल नहीं झोंक सकती थी क्योंकि उन्हें पता था कि अनातोलिया में शुद्ध रक्त वाले केवल साठ लाख तुर्क थे और अगर कोई उत्तरी पर्शिया, कॉकेशस, काशघर और तुर्कीस्तान तक चला जाता और टेंटों में रहनेवाले और आधे यूरोप के बराबर के हिस्से तक फैले घुड़सवार चोरों तक को गिन लेता तो भी इनकी संख्या किसी भी हाल में दो करोड़ से अधिक न होती। उन्होंने सोचा कि ऐसे सपने ही राष्ट्रवादी नशे को जन्म देते हैं। उसी के साथ वे इस अबोध ईसा द्रोही युद्धप्रेमी के प्रति करुणा से भर गए।

बुद्धिमान जोहानेस लैपसियस की आवाज़ कोमल और गम्भीर हो गई, "महामहिम आप एक नये साम्राज्य की नींव रखना चाहते हैं। किन्तु इसकी नींव में आर्मेनियाइयों के शव होंगे। क्या इससे आपको समृद्धि हासिल हो जाएगी? क्या अभी भी कोई शान्तिपूर्ण रास्ता नहीं चुना जा सकता?"

यहाँ पहली बार एनवेर पाशा ने अपना सच उगला। उनकी मुस्कान बिलकुल साफ़ थी, उनकी निगाहें सर्द थीं और उनके होठों के पीछे उनके मजबूत भयानक दाँत दिखाई पड़ रहे थे।

एनवेर पाशा ने कहा, "मनुष्यों और प्लेग के कीटाणुओं के बीच शान्ति की कोई सम्भावना नहीं!"

खंड-4

जनसंहार पर वैचारिक लेख

वाहाक्न दाद्रयान

अन्तर्राष्ट्रीय ख्यातिप्राप्त आर्मेनियाई-अमेरिकी समाजशास्त्री और इतिहासकार वाहाक्न नोराइर दाद्रयान का जन्म 26 मई, 1926 को तुर्की में हुआ था। वे आर्मेनियाई नरसंहार के अकादमिक अध्ययन के प्रारम्भिक विद्वान और होलोकॉस्ट व नरसंहार के अग्रणी विचारकों में से एक माने जाते हैं।

वाहाक्न नोराय्र दाद्रयान के पूर्वजों ने आर्मेनियाई नरसंहार में कई निकटवर्तियों को खो दिया था। बर्लिन विश्वविद्यालय से गणित का अध्ययन करते हुए उन्होंने बिलकुल अलग क्षेत्र में जाने का फैसला ले लिया और वियना विश्वविद्यालय में दर्शन का अध्ययन करने लगे। बाद में, ज़्यूरिख विश्वविद्यालय में अन्तर्राष्ट्रीय क़ानून की पढ़ाई की। उन्होंने शिकागो विश्वविद्यालय से समाजशास्त्र में अपनी पी-एच.डी. पूरी की।

उन्हें आर्मेनियाई नेशनल एकेडमी ऑफ साइंसेज की ओर से आर्मेनियाई नरसंहार अध्ययन के क्षेत्र में अपने वृहद शोध के लिए मानद डॉक्टरेट की डिग्री से सम्मानित किया गया। सन् 1998 में उन्हें अकादमी का सदस्य भी बनाया गया। उन्हें आर्मेनिया के राष्ट्रपति की ओर से गणराज्य के सर्वोच्च सांस्कृतिक पुरस्कार-ख़ोरेनाज़ी पदक से सम्मानित किया गया।

दाद्रयान की विशेषता रही कि जर्मन, अंग्रेजी, फ्रांसीसी, तुर्की, ऑटोमन तुर्की और आर्मेनियाई सहित अनेक भाषाओं में महारत हासिल कर उन्होंने विभिन्न देशों के अभिलेखागारों में शोध किया और जेनॉसायड पर इतना गहन अध्ययन उनसे पहले शायद ही कभी किसी ने किया था। दाद्रयान के प्रमुख शोधग्रंथों में से एक

'हिस्ट्री ऑफ द आर्मेनियन जेनॉसायड' है जिसके सात संस्करण छप चुके हैं और अनेक भाषाओं में अनूदित हो चुके हैं। इस पुस्तक में दाद्रयान ने नरसंहार की पृष्ठभूमि, इसकी शुरुआत व इसकी परतों को नरसंहार-सिद्धान्त के वैचारिक ढाँचे के भीतर रखा है।

2019 तक दाद्रयान 'ज़ोर्यान संस्थान,' कनाडा में नरसंहार अनुसंधान के निदेशक रहे। 2 अगस्त, 2019 को दाद्रयान का 93 वर्ष की आयु में स्वर्गवास हो गया।

जनसंहार के रूप

सामाजिक घटना के तौर पर जनसंहार की घटनाएँ बाइबल के समय से ही हो रही हैं। इतिहास में बार-बार इसकी आवृत्ति इसकी प्रासंगिकता एवं महत्त्व को एक सामाजिक समस्या के रूप में रखती है। निस्सन्देह लिखित इतिहास में ऐसे अनेक व्यतिक्रम हैं, जबकि विभिन्न जनजातियों, नस्लों, राष्ट्रों एवं राष्ट्रीयताओं के विकास की विभिन्न अवस्थाओं में हिंसा से भरे हुए जनसंहार देखने को मिलते हैं। इस दृष्टि से ऐसे बहुत कम मानव-समुदाय हैं, जिन्हें विरासत में ऐसी हिंसापूर्ण स्मृतियाँ नहीं मिलीं। इसके अलावा ऐसे राष्ट्र-राज्य जो वर्तमान मानदंड पर भले ही आज इसके हिस्से नहीं दिखाई पड़ते, वे ऐतिहासिक रूप से इससे असम्बद्ध नहीं हैं। इनमें सबसे पहले हिब्रू आते हैं, जो फिलीस्तीन में कब्जा जमाने के इरादे से बाइबल के अनेक लोगों से लड़े और इस प्रक्रिया में, "हमने उन्हें पूरी तरह बरबाद कर दिया...उनकी स्त्रियों और बच्चों समेत" (ड्यूट्रोनोमी; II किंग्स 15 : 16) और त्वांबी ने अंग्रेजों की खासकर के तस्मानिया के द्वीपों के मूलनिवासियों के सन्दर्भ में "समुद्रपार में उपनिवेश बनाने की पद्धति" को जनसंहार (सरीखा) माना है (1934, खंड-I : 465)। इसी तरह से उत्तरी अमेरिका में इंडियन जनजातियों के प्रति दुर्व्यवहार को इसी श्रेणी में रखा जा सकता है (दाद्रयान : 1974ब)। अभी हाल ही में एक फ्रांसीसी विद्वान ने इस समस्या के ऐतिहासिक पहलुओं पर विस्तार से विचार किया है (सावोन : 1972) और एक संक्षिप्त ऐतिहासिक रूपरेखा भी उपलब्ध है (दाद्रयान : 1972)।

इन सब अभिलिखित तथ्यों (रिकॉर्डों) के बावजूद यह अचम्भे में डालनेवाली बात है कि ऐसी सामाजिक घटनाओं की इतिहास में बार-बार पुनरावृत्ति के बाद भी सामाजिक चिन्तकों और सामाजिक वैज्ञानिकों ने इसे गम्भीर सामाजिक समस्या के तौर पर क्यों नहीं देखा? जैसे कि ब्लूमर (1971) ने बहुत बलपूर्वक कहा है कि हम अभी तक इसे पूरी तरह नहीं समझ पाए हैं, और न ही इसका मर्म जान पाए हैं कि किसी भी सामाजिक समस्या को स्वीकार न करके उसे लम्बे अर्से तक टाला क्यों जाता है। ब्लूमर के अनुसार यहाँ केवल सरकारी अधिकारियों या समाजवैज्ञानिकों की बात नहीं हो रही बल्कि यह तो सामूहिक धारणाओं, परिभाषाओं, मूल्यांकनों और निर्णयों की जटिल चयन-प्रक्रिया का मामला है।

इस सीमा तक कि आज जनसंहार को एक भयानक सामाजिक समस्या के रूप में देखने व समझने के प्रति रुझान बढ़ा है, यह जरूरी है कि इसे ऐतिहासिक तौर पर समझा जाए। यह पद्धति अनेक कारकों से आक्रान्त है। सबसे महत्त्वपूर्ण है इसकी परिभाषा। जहाँ तक इस शब्द के दूसरे महायुद्ध में प्रचलन में आने की बात है और दूसरे महायुद्ध में भी होलोकास्ट से जुड़ने की बात, उस स्थिति में इसे पहले की घटनाओं पर लागू करने पर समस्या होने लगती है। जनसंहार का यह वर्तमान अर्थ और इस रूप में उसकी व्यापक स्वीकृति वस्तुतः सामूहिक सोच को ही दर्शाती है। वर्तमान एवं भविष्य के अन्तर्राष्ट्रीय टकरावों में जनसंहार की घटनाओं में वृद्धि की आशंका विश्व-भर में अब निरन्तर चिन्ता का विषय बनती जा रही है।

तथापि जनसंहार की समकालीन धारणा की ऐतिहासिक प्रासंगिकता पर स्पष्टीकरण जरूरी है। यहाँ शब्दावली, पद्धति, सांस्कृतिक सापेक्षतावाद और युगचेतना सब एक-दूसरे से मिल जाते हैं। जैसा कि आमतौर पर समझा जाता है जनसंहार सामूहिक हिंसा के विविध रूपों की अभिव्यक्ति है, किन्तु इसमें उत्पीड़न के रूप भी शामिल हैं। इसीलिए आज के किसी भी मानदंड के अनुसार, यह अपराध की घटना का पर्याय है, जो अपराधी को भी जिम्मेदार ठहराता है। तथापि अन्य बातों को ध्यान में रखकर इस समस्या को खासा कमतर बनाकर रखा जाता है। आज की तुलना में पहले, हिंसा की घटनाएँ चाहे वह व्यक्ति के धरातल पर हों अथवा समूह के, समूह तथा अन्तर्समूह सम्बन्धों पर व्यापक, समावेशी, और कुछ अधिक खुला असर छोड़ती थीं। इसीलिए वैधता के मापदंड व्यापक होते थे। यह सही है कि सामाजिक ब्रह्मांड के कुछ भागों में अन्तर्सामुदायिक संघर्षों में हिंसा के कतिपय स्वरूपों को न केवल सांस्कृतिक स्वीकृति प्राप्त हुई बल्कि उसे प्रोत्साहन भी मिला। खासतौर से सैनिक आक्रमणों, हमलों और विजय के सन्दर्भ में।

साम्राज्यों के निर्माण के इतिहास हिंसा की ऐसी घटनाओं से भरे हुए हैं। इसी अर्थ में परम्परा धार्मिक और नस्ली हिंसा को वैध घोषित करती रही है। ऐसी घटनाओं में सांस्कृतिक सापेक्षतावाद की भूमिका अपराधी और उत्पीड़ित के बुनियादी ध्रुवीय तत्त्वों पर ध्यान केन्द्रित करने की होती है। इन दो ध्रुवीय तत्त्वों के भेदपरक और आवश्यक रूप से असम्बद्ध दृष्टिकोण सापेक्षतावाद की समस्या के मूल में होते हैं, जिनसे वैधता-अवैधता के सिद्धान्त परस्पर गुँथे रहते हैं। इस प्रकार से सांस्कृतिक सापेक्षतावाद की समस्याएँ उन पद्धतिपरक दुविधाओं को जन्म देती हैं जो जनसंहार को लेकर एक तरफ़ तो लोगों की भावनाओं तो दूसरी ओर वस्तुपरक स्थितियों के इर्द-गिर्द घूमती-टकराती हैं। इसी से सम्बद्ध एक और पद्धतिपरक समस्या है,खासतौर पर उत्पीड़ितों के सन्दर्भ में, और वह है आर्थिक नुकसान और मारे गए लोगों की संख्या को मापदंड के रूप में इस्तेमाल करना। यदि जनसंहार का अर्थ सामूहिक हिंसा है तब इस संज्ञा को पाने के लिए हिंसा किस स्तर की होनी चाहिए?

ऐतिहासिक रूप से देखा जाए तो आज की तुलना में पहले हिंसा और उत्पीड़न की भयावहता के अस्त्र-शस्त्र कदाचित् कम थे। अत: यहाँ भी मापदंड में असंगति की समस्या उत्पन्न हो जाती है। सम्भवत: इसी कारण जनसंहार के आरम्भिक अल्पविकसित रूपों को ऐतिहासिक रूप से भयानक सामाजिक समस्या के रूप में मान्यता नहीं मिली। ऐसा प्रतीत होता है कि जनमानस स्वयं के लपेटे में आने के प्रत्यक्ष अनुपात के आधार पर ही किसी समस्या को भयावह मानता है। जब दाँव ऊँचे होते हैं, तब सामान्य अथवा अव्यवस्थित व अविवेकपूर्ण तर्क-वितर्क सामूहिक एकमतता को कायम करने में मददगार साबित होते हैं। यह सच है कि ऐतिहासिक रूप उत्पीड़ित और उत्पीड़क ऐसे समूह के होते थे जो एक दूसरे के साथ प्रतियोगिता करते थे, कभी साथ भी हो जाते थे, किन्तु इन दिनों पूरे समूह को ही लक्ष्य बना लेने की सम्भावना ने समस्या को "भव्यता" के स्तर पर पहुँचा दिया है।

युगचेतना के मुद्दे को भी रेखांकित किया जाना चाहिए। यह वैधता का वह क्षेत्र है जो जनसंहार के विशिष्ट व सीमित मापदंड का अतिक्रमण कर जाता है। उदाहरण के लिए, बाइबल (ओल्ड टेस्टामेंट) के जमाने में, उस समय की भावना के अनुरूप, सबूत को विश्वसनीय बनाने के लिए युद्ध के दौरान तबाही व विनाश का होना लाजिमी था। असीरियाइयों और बेबीलोनिया वालों के शासन के दौरान, केन्द्रीय एशिया के हूणों व मंगोलों के आक्रमण के समय, यहाँ तक कि मध्यकाल में रोम द्वारा किए गए धर्मयुद्ध में अथवा ऑटोमन साम्राज्य के दौरान समयानुकूल एवं तत्कालीन सांस्कृतिक सोच के हिसाब से युगचेतना के अनुरूप जनसंहार के दौरान उत्पीड़क ही नहीं बल्कि उत्पीड़ितों के मन में भी उत्पीड़न के कतिपय व्यवहार सामान्य थे। विजेता पक्ष के युद्धकालीन अधिकार और पराजित की भाग्यवादी अधीनता वैध मानी जाती थी।

सामान्य आदर्श प्रकार की परिभाषा

यहाँ ऐतिहासिक और समकालीन परिदृश्य में विस्तार से विचलनों और विसंगतियों के वर्णन के बावजूद दोनों में कुछ समान तत्त्व भी हैं। अत: जनसंहार को सार्वभौमिक सामाजिक समस्या एवं समकालीन सामाजिक समस्या की तरह परिभाषित करने के समानान्तर प्रयास किए जाएँ। इस सन्दर्भ में समाजशास्त्रीय दृष्टिकोण का मूलभूत महत्त्व होगा, क्योंकि जनसंहार अन्तर्सामुदायिक सम्बन्धों के इर्द-गिर्द घूमता है, वह अन्तर्सामुदायिक संघर्षों से उत्प्रेरित होता है और वर्चस्व की अवधारणा से चालित होता है। इसकी दो-धुरीय अपराधी-पीड़ित रिश्ते में बदलने की प्रक्रिया वर्चस्व, अधीनता, संरचनात्मक असमानता और सर्वाधिक प्रमुख रूप से तो उसके अन्तत: अन्तर्सामुदायिक टकराव जैसी अन्य समाजशास्त्रीय श्रेणियों के कारण होती है। इसी

के साथ प्रतीकात्मकता, पूर्वाग्रह, नकारात्मक छवि बनाना, नाम रखना तथा रूढ़ि का निर्माण और सामूहिक रूप से बलि का बकरा बनाना जैसे सामाजिक मनोवैज्ञानिक बातें इस पहलू से जुड़ी हुई हैं।

यह स्पष्ट है कि जनसंहार समावेशी सामाजिक स्वरूप है जिसमें अनेक कारक शामिल हैं और एक दूसरे को प्रभावित करते हैं। अतः उसे परिभाषित करने का एक तरीका यह हो सकता है कि उसके लक्षणों को धारणात्मक रूप से आवश्यक, कम जरूरी तथा कमोबेश सार्वभौमिकता के आधार पर बाँट दिया जाए। इस तरह करने से कुछ मापदंड बनाए जा सकते हैं, जो परिभाषा के दायरे को वैशिष्ट्य भी प्रदान करें और उसे विस्तृत भी करें, किन्तु इसी के साथ विविध मामलों के सन्दर्भ में उसके व्यवहार की परिधि को भी बढ़ाएँ।

ऐसे धारणात्मक वैशिष्ट्य के पहले क्रम में ये तीन कारक तत्त्व हैं, जिनके आधार पर जनसंहार की घटनाओं को, सामूहिक हिंसा का सहारा लेनेवाली अन्य घटनाओं से अलगाया जा सकता है : (1) अपराधी की मंशा; (2) उत्पीड़न का स्तर और (3) उत्पीड़ितों में हताहतों की संख्या। ये तीन कारक जनसंहार के तीन मूलभूत आयामों को समेट लेते हैं : अभिप्रेरणा, तरीका और परिणाम। वस्तुतः आखिरी कारक यानी कि 'परिणाम' यह निर्धारित करने का सबसे महत्त्वपूर्ण कारक है कि अपराध की कोई घटना जनसंहार कही जा सकती है या नहीं?

इस स्वयंसिद्ध परिणाम से साफ़ है कि अपराधी की भूमिका को समझना सबसे ज़्यादा महत्त्वपूर्ण है, सच तो यह है कि अन्य सभी कारकों पर यह भारी पड़ता है। आखिर में यही वह समूह है, जो टकराव को दूर करने के तरीके निकालता है और टकराव की समाप्ति को दिशानिर्देश देता है और ऐसा करने के बावजूद उत्पीड़ितों की ओर से उकसाने या अपराध कर देने की स्थिति में जनसंहार शुरू करवा देता है। यह अन्तर्समुदायों के बीच टकराव में शक्ति-प्रदर्शन का तरीका है। इस सन्दर्भ में, यहूदियों के जनसंहार को लेकर 1961 में लिखी हिलबर्ग की किताब सर्वाधिक व्यवस्थित और सांगोपांग किताब है। यह अध्ययन अपराधी को केन्द्र में रखता है। इसी दृष्टि से लिखा एक अत्यन्त विस्तृत ऐतिहासिक विवरण, जनसंहार के तीन प्रकार बताता है : प्रतिस्थापन सम्बन्धी जनसंहार; तबाही लानेवाला जनसंहार और खत्म करनेवाला जनसंहार (सावोन, 1972 : 24)

इस सन्दर्भ में वर्चस्वशाली तबका जनसंहार को शुरू करनेवाला बन जाता है। अगर जनसंहार की घटनाएँ धीरे-धीरे जाहिर होती हैं, तो कार्यात्मक क्रमबद्धता एक जरूरत बन जाती है। शुरुआत करनेवालों के केन्द्र में होते हैं—निर्णय लेनेवाले लोग। जनसंहार आरम्भ करनेवाले भी यही लोग होते हैं। वे हालात का जायजा लेते हैं, विकल्पों पर सोचते हैं, कीमत और परिणामों का अनुमान लगाते हैं, लक्षित पीड़ितों, उनसे सम्बद्ध अथवा हमदर्दी रखनेवाले बाहरी समुदाय की सम्भावित प्रतिक्रियाओं

का आकलन करते हैं और इस तैयारी के विचारधारात्मक और व्यावहारिक तर्क प्रस्तुत करते हैं। तथापि इस तमाम तैयारी के सन्दर्भ में उनका महत्त्व इन तीन जरूरी कारकों को उपलब्ध कराना है : वैधता प्रदान करना, प्राधिकार देना और युक्तिसंगत बनाना। अत: यह तर्क दिया जा सकता है कि निर्णय लेनेवाले न केवल जनसंहार की अवधारणा को बनाते हैं, बल्कि अपने जत्थों को जनसंहार की रूपरेखा बनाने और उसके कार्यान्वयन के लिए भी प्रेरित करते हैं। ये जत्थे बाकायदा पदानुक्रम में संगठित होते हैं—व्यवस्थापक, प्रशासक, मूल हत्यारा, सहायक हत्यारा, आकस्मिक एवं गैरमामूली उपकरण आदि।

टकराव की घटनाओं के दौरान शक्ति-सम्बन्धों में असमानता के चलते ऐसा मान लिया जाता है कि पीड़ित कमजोर ही होगा और अपराधी बलशाली। इन सब स्थितियों को ध्यान में रखते हुए निम्नलिखित सामान्य किन्तु आदर्श परिभाषा दी जा रही है—

जनसंहार, प्रभावशाली समुदाय, जिसे औपचारिक तौर पर शक्तिशाली बनानेवाले सभी साधनों पर प्रमुख रूप से अधिकार प्राप्त है कि वह अल्पसंख्यकों की संख्या को बलपूर्वक अथवा जानलेवा हमला करके कम कर सके, क्योंकि उनको पूरी तरह से खत्म करना वांछनीय और लाभदायी मान लिया जाता है, और उनमें कमियाँ जनसंहार के निर्णय को बहुत प्रभावित करती हैं।

अत: जनसंहार के लिए कम-से-कम दो प्रमुख तत्त्वों की जरूरत होती है, एक तो अपराधी और दूसरा पीड़ित, जिनके परस्पर विरोधी लेकिन असमान शक्तिसम्बन्ध बलशाली समुदाय की तुलना में पीड़ित समूह की कमजोरियों को उभारते हैं और इस क्रम में वह जनसंहार सम्बन्धी अत्याचारों को टकराव दूर करने के उपायों के तौर पर प्रस्तुत करते हैं। इस शक्ति-सम्बन्ध का स्तर और रूप ही वह सम्भावित पैमाना है, जिसके बीच तरह-तरह के जनसंहार होते हैं।

यह ऊपर कहा गया है कि ऐसे तीन मूल कारक हैं, जो जनसंहार को एक विशिष्ट सामाजिक समस्या बनाते हैं। तथापि वे तीनों ही सामान्य कारकों के तौर पर माने गए हैं, अत: इनमें बदलाव व श्रेणीकरण की गुंजाइश है, और इसीलिए उनकी उपयोगिता की भी सीमाएँ हैं। निस्सन्देह, एक सामान्य परिभाषा में किसी आकस्मिक स्थिति में इन तीनों कारकों, अर्थात् जनसंहार का प्रयोजन, हिंसा का स्तर और मृतकों की संख्या की मौजूदगी, लगभग असम्भव-सी बात हैं। ये आकस्मिकताएँ अधिकांशत: पीड़ित समुदाय की अपेक्षित अथवा वास्तविक प्रतिक्रिया तथा सामाजिक संरचना में उनकी हैसियत और सहसम्बन्धी भूमिका पर निर्भर होती हैं। अत: उत्पीड़क समुदाय के जनसंहार के प्रयोजन स्थिति-दर-स्थिति उद्‌देश्यों की भिन्नता से निर्धारित होते हैं। इसी प्रकार, हिंसा का स्तर व मृत्यु दर में भी अन्तर हो सकता है। यदि इसे शक्ति-सन्तुलन की दृष्टि से देखा जाए तो हम पाएँगे कि बिलकुल शक्तिहीन समुदाय की

स्थिति उनसे बदतर होगी, जिनके पास प्रतिकार की क्षमता है। अथवा प्रभुत्वशाली समुदाय की जरूरत के हिसाब से उनका प्रयोजन सीमित विध्वंस से सध सकता है, वे स्थान या पीड़ित समूहों का चयन तो कर ही सकते हैं।

सांस्कृतिक जनसंहार

प्रभावशाली समुदाय की इच्छाओं को मानने के लिए बाध्य करना भी हिंसा का ही एक रूप है। तथापि एक समय ऐसा आता है, जब अल्पसंख्यक समुदाय का व्यवहार सिमेलियन गठान की तरह विकल्पों पर सोचे बिना गोया स्वत:स्फूर्त हो जाता है और ऐसे अनुपालन के बाद हिंसा फ़ालतू हो जाती है। अर्थात् यह एक अहिंसक किस्म का जनसंहार है। प्रभुत्वशाली समूह के धर्म को अपनाना, पीड़ित समुदाय के ढेरों बच्चों को व्यवस्थित ढंग से गोद लेना, भेदभावपूर्ण व्यवहार को बढ़ावा देकर नृजातीयता को खत्म करना (अर्थात् de-ethnicisation), संक्षेप में कहें तो सोचा-विचारा आत्मसातीकरण!

शक्ति-तंत्र का हिस्सा न होने की वजह से इस समूह की भेद्यता यहाँ महत्त्वपूर्ण हो जाती है। इन्हें तो अल्पसंख्यक होने के नाते थोड़ी-बहुत सांस्कृतिक अथवा धार्मिक स्वायत्तता ही हासिल होती है। तथापि इस तरह के ज़ुल्म के तरीके के दो कारण हैं।

पहला, कि प्रभुत्वशाली समूह द्वारा पीड़ित को आसन्न खतरे की तरह नहीं आँका जा रहा कि उनके विरुद्ध जानलेवा हमले को सही ठहराया जा सके।

दूसरा यह कि पीड़ित को समूहगत अथवा व्यक्तिपरक गुणों के चलते इतना मूल्यवान माना जाए कि प्रभुत्वशाली समूह में उनका आत्मसातीकरण लाभदायक लगने लगे।

आमतौर पर यह तबाही अथवा छिटपुट हत्याओं का प्रतिफल होता है, जिसमें या तो जिन्दा बचे रह गए पीड़ित होते हैं अथवा भविष्य में होनेवाली ज़्यादतियों के सम्भावित शिकार। इसका क्लासिक उदाहरण हैं तथाकथित मोरिस्कोस, स्पेन में पन्द्रहवीं शताब्दी में धर्मांतरित किए गए मूर लोग, जिन्हें कैथलिक बनने के लिए बाध्य किया गया था (कैमन, 1965; रॉथ, 1940)। दरअसल यह सामूहिक धर्मांतरण शुरू तो 13वीं शताब्दी में ही हो गया था, और उसके शिकार हुए थे मारानो लोग। यह अपशब्द धर्मांतरित यहूदियों के लिए प्रयुक्त किया जाता है। इस मामले में सबसे ज़्यादा ध्यान देनेवाली बात यह है कि जबकि यूरोप में हर जगह यहूदियों को, परेशानी पैदा करनेवाले अल्पसंख्यकों की तरह, एक बाहरी तत्त्व की तरह देखा जाता था, स्पेन में वे मुख्यधारा के इतिहास व जीवन का हिस्सा थे। विडम्बना तो यह है कि बलपूर्वक धर्मांतरण के कारण प्रभुत्वशाली समूह और

इनके बीच अविश्वास गहरे पैठ गया। अत: स्पेन में सामीवाद विरोध का प्रबल रूप दिखाई पड़ा (टर्बरविले, 1964; प्लैडी, 1969)।

आधुनिक काल में दूसरा क्लासिक उदाहरण आर्मेनियाइयों का है, जो ऑटोमन तुर्की के हाथों विनाश झेल रहे हैं। ऑटोमन के कार्यकलापों का अध्ययन कर रहे एक जर्मन विद्यार्थी के अनुसार,1895-96 की हत्याओं के दौरान और उसके बाद, जिसमें क़रीब 200,000 लोग तबाह किए गए थे, 646 आर्मेनियाई गाँवों के लोगों को बलपूर्वक इस्लाम कबूल करने के लिए बाध्य किया गया था (लेप्सिअस, 1897)। यही लेखक अनुमान लगाता है कि प्रथम विश्वयुद्ध के जनसंहार से बचे रह गए आर्मेनियाइयों, जिन्होंने इस्लाम कबूल किया, इनकी संख्या 250,000 से 300,000 के बीच थी (लेप्सियस, 1919 : 45)।

अप्रत्यक्ष जनसंहार

जनसंहार का पैमाना और तीव्रता भले ही कैसी भी हो, लक्ष्य-प्राप्ति के क्रम में अनायास ही ऐसी स्थितियाँ उत्पन्न हो जाती हैं, जिनके चलते अप्रत्यक्ष जनसंहार हो जाता है। कार्यनीतिक व सामरिक महत्त्व वाली सैन्य कार्रवाइयाँ नागरिक आबादी को घेर सकती हैं। अल्पसंख्यकों की बड़ी आबादी का शान्ति के वक्त किया जानेवाला स्थान-परिवर्तन अथवा युद्ध के समय होनेवाला निर्वासन ढेरों मौतें व तबाही लाता है, जिससे प्रभावित समुदाय की संख्या में भारी गिरावट आ जाती है। जब प्रभुत्वशाली समुदाय ऐसी हिंसात्मक कार्रवाहियों की शरण लेता है और उसके गैरइरादतन होनेवाले दुष्परिणामों को नजरअन्दाज कर देता है तो उसके ऐसे व्यवहार को जनसंहारात्मक ही कहा जाएगा। उन मामलों के अलावा जहाँ "निर्वासन" शब्द का दुरुपयोग सुचिन्तित जनसंहार के लक्ष्य को छिपाने के लिए किया गया हो, उपरोक्त प्रकार के जनसंहार उभर रही शक्तियों के बीच संघर्ष को दर्शाते हैं, जिन्हें बल-प्रयोग द्वारा काबू में किया जा सकता है।

जरूरी नहीं कि अपराधी और पीड़ित एक ही सामाजिक तंत्र से सम्बद्ध हों, वे अलग-अलग सामाजिक तंत्र के हिस्से हो सकते हैं और वे अपने अपने समुदाय में प्रभुत्वशाली भी हो सकते हैं। अथवा एक ही सामाजिक तंत्र का हिस्सा होते हुए भी उनमें से एक बहुसंख्यक समुदाय का और दूसरा अल्पसंख्यक समुदाय का हो सकता है। किन्तु स्थिति कोई भी हो, पीड़ित समुदाय की हालत दोनों ही तरह से कमजोर होती है। टकराव की हालत में अपराधी अपनी स्थिति मजबूत बनाए रखने के लिए पीड़ित समुदाय को अनुपूरक स्तर पर (भी) कमजोर बनाने के उद्देश्य से उसके शक्ति-स्रोतों को अपना निशाना बनाता है। बजाय इसके कि जीतने के लिए अपराधी समूह अपने अल्पसंख्यक दुश्मन अथवा पृथकतावादी अथवा उग्रवादी

क्रान्तिकारी पार्टियों का सामना करे वह इन समुदायों के पुरुषों को नष्ट करके उन्हें पौरुषहीन करता है। अतः यह महत्त्वपूर्ण हो जाता है कि टकराव के वास्तविक वाहकों की प्राथमिक भेद्यता और उनके संचालकों के स्रोतों के अनुपूरकों की भेद्यता के अन्तर को ध्यान में रखा जाए।

यहाँ दूसरे महायुद्ध में युद्धनीतिगत की गई बमबारी के परिणामों पर ध्यान दें। जर्मनी में भारी संख्या में नागरिक हताहत हुए और जापान में पारम्परिक बमों और एटम बमों के द्वारा फैली तबाही दरअसल जनसंहार की ही संकेतक है। इसी तरह से हाल ही में हुए इंडोनेशियाई युद्ध में नागरिकों की मृत्यु जनसंहार ही कहलाएगी। दरअसल इसकी शुरुआत इटली के लोगों द्वारा अबीसिनिया के युद्ध में और जर्मनों द्वारा दूसरे महायुद्ध में ब्लिट्ज हमलों के दौरान की गई।

इसी का एक अन्य पहलू, सामूहिक निर्वासन में देखने को मिलता है, जिसमें प्रभुत्वशाली वर्ग, अल्पसंख्यक समुदाय को बलात् निर्वासित करता है, जिसके परिणामस्वरूप पीड़ित समुदाय की जातीय अस्मिता का विनाश अथवा लोप हो जाता है। इसका एक नमूना स्पेन में मूर हैं। धर्म-परिवर्तन की निष्फलता का परिणाम देशनिकाला हुआ और 1615 में फिलिप द्वितीय ने दस लाख मूरों को निष्कासित कर दिया जिसके चलते वे इधर-उधर बिखर गए (योरेंते, 1967:99) इस अध्याय की एक महत्त्वपूर्ण विशेषता रही—बलपूर्वक धर्म-परिवर्तन के प्रति मूरों का "ढीठपन"। उदाहरण के लिए 1568 में फ़िलिप द्वितीय ने आदेश दिया कि मूर जाति अपनी संस्कृति का परित्यागकर, बच्चों को ईसाई पादरियों के पास पढ़ने के लिए भेजे। यह धैर्य की सीमा का उल्लंघन था। ग्रेनेडा में मूरों ने विद्रोह कर दिया। परिणामस्वरूप उन्हें शहर से निकाल दिया गया और वे पूरे देश में बिखर गए। तथापि 1608 में निर्णय लिया गया कि समूचे मूरों को देश से निकाल दिया जाए और 22 सितम्बर 1609 को आदेश जारी कर दिया गया और बेहद निर्ममता से कार्रवाई की गई। इस दौरान मारे गए लोगों की अनुमानित संख्या 200,000 (दो लाख) से 3000,000 (तीस लाख) तक है (ली, 1901)।

हाल में हुई घटनाओं की दृष्टि से सम्भवतः सर्वाधिक प्रासंगिक मामला अमेरिकन इंडियनों का है, जिसमें निर्वासन, आरक्षण, आवंटन और अंततः अजनजातीयकरण के फलस्वरूप उनका विनाश ही कर दिया गया। आँसुओं की धार (ट्रेल ऑफ़ टीयर्स) को इस प्रकरण का सबसे दुखद अध्याय कहा जा सकता है। इसमें ज्योर्जिया के आसपास के क्षेत्र से चेरोकियों का अनिवार्य निष्कासन किया गया। राष्ट्रपति एन्ड्रयू जैकसन की पहल पर अमेरिकी कांग्रेस ने सभी इंडियंस को मिसिसिप्पी के पार पुनर्वास करने का फैसला पारित किया। सर्वोच्च न्यायालय ने बीच-बचाव करने से इन्कार कर दिया तथा सीनेट ने एक 'काल्पनिक' संधि का अनुसमर्थन कर दिया। घृणा से भरी हुई भीड़ के साथ सात हजार सैनिकों ने अत्यन्त क्रूरतापूर्वक लोगों

को ओक्लाहोमा में भेज दिया। इस दौरान 2/5 के अनुपात में जो मौतें हुईं उनकी संख्या हृदय को झकझोर कर रख देती है (फ़ोरमैन, 1932)

प्रतिकारात्मक जनसंहार

इस तरह के जनसंहार के उद्‌देश्य सीमित होते हैं। इसमें प्रभुत्वशाली समूह को डराने अथवा चुनौती देनेवाले अल्पसंख्यकों को, सजा देने के उद्‌देश्य से स्थानीय स्तर पर ही अत्याचार किया जाता है। यह हिंसा चेतावनी देने अथवा आनेवाली चुनौती को रोकने तथा बार-बार की मुसीबतों से बचने के संयुक्त उद्‌देश्य से की जाती है। पीड़ित से इतर उस समूह की सत्ता-सम्पन्नता को ध्यान में रखते हुए अथवा प्रभुत्वशाली वर्ग के प्रति खतरे की सम्भावना की कमी के चलते इसमें सीमित मात्रा में जुल्म किया जाता है। ऐसी प्रतिकारात्मक कार्रवाइयों में कम संसाधन खर्च होते हैं, किन्तु काम हो जाता है। वस्तुतः स्थानीय सत्ता अपने आप ही अथवा केन्द्रीय सत्ता के मौन सहयोग से तबाही भी करवा सकती है। यह पीड़ित समूह की प्रतिक्रियात्मक कार्रवाई को जाँचने तथा भविष्य में किए जानेवाली जनसंहारों की रूपरेखा तैयार करने के उद्‌देश्य से भी किया जाता है।

उदाहरण के तौर पर पहले रूस में की गई तबाहियों को देखें। भले ही प्रकट रूप में कोई तबाही स्वतःस्फूर्त लगे, किन्तु नियमतः तबाही, शक्तिशालियों द्वारा लिए गए निर्णयों का नतीजा होती है। रूस में ऐसी पहली तबाही 1881 में ज़ार अलेक्जेंडर द्वितीय की हत्या के बाद मचाई गई। यहूदियों को बलि का बकरा निर्धारित करते हुए नागरिकों, किसानों तथा तरह-तरह के लोगों की भीड़ उन पर टूट पड़ी। अनेक शहरों में एक साथ अत्याचार की घटनाएँ हुईं, जो तीन दिनों तक चलती रहीं और इसे रोकनेवाली सामाजिक संस्थाएँ मूक दर्शक बनी रहीं। शुरुआती लहर के बाद “ग्रीष्मकालीन तबाही” का दौर चला जो 1882 तक जारी रहा। 1903 में आन्तरिक मामलों के मंत्री की पहल पर किशिनेव में की गई तबाही नये अनुक्रम की शुरुआत करती है, जिसके प्रभाव में 600 शहरों, नगरों और गाँवों के यहूदी आए जिसमें हजारों लोग मारे गए और जिसके फलस्वरूप रूस से यहूदियों का सामूहिक पलायन हुआ (पार्क्स, 1939:63-74)। अमेरिकी इतिहास में “वूंडेड नी” का प्रकरण, जहाँ मिलिट्री भी शामिल थी, अत्याचार का ऐसा ही नमूना है (ब्राउन, 1971)।

आर्मेनियाई हत्याकांड के दो प्रकरण ऐसे ही उदाहरण हैं। 1895-96 में लाल सुल्तान अब्दुल हामिद द्वारा ऑटोमन तुर्की में करवाए गए अत्याचार जिसमें एक विद्यार्थी का अनुमान है कि एक लाख से दो लाख तक लोग मारे गए (होवानिस्यान, 1973 : 13) और दूसरा अदाना और आसपास का 1909 का हत्याकांड, जिसमें अनुमानतः 20,000 लोग हताहत हुए (फ़ेरीमेन, 1913)। एक तरह से यह प्रथम

विश्वयुद्ध में हुए होलोकास्ट की भूमिका थी। इसकी चर्चा हम प्रभावी (ऑप्टिमल) जनसंहार शीर्षक के अन्तर्गत करेंगे।

हाल के समय में अफ्रीका के देशों, रुआंडा और बुरुंडी में टुट्सियों और हुतुओं के बीच परस्पर मार-धाड़ जनसंहार के क्षेत्र में विशिष्ट प्रतीत होती है। ये घटनाएँ इस प्रकार के जनसंहार में प्रभुत्वशाली समुदाय की उच्च सामाजिक स्थिति की परिचायक हैं। जैसे-जैसे उनकी सामाजिक हैसियत में परिवर्तन आता रहा, दोनों समुदाय बारी-बारी से अपराधी व पीड़ित की भूमिका में आते रहे। उदाहरण के लिए रुआंडा में टुट्सियों का प्रभुत्व था, इसीलिए हुतु समुदाय परवशता के लिए मजबूर था। बाद में हुतुओं ने इस स्थिति के विरोध में हमला कर दिया। लोकतांत्रिक शक्ति में हिस्सेदारी और समान अधिकारों के लिए अन्ततः हुतुओं ने विद्रोह कर दिया। परिणामतः हजारों टुट्सी पड़ोस के बुरुंडी में भाग गए, जो क्रमशः टुट्सियों के कुछ गिरोहों के छिटपुट आक्रमणों का अड्डा बन गया। इससे घबराकर हुतुओं ने, जो अब तक अपने गणतंत्र की स्थापना कर चुके थे, और जिसकी सरकार कैथोलिक सेमिनरी वालों के हाथ में थी, उसने लोगों से अपील की कि वे अपने देश की रक्षा करें, जिसका अर्थ था—जनसंहार के लिए आन्दोलन करें, परिणामतः वहाँ उथल-पुथल मच गई। आदिम औजारों के साथ हुतु लोग हजारों टुट्सियों पर चढ़ दौड़े और उन्हें बधिया बना कर छोड़ा। इस क्रम में औरतों, बूढ़ों और बच्चों किसी को नहीं बख्शा गया (सेवोन, 1972)। प्रतिक्रियास्वरूप टुट्सियों ने पड़ोसी बुरुंडी में कहर बरपा दिया। एक बार फिर प्रभुत्वशाली स्थिति ने इस स्थिति के समाधान के तरीके को प्रभावित किया। यह सही है कि बुरुंडी में टुट्सी अल्पसंख्या में थे। चालीस लाख की जनसंख्या में हुतु उनसे बहुत ज़्यादा अर्थात् छह-एक के अनुपात में थे। तथापि बुरुंडी में टुट्सी शक्तिशाली थे। उनके पास धन-शक्ति भी थी और कुछ हजार सैनिक-बल भी। कुल मिलाकर क़रीब 75,000 हुतु ही पड़ोसी देशों में भाग पाए। हजारों की संख्या में लोग काट दिए गए। उस पाशविकता को उन्होंने भाग्य की तरह स्वीकार कर लिया (लॉस एंजेल्स टाइम्स, 4 अप्रैल, 1973)।

अन्त में ब्याफ़रा के जनसंहार पर दृष्टि डाली जाए। 250 जनजातियों और 5 करोड़ 60 लाख की आबादी वाले इस देश में नाइजीरिया के दक्षिण-पूर्वी कोने में रहनेवाली ईबो जनजाति पीड़ित जनजाति थी। यहाँ का प्रभुत्वशाली समुदाय हाउसा और फुलानी जनजाति के पश्चिमी मुसलमान थे, जिनकी संख्या क़रीब 3 करोड़ थी। पहले से चले आ रहे सांस्कृतिक तनाव, स्वतंत्रता के बाद हुए चुनावों के दौरान उस समय शिखर पर पहुँच गए, जब मुसलमानों ने भी सत्ता की राजनीति में जमना चाहा और इस तरह से वे ईसाई धर्म को माननेवाली ईबो जनजाति के ख़िलाफ़ हो गए। राज्य कर रहे "अत्याचारी" सरकार के नेताओं की हत्या ईबो जनजाति के लोगों

ने कर दी, जिसने सैनिक बगावत को उकसाया, जिसके फलस्वरूप ईबो बहुमत वाली नई सरकार गिर गई और बदले में मुसलमानों ने 30,000 ईबो जनजाति के लोगों को मार दिया। बचे रह गए ईबो लोग देश के दक्षिणी-पूर्वी इलाकों में भाग गए, जहाँ उनकी बसावट थी। इन घटनाओं की समाप्ति पूर्वी ईबो द्वारा नाइजीरिया से अलगाव, यानी कि ब्याफरा के बनने में हुई। 30 मई, 1967 को स्वतंत्रता की घोषणा इन शब्दों में की गई, "नाइजीरिया खत्म हो गया हम ब्याफरा वाले हैं।" नाइजीरिया के सैनिक नेता गोवोन ने इस "विद्रोह की घटना" का उत्तर "पुलिस द्वारा संक्षिप्त सर्जिकल स्ट्राइक" से देने का निर्णय किया। सेना को बुलाकर, ब्याफरा के समुद्रतट को ब्लॉक करके, इस स्वाधीनता संग्राम से जुड़े लोगों की विधिवत सूची बनाकर, हत्या, कत्लेआम, विकलांग करके और भूखों मार कर ईबो लोगों को तबाह कर दिया। 1967 से 1970 तक क़रीब कई लाख लोग मार डाले गए। अभी तक कितने लोग वस्तुतः मरे, नहीं पता। यद्यपि यह जरूर कहा गया कि ईबो अधिक मेहनती, शिक्षित, प्रशासनिक रूप से जानकार थे। उनके इस संहार के पीछे समाज में उनकी हैसियत और ईसाई धर्म से उनके सम्बन्ध का बड़ा हाथ कहा जाता है। कहा जाता है कि उत्तरी समुदाय को सोवियतों की ओर से सैनिक व आर्थिक सहायता मिली थी। बदले की कार्रवाई व जुल्म की मात्रा का अन्दाजा गोवोन के नारे "पुलिस द्वारा संक्षिप्त सर्जिकल कार्रवाई" में जाहिर है। (बेन्डर, 1972)

उपयोगितापरक जनसंहार

आर्थिक लाभ, जनसंख्या सम्बन्धी सोच, मिलिट्री डिज़ाइन आदि के सीमित उद्‌देश्य से किए गए जनसंहार का दायरा भी सीमित होता है। उपयोगितावादी जनसंहार में क्षेत्रीय सामुदायिक जनसंहार, सीमा पार करते हुए बगल के देशों में जनंसहार (क्रॉस कंट्री) अथवा लिंग, आयु, धर्म आदि वर्गों तक सीमित जनसंहार। इसकी भयानकता अपराधी की क्षमता, आन्तरिक जोड़-तोड़ और पीड़ित के प्रतिरोध की स्थिति और क्षमता पर निर्भर होती है।

आमतौर पर जनसंहारजनित शोषण की स्थिति उस सामाजिक व्यवस्था की सूचक होती है, जहाँ सोचे-विचारे लाभ, अत्याचार की प्रवृत्ति और तबाही को प्रभावित करने में समर्थ होते हैं। ऐसी स्थिति में अल्पसंख्यक भले ही शक्ति-संरचना में प्रभावी हो न हो, किन्तु अत्याचार करनेवाले समूहों के बीच उसके प्रति सहानुभूति रखनेवाले अथवा उसके सहयोगी हों। मुख्यतः इसी वजह से स्थानीय सत्ता बजाय इसके कि वह समझा-बुझाकर व्यापक मतैक्य और वैधता के चक्कर में पड़े, वह चटपट अत्याचार की कार्रवाई में जुट जाती है।

इसका उदाहरण स्पेनिश इन्क्यूजिशन का दौर है। यहूदी और मूरों के कुछ ही समुदायों को पीड़ित करके अत्याचारों को रोक दिया गया, किन्तु उन अत्याचारों ने बाकियों को इतना डरा दिया कि वे अत्याचारियों के सम्मुख नतमस्तक होने के लिए बाध्य हो गए। अत: धनिक मूर जिनके पास ढेरों खेत-बागान थे, उनसे वंचित कर दिए गए। उससे भी ज़्यादा यहूदियों का शोषण हुआ, जैसा कि एक लेखक ने लिखा है कि :

> बिना किसी शक के यह बात साबित हो चुकी है कि वास्तविक कारण यहूदी धर्म (जूडाइज़्म) को समाप्त करना नहीं था, बल्कि फ़र्दिनांद द्वारा लागू इन्क्यूजिशन को स्थापित करना था। उद्देश्य यहूदियों की सम्पत्तियों को जब्त करके उन्हें सरकार के अधीन लाना था। (योरेन्ते, 1967 : XVII)।

ज्योर्जिया राज्य से चिरोकी इंडियनों का निष्कासन और विनाश वस्तुत: उत्तरी अमेरिका में गोरों द्वारा अमेरिकी इंडियनों पर अत्याचार के नमूने का प्रतीक है। जैसे ही ज्योर्जिया के पहाड़ों पर सोना मिला, उस राज्य के विधानमंडल ने 19 दिसम्बर 1829 को अधिनियम पारित करके उस क्षेत्र का बड़ा हिस्सा अपने कब्जे में कर लिया और वहाँ के क़ानून को अमान्य घोषित कर दिया गया। तत्पश्चात उन्हें 'ट्रेल ऑफ़ टीयर्स' के लिए बाध्य कर दिया गया, जिसमें क़रीब 4000 लोग हताहत हुए। (स्टार्की, 1946 : 282-301; वुडवर्ड, 1963 : 196)

अन्त में ब्राजील के इंडियनों के भाग्य का उल्लेख किया जाना चाहिए। आक्रमण के तीन दौरों में ब्राजील के इंडियनों को शिकार करके मारा गया, उन्हें या तो गुलामी के लिए बाध्य किया गया, अथवा उनकी जमीनें छीन ली गईं और उन्हें गुलाम बना लिया गया, और जो गुलामी के अयोग्य पाए गए, उन्हें अमेजॉन की शिकारगाह में तत्काल मार दिया गया। इस तरह 16 वीं और 17वीं शताब्दी में महान नदियों के आसपास बसी जनजातियों का पुर्तगालियों ने विनाश कर दिया। सौ साल बाद, उन्नीसवीं सदी में शोषक जनसंहार का दूसरा दौर चला। सोने और हीरे की खान खोजनेवाले जो अधिकतर श्वेतों, अश्वेतों और इंडियनों की संकर संतानें थीं, और रबर इकट्ठा करनेवालों के नेतृत्व में वनवासी इंडियनों को पेशेवर हत्यारों की मदद से मार डाला गया। गुलामी के लिए फाँसने व कब्जा करने के क्रम में भी बहुत से लोग मारे गए। दूसरे महायुद्ध के शुरुआत में घने जंगलों, चोटियों और पहाड़ों और मलेरिया के कारण सुदूर अन्दर बसीं कुछ जनजातियाँ इन अत्याचारियों के दमन से बची रह गईं। तथापि ब्राजील के रोमन कैथलिक चर्च के सदस्यों पर नई तरह के जनसंहार का आरोप लगा (न्यूयॉर्क टाइम्स, 22 मार्च, 1974)। एक दशक पहले आन्तरिक मामलों के मंत्री ने प्रोटेक्शन ऑफ़ इंडियंस (एस पी आई) की सेवाओं को "प्रॉस्टीच्यूशन ऑफ़ इंडियंस की सेवाएँ" कहा। एस पी आई के

कम-से-कम 134 कर्मचारियों को नरसंहार के लिए और 200 को उसमें साथ देने के लिए नौकरी से बरखास्त कर दिया गया। इसके अलावा दो जनरलों को, कुछ कर्नलों और उच्च अधिकारियों, प्रान्तीय गवर्नरों और मंत्रियों को इस जुल्म में लिप्त पाया गया। एक विद्यार्थी के शब्दों में :

> स्वयं ब्राजील की सरकार ने हत्यारों की भर्त्सना की है...। मुख्य आरोप हैं : जनसंहार, पूरी की पूरी जनजातियों का खात्मा, हवाई जहाज से मशीनगनों से आक्रमण, कपड़ों में जान-बूझकर विषाणु डाल करके बीमारियाँ फैलाना, जहरीले खाद्य पदार्थ देना, बच्चों को आर्सेनिक मिला लॉलीपॉप देना,...हर तरह का विनाश, जिसमें उनकी जमीनों की चोरी भी शामिल है...वस्तुतः ब्राजील की दंड संहिता में शामिल सभी अपराध किए गए थे। (बोदार्द, 1971 : 5,86,91,93)।

ब्राजीलियाइयों के इस शोषण से उदाहरण के लिए दो दशकों के समय (1950-1970) में काकास नोवास जनजाति 30,000 से घट कर 400 रह गई। इस तरह से कोई तर्क कर सकता है कि विशिष्ट परिस्थिति में ऐसा हो सकता है कि उपयोगितावादी जनसंहार सर्वघाती जनसंहार में बदल जाए। आगे हम इसी की चर्चा करेंगे।

सर्वघाती जनसंहार

पीड़ित की उम्र, लिंग, और अन्य वर्गों से सर्वथा निरपेक्ष होने के चलते यहाँ विनाश की प्रक्रिया अभूतपूर्व होती है और इसका लक्ष्य पीड़ित समुदाय को आमूल नष्ट करना होता है। अतः इसमें हताहतों की संख्या और अत्याचार दोनों सर्वाधिक होते हैं। यह प्रक्रिया तीन बातों के विशिष्ट मिश्रण से सम्भव होती है—पीड़ित का अत्यधिक कमजोर होना, अपराधी के मन में बद्धमूल होना कि पीड़ित जल्दी ही बहुत खतरनाक साबित होगा और अपराधी का अत्यन्त शक्तिशाली होना।

केवल अस्वाभाविक स्थितियों में ही ये तीनों बातें एक साथ दिखाई देती हैं। इसमें राष्ट्रीय संकट तथा/अथवा अन्तर्राष्ट्रीय ज्वलनशील मुद्दे शामिल हो सकते हैं। यह आकस्मिक नहीं है कि इस (बीसवीं) सदी के दो सर्वघाती जनसंहार, आर्मेनियाई जनसंहार और यहूदियों का जनसंहार दो विश्वयुद्धों के दौरान हुआ। इन दोनों ही मामलों में युद्धकालीन आपात-स्थितियों ने एक विचार के आधार पर संगठित राजनीतिक दल को सुदृढ़ होने और अपनी शक्ति बढ़ाने के साथ-साथ पीड़ित दल के बधियाकरण की क्षमता को बढ़ाया। कुलीनतंत्र के नेतृत्व ने सर्वसत्तावादी प्रणाली को जन्म दिया जिसके चलते किसी भी लक्षित समुदाय की बढ़ती कमजोरी, शक्तिशाली अपराधी समुदाय के स्वतंत्र चर पर निर्भर चर का रूप धारण कर लेती

है (यानी कि शक्तिशाली अपराधी समुदाय 'स्वतंत्र चर' (इंडिपेंडेंट वेरिएबल) और पीड़ित समुदाय 'निर्भर चर' (डिपेंडेंट वेरिएबल)।

सर्वघाती जनसंहार का इरादा पूरी तरह से समस्या का निदान करना होता है जैसे कि नाज़ी (हिलबर्ग, 1961 : 262) तथा यंग तुर्कों द्वारा विनाश के दायरे के विषय में निर्णय लेना (दाद्रयान, 1972 : 94; 1974 अ : 133)। इसी प्रकार हताहतों की संख्या भी उच्चतम होती है। यहूदियों के सम्बन्ध में इनकी सख्या 50 लाख कही जाती है, जो कि यहूदियों की कुल जनसंख्या का एक तिहाई है (हिलबर्ग : 639, 670), आर्मेनिया के सन्दर्भ में अनुमानित संख्या 10 से 15 लाख के बीच है, यानी कि 1/2 के अनुपात में (दाद्रयान, 1968 : 60)।

सन्दर्भ

एब्बी, ए.ए.

1969 द ओरीजिनल ऑस्ट्रेलियंस, न्यूयॉर्क : अमेरिकन एल्सवीयर पब्लिशिंग कं.

बेन्डर, जे.

1972 द जेनोसाइड इन नाइजीरिया—बायफ्रा, जेनेस्यो, न्यूयॉर्क : सोशियोलॉजी की ऑनर्स थीसिस, स्टेट यूनिवर्सिटी ऑफ़ न्यूयॉर्क, जेनेस्यो।

ब्लूमर, एच.

1971 "सोशल प्रॉबलेम ऐज़ कलेक्टिव बिहेवियर" सोशल प्रॉबलम 18 (विंटर) : 298-306।

बोदा, एल.

1971 ग्रीन हेल, न्यूयॉर्क : डटन

बोयाज्यान, डी.

1972 आर्मेनिया—द केस फ़ॉर अ फ़ोरगौटेन जेनोसाइड, वेस्टवुड, न्यू जर्सी : एजूकेशनल बुक क्राफ़्टर्स

ब्राउन, डी.

1971 बरी माई हार्ट ऐट वूंडेड नी, न्यूयॉर्क : होल्ट, राईनहार्ट एंड विन्स्टन पब्लिशर्स

दाद्रयान, वी.

1968 "द ब्रिटैनिका ऑन द आर्मेनियन एट्रोसिटीज़" आर्मेनियन रिव्यू XXII (स्प्रिंग) : 57-64

1971 "फैक्टर्स ऑन एंगर एंड एग्रेशन इन जेनोसाइड" जरनल ऑफ़ ह्यूमन रिलेशंस 19 (थर्ड क्वार्टर): 394-417

1972 रीसेंट स्टडीज़ इन मॉडर्न आर्मेनियन हिस्ट्री में प्रकाशित "द मैथोडोलॉजिकल कॉम्पोनेंट ऑफ़ द स्टडी ऑफ़ जेनोसाइड ऐज़ अ सोशियोलॉजिकल प्रोबलेम—द आर्मेनियन केस" पृष्ठ 82-103, कैम्ब्रिज़, मास : आर्मेनियन हिस्ट्री प्रेस

1974अ इज़रायल ड्रैपकिन और एमीलियो वियानो (सम्पा) विक्टीमोलॉजी में प्रकाशित "द स्ट्रकचरल—फंक्शनल कॉम्पोनेंट्स ऑफ़ जेनोसाइड" पृष्ठ 123-136,

लेक्सींगटन : डी. सी. हीथ एंड कं.

1974 ब "द विक्टेमाइजेशन ऑफ़ अमेरिकन इंडियन—अ सोशियोलॉजिकल पर्स्पेक्टिव" आर्मेनियन सोसाइटी ऑफ़ क्रीमीनोलॉजी, शिकागो में पढ़ा गया पर्चा

1975 इज़रायल ड्रैपकिन और एमीलियो वियानो (सम्पा) विक्टीमोलॉजी, वोल्यूम IV में प्रकाशित "द कॉमन फ़ीचर्स ऑफ़ द आर्मेनियन एंड ज्युइश केसेस ऑफ़ जेनोसाइड : अ कम्पैरेटिव विक्टीमोलॉजिकल पर्स्पेक्टिव" पृष्ठ 99-120 लेक्सींगटन : डी. सी. हीथ एंड कं.

कैमेन. एच.

1965 द स्पैनिश इन्क्यूजीशन, लंडन : वीडेनफ़ील्ड एंड निकलसन

हिलबर्ग, आर.

1961 द डिस्ट्रक्शन ऑफ़ यूरोपीयन ज्यूज़, शिकागो, क्वाडरैंगल बुक्स

होव्सेफ्यान, एम.

1966 "द अनरिमेम्बर्ड जेनोसाइड" कमेंटरी, 42 (सितम्बर)

होवानिस्यान, आर

1973 एस तोरीग्यूयान (सम्पा) आर्मेनियन स्टडीज़ में प्रकाशित" द आर्मेनियन क्वेश्चन इन ऑटोमन एम्पायर", बेरूत : Association libanaise des univeritaires Armeniens

ली एच सी

1901 द मॉरिकोस ऑफ़ स्पेन : देयर कन्वर्सन एंड एक्सपल्शन, फ़िलाडेल्फ़िया : ली ब्रदर्स एंड कं.

लेप्सियस, जे.

1897 आर्मेनिया एंड यूरोप : ऐन इन्डाइक्टमेंट, लंडन : हौडर एंड स्टाउग्टन

1919 Deutsch and und Armenian Sammlung Diplomatischer Aktenstucke Potsdam : Tempelverlag.

1930 Der Todesgang des Armenischen Volkes, Potsdam

योरेन्ते, जे. ए

1967 अ क्रिटीकल हिस्ट्री ऑफ़ द इन्क्यूजूशन ऑफ़ स्पेन. विलियमटाउन, मास. : द जॉन लिलबर्न कं.

मरडॉक, जी. पी.

1934 आवर प्रिमिटिव कॉन्टेपॉरेरीज़, न्यूयॉर्क : मैकमिलन

पार्क्स, जे.

1939 द ज्यूइश प्रॉबलेम इन द मॉडर्न वर्ल्ड. ऑक्सफ़ोर्ड : ऑक्सफ़ोर्ड यूनिवर्सिटी प्रेस

प्लैडी, जे.

1969 द स्पैनिश इन्क्यूजीशन. न्यूयॉर्क : सिटाडेल

रॉथ, सी.
1940 "मारालोस एंड रेशियल ऐंटी-सेमिटिज़्म—अ स्टडी इन पैरेलल्स" ज्यूइश सोशल स्टडीज़ II (जुलाई) 239-48
1964 द स्पैनिश इन्क्यूजीशन. न्यूयॉर्क : डब्ल्यू. डब्ल्यू. नॉर्टन
इंटरनेशनल रिव्यू ऑफ़ मॉडर्न सोशियोलॉजी
सॉवेन, एच.
1972 Du cannibalisme au Genocide. Paris : Hachette.
स्टार्की, एम.
1946 द चिरोकी नेशन. न्यूयॉर्क : अल्फ्रेड ए. नॉफ़
टॉयनबी, ए.
1916 द ट्रीटमेंट ऑफ़ आर्मेनियंस इन ऑटोमन एम्पायर (वायकाउंट ब्राइस केवल नाममात्र के लेखक हैं, किन्तु इसका संकलन और सम्पादन टॉयनबी ने किया है) लन्दन : ऑफ़िशियल ब्रिटिश डॉक्यूमेंट पब्लिकेशन, मिसलेनियस नं. 31, 1916
1934 अ स्टडी ऑफ़ हिस्ट्री एंड द इन्क्यूजीशन. लन्दन : ऐन्कर बुक्स।

एलेक्जेंडर लाबान हिंटन

प्रो. एलेक्ज़ेंडर हिंटन, सेन्टर फ़ॉर द स्टडी ऑफ़ जेनोसाइड एंड ह्यूमन राइट्स, रटगर्ज़ में नृविज्ञान के प्रतिष्ठित प्रोफेसर तथा निदेशक हैं। वे रटगर्ज़ विश्वविद्यालय में जनसंहार निवारण सम्बन्धी यूनेस्को चेयर हैं। 'वाय डिड दे किल? कम्बोडिया इन द शैडो ऑफ जेनोसाइड' (कैलिफ़ोर्निया, 2005) उनकी बहुप्रशंसित एवं अनेक पुरस्कारों से सम्मानित पुस्तक है। उनकी सद्य: प्रकाशित पुस्तकें हैं—'मैन ऑर मोन्स्टर? द ट्रायल ऑफ़ अ ख़मेर रूज़ टॉर्चरर' (ड्यूक, 2016) और 'द जस्टिस फ़काड : ट्रायल्स ऑफ़ ट्रांजिशन इन कम्बोडिया' (ऑक्सफ़ोर्ड, 2018)।

जनसंहार निवारण के क्षेत्र में एलेक्ज़ेन्डर हिंटन एक अत्यन्त सम्मानित नाम हैं।

जनसंहार का आलोचनात्मक अध्ययन[1]

पिछले दो दशकों में अन्तर्विषयी जनसंहार-अध्ययन क्षेत्र में नाटकीय रूप से विस्तार हुआ है और उसमें गम्भीरता आई है। अब यह होलोकास्ट अध्ययन के साए से बाहर आ चुका है। अब यह पत्रिकाओं, पाठ्यपुस्तकों, शब्दकोशों, वर्कशॉपों, सेमिनारों, गोष्ठियों, बेवसाइटों, शोधकेन्द्रों, सरकारी एजेंसियों, गैर सरकारी संस्थाओं, अन्तर्राष्ट्रीय संस्थाओं आदि में मुख्य विषय के रूप में स्वीकृत है और संयुक्त राष्ट्र में एक इकाई बन चुका है। भले ही अभी तक इसकी सैद्धान्तिकी पूरी तरह से विकसित न हो पाई हो, पर यह अनुशासन अनेकानेक बहसों और पद्धतियों से परिचालित है।

अब जबकि यह स्पष्ट होता जा रहा है कि यह क्षेत्र कितना व्यापक है, यह सही समय है कि इन अध्ययनों की स्थिति के बारे में विचार किया जाए अर्थात् इनका एक आलोचनात्मक मूल्यांकन किया जाए। इस अध्ययन का लक्ष्य नकारात्मक अर्थों में आलोचनात्मक होना नहीं है बल्कि यह देखना है कि (अध्ययन के) मानदंडों के निर्धारण के समय किन आवाज़ों को वाणी दी गई, किन्हें अनसुना कर दिया गया और इन सवालों को किस तरह से वर्चस्व और ज्ञान के मुद्दों से जोड़ा जा सकता है। दूसरे शब्दों में यह जनसंहार-अध्ययन के क्षेत्र के ही आलोचनात्मक चिन्तन, हमारी पूर्वधारणाओं के अन्वेषण, हमारे पूर्वग्रहों के विकेन्द्रण और इस गतिशील क्षेत्र को और अधिक समृद्ध करने की आशा से इसके अनछुए पहलुओं पर प्रकाश डालने आदि के लिए आवाज़ उठाना है।

मेरे द्वारा प्रयोग में लाया गया पद "आलोचनात्मक जनसंहार-अध्ययन" (क्रिटिकल जेनोसाइड स्टडीज़) कई मायनों में ए. डर्क मोसेस[2] द्वारा इस विषय पर किए अध्ययन से मिलता-जुलता है। डर्क मोसेस का जनसंहार सम्बन्धी महत्त्वपूर्ण इतिहासलेखन, इस क्षेत्र के बारे में बहुत कुछ बताता है, बावजूद इसके कि हमारे द्वारा रेखांकित की गईं बातें अलग-अलग हैं। मेरी टेक कुछ-कुछ देरीदावादियों के विखंडन से सम्बद्ध विकेन्द्रण और फ़ूकोवादियों के ज्ञान के पुरातत्व के ज़्यादा नजदीक है और उनका काम फ़्रैंकफ़र्ट स्कूल की परम्परा में आलोचनात्मक सिद्धान्त और हाल ही में हुए साम्राज्य व विश्वप्रणाली सिद्धान्त के अध्ययन से जुड़ा हुआ है।[3] कुछ अन्य विद्वान यथा एन्टोन वाइस बेन्त, डोनल्ड बलॉक्सहोम, डैनियल

फ़ायरस्टाइन, टॉमस कुशमैन, ऐडम जोन्स, मार्क लेविन, जेन्स मायरहेन्रिक और डॉन स्टोन ने भी इस विषय में अपने अध्ययन प्रकाशित किए हैं, जिन्हें आंशिक अथवा व्यापक तौर पर आलोचनात्मक जनसंहार-अध्ययनों के अन्तर्गत रखा जा सकता है, भले ही वे स्वयं इस पद का प्रयोग न करते हों। अतः ऐसा प्रतीत होता है कि हम अब आलोचनात्मक जनसंहार पर बात करने की स्थिति में आ गए हैं। इस छोटे-से लेख में आलोचनात्मक जनसंहार-अध्ययन के क्षेत्रों और दिशाओं को इंगित करनेवाले मेरे कुछ चुनिन्दा विचार ही होंगे।

लेख शुरू करने से पहले, मैं इसे नोट करना चाहता हूँ कि कभी-कभी लोग "विखंडन" अथवा "आलोचनात्मक" पद सुनते ही उसे "उत्तर-आधुनिक", "शून्य वादी (निहिलिस्टिक)"अथवा "सापेक्षतावादी" कहकर उड़ा देते हैं। ये सभी पद जटिल हैं और उनकी व्युत्पत्ति भी अलग-अलग हैं। मेरा मानना है कि विखंडन, आलोचनात्मक अन्वेषण के अर्थ में विकेन्द्रण और आलोचना का एक तरीका है, जो पठन-पाठन का केन्द्रीय तत्त्व है, और इसे जनसंहार-अध्ययन के क्षेत्र में भी पहला और केन्द्रीय तत्त्व होना चाहिए। इस तरह की मीमांसा से ही यह क्षेत्र मजबूत और समृद्ध होगा।

मेरा परिप्रेक्ष्य निस्सन्देह मेरे स्वयं के द्वारा किए जा रहे जनसंहार-अध्ययन से सम्बद्ध है। मैं इस विषय को नृविज्ञान की दृष्टि से पढ़ता हूँ। यह वह अनुशासन है, जिसकी इस क्षेत्र में पूछ नहीं के बराबर है, बावजूद इसके कि यह जनसंहार के विषय में गहरी अन्तर्दृष्टि प्रदान करता है। निस्सन्देह, यह भी एक कारण है कि रटगर्ज़ केन्द्र के जनसंहार, विरोध निराकरण और मानव अधिकार सम्बन्धी अध्ययन के केन्द्र में, आलोचनात्मक जनसंहार-अध्ययन एक केन्द्रीय विषय रहा है। यद्यपि हम अपने अध्ययन में जनसंहार रोकने के उपाय सम्बन्धी विषय को भी शामिल करते हैं, जिसका विरोध आलोचनात्मक जनसंहार-अध्ययन की तो बात ही छोड़ दीजिए, खुद अकादमिक जनसंहार-अध्ययन तक करता है, अथवा उसे झंझट की तरह देखता है। मेरा अपना मत यह है कि जनसंहार निवारणसम्बन्धी अध्ययन और जनसंहार आलोचनात्मक अध्ययन एक दूसरे से बहुत लाभ उठा सकते हैं, किन्तु अकादमिक जनसंहार-अध्ययन और व्यवहारिक जनसंहार निवारण विद्वज्जनों और कार्यकर्ताओं के बीच के विभाजन को ही रेखांकित करते हैं और यह हमारे व्युत्पत्ति-मिथक की देन है।

व्युत्पत्ति-मिथक

नृविज्ञानी व्युत्पत्ति-मिथक की जाँच पर बल देते हैं, और मैं इसका अपवाद नहीं हूँ। हम अपने विद्यार्थियों को बतलाते हैं कि नस्ल एक सामाजिक श्रेणी है जो लोगों के

उस समूह को जोड़ती है, जो अपनी वंश परम्परा और अस्मितापरक चिन्ह (भाषा, भोजन, पहनावा, धर्म आदि) को एक समान पाते हैं। वंश परम्परा की भावना को व्युत्पत्ति की कथा से अक्सरहा जोड़ दिया जाता है, जिससे कि एक ओर तो एकजुटता और सम्बद्धता की भावना सुदृढ़ होती है तो दूसरी ओर अन्य नस्ली समूहों से अलगाव की भी। नस्ली श्रेणियाँ ढीली-ढाली और बहुरूपी होती हैं, अतः कोई व्यक्ति स्वयं को समय और स्थान के आधार पर—चीनी, हान, कैंटोनीज़, चीनी-अमेरिकी या अमेरिकी कुछ भी कह या कहला सकता है। मैं इस मुद्दे पर पुनः लौटूँगा।

कई अन्य समूह भी व्युत्पत्ति-मिथक से बँधे हुए हैं, जो उन्हें एकजुटता, सम्बद्धता और पहचान प्रदान करती है। इसमें अकादमिक अनुशासन भी शामिल हैं। उदाहरण के लिए, उत्तरी अमेरिकी नृविज्ञान में फ्रान्त्स बोअस का सम्मान, उन्हें इस अनुशासन का जनक कहकर किया जाता है। अन्य बातों के अलावा उन्हें संस्कृति की नृविज्ञानी संकल्पना और सहभागियों के पर्यवेक्षण की पद्धति के परिष्कार का तथा जीववैज्ञानिक नस्ल की अवधारणा को चुनौती देने का श्रेय दिया जाता है। आरम्भिक नृविज्ञान के विद्यार्थी अक्सर ही उनके प्रयासों की वे कहानियाँ सुनते हैं, जिनके आधार पर वे दिखाते थे कि नस्ल एक सामाजिक संरचना है। उनके ये प्रयास अब भी उत्तरी अमेरीका के नृविज्ञान का हिस्सा हैं।

जनसंहार-अध्ययन के अन्तर्गत राफ़ाएल लेमकिन इस क्षेत्र के संस्थापक और जनक के रूप में पूजे जाते हैं।[4] बोअस की भाँति उन्हें भी उनके संकल्पनात्मक कार्य (जनसंहार पद को गढ़ने, उसकी परिभाषा विकसित करने और उसका इतिहास लिखने), जीवन इतिहास (जिसमें द्वितीय विश्वयुद्ध की शुरुआत में पोलैंड से उनका पलायन शामिल है और जिसके केन्द्र में मानव-समूहों के नाश को अपराध करार देने का उनका जीवनपर्यंत किया गया प्रयास है) और पक्ष-समर्थन (संयुक्त राष्ट्रों के सम्मेलन में जनसंहार के अपराध को रोकने और उसके लिए सजा देने सम्बन्धी मत को पास करवाने और उसकी अभिपुष्टि के लिए अथक प्रयास, जिसमें उन्होंने स्वयं को "संस्थापक" कहा है) के लिए याद किया जाता है। कई अर्थों में उन्हें आद्यरूपात्मक (प्रोटोटिपीकल) जनसंहार विद्वान के तौर पर देखा जाता है : अकादमिक ज्ञान से सम्पन्न तथा साथ ही इस सामाजिक मुद्दे पर राजनीतिक रूप से समर्पित, अर्थात् नई परिस्थितियों के अनुरूप ढलना और तनाव, जो आज तक जारी है। विद्वत्ता और एक्टिविज्म के बीच तनाव, जनसंहार-अध्ययन के द्विमुख (जानूस फ़ेस) हैं, एक ऐसा तथ्य जो लगातार विद्वानों को प्रेरित और विभाजित करता रहा है, जैसा कि दो अकादमिक सहसम्बन्धों के संकल्पों और सम्भावित विलय से उत्पन्न विवाद दर्शाते हैं।[5] जनसंहार के आलोचनात्मक अध्ययन की एक दिशा इस द्विमुख के उत्स का अध्ययन हो सकती है, जो गहरे में आधुनिकता, प्रबोधन-विचार, दासताविरोधी आन्दोलन, मानवतावाद और मानव-अधिकार से जुड़ा हुआ है।

"जनसंहार-अध्ययन के प्रणेता" (Pioneers of Genocide Studies)[6] में विद्वान-कार्यकर्ता का आद्यरूप बिलकुल स्पष्ट दिखाई पड़ता है। इसमें पहली पीढ़ी के कई विद्वानों द्वारा लिखे गए वे निबन्ध संकलित हैं, जिनसे 1970 के दशक के उत्तरार्द्ध और 1980 के दशक के आरम्भिक वर्षों में जनसंहार-अध्ययन की नींव पड़ी। इसमें राफ़ाएल लेमकिन की अप्रकाशित आत्मकथा "पूर्णतः गैर-आधिकारिक मनुष्य" (टोटली अनऑफ़िशियल मैन) का संक्षिप्त रूप भी शामिल है। इनमें से अनेक निबन्धों में लेमकिन के विचारों की छाया और जनसंहार-अध्ययन तथा उसके खात्मे के लिए खुद को झोंक देने की भावना स्पष्ट दिखाई पड़ती है। इसमें सन्देह नहीं कि इसका एक कारण इस संकलन में लिखनेवालों के सम्मुख रखे गए सवाल हो सकते हैं, जिनमें से पहले दो सवाल हैं—लेखक ने अध्ययन हेतु जनसंहार विषय को "क्यों" चुना और किस प्रकार जनसंहार आपके लिए अनिवार्य विषय हो गया?[7] ऐसा प्रतीत होता है कि आज जनसंहार के अनेक विद्वानों की भाँति वे भी अपने अन्दर लेमकिन की तरह का जोश देखते हैं।

जनसंहार-अध्ययनों के स्रोतों को कालक्रमवार और संस्थाबद्ध ढंग से रखने में पायनियर ने बहुत महत्त्वपूर्ण भूमिका निभाई है। इसने इस क्षेत्र में विद्वानों के काम करने के विविध कारणों के बारे में भी स्पष्टता प्रदान की है। कई लेखक होलोकास्ट अथवा आर्मेनियाई जनसंहार से सीधे जुड़े हुए थे किन्तु लेमकिन की तरह कुछ ऐसे भी थे, जो नात्सी कैद से भाग निकले थे, अथवा मरने से बच गए थे।[8] दूसरे लोग इस क्षेत्र में 1960 के दशक के जन-अधिकार आन्दोलनों और मानव अधिकार एक्टिविज़्म के मार्फ़त आए। 1980 के दशक तक आते-आते कई महत्त्वपूर्ण पुस्तकें प्रकाशित हुईं जिनमें लियो कूपर की किताब "जनसंहार और बीसवीं सदी में उसका राजनीतिक उपयोग" शामिल थी।[9] जनसंहार पर पहला सम्मेलन आरम्भ हुआ, विद्वानों में मेलजोल की शुरुआत हुई, जिसका प्रतिफलन हुआ 1995 में बने जनसंहार विद्वज्जन संघ में, जिसे आज विश्व जनसंहार विद्वज्जन संघ (आईएजीएस) कहा जाता है। पायनियर्स में छपे निबन्ध जनसंहार-अध्ययन के दूसरे तरीकों का पता देते हैं, वे मुख्यतः बीसवीं सदी में हुए आर्मेनियाई जनसंहार तथा ब्यापफरा और कम्बोडियाई जनसंहार एवं होलोकास्ट के मामलों के माध्यम से इस क्षेत्र की अन्तरानुशासनात्मकता और आरम्भिक चिन्ताओं को व्यक्त करते हैं।

जनसंहार-अध्ययन एवं होलोकास्ट

पायनियर्स यह प्रश्न भी उठाता है कि क्योंकर जनसंहार-अध्ययनों का आरम्भ 1970 के दशक के उत्तरार्द्ध में हुआ? पहले क्यों नहीं? अथवा यूएनसीजी द्वारा पारित किए जाने के तुरन्त बाद के शोर-शराबे में, क्योंकि उसके तुरन्त बाद ही

तो तोहमतें लगना शुरू हो गई थीं? राफ़ाएल लेमकिन ने स्वयं सोवियत संघ पर बाल्टिक देशों के विघटन के बाद यहूदी बच्चों के अपहरण तथा रोमानिया में "जल-मल निकासी की परियोजनाओं में काम करा कर यहूदियों को मार डालने" का अभियोग लगाया था।[10]

बावजूद इसके कि शीतयुद्ध और राजनीति इसमें शामिल थे, यह प्रश्न जनसंहार-अध्ययन के दूसरे मुख्य स्रोत की ओर इंगित करता है, और वह है—होलोकास्ट, जिसकी छाया इस अनुशासन पर सदा छायी रहती है, चाहे पृष्ठभूमि के रूप में अथवा जिसे हर हाल में शामिल मानने का चलन हो गया हो। लेमकिन द्वारा प्रतिपादित स्रोत कथा इसका श्रेष्ठ उदाहरण है।

"कब्जे वाले यूरोप में धुरी के देशों का शासन" (एक्सिस रूल इन ऑक्यूपाइड यूरोप)[11] में लेमकिन का बल भले ही होलोकास्ट पर हो और इस पुस्तक में कई महत्त्वपूर्ण क़ानूनी दस्तावेज भी हों, किन्तु जनसंहार-अध्ययन का सारा ध्यान इस पुस्तक के "जनसंहार" शीर्षक वाले चौथे अध्याय पर ही केन्द्रित रहा है। न्यूरेमबर्ग जाँच में यदि लेमकिन जनसंहार वाले मुद्दे को उचित प्रकार से प्रस्तुत करने में सफल हो गए होते तो सम्भव था कि उनकी स्रोत कथा में होलोकॉस्ट ज़्यादा प्रमुखता से प्रकट होता। किन्तु जैसा कि हुआ, उन्होंने जल्दी ही न्यूरेमबर्ग छोड़ दिया और वे अन्तर्राष्ट्रीय क़ानून में जनसंहार को कोडिफ़ाई करने के प्रयास में जुट गए। जनसंहार-अध्ययन के इतिहास में होलोकास्ट का नहीं बल्कि जनसंहार के संयुक्त राष्ट्र चार्टर (यूएनसीजी) के ऐलान को एक महत्त्वपूर्ण पड़ाव के रूप में देखा जाता है।

इस विवरण में यह बात लुप्त हो जाती है कि नात्सियों द्वारा यूरोप के यहूदियों और अन्य समुदायों के विनाश के बिना लेमकिन का शब्द कोश का हिस्सा ही न बन पाया होता और जनसंहार-अध्ययन का क्षेत्र बन ही न पाया होता, लेमकिन को भुला दिया गया होता और हम बजाय जनसंहार पर बात करने के "विनाश" अथवा "मानवता के विरुद्ध अपराध" की बात कर रहे होते। दूसरे शब्दों में यदि होलोकास्ट (जैसे कि नात्सियों की क्रूरता को बाद में परिभाषित किया गया) न होता तो न लेमकिन होते, न यूएनसीजी होता और न ही जनसंहार-अध्ययन ही। इन तथा अन्य कारणों से नात्सियों द्वारा यहूदियों और अन्य समुदायों के विनाश की कोशिशें बीसवीं सदी में स्पष्ट रूप से वह महत्त्वपूर्ण मोड़ है, जिसने मानव अधिकार तंत्र को संगठित किया और जनसंहार-अध्ययन की शुरुआत की।

जनसंहार-अध्ययन की शुरुआत होलोकास्ट के खँडहर से उत्पन्न एक अन्य अनुशासन से भी गहरे में जुड़ी है और वह है—होलोकास्ट अध्ययन। यह क्षेत्र भी दरअसल 1960 के दशक में हुए ईशमान और ऑस्टविट्ज़ जाँच, आरेन्ड्त के "जेरूसलम में ईशमान" के प्रकाशन, 1967 के अरब इज़रायली युद्ध और स्मारक निर्माण के प्रयासों की वृद्धि के बाद अस्तित्व में आया।[12]

जैसे-जैसे इसमें विकास होता गया, होलोकास्ट अध्ययन में अपने मुद्दे जुड़ते गए, जिनमें वैशिष्ट्य और प्रातिनिधिकता के महत्त्वपूर्ण प्रश्न भी शामिल थे। जनसंहार-अध्ययन, जिसमें सामाजिक विज्ञान पर बल है और जिसकी चर्चा मैं बाद में करूँगा, के विपरीत होलोकास्ट अध्ययन प्रमुखतः मानविकी से सम्बद्ध है। जैसे कि पायनियर्स में स्पष्ट है कि पहली पीढ़ी के अनेक जनसंहार-विद्वान तुलनात्मक अध्ययन के प्रति अपनी प्रतिबद्धता के चलते होलोकास्ट अध्ययन से अलग होकर उधर चले गए। तुलना का जनसंहार-अध्ययन में केन्द्रीय महत्त्व है और इसे तुलनात्मक जनसंहार-अध्ययन कहा जाता है।[13] दरअसल इस अनुशासन का सामाजिक विज्ञान/सकारात्मक रुख के प्रति झुकाव का कारण मुख्यतः जनसंहार जैसी असाधारण घटनाओं में देखी जा सकनेवाली समानता और सामान्य सिद्धान्तों का गठन है, ताकि इनको रोका जा सके, आखिरकार इस अध्ययन का लक्ष्य भी तो यही है। (होलोकास्ट साहित्य के सन्दर्भ में यह बात कम लागू होती है क्योंकि वहाँ वैशिष्ट्य पर बल होने के कारण शोध का विषय अतीत में हुई कोई एक घटना होती है)। इस क्षेत्र की पहली परिचयात्मक पुस्तक जोन्स की "जनसंहार : एक समेकित परिचय" (जेनोसाइड : ए कॉम्प्रेहेंसिव इंट्रोडक्शन)[14], इस अनुशासन के ज्ञानमीमांसात्मक पहलू को भली-भाँति प्रस्तुत करती है, क्योंकि इसके अधिकांश अध्याय केस-अध्ययन और सामाजिक विज्ञान से जुड़े तथ्यों-निष्कर्षों से सम्बद्ध हैं, बावजूद इसके कि यह पुस्तक फ़ील्ड से जुड़े पूर्वग्रहों को दूर करने का प्रयास करती है।

अनुशासन का रुख, अस्पष्टताएँ और पूर्वग्रह

होलोकास्ट अध्ययन द्वारा भिन्न बातों पर बल दिए जाने का एक फ़ायदा जनसंहार-अध्ययन हेतु यह भी है कि इससे इस अध्ययन के सम्बन्ध में आलोचनात्मक दृष्टि भी पैदा होती है तथा सोचने की नई पद्धतियाँ भी मिलती हैं। इन दिनों हो रहे जनसंहार-अध्ययन में विद्वानों, विशेषकर उन इतिहासकारों मसलन बलॉक्सहोम, जैक्यूज़ सेमेलिन, मोसेस और स्टोन के काम अपेक्षया अधिक रोचक हैं, जो आरम्भिक दौर में होलोकास्ट अध्ययन से सम्बद्ध रहे हैं। उनके अध्ययन दरअसल तेजी से उभर रहे उप-अनुशासन-आलोचनात्मक जनसंहार-अध्ययन के दायरे में आते हैं। जैसे-जैसे जनसंहार-अध्ययन परिपक्व होता गया है और होलोकास्ट अध्ययन का विशिष्टता से जुड़ा तर्क कम होता गया है, जनसंहार-अध्ययन, होलोकास्ट अध्ययन की बहसों में जगह पाता गया है। बलॉक्सहोम की नई किताब का शीर्षक, जनसंहार : एक अन्तिम उपाय' (द फ़ाइनल सोल्यूशन : अ जेनोसाइड) इसका द्योतक है।[15]

दरअसल जनसंहार-अध्ययन की आलोचनात्मक पद्धति अपनी सहज प्रकृति के अनुरूप ज्ञान के अन्य क्षेत्रों जैसे कि स्वदेशी अध्ययन, दर्शन, सांस्कृतिक अध्ययन, साहित्य तथा श्रव्य एवं दृश्य कलाएँ, लाक्षणिकी और आलोचनात्मक सिद्धान्त आदि को जानने-समझने के प्रति उत्सुक होगी। भले ही इसके चलते जनसंहार-अध्ययन को अपनी मान्यताओं की समीक्षा करने की जरूरत महसूस हो, पर उसे समझने की गहरी अन्तर्दृष्टि भी हासिल होगी। वास्तविकता तो यह है कि इन अनुशासनों से सम्बद्ध कुछ विद्वान इस क्षेत्र में काम कर रहे हैं। किन्तु ऐसे विद्वानों के स्वर तथा उनके अपने अनुशासन से प्राप्त अन्तर्दृष्टि इस क्षेत्र में काम कर रहे इतिहासकारों और समाजवैज्ञानिकों की तुलना में क्षीणतर हैं।

उत्तरी अमेरिका और यूरोपीय क्षेत्र से बाहर जनसंहार-अध्ययन में शोध की एक समृद्ध दिशा हमें वहाँ से प्राप्त होती है, जहाँ इस क्षेत्र में अध्ययन आरम्भ हो चुके हैं।

इसका एक उदाहरण फ़ायरस्टाइन और अन्य लेटिन अमेरिकी विद्वानों के काम हैं, जो जनसंहार की सीमाओं पर प्रश्न उठाते हुए क्षेत्रीय एवं स्पैनिश भाषा की दृष्टि से एक अन्य विकल्प प्रस्तुत कर रहे हैं।[16] इस तरह का ज्ञान जनसंहार-अध्ययन की जातिकेन्द्रित मान्यताओं को प्रश्नांकित कर, इस क्षेत्र को नये सिरे से देखने की दृष्टि उत्पन्न करने में सहायता प्रदान करता है।

जनसंहार का नृविज्ञान

जनसंहार-अध्ययन से मेरा खुद का वास्ता 1990 के दशक के आरम्भिक वर्षों से पड़ना शुरू हुआ जबकि मैंने एक ग्रेजुएट विद्यार्थी के तौर पर कम्बोडिया में हुए जनसंहार के बारे में अपना शोधकार्य शुरू किया और आईएजीएस की बैठकों में भाग लेना आरम्भ किया। मैंने इस क्षेत्र को ऊपर बताए अनुसार बाहरी दृष्टि से देखा। जब मैंने 1995 में आईएजीएस की बैठक में पहली बार हिस्सा लिया, तो मैं वहाँ केवल एक-दो नृवैज्ञानिकों की उपस्थिति देखकर हैरान रह गया (यदि मुझे ठीक से याद है तो वहाँ रॉबर्ट हिचकॉक और पामेला बालिंगर ही उपस्थित थे)। बावजूद स्वदेशी लोगों पर हुए महत्त्वपूर्ण काम के, नृविज्ञान के राडार पर जनसंहार-अध्ययन की उपस्थिति नहीं के बराबर थी।[17] इसी प्रकार जनसंहार-अध्ययन के दायरे से भी नृविज्ञान की कतिपय प्रासंगिक चिन्ताएँ और अन्तर्दृष्टियाँ गायब थीं।

किसी संस्कृति में हिंसा के बारे में क्या विचार हैं, या हिंसा के कैसे पैटर्न हैं, इससे भी कुछ संकेत मिलते हैं। सम्बद्ध समाजों से लम्बे समय तक जुड़े रहने और उनके बारे में गहरी जानकारी रखने के चलते नृविज्ञानी इस बात को अपने अनुभवों के आधार पर सबसे बेहतर ढंग से समझ सकते हैं कि जनसंहार किस-किस तरह से सम्पन्न हुआ, उसे समाज का भद्रलोक और अन्य निम्न स्तर के लोग किस प्रकार

देखते हैं तथा जनसंहार के बाद के प्रभावों और परिणतियों से लोग कैसे जूझते हैं। अतः नृवैज्ञानिक दृष्टि राज्य की विचारधारा तथा एजेंसी और अभिप्रेरणा के विषय में प्रचलित आसान मान्यताओं को संश्लिष्ट ढंग से देखने के चलते, अपेक्षाकृत जटिल बना देती है। तब अभिप्रेरणा और प्रक्रिया को समझने के लिए उन स्थानीय सोचों को जानना जरूरी हो जाता है, जो इन सामाजिक कृत्यों को निर्धारित करती हैं। इसे भद्रलोक के कथनों से लेकर टार्चर चैंबर में कैद लोगों के विवरणों तक के विभिन्न क्षेत्रों में देखा जा सकता है। इस दृष्टि से देखने पर राज्य की विचारधारा और अपराधी की अभिप्रेरणा वाला सख्त पैमाना टूटता लगता है जिससे कि हमें अपना ध्यान प्रक्रिया और सन्दर्भ पर केन्द्रित करने में मदद मिलती है। बोस्निया और रवांडा में हुए जनसंहार के चलते नृविज्ञान के क्षेत्र में इस विषय पर काम हुआ है, उसी से कुछ प्रेरणा लेते हुए मैंने इस बिंदु पर कम्बोडिया में हुए जनसंहार पर काम किया है।[18]

दूसरी ओर नृवैज्ञानिक दृष्टि यह बताती है कि हमें जनसंहार के बाद के प्रभावों के बारे में अपनी चिन्ताओं का विस्तार करना चाहिए। आम तौर से इस मुद्दे को इस मान्यता के आधार पर नजरअन्दाज कर दिया जाता है कि हमारा मुख्य काम तो उसका निवारण है, यह जनसंहार-अध्ययन के और उसी द्विमुखी प्रवृत्ति अथवा सोच का नतीजा है, जिसकी चर्चा हम ऊपर कर चुके हैं। यह निस्सन्देह आलोचनात्मक एवं प्रशंसनीय लक्ष्य है। किन्तु निवारण पर ऐसा संकेन्द्रण, इस अन्य महत्त्वपूर्ण मुद्दे से हमारा ध्यान हटा देता है कि लोग जनसंहार के अनुभव और कालान्तर में होनेवाले उसके प्रभावों से कैसे जूझते हैं।

जनसंहार के प्रमुख लेखन को देखने पर पता चलता है कि इस मुद्दे पर कम ही काम हुआ है। बाद के प्रभावों का अर्थ आमतौर से इंकार और क़ानूनी प्रतिकार मान लिया गया है। (होलोकास्ट अध्ययन में इस मामले में एक रोचक अर्थविस्तार मिलता है क्योंकि वहाँ त्रास और स्मृति महत्त्वपूर्ण मुद्दे बनकर उभरे हैं।) अपराधी और पीड़ितों के साथ जमीनी धरातल पर काम करने के फलस्वरूप नृविज्ञानियों ने अनुभव, पार पाने के सामर्थ्य, रस्मों और स्मृति को देखने के नये तरीके निकाल लिए हैं। यहाँ तक कि नृविज्ञान में ऐसे कामों की तादाद बढ़ रही है जिसमें कि उन स्थानीय सोचों और सामाजिक दस्तूरों को जानने-समझने की कोशिश रहती है, जो वहाँ के मानव-अधिकार तंत्र और ट्रिब्यूनलों जैसे संक्रमणकालीन क़ानूनी तंत्रों को सामने लाने में सक्षम हैं।[19] इन सबको लिखने का अर्थ यह नहीं है कि हमें निवारण के मुद्दे को नजरअन्दाज कर देना चाहिए, बल्कि यह कि हमें अपनी दृष्टि को बाद में होनेवाले दूरगामी प्रभावों पर भी केन्द्रित करना चाहिए। इसके अलावा यह भी जानना चाहिए कि पिछले जनसंहार के स्थानीय अनुभव, उनसे निबटने के सामर्थ्य और उसकी स्मृति भविष्य के जनसंहार का कारक बन सकती है, अतः इसे नजरअन्दाज करना ठीक नहीं।[20]

परिभाषाएँ

जनसंहार-अध्ययन का एक प्रमुख विषय है, जनसंहार को पारिभाषित करना, इस बारे में भी नृविज्ञानी अध्ययन ने अनेक महत्त्वपूर्ण प्रश्न उठाए हैं। पहला तो वही अर्थ विषयक कि उन विभिन्न समाजों में जहाँ जनसंहार हो रहे हैं अथवा हुए थे, उनके लिए जनसंहार का तात्पर्य क्या है? क्योंकि जनसंहार नामक पद का प्रयोग एक खास कालखंड में एक विशिष्ट सन्दर्भ में किया गया था। जब हम किसी सामूहिक हिंसा वाले कांड को बिना यह जाने कि सन्दर्भ विशेष में इस हिंसा के क्या मायने हैं, "जनसंहार" कहकर अभिहित करते हैं तो हम कहाँ चूक कर रहे होते हैं? जोन्स की परिचयात्मक पुस्तक इस मुद्दे को उठाती है और विभिन्न नामों की सूची प्रदान करती है।[21]

एक दूसरा, पर इसी से जुड़ा प्रश्न यह उठता है कि अपराधी और पीड़ित एक दूसरे को पुकारने और समझने के लिए किन शब्दों का उपयोग करते हैं? इस प्रश्न से जिससे अकादमिक स्तर पर विद्वज्जन 1980 के दशक की शुरुआत से ही जूझ रहे हैं, अन्ततः 1990 के दशक में पूर्व में तब जाकर क़ानूनी महत्त्व पा सका जब यूगोस्लाविया और रवांडा के लिए इंटरनेशनल क्रिमिनल ट्रिब्यूनल्स बने और "हुतु" और "तुत्सी" भारी कठिनाई के बाद यूएनसीजी द्वारा बनाए जनसंहार वाले संकीर्ण वर्ग में शामिल हो पाए। नृविज्ञानी दृष्टि से नस्ल, जातीयता, धर्म और राष्ट्रीयता का वस्तूकरण जातीयता-केन्द्रित भी है और भ्रामक भी। यूएनसीजी को लागू करते हुए यह मुख्य तर्क रहा कि नस्ल असमाप्य अथवा अडिग है (और यह तब की स्थिति थी, जब नस्ल की जैव-वैज्ञानिक धारणा का प्रभुत्व था।) आज यह मानना गोया अन्तर्निहित ढंग से नस्ल की उस अनिवार्य संकल्पना को पुनः शुरू करना है, जिसका इस्तेमाल अपराधी करते रहे हैं और बोअस सरीखे लोगों ने जिसे सामाजिक मिथ साबित कर दिया है। नस्ल एक सामाजिक संरचना है और जातीयता, धर्म और राष्ट्रीयता की भाँति बेहद परिवर्तनशील है। इस बात का अभी हाल ही का एक जबरदस्त उदाहरण है—आयरिशों को जंगली नस्ल मानने पर बल। या ब्राजील जैसे देश में घूमते हुए हमें पता चलेगा कि वहाँ नस्ली वर्गों में कैसी संयोजन क्षमता है। यह दुःखद है कि यूएनसीपी ने कुछ विशेषाधिकार प्राप्त संरक्षित श्रेणियों का सृजन कर दूसरों को असंरक्षित एवं विश्लेषण की दृष्टि से अदृश्य छोड़ दिया है।

पहले से विद्यमान सामाजिक-क़ानूनी संकीर्ण वर्गों के विपरीत सन्दर्भयुक्त समझ से बढ़ते हुए, आलोचनात्मक जनसंहार-अध्ययन सम्भवतः हमें यह समझने में मदद कर सकता है कि कैसे विभिन्न अस्मिताएँ जिनमें गैर-यूरोपीय अस्मिताएँ भी शामिल हैं, जनसंहार की भिन्न-भिन्न स्थितियों में ठोस रूप प्राप्त करती हैं (तरल

अवस्था से समय विशेष में कम तरल अवस्था प्राप्त करना अथवा जिसे मैंने एक अन्य स्थान पर "भिन्नताओं का ठोसीकरण" कहा है)।[22] इस परिप्रेक्ष्य से यू एन सी पी द्वारा प्रदत्त परिभाषा[23] एक ऐतिहासिक और सामाजिक निर्मिति गढ़ती है कि बावजूद महत्त्वपूर्ण क़ानूनी आशयों के, इस परिभाषा को इतना विस्तृत होना चाहिए कि यह जनसंहार-अध्ययन के नेताओं द्वारा परिभाषित किसी भी समूह के विनाश को अपने में समेट सके। कुछ अध्येताओं ने इस आशय की परिभाषाएँ दी हैं,[24] किन्तु विद्वानों द्वारा दी गईं परिभाषाएँ अटपटी हैं। कम या अधिक विस्तृत परिभाषा में अपनी-अपनी सामर्थ्य और कमजोरी है।

परिभाषाओं के सन्दर्भ में मितव्ययता के सिद्धान्तानुसार मेरा मानना है कि कम ही उत्तम है और परिभाषाओं में सीमाबद्ध विश्लेषण नहीं बल्कि उसमें खुलेपन का स्वागत होना चाहिए।

यह मानते हुए कि सभी परिभाषाओं में कमियाँ हैं, हम इसे सहज ही इस तरह से परिभाषित कर सकते हैं कि जनसंहार एक अमानवीकृत और बाहर कर दिए गए समूह को सिर्फ इस आधार पर कि वे कौन हैं, कमोबेश संयोजित ढंग से नष्ट कर देने का प्रयास है।

जनसंहार को "कमोबेश संयोजित ढंग से" देखने से बहुत योजनाबद्ध तथा राज्य द्वारा प्रायोजित जनसंहारों के साथ-साथ उन जनसंहारों को भी शामिल करने की सुविधा हासिल हो जाती है, जो ऊटपटाँग और गड्ड-मड्ड तरीके से किए जाते हैं। दूसरे ढंग में राज्य की भूमिका अधिकांशत: अनुमति की होती है, इरादे की नहीं (उदाहरण के लिए सशस्त्र गिरोहों द्वारा किए जानेवाले जनसंहार को न करने देना अथवा उसे रोकने के लिए कुछ न करना, या फिर पीड़ितों को इस प्रकार से रहने की अनुमति देना जिससे कि उनका विनाश हो जाए, जैसे कि बहुत सारे नेटिव अमेरिकी जनसंहार के वक्त हुआ)—पूरे समुदाय का अथवा उसके एक हिस्से का विनाश।

इस तरह की परिभाषा के महत्त्वपूर्ण निहितार्थ हैं, जो अपने दायरे में सांस्कृतिक जनसंहार, राज्य से इतर समूहों द्वारा किए गए जनसंहार, उपेक्षाजनित जनसंहार और किन्हीं विशेष ऐतिहासिक और सांस्कृतिक सन्दर्भों में गठित राजनीतिक, आर्थिक, सामाजिक या अन्य समूहों का जनसंहार। यह हमें "संहारों" के सिलसिले, जैसे कि "राजनीतिक संहार" जिसे यूएनसीजी में बचे रह गए अन्तरालों को भरने के लिए प्रस्तावित किया गया था, से भी बचने की सहूलियत देता है। दूसरे शब्दों में हमें अनेक तरह के मामलों को जाँचने की जरूरत है, जिनमें खासे ऊटपटाँग तरीके से एक समूह को नष्ट करने का प्रयास था अथवा कोई समूह जिसे परोक्ष तरीके से जिसमें संरचनात्मक ढाँचा[25] भी शामिल है अथवा फिर उपेक्षा तथा उदासीनता के साथ, धीरे-धीरे खत्म कर दिया जाए। यह परिभाषा लगभग उसी भावना से प्रेरित है, जिसके चलते इज़रायल चार्नी, ऐसे किसी भी असैनिक समूह जिसे नष्ट करने

के लिए लक्षित कर लिया गया हो, के लिए जनसंहार पद का प्रयोग करते हैं, पर जिसे अक्सर ही खारिज़ कर दिया जाता है। तथापि यह परिभाषा कुछ बेहतर इसलिए हो जाती है कि इसमें सैनिक समूह भी जनसंहार के लक्ष्यों में शामिल हैं (उदाहरण के लिए युद्ध के दौरान दो बेहद सशस्त्र नेतृत्व करनेवालों द्वारा एक दूसरे को नष्ट करने की कोशिश)।

अन्त में हम इन उपरोक्त परिभाषाओं को पद्धतिमूलक परिभाषाओं की तरह देख सकते हैं, बावजूद इसके कि सभी परिभाषाओं के पद्धतिमूलक निहितार्थ हो सकते हैं। इसके द्वारा मैं यह कहना चाहता हूँ कि जनसंहार के अध्येता विश्लेषण हेतु सुविस्तृत परिभाषा देते हैं, जिससे कि हमें बहुत प्रकार के मामलों पर विचार करने की सुविधा हासिल हो सके। अन्ततः कोई अध्येता जमीनी स्तर पर भले ही किसी भी परिभाषा को चुन ले, पद्धतिमूलक परिभाषा की खासियत यह है कि वह शोध के दौरान अतिरिक्त सामग्री जुटाने में सहयोग करती है, जिसमें इसकी सूचना भी शामिल है कि आखिर कुछ स्थितियों में जनसंहार क्यों नहीं होते? कूपर ने इसको बहुत अच्छी तरह से वर्णित किया है, किन्तु इस क्षेत्र के विद्वानों ने इसे समुचित महत्त्व कभी प्रदान नहीं किया। आलोचनात्मक जनसंहार-अध्ययन ऐसे नये क्षेत्रों की खोज को प्रोत्साहित करता है, जिसे प्रदत्त मान्यताओं, पूर्वग्रहों और कट्टरता के दबाव के चलते खारिज़ कर दिया गया है।

उदाहरण के लिए, इतनी विस्तृत परिभाषा, आलोचकों के अनुसार अतिव्याप्ति दोष से ग्रस्त है। तर्क यह है कि यदि हम इसमें अनेक प्रकार के मामलों को शामिल कर देंगे तो यह उस पद के अर्थ और उसकी शक्ति का "क्षरण" कर देगा। अतिव्याप्ति एक ऐसा मजेदार पद है, जिससे एक ऐसा चित्र उभरता है मानो किसी शुद्ध पदार्थ में अशुद्ध तत्त्वों को मिलाकर उसे दूषित कर दिया गया हो (यह विडम्बनापूर्ण है कि जनसंहार के लिए इस रूपक का अकसर उपयोग किया जाता है)। किन्तु बाहरी क्या है, इसका निर्धारण कौन करेगा! अतिव्याप्ति की धारणा केस-स्टडी की वरीयता और उसकी प्रासंगिकता को उसमें सन्निहित रूपक के माध्यम से स्थापित करती है न कि आलोचनात्मक विश्लेषण से। इसका कोई कार्यकारण सम्बन्ध नहीं है कि क्योंकर जनसंहार में सीमित दायरों के मामले शामिल किए जाएँगे। निस्सन्देह जनसंहार-अध्ययन के क्षेत्र का विकास बहुत ज़्यादा होगा यदि अनेक प्रकार के मामलों को इसमें शामिल कर दिया जाए। आलोचनात्मक जनसंहार के अद्यतन विद्वान इस बात का अध्ययन कर रहे हैं कि यदि इसमें विस्मृत जनसंहारों सहित अनेक प्रकार के मामले शामिल कर उसके क्षेत्र को विशद् कर दिया जाए, तो उसके क्या परिणाम होंगे।[26]

भले ही पृष्ठभूमि के रूप में हो पर यूएनसीजी तथा उसके बाद विद्वानों द्वारा दी गई परिभाषाओं पर होलोकास्ट का अकाट्य प्रभाव है, खासतौर पर तब जब

कि बात इरादे और विशेष रूप से राज्य के इरादे की होती है। और सम्भवतः इस क्लासिक परिभाषा पर केन्द्रित रहने के चलते हम सबने बहुत कुछ खो दिया है। उदाहरण के लिए संज्ञानात्मक विज्ञान (कॉगनेटिव साइंस) में हुए अद्यतन शोध यह बताते हैं कि श्रेणीकृत समझ बहुत हद तक रूपक, लक्षणालंकार और आद्यरूपों के प्रभाव से ग्रस्त होती है।[27] दूसरे शब्दों में लोग जनसंहार जैसी घटनाओं को रूपकों, लक्षणालंकारों और आद्यरूपों के माध्यम से सोचते हैं। जिस प्रकार परिभाषा के बारे में हमारी सोच में सम्भावित बदलाव आया है और जनसंहार स्वयं अपने में एक विषय हो सकता है, मैं सिर्फ इस जाहिर-सी बात को नोट करना चाहता हूँ कि लम्बे समय तक होलोकास्ट जनसंहार का आद्यरूप और ऑस्टविट्ज उसका एक प्रमुख लक्षणालंकार रहा है। इसका तात्पर्य यह है कि जनसंहार पर बात करते हुए हममें से अधिकांश की सोच में कहीं होलोकास्ट का आद्यरूप विद्यमान रहता है।

विशिष्टता सम्बन्धी बहस इस पक्षपात की ओर संकेत करती है, किन्तु हम परिभाषा से लेकर कसौटी निर्धारण के अनेक परिप्रेक्ष्यों तक इसे देखते हैं। केस-स्टडी का प्रतिमान आमतौर से होलोकास्ट हैं, जो यदि कमतर प्रतिमानों के साथ रख दिए जाएँ तो निस्सन्देह उनके प्रभाव का स्पष्ट रूप से क्षरण होता है। विशिष्टता सम्बन्धी बहस से इसका अन्य रूप भी प्रकट होता है। होलोकास्ट की प्रमुखता के बावजूद, कई अन्य आद्यरूप और प्रतिमान हैं, जिनमें अधिकांशतः भुला दिए गए लोगों का संहार शामिल है, जैसे कि नये विश्व की पराजय और उपनिवेशीकरण के दौरान हिस्पैनिओला के टाइनो का नाश अथवा स्टालिन या माओ के चीन में अनेकानेक राजनीतिक दलों का संहार। क्या होता यदि इन मुद्दों से जनसंहार-अध्ययन की शुरुआत होती? आलोचनात्मक जनसंहार-अध्ययन हमें यह सोचने का मौका देता है कि जनसंहार-सिद्धान्त पर पुनर्विचार के क्या मायने हो सकते हैं।

लेमकिन के काम पर पुनर्विचार से इस प्रकार के विकेन्द्रीकरण प्राप्त होते हैं। लेमकिन की अवधारणा इस अर्थ में ऐतिहासिक विस्तार और विश्लेषणात्मक दृष्टि से सम्पन्न है कि उसमें किसी समुदाय का जीवन कितने प्रकार से, अर्थात् न केवल शारीरिक तौर पर बल्कि जैविक, सांस्कृतिक और राजनीतिक तौर पर राज्य तथा राज्येतर ताकतों द्वारा नष्ट किया जा सकता है, शामिल है। पिछले दशक से ऐसे कामों की संख्या बढ़ी है, जो लेमकिन के दृष्टिकोण से जनसंहार को देखने के हिमायती हैं, जिसमें ऐतिहासिक गहराई और विस्तार, पुरावशेष और उपनिवेशीकरण में रुचि, इस बात के प्रति जागरूकता कि (जनसंहार-अध्ययन आमतौर पर कम समय में हुए जनसंहारों की केस-स्टडीज़ पर आधारित हैं, इसके विपरीत) लम्बे समय तक अन्तरालों में विभिन्न प्रकार के तरीकों से (राज्य-प्रायोजित सामूहिक हत्याकांड की आमफ़हम सोच से आगे) जारी मार-काट के बाद जनसंहार की स्थिति स्पष्ट हो। इसमें सांस्कृतिक विनाश भी शामिल है। इसके फलस्वरूप विद्वानों ने अब

उपनिवेशीकरण, विजय, अधिवासी कॉलोनी और आधुनिकता पर अपना अध्ययन केन्द्रित करते हुए, भुला दिए गए जनसंहारों पर काम शुरू कर दिया है[28], किन्तु इस सन्दर्भ में अभी बहुत कुछ किया जाना बाकी है, क्योंकि जनसंहार-अध्ययन क्षेत्र में ऐसे केस अभी हाशिए पर ही हैं।

हमने ऐसे मामलों को नज़रअन्दाज क्योंकर किया है? इसके जटिल और बहुस्तरीय कारण हैं। पहली बात तो यह कि होलोकास्ट का आद्यरूप राज्य और विचारधारा को आगे रखते हुए, हमारा सारा ध्यान जनसंहार की एक खास प्रक्रिया की ओर ले जाता है। विद्वज्जन जीवनकाल में जनसंहार के कई मामले देख चुके हैं, तो इसका दूसरा कारण मामलों की कथित प्रासंगिकता हो सकती है (बावजूद इसके कि हमने स्थानीय लोगों की दुर्दशा के समकालीन मामलों को नज़रअन्दाज कर दिया है)। इन मामलों के बारे में ज़्यादा सूचनाएँ भी उपलब्ध हैं, जिससे कि इन पर शोध करने और लिखने में आसानी हो जाती है। जैसे-जैसे ज्ञान का अनुशासनात्मक ढाँचा स्थापित होता जाता है, आदत और परम्परा तथा उसे जारी रखने में रुचि आदि भी वे कारण हैं, जो हमारा ध्यान कुछ विशिष्ट मामलों की ओर ले जाते हैं।

प्रगति और सभ्यता के वृहद आख्यान भी हमारी सोच को प्रभावित कर हमारी दृष्टि जनसंहार करवानेवाले निरंकुश शासकों (हिटलर, पोलपोत, मिलोसेविक, अल-बशीर) और सत्तावादी शासनतंत्र की ओर ले जा सकते हैं। यूएनसीजी की भाषा इस भाषा का कोडीकरण यह कहकर करती है कि "सभ्य संसार" जनसंहार "की भर्त्सना करता है।"[29] (स्वयं लेमकिन ने अकसर इस तरह की भाषा का प्रयोग किया है)। ऐसी भाषा यह मानकर चलती है कि जनसंहार करना असभ्य, बर्बर और वहशियों का काम है और इस सोच को सिकुड़ी खोपड़ी जैसे प्रतीकों द्वारा बद्धमूल किया जाता है, जो बुहेनवाल्ड के कैम्प में मिला था और जिसे नूरेमबर्ग में देखने के लिए रखा गया था। यद्यपि जनसंहार अत्यन्त क्रूर होता है और इसकी भर्त्सना की ही जानी चाहिए, तथापि यह आधुनिकता और यहाँ तक कि लोकतंत्र से गहरे में सम्बद्ध है।[30] इस अनुशासन द्वारा नेटिव अमरीकियों की दासता और स्थानीय लोगों की उपेक्षा इसी तथ्य को रेखांकित करते हैं।[31]

आलोचनात्मक जनसंहार-अध्ययन हमें यह सोचने के लिए प्रेरित करता है कि विद्वानों ने क्योंकर इन मुद्दों को नज़रअन्दाज किया। इसका एक कारण जनसंहार का अध्ययन करनेवाले विद्वानों की "उदार"[32] प्रवृत्ति हो सकती है और जैसा कि यूएनसीजी ने कहा है कि "इस घिनौने संकट से मानवजाति को मुक्त करना है।"[33] हम इस अनुशासन के द्विमुखी चेहरे की ओर लौटते हैं।

आलोचनात्मक जनसंहार-अध्ययन हमसे वस्तुनिष्ठता त्यागने की माँग नहीं करता बल्कि उसकी तो माँग ही यह है कि हम इसकी उत्पत्ति के कारकों और उनकी निर्मिति तथा सम्भावित संकल्पनात्मक पूर्वग्रहों के बारे में आलोचनात्मक

ढंग से सोचें और उस समस्या को सुलझाने के लिए नये मार्ग ढूँढ़ें। उदाहरण के लिए हम किस प्रकार अपने विश्लेषणों में "असभ्य/बर्बर" अन्य की छवि का गठन करते-करते उसके ठीक विपरीत आधुनिक, विकसित और सभ्य की अपनी छवि गढ़ते जाते हैं। इस तरह की पहचानों के चलते हम क्या खो देते हैं? इसका एक उत्तर यह हो सकता है कि हमारी दृष्टि सहज ही आधुनिकता और जनसंहार के सम्बन्धों को और आदिकालीन जातीय दृष्टिकोण, स्टेज थ्योरी (जिसमें असभ्यता से सभ्यता तक क्रमशः विकास अन्तर्निहित हो), पूर्वज-प्रवृत्ति (ऐटविज़्म) (विपर्ययण के तौर पर नाज़ीवाद), अथवा जैविक/मनोवैज्ञानिक अवव्याख्यावाद (रिडक्सनिज़्म) (हमारी "असभ्य" अथवा "परपीड़क" "प्रकृति"—लॉर्ड ऑफ़ द फ्लाइज़ तथा साइको[34] के बारे में सोचें) से ओतप्रोत व्याख्याओं को देख पाने में असमर्थ हो जाती हो।

कसौटी का निर्माण

इस प्रकार के विकेन्द्रीकरण हमें आलोचनात्मक ढंग से जनसंहार-अध्ययन से निकलीं कसौटियों के बारे में सोचने को प्रेरित करते हैं। आज तक जिन कसौटियों का बोलबाला है, उन्हें मोटे तौर पर आरेख-1 में दिखाया गया है।

जैसा कि ऊपर दिखाया गया है, कुछ अपवादों को छोड़कर जनसंहार-अध्ययन में विशेषकर 1980 के दशक से लेकर 1990 तक के दशक में ज़्यादातर विद्वानों ने अपना काम मुख्यतः बीसवीं सदी के कोर पर ही किया है। उनके काम में होलोकास्ट या तो पृष्ठभूमि के रूप में मौजूद है अथवा सीधे-सीधे मौजूद है। अन्य कसौटियों की भाँति ये भी पूरी तरह से स्थिर कसौटी नहीं है और कुछ समुदायों की प्रतिष्ठा में परिवर्तन के साथ इसमें भी बदलाव आया है (उदाहरण के लिए,ऑटोमन असीरियाई और यूनानी जनसंहार की स्थिति में परिवर्तन देखने को मिल रहा है, अब वे विस्मृति से निकलकर हाशिए और सम्भवतः वृत्त के दूसरे भाग में पहुँच गए हैं।)

आद्यरूप	होलोकास्ट
त्रयी	होलोकास्ट आर्मेनियाई जनसंहार रवांडा
दूसरा वृत्त	पूर्वी पाकिस्तान कुर्दों का केस ग्वाटेमाला हेरेरो/ निमीबिया मामला कोसोवो

	कार्थेज़ सेटलर जनसंहार यूक्रेनियाई/ सोवियत
हाशिए पर	इंडोनेशिया अर्जेनटीना स्थानीय लोगों के विशिष्ट मामले प्राचीन जनसंहार असीरियाई और यूनानी मामले पूर्वी टिमोर बुरुंडी माओवादी चीन कोंगो जनतांत्रिक गणतंत्र
विस्मृत जनसंहार	कमोबेश अदृश्य/छिपे/विस्मृत मामले

आरेख-1 जनसंहार-अध्ययन की कसौटी

जनसंहार-अध्ययन कसौटी का प्रतिमान तो आदर्श रूप को ही प्राप्त करना है, लेकिन इसमें इस अध्ययन क्षेत्र में उभरकर आए कुछ अनुशासनात्मक पूर्वग्रह भी दिखाई पड़ते हैं। उदाहरण के लिए कई अर्थों में प्रचलित पद्धतियों से परे जाकर यद्यपि जोन का परिचयात्मक पुस्तक हाशिए के अथवा यहाँ तक कि विस्मृत जनसंहारों पर भी विचार करता है, तथापि उसका बल बीसवीं सदी के कोर पर ही है, क्योंकि पाठ्यक्रमों में अधिकांश लोग यही पढ़ाते हैं।[35] इसी तरह की बात इस क्षेत्र से सम्बन्धित पाठ्यपुस्तकों और सम्पादित पुस्तकों के बारे में भी सही है।[36]

आलोचनात्मक जनसंहार-अध्ययन हमें इस पर विचार करने की प्रेरणा देता है कि हमारे अपने शोध और अध्यापन को इन पूर्वग्रहों ने किस तरह से प्रभावित किया है और विकेन्द्रीकरण द्वारा हम इस अध्ययन क्षेत्र की पुनर्कल्पना किस तरह से कर सकते हैं।

जैसी कि यह चर्चा बताती है कि परिभाषा और कसौटीकरण के मुद्दे मूल्यनिरपेक्ष नहीं हैं, वरन वे वर्चस्व और ज्ञान के मुद्दों से जुड़े हुए हैं। हमें यह जरूर पूछना चाहिए कि जनसंहार के कुछ मुद्दों को क्यों भुला दिया जाता है? नकारनेवाला साहित्य (जिसका अपना द्विमुखीपन है, जिसके चलते वह डरावनी घटनाओं की ऐतिहासिक सत्यता को सुनिश्चित करते हुए भी उसके विषय में सम्भावित बहसों को खत्म कर देता है।) भी इस प्रश्न से जूझा है। किन्तु हमें यह भी सोचना होगा कि हम कुछ मामलों और विषयों पर ही फोकस क्यों करते हैं और इसके चलते

क्या शामिल होता है और क्या-क्या छूट रहा होता है। क्या हम देख नहीं पाते कि पहले जो धुँधला व अपारदर्शी है, उस पर किस तरह से रोशनी डाली जाए? इस विषय के अपरिहार्य राजनीतिकरण को देखते हुए हमें यह जानना होगा कि हम किस तरह से प्रदत्त स्वार्थों और एजेंडों से प्रभावित हो जाते हैं। हमें यह पूछना ही होगा कि क्योंकर कुछ मामले भुला दिए जाते हैं, याद रखे जाते हैं, पहचाने जाते हैं और इतिहास से जान-बूझकर छिपाए जाते हैं, अथवा बट्टे खाते में डाल दिए जाते हैं? यह हमारे अनुशासन के हित में होगा कि हम इस प्रकार के बहुविध सवालों पर विचार करें, बिना प्रमाण सही मान ली गईं मान्यताओं और पूर्वग्रहों पर पुनर्विचार करें, इस विषय पर विचार की नई सरणियों का निर्धारण कर आलोचनात्मक जनसंहार-अध्ययन के क्षेत्र में प्रवृत्त हों।

सन्दर्भ

1. मैं निकोल कूली, सैमुअल टोटेन, हैनरी थेरिआल्ट, जॉयस आप्सेल, अन्तोनियो पॉप और डर्क मोसेस को इस लेख पर उनकी टिप्पणियों और सुझावों के लिए धन्यवाद देता हूँ।
2. ए डर्क मोसेस, "टुवाड्र्स अ थ्योरी ऑफ़ क्रिटिकल जेनोसाइड स्टडीज़", ऑनलाइन एन्साइक्लोपीडिया ऑफ़ मास वॉयलेंस, 18 अप्रैल, 2008, http://massviolence.org/Towards-a-Theory-of-Critical-Genocide-Studies (5 जुलाई, 2011 को देखा गया)।
3. ए डर्क मोसेस और डोनल्ड ब्लॉक्सहोम, "जेनोसाइड एंड मॉडेर्निटी" (हाउंडमिल्स : पॉलग्रेव मैकमिलन, 2008), 156-93. देखें, डर्क मोसेस का "कॉन्सेप्चुअल ब्लॉकेज़ेज़ एंड डेफ़िनिशनल डाइलेमाज़ इन द 'रेशियल सेन्चुरी' : जेनोसाइड्स ऑफ़ इंडीजेनस पीपल्स एंड द होलोकास्ट", पैटर्न्स ऑफ़ प्रेजुडिस 36, 4 (2002) : 7-36; डोनल्ड बलॉक्सहोम तथा ए डर्क मोसेस सम्पा. द ऑक्सफ़ोर्ड हैंडबुक ऑफ़ जेनोसाइड स्टडीज़ में ए डर्क मोसेस, "राफ़ाएल लेमकिन, कल्चर एंड कॉन्सेप्ट ऑफ़ जेनोसाइड," (न्यूयॉर्क : ऑक्सफ़ोर्ड यूपी, 2010), 19-41; डैन स्टोन सम्पा. "द हिस्टीरियोग्राफ़ी ऑफ़ जेनोसाइड" में संकलित।
4. लेमकिन पर फ़ोकस पिछले दशक में सामंथा पावर की बेस्ट सेलिंग पुस्तक अ प्रॉबलम फ्रॉम हेल : अमेरिका एंड द एज़ ऑफ़ जेनोसाइड (न्यूयॉर्क : बोसिक बुक्स, 2002) (जॉयस ऑप्सेल [लिबरल स्टडीज़, न्यूयॉर्क यूनिवर्सिटी], लेखिका के साथ बातचीत, 25 फरवरी 2012) तथा कुछ ऐसे अध्ययन जो लेमकिन के ऐतिहासिक कार्य को इस क्षेत्र के परम्परागत बलाघातों के पुनर्मूल्यांकन के लिए किए गए हैं। उदाहरण के लिए देखें युरग़न जिमेरर तथा डोमिनिक शॉलर सम्पा. द ओरिजिन्स ऑफ़ जेनोसाइड : राफ़ाएल लेमकिन ऐज़ अ हिस्टोरियन ऑफ़ मास वॉयलेंस (लन्दन, राउटलेज़, 2009)

5. उदाहरण के लिए देखें, गॉल बेकरमैन, "टॉप जेनोसाइड स्कॉलर्स बैटल ओवर हाउ टू कैरेक्टराइज़ इज़रायल्स एक्शन," फ़ॉरवर्ड : द ज्यूविश डेली, 16 फ़रवरी, 2011, http://www.forward.com/articles/135484/ (21 फ़रवरी, 2011) को देखा गया।
6. सेमुअल टोटेन और स्टीवन लियोनार्द जैकब्स द्वारा सम्पादित, पायनियर्स ऑफ़ जेनोसाइड स्टडीज़ (न्यू बर्न्सविक, एन) : ट्रांजेक्शन, 2002
7. सेमुअल टोटेन और स्टीवन लियोनार्द जैकब्स के पायनियर्स, xiv में टोटेन और जैकब्स का "आमुख" देखें और ए डर्क मोसेस सम्पादित जेनोसाइड : क्रिटीकल कॉन्सेप्ट्स इन हिस्टोरिकल स्टडीज़ में डर्क मोसेस का 'द फ़ील्ड ऑफ़ जेनोसाइड स्टडीज़' देखें
8. देखें टोटेन और जैकब्स, पायनियर में हेनरी आर हुटेनबाख का "ऐन एकेडमिक जर्नी टुआइर्स जेनोसाइड " 47-58; टोटेन और जैकब्स, पायनियर में रॉबर्ट मेल्सन का "माय जर्नी इन द स्टडी ऑफ़ जेनोसाइड", 139-51; टोटेन और जैकब्स, पायनियर में एरविन स्टॉव का "द रूट्स एंड प्रिवेन्शन ऑफ़ जेनोसाइड एंड अदर कलेक्टिव वॉयलेंस" अ साइफ्स वर्क शेप्ड बाई अ चाइल्ड्स एक्सपीरियंस 479-504
9. लियो कूपर, "जेनोसाइड : इट्स पोलिटिकल यूज़ इन ट्वेन्टीयथ सेन्चुरी" (न्यू हेवेन : येल यूपी, 1982)। और देखें इज़रायल डब्ल्यू चार्नी, हाउ कैन वी कमिट द अनथिंकेबल? जेनोसाइड, द ह्यूमन कैंसर (बाउल्डर, को : वेस्टव्यू,1982); इरविंग एल. होरोवित्ज़, टेकिंग लाइव्ज़ : जेनोसाइड एंड स्टेट पावर, संशोधित संस्करण (न्यू ब्रुन्सविक, एन जे : ट्रांजेक्शन, 2002); जैक नूसान पोर्टर, जेनोसाइड एंड ह्यूमन राइट्स : अ ग्लोबल एन्थोलॉजी (वाशिंगटन डीसी : यूपी अमेरिका, 1982)
10. "यू एन जेनोसाइड एक्शन सॉट ऑन रेड ब्लॉक" द वाशिंगटन पोस्ट, एम3, 18 जनवरी 1953
11. राफ़ाएल लेमकिन, एक्सिस रूल इन ऑक्यूपाइड यूरोप : लॉ ऑफ़ ऑक्यूपेशन, एनालिसिस ऑफ़ गवर्नमेंट, प्रोपोज़ल्स फ़ॉर रिड्रेस (वाशिंगटन : अन्तर्राष्ट्रीय शान्ति हेतु कार्नेगी निधि, अन्तर्राष्ट्रीय क़ानून प्रभाग, 1944)
12. डेनियल लेवी और नाटल स्नाइडर, द होलोकास्ट एंड मेमोरी इन द ग्लोबल एज़ (फ़िलाडेल्फ़िया : टेम्पल यूपी, 2006) और देखें, डैन स्टोन सम्पा. द हिस्टिरियोग्राफी ऑफ़ होलोकास्ट में संकलित ए डर्क मोसेस, 'द होलोकास्ट एंड जेनोसाइड,' (हाउंडमिल्स : पॉलग्रेव मैकमिलन, 2004), 533-55
13. देखे, स्कॉट स्त्रास, "सेकेंड जेनेरेशन कम्पैरेटिव रिसर्च ऑन जेनोसाइड", वर्ल्ड पॉलिटिक्स 59 (2007) : 476-50
14. ऐडम जोन्स, जेनोसाइड : अ कॉम्प्रेहेंसिव इंट्रोडक्शन, दूसरा संस्करण (न्यूयॉर्क, राउटलेज़, 2011)

15. डोनाल्ड बलाक्सहोम, द फ़ाइनल सोल्यूशन : अ जेनोसाइड (न्यूयॉर्क : ऑक्सफ़ोर्ड यूपी, 2009) और देखें बलाक्सहोम की पुस्तक पर हाल ही में हुई बात, जुरगेन माथुस, मार्टिन शॉ, ओमेर बार्तोव, डॉरिस बर्गेन तथा डोनाल्ड बलाक्सहोम, रिव्यू फ़ोरम ऑफ़ द फ़ाइनल सोल्यूशन, जर्नल ऑफ़ जेनोसाइड रिसर्च 13,1-2(2011) : 107-52
16. उदाहरण के लिए देखें, मार्त्सिया एस्पार्जा, हेनरी आर हुटनबाक और, डेनियल फ़ीयरस्टीन द्वारा सम्पादित, स्टेट वॉयलेंस एंड जेनोसाइड इन लेटिन अमेरिका : द कोल्ड वार इयर्स (न्यूयॉर्क : राउटलेज़, 2El genocidio como Practica Social : Entre el Nazisomo y la Experienca Argentina (tlalpan Mexico: Fondo de Cultura Economica, 2008); और Revista de Estudios sobre Genocidio के अंक।
17. देखें, अलेक्जेंडर लाबान हिंटन द्वारा सम्पादित, एन्हिलेटिंग डिफ़रेंस : द एंथ्रोपोलोज़ी ऑफ़ जेनोसाइड (बर्कले : कैलिफोर्निया यूनिवर्सिटी पी, 2002)
18. अलेक्जेंडर लाबान हिंटन, वाय डिड दे किल? कम्बोडिया इन द शैडो ऑफ़ जेनोसाइड (बर्कले कैलिफ़ोर्निया विश्वविद्यालय पी, 2005); हिंटन, एन्हिलेटिंग डिफ़रेंस।
19 देखें, एलेक्जेंडर लाबान हिंटन और केविन तुई ओ नील सम्पादित, जेनोसाइड : ट्रुथ, मेमोरी एंड रिप्रजेंटेशन (दरहम : ड्यूक यूपी 2009), एलेक्जेंडर लाबान हिंटन सम्पादित, ट्रांजिशनल जस्टिस : ग्लोबल मैकनिज्म एंड लोकल रियलिटिज़ आफ़्टर जेनोसाइड एंड मास वॉयलेंस (न्यू ब्रुंसविक, एन जे : रटगर्ज़ यूपी, 2010); विक्टोरिया सैंनफ़ोर्ड, बरीड सीक्रेट्स : ट्रुथ एंड ह्यूमन राइट्स इन ग्वाटेमाला (न्यूयॉर्क : पालग्रेव मैकमिलन, 2003)।
20. देखें, सैम्युल टोटेन और रफ़की उबाल्दो द्वारा सम्पादित, वी कैननौट फ़ोर्गेट : इंटरव्यूज़ विद द सर्वाइवर्स ऑफ़ द 1994 जेनोसाइड इन रवांडा (पिस्काटावे : रटगर्ज़ यूपी, 2011) तथा अन्य बचे हुए लोगों के साक्षात्कार और संस्मरण।
21. जोन्स, जेनोसाइड : अ कॉम्प्रेहेन्सिव इंट्रोडक्शन, 23-4
22. देखें हिंटन, वाय डिड दे किल?
23. यूएनसीजी के "जनसंहार" की परिभाषा के लिए देखें कन्वेशंन ऑन द प्रिवेंशन एंड पनिशमेंट ऑफ़ द क्राइम ऑफ़ जेनोसाइड, 9 दिसम्बर, 1948, 78 यू.एन.टी.एस. 277, आर्टिकल II, http://www.preventgenocide.org/law/convention/text.htm (3 फरवरी, 2012 को देखा गया) [यूएनसीजी]।
24. देखें फ्रैंक चाक एवं कुर्त जोनासन, द हिस्ट्री एंड सोशियोलॉजी ऑफ़ जेनोसाइड (न्यू हेवेन, येल यूपी, 1990); हेलन फ़ीन, "जेनोसाइड : अ सोशियोलॉजिकल पर्सपेक्टिव", करेंट सोशियोलॉजी 38, 1 (1990) : 1-126
25. देखें, संरचनावादी जनसंहार पर उदाहरण के लिए, जोन्स, जेनोसाइड : अ कॉम्प्रेहेंसिव इन्ट्रोडक्शन।

26. देखें, उदाहरण के लिए, डोनाल्ड ब्लाक्सहेम और ए डर्क मोसेस, सम्पा., द ऑक्सफ़ोर्ड हैंडबुक ऑफ़ जेनोसाइड स्टडीज़ (न्यूयॉर्क : ऑक्सफोर्ड यूपी, 2010); बेन कीरनेन, ब्लड एंड सॉयल : अ वर्ल्ड हिस्ट्री ऑफ़ जेनोसाइड एंड एक्सटर्मीनेशन फ्रॉम स्पार्टा टू दारफ़ुर (न्यू हेवेन : ल यूपी, 2007); रेनी लेमारचैंड, सम्पा., फ़ॉरगॉटेन जेनोसाइड : ऑबलिवियन, डिनायल, एंड मेमोरी (फ़िलाडेल्फ़िया : यू ऑफ़ पेनसलवेनिया पी, 2011)।
27. ज्योर्ज लैकॉफ़, वूमेन, फ़ायर एंड डेंजरस थिंग्स : व्हाट द कैटेगरीज़ रिवील अबाउट द माइंड (शिकागो : शिकागो यूपी, 2007)।
28. देखें, उदाहरण के लिए, जिगमंड बाउमेन, मॉडर्निटी एंड द होलोकास्ट, संशोधित संस्करण (इथाका : कोरनेल यूपी, 2000); हिंटन, एन्हीलेटिंग डिफ़रेंस; कीरनेन, ब्लड एंड सॉयल; माइकेल मान, द डार्क साइड ऑफ़ डेमोक्रेसी : एक्सप्लेनिंग एथनिक क्लींज़िंग (न्यूयॉर्क : कैम्ब्रिज़ यूपी, 2005) : मोसेस, "टुवाड्‌र्स अ थ्योरी ऑफ़ क्रिटीकल जेनोसाइड स्टडीज़"; ए डर्क मोसेस, सम्पा., जेनोसाइड एंड सेटलर सोसाइटी : फ्रंटीयर वॉयलेंस एंड स्टोलेन इंडीजेनस चिल्ड्रेन इन ऑस्ट्रेलियन हिस्ट्री (न्यूयॉर्क : बर्घाह्न, 2004); ए डर्क मोसेस और डैन स्टोन सम्पा., कोलोनियलिज़्म एंड जेनोसाइड (न्यूयॉर्क : राउटलेड्ज़, 2007) च ए डर्क मोसेस सम्पा., एम्पायर, कॉलोनी, जेनोसाइड, कांक्वेस्ट, ऑक्यूपेशन, एंड सबाल्टर्न रेसिसटेंस इन वर्ल्ड हिस्ट्री (न्यूयॉर्क : बर्घाह्न, 2008); मार्क लेविन, जेनोसाइड इन द एज़ ऑफ़ नेशन स्टेट, वोल्यूम-2, द राइज़ ऑफ़ द वेस्ट एंड द कमिंग ऑफ़ जेनोसाइड (न्यूयॉर्क : आई बी टॉरिस, 2005), बाउमान के पहले वॉल्यूम भी देखें, मॉडर्निटी एंड द होलोकास्ट; चाक और जोनासोन, द हिस्ट्री एंड सोशियोलॉजी ऑफ़ जेनोसाइड; तथा वार्ड चर्चिल, अ लिटिल मैटर ऑफ़ जेनोसाइड : होलोकास्ट एंड द डिनायल इन द अमेरिका, 1493 टू द प्रेज़ेंट (सैल फ्रैन्सिस्को : सिटी लाइट्स, 1997)।
29. यूएनजीसी
30. बाउमैन, मॉडर्निटी एंड द होलोकास्ट; मान, द डार्क साइड ऑफ़ डेमोक्रेसी।
31. जॉन एच बोडली, विक्टिम्स ऑफ़ प्रोग्रेस, तीसरा संस्करण, (माउन्टेन वियू : मेफ़ील्ड, 1990); चर्चिल, अ लिटिल मैटर ऑफ़ जेनोसाइड; विलियम एल पैटरसन और पॉल रोबसन, सम्पा., वी चार्ज़ जेनोसाइड : द हिस्टोरिक पिटीशन टू द यूनाइटेड नेशंस फ़ॉर रिलीफ़ फ्रॉम अ क्राइम ऑफ़ द यूनाइटेड स्टेट्स गवर्नमेंट अगेन्स्ट द नीग्रो पीपल (न्यूयॉर्क : इन्टरनेशनल पब्लिशर्स, 1970
32. मोसेस, "टुवाड्‌र्स अ थ्योरी ऑफ़ क्रिटीकल जेनोसाइड स्टडीज़"
33. यूएनजीसी
34. विलियम गोल्डिंग, लॉर्ड ऑफ़ द फ़्लाइज़ (न्यूयॉर्क : बर्कले, 2003); साइको, एल्फ्रेड हिचकॉक निर्देशित (यूनिवर्सल सिटी, सी ए, यूनिवर्सल होम विडियो, 2000)।

35. 15 फरवरी, 2011 को सेंटर फ़ॉर द स्टडी ऑफ़ जेनोसाइड, कॉन्फ़्लिक्ट रिजोल्यूशन, एंड ह्यूमन राइट्स में "स्टडींग जेनोसाइड, प्रिवेन्टिंग जेनोसाइड" विषय पर बोलते हुए ऐडम जोन्स ने केस चयन में निहित दुविधा और कसौटी निर्माण के खतरों को नोट किया। अपनी पुस्तक के पहले और दूसरे संस्करण में दिखनेवाले अंतरों में उनके द्वारा इन समस्याओं से जूझने के प्रयत्न साफ़ दिखाई पड़ते हैं। पहले संस्करण में जो अध्याय "द आर्मेनियन जेनोसाइड" के नाम से दर्ज था, वह दूसरे संस्करण में "द ऑटोमन डिस्ट्रक्शन ऑफ़ क्रिश्चियन माइनॉरिटी" हो गया। इसी तरह से पहले संस्करण का "स्टालिन्स टेरर" दूसरे में विस्तार पाकर "स्टालिन एंड माओ" हो गया। उन्होंने नोट किया कि उन्होंने सचेत ढंग से जादूगरनियों पर प्रहार से लेकर इराक पर अमेरिकी युद्ध के बाद के हालात तक के मुद्दों को शामिल किया है, ताकि वे अध्ययन के स्वाभाविक मान लिए गए मार्ग से बाहर निकल सकें।
36. किन्तु आरम्भिक अपवाद स्वरूप चाक और जोनासन का "द हिस्ट्री एंड सोशियोलॉजी ऑफ़ जेनोसाइड" देखें।

साईत छेतिनोलू

तुर्की के विद्वान, अली साईत छेतिनोलू (Sait Cetinoglu) फ्री यूनिवर्सिटी अंकारा इंडिपेंडेंट इनीशिएटिव में प्रोफेसर हैं। अमनेस्टी इंटर नेशनल में वे तुर्की के प्रतिनिधि थे। उनकी रुचि यंग तुर्क और कमालिज़म में है। उनका आर्मेनियाइयों के जनसंहार पर बहुत महत्त्वपूर्ण काम है।

'द माल्टा डॉक्यूमेंट्स एंड द इकोनॉमिक एंड कल्चरल जेनोसाइड, 1942-1944', 'द लिस्ट ऑफ़ मर्डरर्स ऑफ़ ज़ावेन पैट्रियार्क : द बॉयोग्रैफ़ीज़ ऑफ जेनोसाइड परप्रेटेटर्स्', 'फ्रॉम इत्तिहातिज़म टू केमालिज़्म : मायनॉरिटिज़ इन टर्की' (एक अन्य लेखक फ़िकरेत बशकाया के संग मिलकर) उनकी महत्त्वपूर्ण पुस्तकें हैं।

साईत तुर्की में अल्पसंख्यकों के समर्थन में उठे महत्त्वपूर्ण स्वरों में से एक हैं। इस कारण वे अनेक बार बंदी भी बनाए गए हैं।

दूसरे महायुद्ध के दौरान तुर्की में पूँजी कर तथा कार्यवाहिनी अल्पसंख्यकों को आतंकित करने की युक्ति

मेरे लेख में दूसरे महायुद्ध के दौरान तुर्की सरकार द्वारा गैरमुसलमान अल्पसंख्यकों के विरुद्ध क्रियान्वित की गईं नीतियों (1) नवम्बर 1942 से मार्च 1944 तक अल्पसंख्यकों के आर्थिक विनाश के लिए लागू की गई करनीति तथा (2) प्रथम महायुद्ध के दौरान बनाई कार्यवाहिनी की तरह ही मई 1941 से सितम्बर 1942 तक 18 से 45 वर्ष की आयु वाले अल्पसंख्यक पुरुषों को कार्यवाहिनी में शामिल होने के लिए लामबंद करने का विश्लेषण किया गया है। इस लेख में इन दोनों अल्पसंख्यक विरोधी कामों में अन्तर्निहित अभिप्रेरणा, स्थितियाँ तथा इनके कार्यान्वयन के तरीके और उनसे पड़े प्रभावों की समीक्षा की गई है।

पूँजी कर

आधुनिक तुर्की के इतिहास में पूँजी कर एक काला अध्याय है। इसे 1942-1944 के दौरान वस्तुओं के दामों के नियंत्रण और कुछ हाथों में पूँजी के संचयन के उद्देश्य से लागू किया गया था। जबकि उसी सरकार ने पिछले दो सालों में काला बाजारी के विस्तार और फलस्वरूप अवैध लाभ को रोकने का कोई उपाय नहीं किया था। जन शिकायतों को बहाना बनाते हुए लागू की गई इस "सीधी-सरल" नीति ने भारी कराधान, सम्पत्ति अधिहरण तथा इन समुदायों के लोगों को कार्यवाहिनी में भेजने के क्रम में गैरमुसलमान अल्पसंख्यकों को गहरी आर्थिक क्षति पहुँचाई। इसका उद्देश्य इन अल्पसंख्यकों के आर्थिक और सांस्कृतिक आधार को खत्म करना, उनकी सम्पत्ति और जीवनयापन के साधनों को लूटना और उसी के साथ-साथ तुर्की की अर्थव्यवस्था का "तुर्कीकरण" करना था। यह कर जिसे "पूँजी कर" के नाम से जाना जाता है, "कमेटी ऑफ़ यूनियन एंड प्रोग्रेस" की परम्परा में ही था और इसका इस्तेमाल भी "नृजातीय परिमार्जन के लिए कोड़े" की तरह किया

गया। पूँजी कर पूरी तरह से राजनीतिक था और उसे सामाजिक रूपान्तरण को लागू करने के पूर्व-पूँजीवादी उपाय का प्रतिनिधि कहा जा सकता है।[1]

प्रधान मंत्री शुक्रु साराछोलू और गणतंत्र के राष्ट्रपति इस्मत इनोनू के नेतृत्व में युद्धकालीन सरकार ने इस क़ानून के जरिए अपने प्रति हो रही तमाम आलोचना को उनकी तरफ़ मोड़ते हुए, गैरमुसलमान अल्पसंख्यकों को आर्थिक और सांस्कृतिक रूप से बरबाद करके नृजातीय एकरूपता को बढ़ावा दिया।[2] इस सन्दर्भ में यह कहा जा सकता है कि पूँजी कर ने इस्ताम्बुल में एकरूपता लाने में बड़ी भूमिका निभाई, क्योंकि अनातोलिया के दूसरे क्षेत्रों में 1913-23 के दशक में गैरमुसलमान अल्पसंख्यकों के खात्मे के बाद इस्ताम्बुल ही वह जगह थी, जहाँ बड़ी संख्या में अल्पसंख्यक (यूनानी, आर्मेनियाई और यहूदी) अभी बचे हुए थे।[3]

इस क़ानून को मुसलमान और गैरमुसलमानों के बीच अत्यन्त गैरबराबरी के ढंग से लागू करते हुए गैरमुसलमानों को लक्ष्य बनाया गया। उदाहरण के लिए, जब राष्ट्रपति इनोनू ने खुद कर अदा किया तो वे बहुत रुष्ट थे, जबकि सशस्त्र सेना के चीफ़ फ़ेवज़ी छाक्माक ने बहुत कम राशि जमा करने के बाद अपना गुस्सा किसी भी तरह छिपाने में नाकामयाब होकर पूछा कि, "क्या मैं वफ़ादार नहीं हूँ?" पूँजी कर का प्रावधान करनेवालों में से एक फ़ाइक ओक्ते[4] ने छाक्माक की शिकायत को याद करते हुए बताया कि उस कर के वास्तविक लक्ष्य कौन थे। छाक्माक ने कहा था कि उनका एक सहयोगी उनके कार्यालय आया था और उसने इस बात पर अपनी असहमति जाहिर की थी कि उसे उन अल्पसंख्यकों के साथ कर जमा करना पड़ा जो कि कालाबाजारी और व्यापारी हैं।"

उन प्रधानमंत्रियों में से एक फ़ेरिट मेलेन, जो कि अभूतपूर्व स्थितियों[5] के मुख्य कारक हैं, उन्होंने यह नोट किया है कि, "पूँजी कर के द्वारा तमाम अल्पसंख्यक विरोधी उद्देश्यों को एक साथ प्राप्त करने का लक्ष्य था।"[6] पूँजी कर संघ व प्रगति की परम्परा में बेहद विध्वंसकारी व भेदभावपूर्ण काम था, इससे अधिक विध्वंसकारी 1934 में थ्रेस में हुए यहूदी विरोधी जनसंहार[7], "नागरिक तुर्की बोलते हैं" अभियान तथा 1941-42 में अल्पसंख्यकों को कार्यवाहिनी में शामिल करने की लामबंदी को ही माना जा सकता है।[8] इन राजनीतिक कामों का उद्देश्य अल्पसंख्यकों को यह बताना था, कि तुर्की में उनके लिए कोई "जगह" नहीं है। जिन लोगों ने यह सन्देश ग्रहण नहीं किया उनके लिए 6-7 सितम्बर 1955 का जनसंहार[9] ज़्यादा भयानक पैमाने पर करके यह सन्देश "पहुँचाने" का प्रयास किया गया। अल्पसंख्यकों के पास एक ही रास्ता था कि वे अपनी सम्पत्ति छोड़कर पलायन कर जाएँ। जो यहूदी नवनिर्मित राष्ट्र इज़रायल में प्रत्यावर्तन करना चाहते थे, उन्हें परमिट लेने के लिए अपनी तमाम सम्पत्ति छोड़नी पड़ी। यूनानी नागरिक, जो "एटाब्लिस"[10] थे, उन्हें लॉजेन के समझौते[11] के अनुसार 1964[12] में तट छोड़ने से पहले अपनी सारी चल

व अचल सम्पत्ति छोड़नी पड़ी। वे देश की सीमा पार करने के बाद बचे रह जाने के लिए ईश्वर को धन्यवाद दे रहे थे।

हम उस समय के सन्दर्भ में उलूस[13] नामक अर्द्ध सरकारी राजकीय पत्रिका में फ़ाज़ल अहमेथ आय्काछ के दुर्भावनापूर्ण लेख पढ़ सकते हैं : "हमें यह जानना चाहिए कि यह कर उन लोगों के लिए सजा से बढ़कर था, जो अपनी सीमाओं को नहीं समझ रहे थे और इसे भूलने की गलती करनेवालों के लिए बड़ी चेतावनी।" 6-7 सितम्बर 1955 की रात की घटनाओं को इसी मानसिकता का द्योतक माना जाना चाहिए।[14] आय्काछ ने नोट किया है कि 1915 में संघ व प्रगति की कमेटी ने ऑटोमन तुर्की को गैरमुसलमान लोगों से मुक्त करने की जो राह दिखाई थी, उसमें पूँजी कर आखिरी पड़ाव था।

यहूदी अल्पसंख्यक समुदाय का सदस्य सेरगाथी, जिसे पूँजी कर न चुका पाने के लिए देशनिकाला दे दिया गया था, वह आश्काले में रह नहीं पाया और उसने आत्महत्या कर ली। अपनी पत्नी को लिखे पत्र में उसने तुर्की में रह रहे अल्पसंख्यकों की दारुण स्थिति के बारे में साफ़ लिखा है : "मुझे पता नहीं है कि मैं घर वापस लौटूँगा भी कि नहीं। सारा दिन मौत की तलवार सिर पर लटकती रहती है। बच्चों का ध्यान रखना और उन्हें लेकर किसी स्वतंत्र देश में चली जाना, यहाँ वे गुलाम से ज़्यादा कुछ न होंगे।"[15]

पूँजी कर की स्मृति आज भी पके घाव की तरह रिसती है। इतने सालों के बाद भी पीड़ित इसके बारे में बात नहीं करना चाहते। अभी तक उनके मन में डर बना हुआ है। इसी कारण कोई भी शोधकार्य इस कर की जघन्यता की वास्तविकता को प्रकट नहीं कर पाया है। कोई भी सांख्यकी अथवा गणितीय विश्लेषण इसके पीड़ितों की गहरी व लगातार जारी पीड़ा का वर्णन करने में असमर्थ है। इसीलिए मेरा काम इस कर के राजनीतिक पहलुओं पर केन्द्रित होगा।

20 वर्गों के अल्पसंख्यकों की कार्यवाहिनियों में लामबंदी 1941-42

पूँजी कर का विस्तार से परीक्षण करने के पूर्व यह जरूरी है कि जिसे अल्पसंख्यक युवाओं को 20 वर्गों में कार्यवाहिनियों में लामबंदी करनेवाला क़ानून कहा जाता है, उसका विश्लेषण कर लिया जाए।[16] दूसरे महायुद्ध के दौरान तुर्की के अतीत से ली गई कार्यवाहिनी निर्माण की पद्धति का उपयोग कर लामबंदी के द्वारा गैरमुसलमान अल्पसंख्यकों की छँटाई व उनका विनाश किया गया, जो कि तुर्की के ही निवासी थे।[17] इस पद्धति का कार्यान्वयन करनेवाले राष्ट्रपति इनोनू थे, जिन्होंने कभी भी यूनियन वालों के जातीय विनाश की मानसिकता को छोड़ा नहीं। अपने संस्मरणों

में उन्होंने प्रथम विश्वयुद्ध के दौरान तुर्की जनसंहार के जनक डॉ. नाज़िम के प्रति अपनी श्रद्धा को छुपाया नहीं।[18]

20 वर्गों में लामबंदी का कार्यान्वयन एक गुप्त कार्रवाई थी और आज तक उसके कार्यान्वयन के असली कारणों से सम्बन्धित सरकारी दस्तावेज प्रकाशित नहीं किए गए। गुप्त सेवाओं और सामान्य सुरक्षा निदेशालय के दस्तावेज भी जारी नहीं किए गए हैं। जबकि रिपब्लिकन पीपुल्स पार्टी, यानी कि उस समय की एकमात्र वैध पार्टी की कार्यवाहियों को 12 सितम्बर, 1980 के तानाशाहों द्वारा सेंसर कर दिया गया है। खज़िम खाराबेखीर ने अपने संस्मरणों में आर.पी.पी. की मीटिंगों में कही गई बातों का सन्दर्भ दिया है।[19] इस अधिनियम के कार्यान्वयन से सम्बन्धित कुछ दस्तावेजों को 1994 में जारी किया गया।

पूँजीवादी तर्कों के दायरे में कार्यवाहिनियों की लामबंदी की व्याख्या बहुत कठिन है। युद्ध की स्थितियों में जबकि अर्थव्यवस्था वैसे ही कठिन दौर से गुजर रही थी, ऐसे में उत्पादन-शृंखला और वस्तुओं के वितरण में आए अवरोधों को तर्कसंगत ठहराना कतई असम्भव है। 20 वर्गों में कार्यवाहिनियों की लामबंदी के बाद पूँजी कर का प्रावधान एकदम राजनीतिक हरकत थी। यह पूँजीवाद से पहले के किसी घालमेल किस्म का सामाजिक रूपान्तरणनुमा प्रयोग था।

रिपब्लिकन पीपुल्स पार्टी के संसदीय समूह की एक बैठक में खज़िम खाराबेखीर[20] द्वारा जलडमरूमध्य के क्षेत्र में मौजूद अल्पसंख्यकों के साथ सुरक्षा सम्बन्धी मामलों को जोड़ देने के बावजूद, 20 वर्ग सम्बन्धी अधिनियम की व्याख्या सुरक्षा उपायों के तहत नहीं की जा सकती। इस बात को ध्यान में रखना चाहिए कि अल्पसंख्यक सदस्यों को थ्रेस की तरह ही बोसपोरस के निकट कैम्पों में ऱखा गया था और ऑमेर्ली और गेब्जे तथा खांदरा के जिलों में भी।

और इस उपाय को पाँचवें कॉलम के क्रियाकलापों के दायरे में भी व्याख्यायित नहीं किया जा सकता। इस समय तक नाजियों द्वारा ग्रीस पर कब्जा किया जा चुका था और जर्मनी में यहूदियों का संहार गैस द्वारा किया जा रहा था। ऑटोमन जनरल स्टाफ़ के हाथों, प्रथम विश्वयुद्ध में जर्मनी के प्रभाव में आर्मेनियायियों के जनसंहार की स्मृतियाँ अभी ताजी ही थीं। इस सन्दर्भ में कोई यह तर्क कर सकता है कि अल्पसंख्यकों के विरुद्ध तुर्की कार्रवाइयाँ जर्मनी की ओर से की गई प्रार्थना के तहत की जा रही थीं। और यह नाजियों की पद्धति का अनुकरण हो सकता है। आखिरकार जर्मन उस अंधकार युग में तुर्कियों के सहयोगी रहे थे और उस दौरान जातीय संहार में गहरे तक धँसे हुए थे।[21]

ये 20 वर्ग बहुत कठिन परिस्थितियों में काम करते थे। "रहने के हालातों" के बारे में तो बात ही नहीं की जा सकती। चूँकि बंदियों को जानवर गाड़ियों में ढोया जाता था, अतः वे जानवरों के लिए ही नियत जगहों पर रखे जाते थे। 20 वर्ग के

एक ग्रीक सदस्य एवमोलपीडिस ने बताया कि, “हमें एक खड्डे में रख दिया गया, ऐसे में हम सो कैसे सकते थे।” असीरियाई ईसो अक्काया जिसे मार्डिन से थ्रेस भेजा गया गया, कहता है कि, “अत्यधिक काम की वजह से कुछ असीरियाई कैम्पों में ही मर गए थे। हमें उन्हें वहीं दफ़्न करने के लिए बाध्य किया गया। वे उनके दफ़्न के समय इमाम को बुला लाए थे, पर हमारे विरोध के बाद वे एक डिकोन लाए जिसने दफ़्न के समय पढ़ी जानेवाली प्रार्थना की।” तपेदिक की महामारी फैल गई थी। किसी तरह की सफाई नहीं थी। खेतों में भयानक स्थितियों में काम करनेवाले बेचारे कैदी अकसर ही बीमारियों के शिकार हो जाते थे। अस्पतालों में दवाइयाँ नहीं थीं। बीमार “सैनिक” दूरदराज जगहों में काम करते हुए कैम्पों में पड़े रहते थे। उन्हें मूलभूत सुविधाओं से भी वंचित रखा गया था। यहाँ तक कि वे नहा-धो भी नहीं सकते थे। थ्रेस में तो भोंथरी कुदालों व और फावड़ों से काम करवाया जाता था। खाना कम से भी कमतर होता था। इन सब वजहों से और भोजन के अत्यन्त दूषित होने के कारण संचारी बीमारियाँ महामारी की हद तक फैल रही थीं।[22]

27 जुलाई, 1942 को 20 वर्ग अपनी सजा से मुक्त हुए। वीताली हाक्को ने अपनी मुक्ति को इन शब्दों में व्यक्त किया, “कुछ भी ऐसा नहीं है, जो खत्म न हो। मुझे 18 महीनों की सजा सुनाई गई थी। हम खुश थे, पर कौन कह सकता था कि तीन दिनों बाद ही हमें सेना द्वारा फिर न बुलवा लिया जाए? कोई नहीं! इस्ताम्बुल लौटते हुए हम आधे खुश थे तो आधे परेशान।” उसकी यह शंका तीन महीनों बाद ही 11 नवम्बर, 1942 को सम्पत्ति कर लागू होने के साथ ही सही साबित हो गई।

सम्पत्ति कर : संघ की समिति की नीतियों का जारी रहना तथा परवर्ती ऑटोमन साम्राज्य में उसका विकास

जैसा कि इस निबन्ध में पहले भी लक्षित किया गया है कि सम्पत्ति कर, अल्पसंख्यकों को आर्थिक तौर पर बर्बाद करने एवं उनकी सांस्कृतिक स्मृतियों को मिटा देने के लिए बहुत व्यवस्थित ढंग से तैयार की गई संघीय नीति थी, जिसे जारी रखा गया था। तुर्की के जनरल स्टाफ विभाग के अन्तर्गत सैन्य इतिहास विभाग के एक प्रकाशन में हमने यह पढ़ा : “संघ एवं विकास समिति द्वारा सन् 1908 में अर्थव्यवस्था का राष्ट्रीयकरण शुरू करने तथा 1915 के उपायों के बावजूद यह कहना गलत न होगा कि ऑटोमन साम्राज्य में गैरमुसलमान और विदेशियों की शक्ति में कमी नहीं आई।[23] इस स्थिति में प्रथम विश्वयुद्ध और खासतौर से 1930 के दशक में रिपब्लिकन पीपुल्स पार्टी की स्थापना के साथ उनके द्वारा अर्थव्यवस्था के राष्ट्रीयकरण के फलस्वरूप बदलाव आया।” एक आधिकारिक सरकारी प्रकाशन में इस प्रकार के

शब्द बीसवीं सदी में तुर्की में गैरमुसलमान अल्पसंख्यकों को इरादतन खत्म करने की 1908 की नीतियों के जारी रहने की बात की ताईद करते हैं।

अल्पसंख्यकों के विरुद्ध सम्पत्ति कर का क्रियान्वयन नस्लवादी एवं निरंकुश तरीके से किया गया था। मुसलमान तुर्कों की तुलना में अल्पसंख्यक समुदाय पर कई गुना अधिक कर लगाए गए थे। एक आधिकारिक सर्वेक्षण में एक समान आय वाले मुसलमान और गैरमुसलमान तुर्कों पर लगाए सम्पत्ति कर का विस्तृत विवरण मिलता है[24] :

मूल राष्ट्रीयता	**कर देने की क्षमता/दिया गया कर**
आर्मेनियाई	232%
यहूदी	179%
ग्रीक (यूनानी)	156%
मुसलमान तुर्की	4.94%

इस कर का उद्‌देश्य भेदभावपूर्ण राजनीतिक तरीकों से अल्पसंख्यकों की सम्पत्ति को जब्त करना तथा उनकी आर्थिक शक्ति को समाप्त करना था। एक लेखक ने लिखा है कि, "इसका उद्‌देश्य उन अल्पसंख्यकों को तबाह कर देना था, जो अतीत में की गई अनेक ज़्यादतियों के बावजूद इस भौगोलिक क्षेत्र में अब तक रह रहे थे। राष्ट्रीय अर्थव्यवस्था और राष्ट्रीय बूर्ज्वा का निर्माण वस्तुतः व्यापार में गैरमुसलमानों की महत्त्वपूर्ण उपस्थिति के विरुद्ध सशक्त उपाय थे। उद्योग, व्यापार और सेवाओं के क्षेत्रों से अल्पसंख्यकों को खदेड़ने के लिए गैरआर्थिक उपायों का सहारा लिया गया। सम्पत्ति कर इसी तरह का एक उपाय है।"[25] वस्तुतः आर्थिक उपायों के क्षेत्र से बाहर के ये तरीके संघीय नीतियों के जारी रहने के सूचक हैं।

लागू किए गए सम्पत्ति कर को कुछ ही दिनों में अदा कर दिया जाना था, और इस सन्दर्भ में किसी तरह की अपील की कोई गुंजाइश न थी। यदि किसी कारणवश किसी अल्पसंख्यक समुदाय का कोई सदस्य इसे अदा करने में असफल हो जाता था तो उसकी चल और भू सम्पत्ति को बेच दिया जाता था। बावजूद इसके यदि बेची गई सम्पत्ति से इतना पैसा न आया कि सम्पत्ति का पूरा भुगतान हो सके तो करदाता को गिरफ़्तार करके पूर्वी अनातोलिया (आश्काले) में पर्यावरण और मौसम सम्बन्धी भीषण परिस्थितियों में काम करने के लिए निर्वासित कर दिया जाता था। 1400 से ज़्यादा लोगों को इस तरह से निर्वासित किया गया। इनमें से कई 75 साल से ज़्यादा उम्र के कमजोर व बीमार लोग भी थे। इस सजा से 24 लोग मर गए।

विरोधी पत्रकार सबीहा सरथेल, जो इस सजा के दौरान खुद मर गई थीं, उसने आश्काले में निर्वासित लोगों के बारे में तथा उनके अनुभवों के बारे में अपने संस्मरणों में लिखा है कि, "सरकार ने उन लोगों को जो कर नहीं चुका पाए

थे, दूर पूर्व अनातोलिया (आश्काले) में भेजने का निर्णय लिया। उनकी यातायात सम्बन्धी स्थितियों को देखने के लिए मैं हैदरपास रेलवे स्टेशन पर पहुँची। रास्ते लोगों से भरे हुए थे। औरतें अपने पतियों, भाइयों को विदा करने के लिए आई हुई थीं। बच्चे रो रहे थे। आदमी लोग अपने हाथों को मलते हुए इधर-उधर दौड़ रहे थे। उन लोगों के दोस्त लोग भी मौजूद थे, जिन्होंने यह वायदा किया था कि वे पैसे जुटा कर उनकी रिहाई करवा देंगे... ।[26] निर्वासित लोगों द्वारा भेजी चिट्ठियों से ज्ञात हुआ कि वे लोग खुले में खेतों, झोंपड़ियों, टेंटों में सोते थे और खाली पेट वे सारा दिन पत्थर तोड़ते। क़ानून को नाज़ी तरीके से लागू किया गया था। तुर्की के युद्धकालीन प्रधानमंत्री शुक्रु साराछोलू ने अपने मालिकों—अडोल्फ़ हिटलर और फ्रान्त्स वॉन पापेन से अच्छी सीखें ली थीं। जिस तरह से कर की उगाही की गई थी, उससे देश और बाहरी दुनिया में कई प्रतिक्रियाएँ हुई थीं। विशेषकर संयुक्त राज्य संघ के अखबारों में तुर्की के बारे में बहुत नकारात्मक लिखा गया था।[27]

पहली पीढ़ी के संघकार्यकर्ताओं ने वार्ल्ख वर्गेसी को संघ नेता इनोनू द्वारा पूरा करने के लिए अधूरा छोड़ दिया था। यह लासूने की नीति "अल्पसंख्यकों से पूरी तरह मुक्ति" का भी पालन करना था, जिसके तहत बचे रह गए को निपटाना था। और संघीय परम्परा को जारी रखना था। सी यूपी के जनरल सेन्ट्रल कमेटी के तरीकों को वार्ल्ख वेर्गिसी पर सीधे सीधे लागू करते हुए संसदीय समूह से क़ानून बनवा कर संसद में बिना किसी बहस के लागू करना। जिस तरह से 1915 के जनसंहार के वक्त निर्वासन का कारण सैन्य क्षेत्रों को खाली कराना था, उसी प्रकार अल्पसंख्यकों को आर्थिक एवं सांस्कृतिक ढंग से तबाह करने के लिए लागू किए गए सम्पत्ति कर के पक्ष में मासूम से दिखनेवाले तर्क दिए गए कि युद्ध के दौरान गलत तरीकों से धन कमाया गया था।

चूँकि कर समिति में संघ के अनेक पूर्व सदस्य थे, उसी से यह जाहिर है कि वे बचे रह गए अल्पसंख्यकों से हिसाब चुकता करना चाहते थे। उन पुराने संघियों के व्यवहार और इस कर को लागू करने के लिए अपनाए तरीकों से यही बात साबित होती है। फ़ाइक ओक्ते ने जो कह दिया है, उसके आगे सारी टिप्पणियाँ व्यर्थ हैं : "निर्वासन के तय दिन संघ के पुराने सदस्य आए और बूढ़े हैं, शायद लौट भी न पाएँ कहते हुए उन्होंने सेकिप आन्तोन और उस सरीखे कुछ लोगों के नाम जोड़ने की कोशिश की।" फ़ाइक ओक्ते ने यह नोट किया है कि सुआत हायरी युर्गयुयप्ल्यु सभी समितियों पर अपनी इच्छाएँ थोप रहा था।

सम्पत्ति कर लागू करने का निर्णय राजनीतिक था। "आर पी पी (यंग तुर्कों की दूसरी पीढ़ी) के संस्थापकों के लिए धर्मनिरपेक्ष राजसत्ता की स्थापना उनकी नीति का मूलभूत तत्त्व था और इसके मार्ग में बाधक बननेवाली कोई भी इयत्ता, आन्दोलन, मानसिकता को मिटा देना लाजिमी था। दूसरी पीढ़ी के यंग तुर्क मानते

थे कि किसी भी अल्पसंख्यक अस्मिता का ऐसा कोई अलग चरित्र न हो, जिसे पाने के लिए ये कुछ भी कर गुजरना चाहें।" ऐसे भी इंस्पेक्टर थे, जो सम्पत्ति कर से पीड़ित लोगों के दुखों को देख पाने में असमर्थ रहे और उन्होंने इस्तीफ़ा दे दिया : "एहसान आराथ जो कि फ़ातीह कर विभाग[28] में काम करता था, वह ऋण अदा करनेवालों के आँसू न देख सका और उसने कुछ ही महीनों में इस्तीफ़ा दे दिया। उसकी जगह रिफ़ात फ़ुआत आया।" एरेम थुर्खाय वह पहला कर्मचारी था, जिसने उन ऋण देनेवालों के निर्वासन का विरोध किया, जिनकी तमाम सम्पत्तियाँ जब्त कर लेने के बावजूद ऋण अदायगी न हो सकी थी। उसकी बात सुनी न गई। थुर्खाय को हटा दिया गया और उसकी जगह वेफ़िक पिरिनछियोलू को लाया गया।

सम्पत्ति कर तथा अर्थव्यवस्था

चूँकि सम्पत्ति कर का कोई ठोस आर्थिक तर्क नहीं था, अतः इससे देश की अर्थव्यवस्था को भी कोई लाभ नहीं हुआ। सम्पत्ति कर से प्राप्त आय को गैर-उत्पादक कामों में लगा दिया गया। सरकार ने कर से प्राप्त राजस्व को अपनी ताकत बरकरार रखने में इस्तेमाल किया। यह असफलता दो ही सालों में राष्ट्रीय बजट के असन्तुलन से जाहिर हो गई। फ़ाइक ओक्ते जिसने वाल्र्ख वेर्गिसी को लागू किया था, ने बताया कि काला बाजारी और वस्तुओं के अभाव में अचल सम्पत्ति पूर्वनिर्धारित पद्धति से खरीद के लिए होती थी। (पहले से बताकर आयोजित नीलामी प्रक्रिया द्वारा) राज्य से इसे नये ग्राहक स्वामियों द्वारा सही मूल्य से बेहद कम मूल्य पर खरीदा जाता था और उसके पश्चात् तीसरी पार्टी को बहुत ज़्यादा दाम पर बेचा जाता था। यह किसी कर्मचारी का ही इकबालिया बयान है कि तुर्कों और मुसलमानों ने कर राजस्व का दोहन अनुचित ढंग से लाभ उठाने के लिए किया। हम देखते हैं कि कैसे यह बात संघ के एक अधिकारी की समझ से मेल खाती है, जिसके लिए तुर्की विकास का अर्थ ही था, मुसलमानों और तुर्कों द्वारा सही या गलत तरीकों से सम्पत्ति का अधिक से अधिक संचयन। इसी से यह तर्क पैदा हुआ कि गैरमुसलमानों ने गैरवाजिब तरीकों से लाभ कमाया है, जिसे सख्त क़ानूनों द्वारा रोका जाना चाहिए। यह बेवकूफ़ी-भरी बात है, क्योंकि वाल्र्ख वेर्गिसि तुर्की अर्थव्यवस्था में सम्पत्ति के पुनः वितरण का जरिया नहीं बन पाया। हाँ, गैरमुसलमानों के पास गैर-वाजिब ढंग से लाभ कमाने का कोई रास्ता नहीं बचा। इसके बावजूद औद्योगिक उत्पादन और सेवाओं में सरकार ने व्यय में 28 प्रतिशत का इज़ाफ़ा किया और राजस्व में 8 प्रतिशत की गिरावट आ जाने के बावजूद राष्ट्रीय आय में 3.5 प्रतिशत की वृद्धि दर्ज की गई।[29] और ऊपर बताए गए जब्तियों के चलते वस्तुओं की उपलब्धता के

बावजूद कीमतें ऊँची रहीं।[30] इससे जाहिर है कि मुसलमान व्यापारियों ने अनुचित तरीकों से लाभ कमाना जारी रखा।

इसके साथ ही बावजूद आर्थिक कठिनाइयों के ईनोनू को राष्ट्रीय नेता की तरह स्थापित करनेवाली मूर्तियों का अनावरण और उससे जुड़े समारोह जारी रहे। इसको भी नोट करना चाहिए कि 1943 के बजट में अतातुर्क के स्मारक निर्माण के लिए 250,000 लीरा का प्रावधान किया गया। इसके साथ ही सरकार ने जुर्म में अपना साथ निभानेवालों को बढ़ावा दिया। अपने सख्त सम्पत्ति कर के उपायों को वैध करार देने के लिए नौकरशाहों व जन प्रतिनिधियों को नये कपड़े और अतिरिक्त आय की सौगातें दी गईं। सत्ता के वरिष्ठ अधिकारीगणों को तो लूट के रूप में नामख खेमाल (पुराना नाम साराछोलू हाउस) के नाम से उन दिनों निर्मित आसपास के इलाकों में घर, आरामगाह इत्यादि भी मिल रहे थे।

आर्थिक एवं सांस्कृतिक जनसंहार के रूप में सम्पत्ति कर

सम्पत्ति कर के कार्यान्वयन में जनसंहार की बीमारी के तमाम तत्त्व और प्रक्रिया शामिल थी।

— अवसरवाद : युद्ध की स्थितियों में कमजोर तबके को निशाना बनाना।

— योजना : जैसा कि ऊपर कहा जा चुका है कि संघ के लोगों की अनातोलिया को विशुद्ध तुर्किस्तान बना देने की यह दूरगामी योजना थी। तथा पुराने संघीय समूह (ईनोनू, साराछोलू, फेरिथ हामाल इत्यादि) ने अल्पसंख्यकों को भयभीत करने के लिए कार्यवाहिनियों के लिए लामबंदी की योजना बनाई।

— दायरा : दिवालियेपन तथा सम्पत्ति के जब्तीकरण द्वारा अल्संख्यकों को खत्म करना

— कर क़ानून का क्रियान्वयन करनेवाला समूह : एसोशिएशन कमेटी ऑफ़ यूनियन एंड प्रोग्रेस से निकले इनोनू एवं साराछोलू समूह। इस क़ानून का क्रियान्वयन करनेवाले लोग और प्रशासक भी इसी समूह की उपज थे।

— संगठनात्मक संरचना : रिपब्लिकन पीपुल्स पार्टी तथा मुसलमान-तुर्क बूर्ज्वा दूकानदारों के सूचना तंत्र

— समूहों का खात्मा : कर उगाही करनेवाले विभाग, आर पी पी का संगठन, दूकानदारों के संघ और मेयर

— पद्धति एवं तकनीक : हिंसा का प्रयोग, अल्पसंख्यकों को डराने के लिए अखबारों आदि का उपयोग, जबरन मजदूरी कराने के लिए कन्सन्ट्रेशन कैम्प।[31]

सम्पत्ति कर के कारण "नष्ट होने" के सबूत हैं—अल्पसंख्यकों की सांस्कृतिक उपस्थिति का खत्म होते जाना और उनके शिक्षा-स्तर का नीचे गिरना। जितनी जिल्लतें उन्हें उठानी पड़ीं, उसके कारण अल्पसंख्यकों का बचना भी कठिन हो गया। चूँकि गैरमुसलमान अपने बच्चों को स्कूल तक भेजने में असमर्थ थे, अतः इससे बच्चों की पढ़ाई का नुकसान हुआ। अधिकांश गैरमुसलमान विद्यार्थियों को अपनी पढ़ाई बीच में ही छोड़ देनी पड़ी। इससे भी उनकी संस्कृति को नुकसान हुआ।

संयुक्त राष्ट्र द्वारा 1948 में जारी जनसंहार संकल्प में दी गई परिभाषा की सभी बातें और नैतिक तत्त्व सम्पत्ति कर में शामिल हैं। क्योंकि अल्पसंख्यकों के ख़िलाफ़ तुर्की के अधिकारियों द्वारा की गई कार्रवाई को यदि संकल्प की रोशनी में देखें तो "वे सब एक राष्ट्र, नस्ल, जातीयता अथवा धार्मिक समूह को पूर्णतः अथवा आंशिक रूप से नष्ट करने के उद्देश्य से की गई थीं।" यह संकल्प विशेष तौर से यह बताता है अल्पसंख्यकों के उत्पादन के साधनों पर अधिकार करना और कुछ को लेबर कैम्प में जाने के लिए मजबूर करना जनसंहार के अन्तर्गत ही आता है। और यह भी कि जान-बूझकर अल्पसंख्यकों को ऐसी दयनीय स्थिति में ले आना कि वे पूर्णतः अथवा आंशिक रूप से नष्ट हो जाएँ।"

कर का दायरा

सम्पत्ति कर का दायरा उसे बनानेवालों को, खासतौर से तुर्की के प्रधानमंत्री स्व. साराछोलू को खूब मालूम था। उन्होंने इस तथ्य को छिपाया नहीं कि इस कर से न केवल अल्पसंख्यक नष्ट हुए, बल्कि इसका प्रभाव और भी व्यापक था। अपने शहर ओडेमिस में भाषण देते हुए उन्होंने इस बात पर बल दिया कि, "हमने इस कर का प्रावधान तुर्की व्यापारियों को बढ़ावा देने के लिए किया है। जब मैं इस्ताम्बुल से गुजर रहा था तो मैंने हर जगह अल्पसंख्यकों की बड़ी-बड़ी भव्य दुकानें देखीं।"[32] इन शब्दों में वह ईर्ष्या दिखाई पड़ती है, जिसने अल्पसंख्यकों के व्यापार को नष्ट कर दिया। उनके ये शब्द अल्पसंख्यकों के प्रति न्यूनतम सहिष्णुता का भी प्रदर्शन नहीं करते और उनके आर्थिक व सांस्कृतिक खात्मे की सुनियोजित योजना की सूचना देते प्रतीत होते हैं। दरअसल सम्पत्ति कर एक राजनीतिक निर्णय था, जिसके द्वारा अल्पसंख्यकों को लूटकर और उनकी सम्पत्ति की मिल्कियत को बदलकर उनकी अर्थव्यवस्था को नुकसान पहुँचाया जाए। इसका मुख्य उद्देश्य गैरमुसलमानों का आर्थिक व सांस्कृतिक संहार था।

सम्पत्ति कर के दिनों में ढेरों लोग बीमार हुए, किन्तु अल्पसंख्यक चिकित्सकों की दवाइयाँ व फर्नीचर आदि जब्त कर लिए गए। इतना ही नहीं, जिन अल्पसंख्यक

वकीलों ने लॉ एसोशिएन का कर अदा नहीं किया था, उन्हें निकाल दिया गया। यही नहीं अल्पसंख्यकों द्वारा चलाए जा रहे चिकित्सालयों पर भी बहुत अधिक कर थोपा गया, इससे भी जाहिर है कि सम्पत्ति कर का उद्देश्य पैसा जुटाना नहीं बल्कि कुछ चुनिन्दा क्षेत्रों से सभी अल्पसंख्यकों का सफ़ाया करना था।

फ़ाइक ओक्ते की यह बात कर की राजनीतिक व्यापकता की सूचक है कि जब्त करने के बाद भूसम्पत्ति को बेचने से कर के कर्ज का कुल एक ही प्रतिशत प्राप्त होता था। उस दौरान अखबारों में छपे, जब्त की गईं सम्पत्तियों के नीलामी सम्बन्धी विज्ञापनों के कैटेलॉग की समीक्षा से यह पता चलता है कि जनसंहार का यह उपक्रम कितना विशद था।[33]

इस बात को रेखांकित किया जाना जरूरी है कि कुल एक प्रतिशत कर को जमा करने के लिए गैरमुसलमानों की तमाम सम्पत्तियों को जब्त कर लिया गया। कीदर ने इसका जिक्र किया है कि सम्पत्ति कर के जरिए दिया जानेवाला सन्देश बिलकुल साफ था, "कर का आर्थिक परिणाम कुछ भी हो पर यह साफ़ है कि दूसरे महायुद्ध के दौरान अनेक गैरमुसलमानों ने इस्ताम्बुल छोड़ दिया।" अल्पसंख्यकों ने इस सन्देश को अच्छी तरह से समझ लिया कि या तो वे इस भौगोलिक क्षेत्र से समूह के समूह निकाल फेंके जाएँगे अथवा उन्हें उसी तरह देश-निकाला दे दिया जाएगा, जैसा कि बाद में 1964 में हुआ भी।

इस कर को मुख्यत: लागू करनेवाले कारिन्दे के तौर पर फ़ाइक को उम्मीद थी कि उन्हें कोई ऐसा काबिल लेखक मिल जाएगा जो इस क़ानून के चलते हुई लोगों की दुर्दशा का सच्चा चित्रण कर सके, "एक सक्षम कलम ही इस बात को लिख सकती है कि अपनी जिन्दगी में कभी न रोनेवाले लोग कैसे बिलख रहे थे, अपना घर छोड़नेवाले बच्चों और औरतों की दर्दनाक चीखें। केवल ऐसी ही कलम इस बात का वर्णन कर सकती है कि कई सालों की मेहनत से जुटाई सम्पत्ति ऐसे नष्ट हो गई मानो उन पर बिजली गिर गई हो और सब कुछ खो देने के बाद वे किस तरह सड़कों पर आ गए और अपने बच्चों के लिए दो कौर जुटाने की मशक्कत के लिए बाध्य कर दिए गए। और जब उन्हें देशनिकाले के बाद भेज दिया गया तो उनकी उदासी व निराशा का वर्णन।"[34]

निष्कासन के दौरान एवं कार्य-शिविरों की हालत[35]

जो करदाता अपने करों का भुगतान करने में असमर्थ रहे, उन्हें 27 जनवरी, 1943 के बाद आश्काले के कार्यशिविरों में निष्कासित कर दिया गया। ये 1869 लोग थे, जिन पर ऋण था। "जो लोग जबरन मजदूरी के लिए भेज दिए गए थे, उनमें से 21 (गारेश गेर्वोग्यान, जो कि उन कैम्पों में खुद 10 महीने रहा था, के अनुसार 25) लोग

अथवा जितने निष्कासित किए गए थे, उनमें से डेढ़ प्रतिशत मर गए।[36] तथापि मृत्यु-दर ज़्यादा थी, क्योंकि जो लौटे, उनमें से बहुतों की शारीरिक और मानसिक दशा बदतर थी। यद्यपि मरनेवाले विभिन्न धर्मों व जातीयताओं के थे, किन्तु उनका अन्तिम संस्कार निष्कासितों द्वारा एक साथ ही कर दिया गया।[37] निष्कासितों ने मृतकों की देह एक बड़े से काठ पर रखकर उन्हें जमीन में दफ़ना दिया। और एक कागज में उनके नाम लिख कर, उसे एक खाली शीशी में बंद करके, कब्र के ऊपर रख दिया। चूँकि वहाँ कोई पुजारी भी न था, इसीलिए उन्हीं में से किसी ने पुजारी की तरह एक प्रार्थना पढ़ दी।[38]

कितना दुखद है कि हम काम्ही, एलयाज़ियार, रोमानो, कोंस्तांतिंदी, आसिफ़ तोपालूग्लू, गिरोगो तोपालुग्लू, ईसाक आन्तोनियादी, कोन्सतांतिनोस आत्रो, डेलिओग्लू के अलावा और किसी का नाम तक नहीं जानते। यह एक कड़वी सच्चाई है। किसी को भी (बीस वर्गों वाली) कार्यवाहिनी के सभी लोगों के नाम याद नहीं, इसीलिए हम बहुतों को तो जानते तक नहीं। सरकार के लिए ये स्वाभाविक मौतें थीं। ऐसे चार लोग, जिन्हें इज़मीर से आश्काले निष्कासित किया गया था, उनके बारे में सरकार का कहना है कि उन्हें कभी निष्कासित किया ही नहीं गया था। क्या इनकी मृत्यु को स्वाभाविक मौत कहा जा सकता है? जब देवरेक सोंगुलदाक के आन्तोन को पता चला कि उसे कर देना है, तो उसकी हृदयगति रुक गई और वह तुरन्त चल बसा, क्या यह स्वाभाविक मौत है?[39]

निष्कासितों की घर वापसी तथा सम्पत्ति कर क़ानून की समाप्ति

2 दिसम्बर, 1943 को तुर्की के प्रधानमंत्री द्वारा निम्नलिखित आदेश पारित किया गया :

"आन्तरिक, आर्थिक एवं भवनसम्बन्धी मंत्रालयों को"

"वे नागरिक जो वार्ल्ख वेर्गिसी के ऋणों का भुगतान न कर पाने के कारण निष्कासित किए गए थे और उन्हें काम पर लगाया गया था, वे अब अपने करों का भुगतान अपने परिवार के साथ रहकर, काम करते हुए कर सकते हैं।"

"—प्रधान मंत्री"

इस आदेश के बाद जबरन मजदूर बनाए गए ऋणियों को रिहा कर दिया गया। किन्तु उस समय की अखबारी रिपोर्टों से पता चलता है कि बावजूद ऋणी लोगों को रिहा करते जाने के, कर क़ानून का क्रियान्वयन अबाध रूप से चलता रहा।

सम्पत्ति जब्त करने और उनकी नीलामी का काम भी चलता रहा। 1943 के अन्त में भी अखबारों में चल व अचल सम्पत्ति की नीलामी के इश्तहार जोर-शोर से छपते रहे। क़ानून को खत्म करने की सूचना वाले दिन भी इश्तहार छपे थे!

भूसम्पत्ति मंत्री एमीन सज़ाक ने 'तस्वीर-ए-एफ़कार' नामक अखबार में इस क़ानून को खत्म किए जाने सम्बन्धी खबर के सम्बन्ध में संसदीय सत्र में भाषण देते हुए कहा कि, "अनेक ऋणी अपने कर को जमा करने के लिए भागदौड़करते रहे। कइयों ने इस कर को न चुकाने के लिए जो भी किया जा सकता था, किया। सरकार उन लोगों के कर माफ़ कर सकती है, जो अमीर व रसूखदार हैं। किन्तु लोगों की निगाह में ये लोग अपराधी और खतरनाक हैं, क्योंकि ये देशद्रोही हैं। एक दिन राष्ट्र इनसे बदला लेगा।" रिदवान आकार ने एमीन की बातों को यूँ रखा है, "यद्यपि क़ानून ने उन लोगों को माफ़ कर दिया है, जिन्हें निष्कासन झेलना पड़ा था, किन्तु सरकार ने कोई उपाय नहीं किए हैं और राष्ट्र उनसे बदला लेगा। यह बदला लेना कैसा होगा, नहीं मालूम। हो सकता है उन्हें सरेआम पीट-पीटकर मार डाला जाए, मुझे नहीं मालूम कि क्या होगा।"[40] वस्तुतः एमीन सज़ाक के ये शब्द 6-7 सितम्बर (1955?) की लूट की घटना के लिए पृष्ठभूमि बने। यहाँ तक कि क़ानून को खत्म किए जानेवाले दिन भी धमकियाँ दी जाती रहीं।

15 मार्च, 1944 को वाल्र्ख वेर्गिसी को रद्द किए जाने के पक्ष में 310 वोट पड़े और इसके विरोध में केवल एक। किन्तु इस दिन भी अखबारों में नीलामी के इश्तेहार छपे थे। खरीद-फ़रोख्त होती रही। अखबार में संशोधन सम्बन्धी कुछ भी नहीं छपा, यानी कि हम कह सकते हैं कि क़ानून खत्म होने के बावजूद बिक्री जारी रही। जब्त की गई चल और भूसम्पत्ति को अब राज्य के हवाले कर दिया जाता था, बिना यह बताए कि उनके क़ानूनी हकदारों को वह कब वापस की जाएगी। इसके अमानवीय स्वरूप को समझने के लिए हायक एर्तांकच्यान के मामले को यहाँ देना समीचीन होगा :

हायक 20 वर्ग वाली कार्यवाहिनी से जब लौटा तो बीमार था। उसकी कराक्योय में जूतों की दूकान थी। उस पर बहुत भारी सम्पत्ति कर लगा दिया गया था। चूँकि वह कैंसर से पीड़ित था, अतः वह अपना पक्ष न प्रस्तुत कर सका और उसकी दूकान, उसका घर और तमाम चीजें जब्त कर ली गईं। अब उसके पास केवल एक बिस्तर बचा था, जिस पर वह पड़ा हुआ था। सम्पत्ति जब्त होने के दो दिनों बाद उसने अपनी पत्नी से कहा कि वह चर्च चली जाए और उन पर पड़ी दुश्वारियों के लिए वह ईश्वर से प्रार्थना करे। लौटते वक्त वह एक मुर्गी लेती आए, क्योंकि उसे मुर्गी खाने का मन हो रहा है। जब पत्नी वापस लौटी तो उसने हायक को मृत पाया। हुआ यह कि हायक ने पत्नी के जाते ही गैस खोल दिया, जिससे उसकी मृत्यु हो गई। दरअसल उसका चूल्हा भी जब्त कर लिया गया था और पाईप लाइन खुली पड़ी थी।[41] किन्तु यह आश्चर्य की बात है कि आज तक तुर्की सरकार अतीत में अल्पसंख्यकों के विरुद्ध किए गए इन कामों को स्वीकार नहीं करती, और नई पहल नहीं करती। (ये पंक्तियाँ बाद में इसी संकलन में शामिल करने के उद्देश्य से जोड़ी गई हैं। —सम्पादक)

साईत छेतिनोलू फ्री यूनिवर्सिटी, अंकारा, तुर्की में इतिहासकार हैं। उन्होंने तुर्की में अल्पसंख्यकों के अधिकारों के लिए निरन्तर आवाज़ उठाई है और अनेक बार जेल गए हैं। सम्पादक की उनसे मुलाकात ऐरेवान, आर्मेनिया में जनसंहार विरोध सम्बन्धी सम्मेलन में 2016 में हुई थी।

सन्दर्भ

1. तेतफ़िक छावदार, द हिस्ट्री ऑफ़ टर्किश इकॉनोमी, पब्लिशिंग हाउस इमेज़ 2003, पृ. 38, यूनियन एवं प्रोग्रेस कमेटी के वित्त मंत्री जाविड ने उन लोगों को बधाई दी जो प्रथम विश्वयुद्ध के दौरान गलत तरीकों से पूँजी का संग्रह करके अमीर हो गए थे। एम जाविड बे की ऐसी सोच आज हमारे समय तक जारी है।

   मेथे थुंजाय, क्रिटिकल हिस्ट्री राइटिंग्स पब्लिशिंग हाउस लिबर्टी 2005, पृ 199। "तुर्की के पूँजीवाद के विकास की प्रक्रिया का सारांश" "चूँकि निजी स्वामित्व के आधार पर पूँजी संग्रहण नहीं था, अतः बूर्जुआ पूँजी के निर्माण के लिए राज्य का सहारा लिया गया। किन्तु इसके चलते निर्लज्ज पूँजीवाद के भयानकतम रूप को भी पीछे छोड़ देनेवाली एक अनैतिक जन परम्परा विकसित हो गई।"
2. रिदवान आकार, वाल्र्खे वेर्गिसि कानुनू, ऐन एग्जैम्पल ऑफ़ ऐंटी माइनॉरिटी पॉलिसी ड्यूरिंग द एरा ऑफ़ सिंगल पार्टी, पब्लिशिंग हाउस, वेल्गे येयिनलरी वाई। जनवरी 1992, पृ. 105
3. हेनरी मोर्गेनथाउ,ऐम्बेसेडर मोर्गेनथाउ 'ज़ स्टोरी, गार्डेन सिटी, न्यूयॉर्क, डबलडे, पेज़ एंड कम्पनी, 1918
4. ज्योफ्रे कॉक्स, क्रूम हेल्म, केन्ट द्वारा "फ़ाइक ओक्ते, द ट्रेजेड़ी आफ़ द टर्किश कैपिटल टैक्स", 1987, तुर्की से अनुदित
5. फ़ेरिथ मेलेन सशस्त्र सेनाओं के अधीन मार्च 1971 से मई 1972 के दौरान प्रधान मंत्री थे।
6. सन्दर्भ 2, पृ. 105
7. रिफ़ात बली, 1934 थ्रेस इवेन्ट्स (तुर्की में), पब्लिशिंग हाउस किताबेवी, 2008
8. रिफ़ात बली,द ट्वेन्टी क्लास वर्क सोल्जर्स (तुर्की में) पब्लिशिंग हाउस किताबेवी, 2008
9. स्पिरॉस व्रिओनिस, स्पिरॉस व्रिओनिस एंड द मैकेनिज़म ऑफ़ कैटेस्ट्रॉफ़ी, ग्रीकवर्क्स. कॉम, 2005
10. इस्ताम्बुल के वे यूनानी जो 30 अक्टूबर, 1918 को परफेक्ट ऑफ़ इस्ताम्बुल के निवासी थे (क्योंकि 1912 के एक क़ानून के मुताबिक सीमाएँ तय की गई थीं), उन्हें उनकी नागरिकता की स्थिति से स्वतंत्र, जनसंख्या के आदान-प्रदान के समझौते से मुक्त रखा गया था (लौसान, 30 जनवरी, 1923)। ये ही "एटाब्लिस" कहलाते थे।

11. http://wwi.lib.byu.edu/index.php/Treaty_of_Lausanne
12. हुल्या देमीर और रिदवान आक्रार, द लास्ट डेज़ ऑफ़ इस्ताम्बुल (तुर्की में) पब्लिकेशन हाउस वेलगे येयिनलरी, इस्ताम्बुल, 1994
13. फ़ाज़ल अहमेथ आय्काछ, थिंकिंग ऑफ़ लास्ट डिसीजन्स (तुर्की में) उलूस अखबार, 13 नवम्बर, 1942
14. दिलेक गूवन, नेशनलिज़म, सोशल चेंजेज एंड माइनॉरिटिज़ : द इवेन्ट्स अगेन्स्ट टर्कीज़ नॉन मुस्लिम माइनॉरिटिज़ (6/7 सितम्बर 1955) पब्लिशिंग हाउस इलीटिज़म, इस्ताम्बुल 2005
15. रिफ़ात बली, द "वाल्र्ख वेर्गिसी" अफ़ेयर : अ स्टडी ऑफ़ इट्स लेगेसी-सेलेक्टेड डॉक्यूमेंट्स, द आई एस आई एस प्रेस, 2005, पृ. 313
16. ग्रीक में "Ikosi Ilikies = Είκοσι Ηλικίες"
17. इन कार्यवाहिनियों में युवाओं को खत्म करने के उद्देश्य से गाड़ी खींचनेवाले पशुओं की तरह जोत दिया जाता था।
18. इस्मत इनोनू, मेमॉयर्स सम्पा. शहबातिन शेलेक, पहला संस्करण, पब्लिशिंग हाउस विलगी, अक्टूबर 1985, पृ. 40
19. खज़िम खाराबेखीर, विंड्स ऑफ़ वार इन अंकारा (विश्वयुद्ध II) (पी.आर.पी. के संसदीय समूह के विचार-विमर्श) सम्पा. प्रो. फारूख़ओजेरेंगीन, सितम्बर 1994, 447 एस, पब्लिशिंग हाउस एम्रे : 70, सीरीज़ ऑफ़ नियर हिस्ट्री : 18
20. एक पार्टी काल में रिपब्लिकन पीपल्स पार्टी के संसदीय समूह की बैठकों में राजनीतिक विचार विमर्श होते थे और संसद एक कठपुतली-भर था, क्योंकि उसके सदस्यों का चयन रिपब्लिक के राष्ट्रपति द्वारा किया जाता था।
21. मिहायल रोडास, हाऊ जर्मनी डिस्ट्रॉयड द ग्रीक्स ऑफ़ टर्की (यह पुस्तक मिटलिनी टापू में 1916 में लेखक के निर्वासन के दौरान लिखी गई थी)।
22. ईयोनिस एवमोलपीडी, द ट्वेन्टी क्लास एंड द एक्साइलिंग ऑफ़ माइनॉरिटिज़,पब्लिकेशन बाई न्यू साइकिल ऑफ़ कॉन्सटानटिनोपोलिटन्स, 2005
23. अली ग्यूलर, द नॉनमुस्लिम्स ऑफ़ टर्की (सोशियो-इकॉनॉमिक स्टेटस एंड अनालिसिस), पब्लिकेशंस ऑफ़ जनरल आर्मी स्टाफ मिलिटरी हिस्ट्री एंड स्ट्रैटेज़िक स्टडीज़, 1996, पृ. 105
24. रणनैतिक सेवाओं से सम्बद्ध कार्यालय, रिफ़ात एन बली के "द वाल्र्ख वेर्गिसी अफ़ेयर्स, एस 325 से, द कैपिटल लेवी : अ की टू द अंडरस्टैंडिंग ऑफ़ करेंट ट्रेन्ड्स इन टर्की, 3 मई, 1944
25. हुल्या गोयर्जिन, द कैपिटल टैक्स इन न्यूज पेपर्स—उलूस एंड कम्हूरियत, पृ. 30
26. सबीहा सरतल, लाइक अ रोमन 1919-1950,पब्लिशिंग हाउस : केल यावीनेवी, 1978, पृ. 240
27. 11 सितम्बर, 1943 को न्यूयॉर्क टाइम्स ने वाल्र्ख वेर्गिसी के परिणामों पर साइरस एल सुल्ज़बर्गर का एक लेख छापा था।

28. फ़ाइक ओक्ते वाल्र्ख वेर्गिसी पृ. 147
29. कोरकुट बोरातव थुर्किए इक्तिसात थारिहि इम्गे 2004, एस 85
30. साईत छेतिनोलू, कैपिटल टैक्स—ऐन इकॉनॉमिक एंड कल्चरल जेनोसाइड, पुस्तक में 1943-44 के दौरान अल्पसंख्यकों की जब्त करके नीलाम की गई चल-अचल सम्पत्ति की उद्घोषणा करनेवाले तमाम अखबारों और प्रकाशनों की सूची शामिल की गई है। इस बात पर बल देना आवश्यक है कि तुर्की में वाल्र्ख वेर्गिसी से सम्बन्धित कोई भी संग्रह खुला नहीं है।
31. रिदवान आकार, ट्रेवेलर्स टू आश्काले, पब्लिशिंग हाउस, बेलगे येयिनलरी, 2000, पृ. 9
32. मुहामेत इचलू, द इशूइंग, इम्पलीमेंटेशन एंड अबोलिशमेंट ऑफ़ कैपिटल टैक्स लॉ, एमए की अमुद्रित थीसिस, इज़िएन यूनिवर्सिटी, तुर्की, 1990, पृ. 27
33. फ़ाइक ओक्ते, वाल्र्ख वेर्गिसी, पृ. 233
34. वही, पृ. 143
35. ओ एस एस का दस्तावेज़ "तुर्की कंसंट्रेशन कैम्प के अनुभव" स्रोत एन ए आर ए के अभिलेख। स्ट्रैटेजिक सर्विस के शोध एवं विश्लेषण शाखा कार्यालय के अभिलेख। (सामान्य सीरीज़) दस्तावेज़ संख्या 65.628, 1941-45, बली रिफ़त, पृ. 313
36. हेलेनिक फ़ाउंडेशन ऑफ़ हेलेनिक स्टडीज़, सम्पादक आरिनी सारियोगुलु, इन एक्ज़ाइल एरज़ुरुम/आश्काले। द डायरी ऑफ़ कौंसतैनतिनोस इन द वर्क कैम्प्स ऑफ़ 1943, एथेन्स, 2009
37. गियोर्गस हाजिदिमित्रियादिस, सम्पा. आयहान आक्तार, द डायरी ऑफ़ एक्साइल-एरजेरुम 1943, निको स्ताउरिदि एवं अन्थीकरा द्वारा यूनानी से तुर्की में अनुवाद, पब्लिशिंग हाउस, एस्टिया, एथेन्स, 2010
38. सन्दर्भ सं. 33 और 34 देखें
39. लेखक ने इस सूचना को 24-25 मई 2008 को कार्यवाहिनी के इतिहास पर चर्चा करते हुए आर्मेनियाई गाजारोस अर्सलांगिल से जुटाया।
40. रिदवान आकार, ट्रेवेलर्स टू आश्काले, पब्लिशिंग हाउस, बेलगे येयिनलरी, 2000, पृ. 158
41. एक आर्मेनियाई ने 2008 में इस घटना को मुझे सुनाया था। बावजूद इसके कि वह फ्रांस में रहती है, वह नहीं चाहती कि उसका नाम जाहिर किया जाए। वह उन्हीं हायक महोदय की भतीजी है।

डॉ. पॉल ए. लेविन

डॉ. पॉल ए. लेविन स्वीडन के उपसाला विश्वविद्यालय में जनसंहार तथा आधुनिक यूरोप के राजनीतिक इतिहास के एसोशिएट प्रोफेसर हैं। उनकी बहु प्रशंसित पुस्तक 'राउल वॉलम्बर्ग इन बुडापेस्ट : मिथ हिस्ट्री एंड होलोकॉस्ट' (लन्दन, 2010) को राउल वॉलम्बर्ग फ़ाउंडेशन का 2012 का सेन्टेनियल अवार्ड प्राप्त हुआ है। लेविन ने स्वीडन की सरकार के लिए एक अन्य लेखक के संग जनसंहार की शिक्षा सम्बन्धी एक पुस्तक 'टेल ये योर चिल्ड्रन : अ बुक अबाउट होलोकास्ट इन यूरोप, 1933-1945' तैयार की है, जिसका अनुवाद विश्व की अनेक भाषाओं में हुआ है। वे विश्व के अनेक विश्वविद्यालयों में जनसंहार के बारे में भाषण आदि देते रहे हैं।

28 अक्टूबर, 2019 को उनका देहान्त हो गया।

संग्रहालय से कक्षा में : विभिन्न देशों में होलोकास्ट का इतिहास पढ़ाने के विषय पर कुछ विचार

एक दशक से भी पहले, होलोकास्ट इतिहास के अग्रणी इतिहासकार और अध्यापक माइकेल मारुस ने विद्वानों और विद्यार्थियों पर होलोकास्ट अध्ययन के बौद्धिक और मनोवैज्ञानिक अध्ययन के प्रभाव के बारे में कहा था :

"यह जाहिर सी बात है कि, होलोकास्ट के बारे में शोध करना और पढ़ाना किसी अन्य विषय पर शोध करने और पढ़ाने जैसा नहीं है...यह इस अर्थ में विशिष्ट है कि इस बारे में आमतौर से बात नहीं की जाती : इसके अनेक कारण हैं, उसमें से एक तथ्य यह है कि यह भावनात्मक रूप से संवेदनशील विषय है...इतिहासकार इस सन्दर्भ में जो प्रश्न पूछते हैं, उनका आयाम सीमित होने की बजाय क्रमशः वृहत्तर होता जाता है और अन्य विषयों में जिन विभेदों को अक्सर नजरअन्दाज कर दिया जाता है, वह यहाँ सम्भव नहीं।...होलोकास्ट का इतिहास इस मायने में विशिष्ट है कि यह शोधकर्ता, अध्यापक और विद्यार्थी सभी से एक-सी माँग रखता है।"[1]

उन्होंने जो उस समय रेखांकित किया, आज उसमें उससे कहीं ज़्यादा सच्चाई है जितने की कल्पना भी उन्होंने नहीं की होगी, क्योंकि न केवल यूरोप में बल्कि बाकी के सारे पश्चिमी संसार में होलोकास्ट के इतिहास के बारे में शोध और उसके अध्ययन में रुचि जिस स्तर तक पहुँच गई है, उसकी कल्पना उससे पहले की कौन कहे, दस साल पहले भी कम ही लोग कर सकते थे। इसके अलावा, इस विषय में अब मोटे तौर पर सहमति हो चुकी है कि इस त्रासदी के नैतिक भार और इसके परिणामों के बारे में स्कूलों में पढ़ाया जाना चाहिए।[2] मेरा मुख्य तर्क यह है कि अध्यापकों और विद्यार्थियों को इस धारणा का अहसास तभी होगा जबकि वे कम-से-कम शुरुआत में घटना को उसके इतिहास के मार्फ़त जानेंगे न कि केवल यूरोप के यहूदियों के जनसंहार के संस्मरण के रूप में। जरूरी तो यह है कि होलोकास्ट को समझने के लिए न केवल आरम्भ में बल्कि लगातार इतिहास की पद्धति को अपनाया जाए। मारुस इस पर ठीक ही बल देते हैं कि होलोकास्ट को पढ़ना-पढ़ाना, यहाँ तक कि

उसे पढ़ने-पढ़ाने की इच्छा रखना, बहुत जिम्मेदारी का काम है। उनके इस कथन की अन्तर्ध्वनि दार्शनिक जॉन रॉथ के इस कथन में सुनाई पड़ती है, जो सही ही कहते हैं कि, "होलोकास्ट—उसका यथार्थ, इतिहास और उसकी राजनीति—बोझ की तरह है। ये बोझ अमूर्त नहीं है, और न ही निर्वैयक्तिक...होलोकास्ट इतिहास का बोझ विपुल है, क्योंकि स्वयं होलोकास्ट भी विपुल ही था।"[3] मैं अपने तर्क के समर्थन में उन अनेक पहलुओं को रखूँगा, जिनका उपयोग मैंने 1990 के दशक की शुरुआत से ही होलोकास्ट इतिहास को अनेक देशों में पढ़ाने के लिए उपयोग किया है। किन्तु उसके पहले मैं कुछ जरूरी टिप्पणियाँ इस बारे में करूँगा कि इन दिनों आनेवाली समस्याओं को मैं कैसे देखता हूँ।

होलोकास्ट बनाम होलोकास्ट का इतिहास

क्या जिसे हम होलोकास्ट कहकर अभिहित करते हैं, वह वही है, जिसे ज़्यादा सटीक ढंग से "होलोकास्ट का इतिहास" कहा जाता है? किन्तु बीसियों देशों और संस्कृतियों में अध्यापकों, विद्यार्थियों तथा यूरोप के यहूदियों के विनाश की पृष्ठभूमि और आख्यानों में रुचि रखनेवाले लोगों से लगातार बात करने के पश्चात् मैं इस नतीजे पर पहुँचा हूँ कि ये पद समानार्थी नहीं हैं। सामान्यत: जब गैरविशेषज्ञ होलोकास्ट का जिक्र करते हैं तो बहुत करके वे घटना के किसी पहलू का, उसकी किसी अभिव्यक्ति अथवा निरूपण का अथवा उसकी स्मृति का—जनसंहार के किसी सामाजिक, राजनीतिक अथवा नैतिक परिणाम की बात कर रहे होते हैं, न कि यहूदियों के ख़िलाफ़ नात्सियों के वास्तविक युद्ध के किसी विशिष्ट ऐतिहासिक पहलू की। तथापि यह मान लेना तर्कसंगत लगता है कि जो ऑश्विट्ज़ को नैतिक रूपक के तौर पर इस्तेमाल करते हैं, वे मात्र विवरणों के परे भी कुछ जानते हैं ताकि वे विश्वसनीय नैतिक निष्कर्ष तक पहुँच सकें, कि 1940-45 के बीच पोलैंड के दक्षिणी-पश्चिमी कोने में वास्तव में क्या हुआ था, और क्यों तथा किसने किसके साथ क्या किया था। तार्किक रूप से "ऑश्विट्ज़ के सबक" के नैतिक महत्त्व को तब तक समझना असम्भव है, जब तक कि पहले कम-से-कम उस स्थान और समय के बारे में न जान लिया जाए। (बिना उसके) अध्यापक की विश्वसनीयता खतरे में है, और उसके साथ नैतिक सन्देश की भी।

खासतौर पर इन दिनों इस विषय में दिलचस्पी में इज़ाफ़ा होने के बाद से आम लोगों और शैक्षणिक दोनों ही प्रकार की बातचीत में होलोकास्ट पर अगर बल न भी कहें तो स्वर अवश्य उसके व्यापक और चिन्ताजनक परिणामों पर होता है न कि उसके ऐतिहासिक यथार्थ के विश्लेषण पर। तथापि स्मृति पर बल देनेवाला यह शब्दाडम्बरपूर्ण विमर्श ऐतिहासिक सन्दर्भ से परे होता है तथा, अनुभवजन्य त्रुटियों,

भ्रान्त धारणाओं, और यहाँ तक कि मिथकीकरण से युक्त होता है।[4] वास्तविकता यह है कि इस विषय को अकसर ही गलत क्रम में पढ़ाया जाता है—पहले स्मृतियाँ और फिर इतिहास, अगर इतिहास पढ़ाया भी जाता है तो। जबकि तार्किकता की माँग यह है कि यदि विद्यार्थियों और समाज के दूसरे लोगों को घटना की स्मृति के मायने समझने हैं और आज तक जारी इनके प्रभावों को जानना है तो जरूरी है कि पहले इतिहास का बोध प्राप्त हो।

यूरोप और अमेरीका में समान रूप से दुखद और बढ़ती हुई समस्या यह है कि बजाय इसके कि घटना को जरूरी प्राथमिकता दी जाए, होलोकास्ट के इतिहास को दोयम स्थान पर रखा जा रहा है और इसके परिणाम दिखाई पड़ रहे हैं। इस उलटबांसी से उपजी एक समस्या पर मिशेल ब्लूमेन्थॉल ने अपने लघु निबन्ध "ऑफ़ रेस्ट एंड द वियरी" में बहुत सटीक ढंग से लिखा है। ब्लूमेन्थॉल ने बहुत साल पहले जर्मनी, जहाँ अन्य देशों की तुलना में होलोकास्ट पर शैक्षणिक बल ज़्यादा है, में पढ़ाते हुए अपने विचार व्यक्त किए थे। ब्लूमेन्थॉल ने अपने कुछ दोस्तों के घर जाने के बाद लिखा कि, "अध्यापक और प्रशासक उस पर बातचीत का कोई भी मौका नहीं छोड़ते, हालत यह हो गई है कि उनके किशोर बेटे और उसके सहपाठियों में "होलोकास्ट के विवरणों के प्रति अरुचि' पैदा हो गई है। बेटे ने बताया कि होलोकास्ट पर इतनी बातचीत से वह ऊब चुका है, थक चुका है।"[5] इसके बाद ब्लूमेन्थाल बताते हैं कि जर्मनी के एक बेहद प्रतिष्ठित विश्वविद्यालय में, जहाँ वे पढ़ाते थे, वहाँ उनकी कक्षा में पढ़नेवाले (प्रखर और पढ़ने में रुचि रखनेवाले) विद्यार्थियों से होलोकास्ट के इतिहास पर आसान सवाल पूछे जाने पर भी उनका सामना "न जानने-बूझनेवाली वीरान निगाहों से होता था...जबकि अन्य जर्मन जो होलोकास्ट के बारे में कुछ जानते थे, उनमें वस्तुतः होलोकास्ट के विवरणों से अरुचि कतई नहीं दिखती थी।" उन्होंने इससे जो निष्कर्ष निकाला वह जर्मनी से लेकर स्वीडन और अमेरिका तक प्रासंगिक है कि "जो लोग होलोकास्ट ऊब से ग्रस्त हैं...वे वास्तव में वही हैं, जो थकने का सहारा लेकर अपना हित इस तरह साध रहे हैं कि कहीं इसमें रुचि दिखाकर वे किसी तरह से नैतिक दबाव में न पड़ जाएँ-दूसरे शब्दों में उनकी थकान का कोई सम्बन्ध वास्तविक ज्ञान से नहीं है।"[6]

जैसे-जैसे होलोकास्ट के इतिहास और स्मृति का अध्यापन और शोध इक्कीसवीं सदी में प्रवेश कर रहा है, इस बात को रेखांकित करना जरूरी है कि इस विषय से सम्बन्धित बहस, लेखन और अध्यापन की शुरुआत ठोस ऐतिहासिक ज्ञान अर्थात् कौन, क्या, कब, कहाँ और क्यों की समझ से होनी चाहिए। इन मूल तत्त्वों की समुचित जानकारी के बाद ही अध्यापक अथवा विद्यार्थी –क्यों से सम्बन्धित सर्वाधिक महत्त्वपूर्ण प्रश्न पर विचार आरम्भ कर सकता है। जैसे कि इतिहास के

एक दार्शनिक ने हाल ही में लिखे एक महत्त्वपूर्ण लेख में इंगित किया है कि, "इस बात में कोई सन्देह नहीं होना चाहिए कि घटना की नैमित्तिक जटिलता की समझ के लिए ही नहीं, बल्कि उसमें निहित नैतिक पतन की समझ के लिए भी सबसे अहम् है होलोकास्ट के ऐतिहासिक मूल को जानना।"[7] इस बात को सामान्य भाषा में कहें तो, होलोकास्ट के इतिहास से प्राप्त सीख को पढ़ाने के लिए एक अध्यापक के लिए होलोकास्ट के इतिहास के बारे में कुछ जानना जरूरी है। लैंग इस निष्कर्ष पर ठीक ही पहुँचे हैं कि घटना के बारे में ज़्यादा से ज़्यादा जानकारी सहज ही उसमें निहित नैतिक पतन के दुखद महत्त्व को समझाने में समर्थ होगी।

संग्रहालय से कक्षा में

दशकों से पश्चिमी यूरोप, उत्तरी अमेरीका और इज़रायल में विद्वान् नात्सी जनसंहार द्वारा प्रभावित अनेक देशों में होलोकास्ट के इतिहास को उद्घाटित एवं पुनर्सृजित करने का प्रयास कर रहे हैं और इसके बेहतरीन परिणाम निकले हैं। इतिहासलेखन में अनेक केन्द्रीय प्रश्नों पर गहरी बहसें हो रही हैं, और चलती रहेंगी, किन्तु विभिन्न देशों के इतिहासकारों ने जिस तरह से हमारी समझ में इजाफ़ा किया है, दूसरे विश्वयुद्ध के तत्काल बाद यहाँ तक कि दस-पन्द्रह साल पहले तक, उसके बारे में सोचना तक असम्भव था। आज, शब्दश: हजारों की संख्या में श्रेष्ठ अकादमिक लेखन उपलब्ध है, जो 1933 से 1945 के बीच यूरोप में जो कुछ हुआ, उसके बारे में अधिकांश महत्त्वपूर्ण सवालों को रेखांकित तथा विश्लेषित करता है। और उनमें से अधिकतर लेखन (गैरविचारधारात्मक) अनुसंधान तथा विश्लेषण के मान्य आलोचनात्मक तरीकों से जुटाए गए संग्रहित स्रोतों से अथवा बच गए लोगों के साक्ष्यों पर आधारित है। पूर्वी यूरोप, जहाँ हत्या की अधिकांश घटनाएँ हुईं, और जहाँ यहूदियों के साथ वास्तव में क्या किया गया था, से सम्बन्धित तर्कसंगत काम को लम्बे समय तक हतोत्साहित किया गया और जिसे करना राजनीतिक तौर पर असम्भव भी था, वहाँ इस सन्दर्भ में अभी बहुत काम होना बाकी है। यह महत्त्वपूर्ण है कि इन देशों में भी उत्तरोत्तर अधिकाधिक इतिहासकार पेशेवर तरीकों से उत्तम शोध में प्रवृत्त हो रहे हैं।[8]

यहाँ तक कि लोकतांत्रिक देशों में भी "अतीत की पूर्ण जानकारी" राजनीतिक रूप से कठिन और खासा कष्टदायी है (इसमें जर्मनी का मामला अवश्य विशिष्ट है), और मुक्त समाजों में भी विषय को पढ़ाना आसान नहीं रहा। यहाँ तक कि जिन्हें "मुक्त समाज" कहा जाता है, अर्थात् जहाँ विद्वज्जन पद्धतिक तौर पर गहन पड़ताल करने में सक्षम हुए, वहाँ के समाजों और स्कूलों को भी इस इतिहास को पठन-पाठन के लिए स्वीकार करने में दशकों का समय लग गया। जहाँ तक सोवियत

ब्लॉक के देशों का सम्बन्ध है, उन्होंने अभी हाल में ही इस कार्य को शुरू किया है और उन पर इतिहास का दबाव भी दुगना है : पश्चिमी यूरोप की तुलना में यहाँ नात्सी कब्जा अत्यधिक घृणित रूप में था और आजादी मिलने के एक दशक बाद भी इन देशों के विद्यार्थी और अध्यापक सोवियत कब्जे और राजनीतिक प्रभुत्व के विचारधारात्मक बोझ के नीचे से बाहर निकलने की कोशिश कर रहे हैं।[9] इन देशों के अध्यापकों के लिए अगर इसे दुर्जेय न मानें तो भी अध्यापकीय चुनौती के रूप में यह कार्य दुष्कर अवश्य है। बल्कि केवल उन्हीं के लिए नहीं उनके विद्यार्थियों (विद्यार्थियों के दादा-नाना की तो बात न ही करें) के लिए भी होलोकास्ट "स्थानीय इतिहास" है। मुख्यतः इन्हीं देशों में लाखों को मार डाला गया था और आनेवाले लम्बे समय तक जनसंहार में भागीदारी का बोझ राजनीतिक और शैक्षणिक विमर्श पर बना रहेगा।

पूर्व या पश्चिम कहीं भी इन दिनों विद्वानों द्वारा किए जा रहे काम का कोई अच्छा प्रभाव तब तक नहीं दिखाई पड़ेगा, जब तक कि इतिहासकारों द्रारा प्रकाशित आँकड़ों और विश्लेषणों को पाठ्यक्रमों और सामान्य सामाजिक विमर्शों का हिस्सा न बना दिया जाए। होलोकास्ट की ऐतिहासिक जटिलता और नैतिक बोझ इस कार्य को खास तौर से ज़्यादा महत्त्वपूर्ण बना देते हैं। तथापि भले ही मूल प्रश्न के बारे में हमारी समझ अभी अपूर्ण परन्तु संतोषजनक हो, हम "क्यों" के महत्त्वपूर्ण सवाल को समझने का दावा नहीं कर सकते।[10] आनेवाले अनेक सालों तक संसार-भर के विद्वानों को यह अनुत्तरित परन्तु केन्द्रीय महत्त्व का प्रश्न, उत्तर खोजने के लिए प्रेरित करता रहेगा। विद्वानों द्वारा होलोकास्ट क्योंकर हुआ का ठीक-ठीक उत्तर न दे पाने की असमर्थता ही होलोकास्ट के अध्यापकों और विद्यार्थियों को इसके इतिहास को जानने के लिए प्रेरित करती है।

दस-पन्द्रह साल पहले की तुलना में, आज इतिहासकार 1933-45 के बीच जर्मनी के यहूदियों के जीवन और उनकी संस्कृति पर लगातार हुए हमलों के विवरणों, निर्णयों और दायरों के बारे में अधिक जानकारी रखते हैं। किन्तु यह प्रश्न पूछना अकारण नहीं है कि क्या इन जानकारियों को विस्तृत समाज तक पहुँचाया गया है, और इस बारे में किसी भी तरह की असफलता वस्तुतः होलोकास्ट अध्ययन के लिए समस्या है। निश्चय ही मेरा यह अनुभव है कि मुख्यतः संग्रहालय में किए गए कामों पर आधारित शिक्षा ही इस घटना के प्रति लोगों में निरन्तर रुचि का कारण है। यदि यह निष्पत्ति तर्कसम्मत और स्वीकारणीय है तब अगला कदम है सार्वजनिक क्षेत्र के उस हिस्से और उन संग्रहालयों को देखना जहाँ यह ज्ञान उपलब्ध है (1989-90 में सोवियत विघटन के बाद विद्वानों के लिए खोले गए संग्रहालय कतई नहीं)। मेरी दृष्टि में कक्षाओं का इस्तेमाल, इसके लिए सर्वश्रेष्ठ और सक्षम तरीका है। होलोकास्ट के एक प्रकरण (नात्सी द्वारा किए गए जनसंहार पर स्वीडन

सरकार का उत्तर) पर गहराई से लिखनेवाले इतिहासकार और यूनिवर्सिटी में एक टर्म होलोकास्ट पाठ्यक्रम पढ़ाने के कारण, मैं इसे बहुत महत्त्वपूर्ण मानता हूँ कि इतिहासकारों और अन्य विद्वानों को अपने और अन्य विद्वानों के शोध निष्कर्षों को विस्तार व सुसंगत तरीके से कक्षा में पढ़ाना चाहिए।[11]

जर्मन इतिहासकार अलरिक हर्बर्ट द्वारा सम्पादित निबन्धों के संकलन में यह बात सटीक तरीके से स्पष्ट हो जाती है कि "एक होलोकास्ट" के बारे में पढ़ा देना तथा सच्चाई के तौर पर यह बताना कि "यूरोप में इस प्रकार होलोकास्ट घटित हुआ" अब बिलकुल नाकाफ़ी है। हम अब यह समझ गए हैं कि लाखों लोगों की हत्या के लिए हिटलर का एक निर्णय जिम्मेदार नहीं था, बल्कि इसके लिए स्थानीय पहलकदमी और केन्द्रीय निर्देशों के जटिल और निर्दयतापूर्ण संजाल जिम्मेदार थे। हम यह साफ़तौर पर देख रहे हैं कि यूरोप के यहूदियों और रोमा लोगों तथा सिन्तियों की हत्याएँ अलग-अलग देशों में, अलग समय पर अलग कारणों से अलग-अलग ढंग से हुईं (यहाँ तक कि एक ही देश में अलग-अलग स्थान पर अलग-अलग ढंग से)। यद्यपि ये सब पहलकदमियाँ और निर्देश बर्लिन में हिटलर, हिमलर, हायड्रिक और दूसरों से सम्बद्ध थे, जिनकी अनुज्ञा के बिना जनसंहार सम्भव ही न था, किन्तु इन्होंने हत्याएँ करने की अधिकतर पहलकदमी खुद नहीं की थी।[12] अब हम जानते हैं कि नोर्वे और करोशिया में यहूदियों की हत्याओं के क्रम, व्यक्तित्वों, स्थानीय सहयोगों के तत्त्वों और यहाँ तक की हत्या के तरीकों में भी फ़र्क था। वीची सरकार के सहयोगी के हाथों फ्रांस में यहूदियों के साथ क्या हुआ और वह क्यों वैसा ही नहीं है जैसा कि जर्मनी के निकटतम मित्र देश इटली में उनके संग हुआ और क्योंकर हुआ। यहाँ तक कि भौगोलिक दृष्टि से निकट के देशों बेल्जियम और नीदरलैंड के भी होलोकास्ट के इतिहास अलग-अलग हैं। यह सच है कि जर्मनी के अपने होलोकास्ट का इतिहास कई महत्त्वपूर्ण मायनों में हिटलर द्वारा सबसे पहले कब्जा किए हुए उसने अपने देश—ऑस्ट्रिया के इतिहास से अलग है। इसके अलावा चूँकि नात्सी जर्मनी की जनसंहार नीति के चलते प्रत्येक प्रभावित देश में हुई घटना का अपना इतिहास है अत: प्रत्येक देश के पास घटना की अपनी निजी स्मृति है और समकालीन बहसों तथा समझ में इसके अपने मायने हैं। यदि घटनाओं के समकालीन अध्यापन के वांछित प्रभाव अभीष्ट हैं, तो कक्षा में इन नई जानकारियों को पढ़ाना पड़ेगा।

इसी तरह का एक अन्य प्रकाशन, इतिहासकार ओमेर बार्तोव द्वारा सम्पादित निबन्धों का संकलन भी इन्हीं निष्कर्षों को रेखांकित करता है कि घटना के स्रोत और उसके क्रियान्वयन के समुचित विस्तार के बिना होलोकास्ट के "परिणाम" के बारे में पढ़ाना अनुचित एवं शिक्षण की दृष्टि से गलत है। यह बात पदानुक्रमवार ढंग से उनकी पुस्तक के शीर्षक में भी दिखाई पड़ती है।[13] सामान्यीकरण अस्पष्टता

उत्पन्न करता है और निश्चय ही कोई भी अध्यापक अपने काम को उस तरह से परिभाषित करना नहीं चाहेगा। कई दस्तावेज ही बताते हैं, जो बात प्राइमो लेवी का सर्वाधिक महत्त्वपूर्ण निबन्ध "द ग्रे ज़ोन" कहता है कि अपराधी-पीड़ित-दर्शक का सम्बन्ध हमेशा श्वेत-श्याम नहीं होता और न ही एकदम स्पष्ट और नैतिक रूप से दुविधारहित ही।[14] कुछ अध्यापकों को इन जटिलताओं को अस्वीकारने में सुविधा होती होगी, किन्तु ऐसा करने के लिए अध्यापक ही जिम्मेदार होंगे।

किन्तु इसे जरूर स्वीकारना होगा कि संग्रहालय से कक्षा तक ज्ञान को ले जाने में सचमुच कठिनाइयाँ होती हैं। एक अध्यापक के पास नवीनतन साहित्य पढ़ने के लिए कम ही समय होता है, वह इतिहास-लेखन में हो रहे विकास का लाभ किस प्रकार उठा सकता है? वे ऐसी तकनीकों का किस तरह से विकास कर सकते हैं कि वे उस सीमित समय में जिसमें उन्हें कक्षा में अनेक विषय पढ़ा देना होता है, होलोकास्ट के इतिहास में निहित जटिलताओं को प्रभावी ढंग से पढ़ा दें? मेरा मानना है कि अध्यापक के लिए बेहतर होगा कि वे इन कठिनाइयों से जूझने के लिए घटना से सम्बन्धित प्रकाशित और आसानी से प्राप्त होनेवाले बहुविध प्राथमिक स्रोतों से उपलब्ध दस्तावेजों, यथा विनिबन्ध (मोनोग्राफ़), दस्तावेजी संकलन, फोटो पुस्तकें और बच गए लोगों की गवाहियों को जहाँ तक सम्भव हो, पढ़ें।

विभिन्न देशों में होलोकास्ट के इतिहास का अध्ययन

कई अध्यापकों को होलोकास्ट का व्यापक, जटिल, हिंसापूर्ण, भ्रमित कर देनेवाला, महाद्वीप में फैला हुआ और बहुदेशीय ऐतिहासिक यथार्थ को पढ़ाना बहुत चुनौतीपूर्ण काम लगता है। शब्दशः लाखों कहानियों, नामों, तारीखों, स्थानों, विचारधाराओं और विवरणात्मक सिद्धान्तों को सम्बद्ध तरीके से संक्षेप में पढ़ाकर विषय के प्रति समुचित न्याय कर पाना बेहद कठिन है। इसके अलावा अक्सर ही अध्यापक अनेक विद्यार्थियों की (और वास्तविकता तो यह है कि स्वयं अपनी) भावनात्मक कठिनाइयों से भी जूझते हैं, जब उनका सामना पहली बार दस्तावेजों और गवाहियों में वर्णित घटना के अभूतपूर्व हिंसक, अपमानजनक और परेशान करनेवाले विस्तृत विवरणों से होता है।[15] बावजूद इसके, यहाँ भी, उपलब्ध ऐतिहासिक साहित्य उपयोगी हैं क्योंकि उनमें न केवल प्राथमिक स्रोत मिल जाते हैं बल्कि इसलिए भी कि उनमें लेखक द्वारा सबूतों-साक्ष्यों और कहानी पर सोच विचार कर दिए गए न्यायपूर्ण और साफ़ और स्पष्ट निष्कर्ष मिल जाते हैं।

दूसरी समस्या यह है कि अनेक अध्यापक जो होलोकास्ट का इतिहास और उसकी स्मृति को पढ़ाना चाहते हैं, उन्होंने स्वयं यूनिवर्सिटी स्तर पर इस विषय को अपनी ट्रेनिंग के हिस्से के तौर पर नहीं पढ़ा। अनेक देशों में इसमें बदलाव देखने

को मिल रहा है पर यह सच्चाई है कि कई अध्यापकों ने होलोकास्ट को पेशागत तैयारी के तौर पर कभी नहीं पढ़ा। उदाहरण के लिए पीढ़ियों से लोकतांत्रिक समाज रहे स्वीडन में होलोकास्ट के इतिहास या होलोकास्ट अध्ययन पर हाल ही में ध्यान दिया गया है। 1990 के दशक में ध्यान देने योग्य परिवर्तन देखा गया, और उसमें रुचि भी क्रमशः बढ़ती दिख रही है, तथापि दशकों तक की गई उपेक्षा को रातोंरात ठीक नहीं किया जा सकता और स्वीडन के अध्यापकों तथा विषय पढ़ रहे विद्यार्थियों को ठीक तरीके से तैयार करने के लिए बहुत कुछ करने की जरूरत है।[16] अन्य देशों मसलन संयुक्त राज्य अमेरिका, जर्मनी, लाट्विया, और रूस के अध्यापकों से बात करने पर ज्ञात हुआ कि स्थिति सब जगह एक सी है।

जिसने भी पढ़ाया है, इस बात को जानता है कि अध्यापन निहायत ही वैयक्तिक कला है जो कि जितनी अध्यापक के व्यक्तित्व पर निर्भर है उतनी ही पढ़ाई और सीखी जानेवाली सैद्धान्तिक वस्तुनिष्ठ पद्धतियों पर भी। अनुभवी अध्यापक जानता है और महसूस भी करता है कि क्या करने से बात बन जाएगी और क्या करने से बात नहीं बनेगी और सफलता का मानदंड इस बात पर शायद ही निर्भर होता है कि इम्तहान में विद्यार्थियों का प्रदर्शन कैसा रहा।[17] बल्कि अध्यापक को इस विषय के अध्यापन की सफलता कक्षा के भीतर अथवा बाहर विद्यार्थियों की प्रतिक्रिया से ज्ञात होती है। मैं मानता हूँ कि आमतौर से अध्यापकों और विद्यार्थियों की प्रतिक्रिया तब सकारात्मक, न्यायपूर्ण और नैतिक रूप से संवेदनशील होती है जब कि उन्हें विस्तार से पढ़ाया और सिखाया जाए कि किसने क्या और कब निर्णय लिया और किसको क्या हुआ और क्यों। इस तरह से होलोकास्ट का इतिहास पढ़नेवाले, घटना की भयावहता और विशिष्टता को समझते हैं और मैं शायद ही ऐसे किसी गम्भीर विद्यार्थी से मिला हूँ, जो आगे जानने की इच्छा न रखता हो और जो अधिक जानने की सम्भावना से "थक-ऊब" गया हो।[18] इसके आगे की बात करें तो, रोजमर्रा के धरातल पर मानव इतिहास के इस भयानक अध्याय से सच्चे भावनात्मक स्तर पर जुड़ने का एक अद्भुत प्रसाद है, होलोकास्ट के इतिहास से परिचित विद्यार्थियों (और अध्यापकों) की प्रतिक्रियाएँ, जो काम और नैतिकता दोनों ही दृष्टि से गहरे में तृप्तिदायक है। बहुत बड़ी तादाद में विद्यार्थी यह महसूस करते हैं कि यह व्यक्ति और समाज दोनों के लिए ही अत्यन्त महत्त्वपूर्ण विषय है और वे इसी आधार पर अपनी प्रतिक्रियाएँ व्यक्त करते हैं।

एक समय यह डर था कि एक अर्थ में होलोकास्ट को भुला दिया जाएगा और वह काल के गाल में समा जाएगा। अब ऐसी स्थिति नहीं है और पहले जहाँ यह भय था कि इस विषय में रुचि का कदाचित अभाव है वहीं आज यह शिकायत की जाती है कि इस विषय पर जरूरत से ज़्यादा ध्यान दिया जा रहा है। यह शिकायत भी दरअसल होलोकास्ट के प्रति तथाकथित ऊब का ही एक पहलू है। परन्तु इसी

तथाकथित ऊब से जुड़ी दूसरी समस्या है पिछले कुछ वर्षों से "होलोकास्ट" की सर्वव्यापकता की स्थिति, जिसके चलते होलोकास्ट के इतिहास की कक्षाओं में ऐसे अनेकानेक विद्यार्थियों और अध्यापकों का जमघट हो गया है, जो इसके बारे में मिथ्या धारणाओं, मिथकों, भ्रम पैदा करनेवाले राष्ट्रीय आख्यानों और सामान्यत: घटना की सरलीकृत समझ से ग्रस्त हैं। एक इतिहासकार और अध्यापक के रूप में मुझे, जो कि राष्ट्रीय अथवा व्यक्तिगत किसी भी प्रकार के स्रोतों, पूर्व धारणाओं और ऐतिहासिक मिथकों के आलोचनात्मक परीक्षण की वकालत करता है, को इन मिथकों, गलतियों और गलत धारणाओं में सुई चुभोने में बौद्धिक आनन्द की अनुभूति होती है। शिक्षण से जुड़ी एक समस्या उन विद्यार्थियों में देखने को मिलती है, जो पहले-पहल होलोकास्ट के इतिहास को पढ़ते हैं। अध्यापकगण कई बार इन छात्रों की चेतना को भ्रमित-सा पाते हैं। यह सोचते हुए कि वे पहले से ही बहुत कुछ जानते हैं, जब महसूस करते हैं कि वे गलत हैं, तो यह अनुभूति उन्हें परेशान और भ्रमित कर देती है। इस सापेक्षिक अस्त-व्यस्तता की स्थिति में अक्सर ही एक नूतन आलोचनात्मक और सर्जनात्मक इच्छा उत्पन्न हो जाती है, जो पहले वाले विचारों को चुनौती देती है और लगभग निरपवाद रूप से अधिक जानने की इच्छा को प्रकट करती है।

उस जर्मन दस्तावेज को, जिसमें चलती-फिरती गैस वैन के निर्माण और सुधार का विस्तृत वर्णन हो अथवा व्यक्तिगत तौर पर स्वेच्छा से बच्चों और शिशुओं समेत हजारों लोगों की हत्या करनेवाले पुरुषों (जिनमें से अधिकतर पिता भी थे) के बारे में विवरण हो, पढ़ते हुए, पाठक अपनी पीड़ा को छिपा नहीं पाता। पूर्वी यूरोप में जनसंख्या को रिकॉर्ड करने के हायनरिख हिमलर की सर्वथा मौलिक योजना को पढ़ते हुए विद्यार्थी भ्रम और बेचैनी से सिर हिलाने लगते हैं। मेरी शिक्षापद्धति की एक महत्त्वपूर्ण बात यह है कि मैं अपराध करनेवालों के विचारों और अनुभवों पर ज़्यादा नहीं तो लगभग बराबर प्रकाश डालता हूँ। अधिकांश विद्यार्थी और अध्यापक पहले से ही पीड़ितों के बारे में पढ़ चुके होते हैं[19], पर उन्होंने ऐसे "साधारण व्यक्ति" को नहीं जाना होता जो सहर्ष एक दिन में हजारों लोगों को मौत के घाट उतार दे। पीड़ित शायद ही कभी यह जान सके कि आखिर उन्होंने ऐसा क्या किया था, जिसके चलते उन्हें इस तरह का अन्त भोगना पड़ा—और इस विषय को पढ़ाने की समस्या का एक हिस्सा यह है कि पीड़ितों ने वस्तुत: ऐसा कुछ किया ही नहीं था, कि वे इस हिंसक अन्त का शिकार होते। दरअसल वे दूसरे ही लोग थे, जिन्होंने उनके जीवन के दर्दनाक अन्त के बारे में निर्णय लिया।

इन विवरणों पर दो विद्यार्थियों द्वारा हाल ही में लिखी गईं प्रतिक्रियाएँ, इस बात को सोदाहरण स्पष्ट करती हैं। एक विद्यार्थी ने लिखा, "आपकी कक्षा ने मुझे हमेशा विचलित किया, मेरी रीढ़ को सुन्न करके रख दिया और मुझे नि:शब्द कर

छोड़ा।" कई कक्षाओं में उपस्थिति के पश्चात और भयभीत करके रख देनेवाली घबराहट व बेचैनी के बाद एक अन्य विद्यार्थी ने मुझसे बाकी बचे पाठ्यक्रम में अपने पुरुष-मित्र की उपस्थिति के लिए अनुमति माँगी, (और वह (कक्षा में) मौजूद रहा)। पाठ्यक्रम समाप्त होने पर मैं अपने विद्यार्थियों से हमेशा पूछता हूँ कि अब होलोकास्ट के बारे में उनका और उनके संसार का क्या मत है। उनके उत्तर विस्तृत, भावपूर्ण और अक्सर ही विस्मित कर देनेवाले ढंग से व्यक्तिगत होते हैं। एक अमेरिकी महिला द्वारा लिखी गई ऐसी ही प्रतिक्रिया को मैं कुछ विस्तार से उद्धृत करना चाहूँगा :

"यद्यपि मुझे लगता है कि विश्व में आज होलोकास्ट के बहुत मायने हैं, पर मुझे फिर भी लगता है कि वह अब भी नाकाफ़ी है। मुझे यह बात विस्मित कर देनेवाली और दुखदायी लगती है कि आज भी बहुत से लोग हैं, जिन्हें पता नहीं कि होलोकास्ट ने हमारे साथ क्या किया है...अनेक दूसरे नहीं जानते कि उस नर्क के दायरे में क्या क्या था...यह केवल गैस-चेम्बर और श्मशान-भर नहीं है...मैंने फोटोज़ इन ऑश्विट्ज़ (ऑश्विट्ज़ में फोटो) नामक एक किताब देखी। उसमें घावों, बीमारियों और छूत की बीमारी से भरी एक औरत की नंगी देह की तस्वीर थी। उसके शरीर को क्षत-विक्षत किया गया था। मैंने उसकी देह को अपने हाथों से ढँक दिया और उसके चेहरे को देखा और मैं फूट-फूटकर रोई। वह बहुत सुन्दर थी। तब वह क्या सोच रही होगी, जब उसे मुस्कुराने के लिए कहा गया होगा, ताकी कोई नात्सी डॉक्टर उसकी फोटो खींच सके? कितना घृणित है यह...किन्तु मेरे दोस्तों और बहुत से लोगों को केवल हिटलर के बारे में पता है...मैंने अपने रूम मेट्स को होलोकास्ट के बारे में जितना सम्भव था, पढ़ाया क्योंकि मेरे लिए यह मेरे जीवन का सबसे अर्थपूर्ण प्रसंग है...मुझे इस पाट्यक्रम की जरूरत थी। इसने मुझे बहुत ज़्यादा ही परेशान और घिनघिना दिया है। इसने मुझे जीवन और मृत्यु के बारे में बहुत कुछ बताया है। हर रोज मैं उदास होकर कक्षा से बाहर निकलती थी, किन्तु कुछ आगे बढ़ते ही लगता कि मैं अभी जीवित हूँ...मैं जीवन को यूँ हारना नहीं चाहती।"[20]

निस्सन्देह इसे विडम्बना ही कहेंगे कि मानव इतिहास के इस क्षेत्र को पढ़ाना अद्भुत तृप्तिदायक अनुभव है। होलोकास्ट सम्बन्धी तथ्य और लोगों के व्यवहार,अधिकांशतः डरावने होते हैं, पर जो उनसे अवगत होते हैं, उनकी कल्पनाशक्ति और चेतना साफ़ तौर पर उससे प्रभावित होती है। यह बात विषय के प्रति आस्था भी जगाती है। तथापि विद्यार्थियों द्वारा मानवजाति, नैतिकता, लोकतंत्र और हमारी सभ्यता की प्रकृति पर उठाए जानेवाले सवाल सर्वाधिक तृप्ति प्रदान करते हैं, क्योंकि ऐसे ही सवालों से ज्ञान बढ़ता है।[21] और भी कि जब विद्यार्थी इस भयानक सत्य को जान जाते हैं कि जनसंहार सम्बन्धी संवेग मनुष्य की प्रकृति का

हिस्सा है। ऐसे विद्यार्थी, जिन्होंने होलोकास्ट के बारे में जो पढ़ा है, उसको बाद में होनेवाले जनसंहार अथवा कम्बोडिया, रवांडा और बाल्कान्स में हुईं सामूहिक हिंसा की घटनाओं से जोड़ कर देखना शुरू कर देते हैं। वे जानते हैं कि जनसंहार हुआ और वह पुनः हो सकता है, और वे उस मानस एवं संरचनात्मक ढाँचे को समझना चाहते हैं जो इसे अपनी संस्कृति का हिस्सा बना देता है।

किन्तु क्या किसी एक देश के इतिहासकारों द्वारा वर्णित घटना का इतिहास, राष्ट्रीय और सांस्कृतिक सीमाओं को पार कर सकता है? क्या विभिन्न विद्यार्थियों के सांस्कृतिक, राजनीतिक, जातीय, आर्थिक, भाषायी और यहाँ तक की नस्ली अन्तर इस सदा से विवादास्पद रहे इतिहास को सभी विद्यार्थियों के लिए एक ढंग से, एक-सी पद्धतियों को अपनाते हुए और एक ही सामग्री के आधार पर पढ़ाना असम्भव नहीं है? और उन राष्ट्रों के बारे में सोचें, जहाँ लोकतंत्र जीवन-परम्परा का हिस्सा नहीं है? क्या होलोकास्ट अध्ययन को पढ़ाने का कोई एक ऐसा तरीका हो सकता है जो विद्यार्थियों को (देशों के आधार पर) अलगा कर होलोकास्ट का इतिहास पढ़ा सके? जैसे कि नोर्वे और हंगरी के, या लात्विया और स्पेन के या अर्जेन्टिना और कनाडा के विद्यार्थियों को ध्यान में रखते हुए। मेरे हिसाब से इसका उत्तर "हाँ" है। यदि किसी अन्य कारण से नहीं तो इस घटना की बहुराष्ट्रीय यथार्थता के कारण। इस पर विश्वास करने के कई कारण हैं कि अनेक तरह के देशों के अध्यापक और विद्यार्थी प्राथमिक स्रोतों पर आधारित होलोकास्ट के इतिहास को सकारात्मक रूप से ग्रहण करेंगे। अधिकांशतः, स्वाभाविक तौर पर अधिकतर विद्यार्थी सबसे पहले तो, अपने देश के होलोकास्ट के इतिहास में रुचि रखते हैं। किन्तु जब वे अपने अनुभवों के आधार पर यह देखते हैं कि केवल एक देश में घटित घटना के इतिहास को पढ़ना असम्भवप्राय है तो वे तुरन्त समझ लेते हैं कि किसी एक पक्ष पर ही ज्ञान को केन्द्रित करना बौद्धिक रूप से गैरजिम्मेदाराना काम है। निम्नलिखित उदाहरण के द्वारा इस तर्क को समझा जा सकता है।

1997 के आखिरी महीनों में स्वीडन की सरकार ने स्तीफ़ान ब्रुशफ़ेल्ड और मुझे होलोकास्ट पर एक लघु और सरल पुस्तक लिखने के लिए कमीशन किया। उद्धेश्य था एक ऐसी शैक्षणिक सामग्री तैयार करना जिसके आधार पर स्वीडिश माता-पिता अपने बच्चों को होलोकास्ट के इतिहास से आरम्भ करते हुए लोकतंत्र और मानव अधिकार के बारे में बातचीत, बहस और संवाद द्वारा समुचित व व्यवस्थित जानकारी प्रदान कर सकें।[22] यह पुस्तक प्रधानमंत्री गोरान परसोन द्वारा कमीशन की गई, क्योंकि वे सोचते थे कि स्वीडन के युवाओं में इस घटना की जानकारी के घोर अभाव के चलते उन युवाओं समेत अधिकांश लोगों में दक्षिण-पंथी नव नात्सीवाद की प्रवृत्ति खतरनाक ढंग से बढ़ी है। इस सन्दर्भ में उनकी रुचि और उनकी व्यक्तिगत अथवा सामाजिक लोकतांत्रिक राजनीतिक पृष्ठभूमि में

शायद ही कोई सम्बन्ध हो, लेकिन परसोन ने होलोकास्ट के इतिहास के अध्ययन और लोकतंत्र की सुरक्षा को जोड़ कर देखा।[23] सरकार का मूल लक्ष्य, कहें कि विश्वास था कि किशोरावस्था के बच्चे वाले 7,13,000 स्वीडिश घरों में पुस्तक देने के लिए जो सामूहिक प्रस्ताव भेजे गए थे, उसके जवाब में दसियों हजार लोग किताब भेजने का निवेदन करनेवाले प्रपत्र रवाना करेंगे। इस सन्दर्भ में इसे रेखांकित करना महत्त्वपूर्ण है कि किताब को बिना-सोचे समझे यूँ ही बाँट नहीं दिया गया था, बल्कि इसे तभी भेजा गया था, जब माता-पिता की ओर से अनुरोध प्राप्त हो गया। इस परियोजना में शामिल लोगों के लिए यह हर्ष और आश्चर्य की बात रही कि कुछ ही सप्ताहों में इसकी लगभग 5,00,000 प्रतियों का अनुरोध पहले तो घरों की ओर से, तदुपरान्त स्कूलों के पुस्तकालयों, संघ के शिक्षण समूहों और दसियों हजार दूसरे स्वीडिश परिवारों से प्राप्त हो गया था। आज की तारीख तक 90 लाख से कम की आबादी वाले इस देश से लगभग 15 लाख प्रतियों के अनुरोध प्राप्त हो चुके हैं।

जनवरी 1998 में हुए, इसके मूल प्रकाशन के पश्चात् होलोकास्ट के इतिहास से सम्बन्धित इस संक्षिप्त-सी पुस्तक का अनुवाद जर्मन, फ्रांसीसी, रूसी, पुर्तगाली, लात्वियाई (और रूसी लात्वियाइयों के लिए रूसी में) नॉर्वेज़ियाई, एस्तोनियाई, जापानी और फ़िनीश में हो चुका है।[24] हमारी पद्धति के विषय में मेरा जो तर्क है, उसका महत्त्व इस बात में है कि इसमें वह सामर्थ्य है कि वह तमाम सांस्कृतिक और राष्ट्रीय सीमाओं को पार कर सके। हुआ तो यह कि इनमें से अधिकांश अनुवादों को सम्बद्ध देश के शिक्षा मंत्रालयों अथवा राजनीतिक प्राधिकारियों ने कमीशन किया अथवा उसे मान्यता दी। प्रत्येक नये अनुवाद में पाठ, प्रारूप एवं फोटो मूल की तरह ही हैं किन्तु उसमें मूल की तुलना में सम्बद्ध देश द्वारा जनसंहार के सन्दर्भ में किए काम का विवरण बढ़ा दिया गया है। इतने सारे और अकसर ही राजनीतिक, सांस्कृतिक, नस्ली, आर्थिक और भाषाई तौर पर विवादास्पद देशों के बीच इस पुस्तक की स्वीकार्यता को किस प्रकार समझा जा सकता है? इसका कोई निर्णायक उत्तर नहीं हो सकता पर इस पुस्तक की विश्वव्यापी स्वीकार्यता के बारे में दो राय नहीं हो सकती। इस सन्दर्भ में कम-से-कम यह बात कही जा सकती है कि इस क्षेत्र में कार्यरत अन्य पद्धतियों को त्यागकर, यह पुस्तक प्राथमिक रूप से ऐतिहासिक स्रोतों, तस्वीरों और वर्णनों का उपयोग करती है।[25] यह पुस्तक बहुत स्पष्टता से और संक्षेप में उस यथार्थ का नग्न चित्रण करते हुए यह बताती है कि 1933-45 के बीच जर्मनों और उनके मित्रों ने यूरोप में यहूदियों के साथ क्या किया था। हमें विश्वास है कि इस पुस्तक की विश्वव्यापी स्वीकार्यता इस बात में निहित है कि यह दस्तावेज के रूप में उपलब्ध उन तथ्यों से प्रेरित और उन पर आधारित है, जिन्हें इतिहासकारों ने देखा-समझा।

क्या होलोकास्ट के विषय में पढ़ाने का कोई लाभ है?

कम लोग ही इस बात से असहमत होंगे कि होलोकास्ट यूरोप और विश्व के इतिहास की विभाजक रेखा है। यह दुखद किन्तु निश्चित तौर पर सच है कि ऑश्तविट्ज़ और रूम्बूला, ड्रैंसी और वेस्टरबोर्क, मिन्स्क और बाबीयार के बाद संसार जैसा कि वह पहले था, न कभी रहा और न कभी हो पाएगा। आज तक साल रही इस सर्वग्राही त्रासदी से बहुत कुछ सीखा जा सकता है। किन्तु एक मूलभूत सवाल अनुत्तरित रह गया है: उत्पीड़न और हत्या के इन वर्षों से विद्यार्थी, अध्यापक और नागरिक क्या सीख सकते हैं। इस बात को पढ़ने से सामाजिक तौर पर क्या लाभ होने जा रहा है कि क्योंकर यूरोप-भर के लाखों नागरिकों ने (केवल जर्मनी के आधिपत्य वाले देशों में ही नहीं बल्कि लगभग हरेक देश के) अपने ही पड़ोसियों और मित्रों को लूटने, उनके उत्पीड़न और हत्या में भागीदारी की? और सचमुच में इस बात को विस्तार से पढ़ने-जानने से क्या कुछ सीखा जा सकता है कि 1939 में यूरोप में मौजूद लगभग 95 फ़ीसदी बच्चों को या तो गोली मार दी गई या उन्हें गैस चेम्बरों के हवाले कर दिया गया? मानव-जीवन, उसकी अर्थवत्ता और नैतिकता के इस अभूतपूर्व उल्लंघन से वास्तव में यदि कुछ सीखा जा सकता है तो वह क्या है?

यहाँ तक कि कुछ लोग, जो इस घटना को रहस्य के आवरण में ढाँपने में रुचि नहीं रखते, उन्होंने इस बात पर बहस की है कि सम्भवतः होलोकास्ट से सीखने के लिए कुछ भी नहीं है। बार्तोव ने तो होलोकास्ट से मिलनेवाली प्रत्यक्ष शिक्षा के विषय में चुनौतीपूर्ण, यहाँ तक कि डरावने तर्क प्रस्तुत किए हैं। उनका तर्क है कि उसकी प्रकृति ही ऐसी होती है, जो हमें कुछ भी सीखने से रोकती है, बार्तोव कहते हैं, जनसंहार, होलोकास्ट "एक ऐसी कथा है, जो कुछ भी द्योतित नहीं करती, घटना पर समय के एक अन्तराल के बाद विचार करने का लाभ यह है कि आज निश्चित रूप से इस घटना की अर्थहीनता, उस सबका बेतुकापन, स्तब्ध कर छोड़नेवाली नारकीय हालत, जिसमें विचार और कल्पना की सम्पूर्ण रिक्तता साफ़ तौर पर उभरकर सामने आ जाती है। और सबसे ज़्यादा भयभीत करनेवाली बात है होलोकास्ट से कुछ भी सीख पाने की, उससे मिली किसी सीख से प्रेरित होकर उन मुद्दों को इस्तेमाल करने की कतई असम्भाव्यता।"[26]

यदि बार्तोव सही हैं तो हमारा यह तर्क ही गलत हो जाता है कि होलोकास्ट के इतिहास को पढ़ाने का सामाजिक लाभ है। यद्यपि बार्तोव की चुनौती की तात्कालिकता को नकारा नहीं जा सकता और होलोकास्ट इतिहास के अध्यापक उनका समर्थन कर सकते हैं। तथापि यह साफ़ है कि होलोकास्ट के इतिहास से हम एक साझे भविष्य के लिए पीड़ादायी किन्तु मूल्यवान सीखें हासिल कर सकते हैं। किन्तु ये

सीखें हम मुख्यत: पीड़ितों के वक्तव्यों द्वारा नहीं, बल्कि उत्पीड़कों के इरादों और उनके लक्ष्यों को और उन पर दर्शकों की प्रतिक्रियाओं को जानकर प्राप्त कर सकते हैं। पीड़ित तो घेर लिए गए अल्पसंख्यक थे, जबकि बाकी दोनों प्रकार के लोगों के पास चुनाव का मौका था। इन्हीं चुनावों में—जिनमें वे अधिकांशत: गलत सिद्ध हुए, होलोकास्ट (और अन्य जनसंहारों) से सीखने की बात है। इस बात के अनेक प्रमाण मिलते हैं कि हिटलर के शासन के आरम्भिक सालों में यदि मुट्ठी भर लोगों ने भी मूक दर्शक बनना अस्वीकार कर दिया होता तो अपराध करनेवाले उत्पीड़कों को बाधा पहुँचती या शायद उन्हें रोका भी जा सकता था।

तब, इस विषय को पढ़ाने का सामाजिक मूल्य क्या है? वस्तुत: होलोकास्ट अध्ययन का लक्ष्य क्या है? एक शब्द में कहें तो—लोकतंत्र। नई सदी के आरम्भ से ही उदार लोकतंत्र की जरूरी महत्ता कभी स्पष्ट नहीं हो पाई। और हम सरीखे लोग जो यूरोप के यहूदियों और उनकी संस्कृति के विनाश के बारे में पढ़ाते हैं, हमें उदार, लोकतांत्रिक मानव मूल्यों की अपूर्व विफलता के विवरणों को अगली पीढ़ियों को सौंपने में निहित लाभों के बारे में शायद ही कभी कोई सन्देह हुआ। सचमुच यह विफलता विद्यार्थियों को आनेवाले समयों के लिए इसकी अपरिहार्य महत्ता के बारे में सोचने के लिए बाध्य करेगी। पश्चिमी सभ्यता के हृदय-प्रदेश में हुए इस जनसंहार से लोकतंत्र को मजबूत करने के बारे में शिक्षा मिलती है। होलोकास्ट के इतिहास को पढ़ाने से जाहिर होता है कि हम सबके लिए यह जरूरी है कि "हम सामाजिक जिम्मेदारी को बल देनेवाले व्यवहारों और मूल्यों के विकास से सीधा वास्ता रखनेवाले मुद्दों पर विचार करें।"[27] इस बात पर विश्वास करने के अनेक कारण हैं कि यदि होलोकास्ट के इतिहास को अच्छी तरह से पढ़ाया जाए तो सोच विचार करनेवाले किसी भी विद्यार्थी अथवा नागरिक के लिए वह प्रत्यक्षत: बौद्धिक, भावनात्मक और अस्तित्वमूलक रुचि की सामग्री होगी। किन्तु इसको प्रभावी बनाने के लिए जरूरी है कि इस घटना के इतिहास के अध्ययन पर इस तरह के विचार-विमर्श शुरू किए जाएँ। जैसे कि लैंग का निष्कर्ष है, "होलोकास्ट के बारे में जो कुछ भी कहा या लिखा गया है, वह...ऐतिहासिक विश्लेषणों द्वारा उजागर किए गए तथ्यों को ही सामने रख देता है।"[28]

होलोकास्ट को सम्भव करनेवाले तमाम मानवीय इरादे, मानवीय स्थितियों में रचे-बसे हैं, बावजूद इसके इस बात पर विश्वास के अनेक कारण मौजूद हैं कि जनसंहार को उत्प्रेरित करने से रोकनेवाले लक्षण वस्तुत: सही ढंग से चलनेवाले उदार लोकतंत्र में निहित सामाजिक मूल्य हैं, लोकतांत्रिक मानस को आप्लावित करनेवाले मानवीय मूल्य। वुडरो विल्सन ने एक बार कहा था कि "लोकतंत्र शासन की एक पद्धति से कहीं ज़्यादा चरित्र का एक स्वरूप है।" यदि हम अपने बच्चों को विश्व-इतिहास में उदार लोकतंत्र की निकृष्टतम असफलता के बारे में पढ़ाते

हैं, तो हम भविष्य में ऐसी किसी असफलता को पहचानने और शायद, सचमुच में शायद उस विषय में कुछ कर पाने का मौका उन्हें देते हैं। बस यही एक विश्वास चाहिए, सारे संसार में होलोकास्ट के इतिहास को पढ़ाना जारी रखने के लिए।

सन्दर्भ

1. माइकेल मारुस, "गुड हिस्ट्री एंड टीचिंग द होलोकास्ट," द होलोकास्ट, फ़िफ़्टी ईयर्स आफ़्टर : पेपर्स फ्रॉम द कॉन्फ्रेन्स ऑफ़ ज्यूविश हिस्टॉरिकल इंस्टीट्यूट ऑफ़ वॉरसा में से (वॉरसा, पोलैंड : ज्यूविश हिस्टॉरिकल इंस्टीट्यूट ऑफ़ वॉरसा, 1993), 52
2. देखें, पॉल ए. लेविन, द इशूज़ ऑफ़ द होलोकास्ट रिसर्च इन लातविया : रिपोर्ट्स ऑफ़ इंटरनेशनल कॉन्फ्रेन्स (Riga, Latvia Latvijas Universitates, Latvija vestures instituts, 2001) में "टीचिंग द होलोकास्ट इन डिफ़रेन्ट कंटरीज़ : प्रौबलेम्स एंड पौसिबिलिटिज़", 153-68, इस अध्याय के कुछ हिस्से शुरू में इसी अंक में प्रकाशित हुए थे।
3. जॉन के. रॉथ, होलोकास्ट पॉलिटिक्स (लुईविले, काई. : वेसटमिनिस्टर जॉन नोक्स प्रेस, 2001), 38-39
4. मैं इस बहस में समकालीन राजनीतिक समस्याओं के साथ यहूदियों के जनसंहार की भ्रष्ट, कतई त्रुटिपूर्ण और राजनीति प्रेरित "तुलनाओं" को शामिल नहीं कर रहा हूँ।
5. मिशेल ब्लूमेन्थाल, "ऑफ़ रेस्ट एंड वियरी," टाइम यूरोप, 28 फरवरी 2000, इस लेख को www.time.com/time/europe/magazine/2000/228/essay.html पर पढ़ा जा सकता है। एक ऐसा देश स्वीडन जिसके राजनीतिक और शैक्षणिक अधिकारियों ने 1990 के दशक के मध्य से पहले शायद ही कोई ध्यान होलोकास्ट के इतिहास या स्मृति पर दिया था, वहाँ भी निजी बातचीत और मीडिया में 'होलोकास्ट से अरुचि' की उत्तरोत्तर बढ़ती घटनाएँ दिखाई पड़ रही हैं।
6. वही, 2
7. बेरेल लैंग, द फ़्यूचर ऑफ़ होलोकास्ट : बिटवीन हिस्ट्री एंड मेमोरी (इथाका, एन. वाई., कोर्नेल यूनिवर्सिटी प्रेस, 1999), x-xii (बल मेरा)
8. जहाँ तक बाल्टिक देशों का सम्बन्ध है, इसका प्रमाण यह है कि वहाँ पड़ताल के लिए एक राष्ट्रीय आयोग का गठन किया गया है, जिसे कष्टदायक अतीत के अवलोकन का अधिकार सौंपा गया है। यद्यपि इन आयोगों का काम समस्याओं और विवादों के परे नहीं है तथापि इनमें पश्चिम के विद्वानों के होने के कारण लीपापोती करना असम्भव नहीं तो कठिन अवश्य हो गया है। यह भी नोट करने योग्य है कि बहुत सारे सम्मेलन आयोजित हो रहे हैं, जिनमें पूर्व सोवियत ब्लॉक के इतिहासकार अपेक्षाकृत अधिक स्थापित पश्चिमी सहयोगियों से बहस आदि में संलग्न हो रहे हैं।

9. पूर्व सोवियत संघ की स्थिति पर देखें, सवी गिटेलमान सम्पा., बिटर लेगेसी : कन्फ्रंटिंग द होलोकास्ट इन द यू एस एस आर (ब्लूमिंगटन : इंडियाना यूनिवर्सिटी प्रेस, 1997), पोलैंड के बारे में एक जरूरी और श्रेष्ठ काम माइकेल सी. स्टीलॉफ़ के, बॉन्डेज़ टू द डेड : पोलैंड एंड द मेमौरी ऑफ़ द होलोकास्ट (सिरेक्यूज़ एन वाई : सिरेक्यूज़ यूनिवर्सिटी प्रेस, 1997) को देखना जरूरी है।

10. इस क्षेत्र के सर्वाधिक जानकार इतिहासकार भी इस सवाल के सामने संकोची और विनीत हो जाते हैं। हाल में सौल फ्राइडलेन्डर द्वारा किया गया युगांतरकारी अध्ययन इसका उदाहरण है, नात्सी जर्मनी एंड द ज्यूज़ : द ईयर्स ऑफ़ पर्सिक्यूशन, 1933-39 (न्यूयॉर्क : हार्पर कॉलिन्स, 1977)

11. पॉल ए. लेविन का, फ्रॉम इन्डिफ़रेंस टू एक्टिविज़म : स्वीडिश डिप्लोमेसी एंड द होलोकास्ट, 1938-1944, दूसरा संस्करण (Uppsala, Sweeden Acta Universitatis Upsaliensis, 1998) देखें।

12. अलकिख हरबर्ट सम्पा. नेशनल सोशलिस्ट एक्सटर्मिनेशन पोलिसीज़ : कॉन्टेम्पररी जर्मन पर्सपेक्टिव्स एंड कान्ट्रोवर्सीज़ (न्यूयॉर्क : बर्घान बुक्स, 2000), जर्मन से अनूदित इस पुस्तक में सामान्य सरकार के शासनकाल में यहूदियों की हत्या; यहूदी विरोधी नीति तथा जिला गैलिसिया में 1941-42 में यहूदियों की हत्या; सर्बिया में यहूदियों का निर्मूलन; 1941-43 के दौरान बेलारूस में जर्मनों के आर्थिक हित, कब्जे की नीति, और सिलेसिया के पूर्वी ऊपरी भाग में यहूदियों की हत्या जैसे प्रश्नों पर पथ-प्रदर्शक शोध संकलित है।

13. ओमेर बार्तोव सम्पा., होलोकास्ट : ओरीजिन्स, इम्प्लीमेंटेशन, आफ्टरमैथ (लन्दन : राउटलेज़, 2000)

14. "ग्रे ज़ोन" की मूल सोच बार्तोव सम्पा. होलोकास्ट में मिलती है किन्तु यह लेवी के द ड्राउंड एंड द सेव्ड से लिया गया है।

15. जैसा कि पहले नोट किया गया है, मैंने मुख्यतः यूनिवर्सिटी स्तर के विद्यार्थियों को पढ़ाया है, जिनकी कथाएँ कई सप्ताहों की होती हैं। जिन अध्यापकों के पास बेहद सीमित समय होता है, उनके लिए यह बहुत बड़ी चुनौती की बात है। किन्तु अनुभव से सिद्ध हुआ है कि होलोकास्ट को कुछ विषयों, विचारों और सिद्धांतों पर केन्द्रित करने से प्रभावोत्पादकता बनी रहती है।

16. यह जानने के लिए कि स्वीडन के इतिहासकारों ने क्योंकर होलोकास्ट अध्ययन की उपेक्षा की, देखें, R. Fjallstedt & Fruitman सम्पा. Sidor av Forintelsen (Lund, Sweeden Studentlitteratur, 2000) में पॉल ए. लेविन का "Forintelsens historiografi I Sverige idag-nytt hoppefter manga ar av bristande intresse?, 69-95

17. सचमुच "सीखे" गए ज्ञान को कैसे "जाँचा" जाए, उदाहरण के लिए सोबीबोर या बेल्जेक, यह निर्वासन या वह, एप्लीकेशन ग्रुप ए या एक बार का कमांड 1बी, होलोकास्ट इतिहास के अध्यापक के लिए यह अनसुलझी दुविधा है।

18. इस बात पर बहस नहीं की जा सकती कि प्रतिनिधित्व के अन्य रूप अपर्याप्त हैं। बल्कि समय बीतने के साथ मेरा मत दृढ़ होता जा रहा है कि घटना के ठोस इतिहास को सबसे पहले जानना चाहिए। तब और केवल तभी अन्य अनुशासन और प्रतिनिधित्व के अन्य रूपों से वांछित परिणाम हासिल होंगे।
19. वास्तव में, ऐसा प्रतीत होता है कि तथाकथित होलोकास्ट से ऊब का एक "कारण" यह हो सकता है कि यूरोप में विद्यार्थियों को लगता है कि उन्होंने पीड़ितों के, "यहूदियों के उत्पीड़न" के अनुभवों के विषय में बहुत कुछ सुन रखा है।
20. के. ब्राउन, मुख्य परीक्षा, वसन्त 1996; अनुमति उपरान्त इस्तेमाल।
21. तथापि उन तमाम देशों में जहाँ-जहाँ अध्यापकगण इस क्षेत्र में काम कर रहे हैं, वहाँ वहाँ होलोकास्ट शिक्षण के प्रभाव को ज़्यादा गम्भीर एवं मापने योग्य बनाए जाने की वास्तव में आवश्यकता है।
22. हमारी पुस्तक का मूल स्वरूप, स्वीडिश में Om detta ma ni bretta : en bok om Forintelsen I Europa, 1933-45 शीर्षक से स्टॉकहोम से जनवरी 1998 में छपा था। मूल प्रचार के हिस्से के रूप में इसका अनुवाद स्वीडन में बस गए प्रमुख आप्रवासियों की भाषाओं यथा—फ़िनिश, अरबी, फ़ारसी, तुर्की, स्पेनी, सर्बो-क्रोशियाई और अंग्रेजी में भी हुआ है।
23. इस प्रचार की पृष्ठभूमि और विवरणों को यहाँ विश्लेषित नहीं किया जा सकता। इतना-भर कहना पर्याप्त होगा कि स्वीडन में और शब्दशः पूरे विश्व में जो प्रतिक्रिया हुई उसने एकदम नकचढ़े पर्यवेक्षक को भी चकित करके रख दिया। किसी साहसी पत्रकार द्वारा इस हृदयस्पर्शी कथा को विश्लेषित करके कहा जाना अभी बाकी है।
24. होलैंड, बेल्ज़ियम, डेनमार्क, इटली, स्पेन (केटेलेन भी) कुर्दीस्तान, पोलैंड, जापान, ऑस्ट्रेलिया और संयुक्त राज्य अमेरिका के प्रकाशकों और शिक्षण प्राधिकारियों ने भी इसके बारे में पूछताछ की है।
25. संकल्पनात्मक रूप से यह पुस्तक होलोकास्ट के इतिहास और इतिहास लेखन पर यूनिवर्सिटी में मेरे द्वारा पढ़ाए जानेवाले कोर्स का ही प्रतिरूप है।
26. ओमेर बार्तोव, मर्डर इन आवर मिड्स्ट : द होलोकास्ट, इंडस्ट्रीयल किलिंग, एंड द रिप्रेजेन्टेशन में "ऐन इडियट्स टेल : मेमोरीज़ एंड हिस्टरीज़ ऑफ़ द होलोकास्ट," (न्यूयॉर्क : ऑक्सफ़ोर्ड यूनिव्रसिटी प्रेस, 1996), 89.
27. 27 जनवरी 2000 को होलोकास्ट एजूकेशन, रिमेम्बरेंस, एंड रिसर्च पर स्टॉकहोम इंटरनेशनल फ़ोरम में "पेडागॉगी : थ्योरीज़, टूल्स एंड रिजल्ट्स" शीर्षक पैनल में डब्ल्यू फ़्रनेक्स द्वारा "डेवेलपिंग रिफ़लेक्टिव सिटीजन्स : द रोल ऑफ़ होलोकास्ट एजूकेशन," शीर्षक से प्रस्तुत किया गया लेख। यह पूरा लेख स्टॉकहोम के राष्ट्रीय अभिलेखागार, रिकसर्कीवर्ट में फ़र्स्ट स्टॉकहोम इंटरनेशल फ़ोरम की फाइलों में है।
28. लैंग, द फ़्यूचर ऑफ़ द होलोकास्ट, x।

परिशिष्ट

जनसंहार को मान्यता देनेवाले देश

आर्मेनियाई जनसंहार को मान्यता प्रदान करनेवाले अथवा इसका संज्ञान लेनेवाले देश

निम्नलिखित सूची में उन देशों के नाम हैं जिन्होंने ऑटोमन साम्राज्य द्वारा किए गए आर्मेनियाई जनसंहार को मान्यता प्रदान की है अथवा इसका संज्ञान लिया है। यह सूची अंग्रेजी वर्णानुक्रम से तैयार की गई है।

1. अर्जेंटीना
2. आर्मेनिया
3. ऑस्ट्रिया
4. बेल्जियम
5. बोलीविया
6. ब्राजील
7. बुल्गारिया
8. कनाडा
9. चिली
10. साइप्रस
11. चेक गणराज्य
12. डेनमार्क
13. फ्रांस
14. जर्मनी
15. ग्रीस
16. इजराइल

17. इटली
18. लीबिया
19. लिथुआनिया
20. लेबनान
21. लक्समबर्ग
22. नीदरलैंड
23. परागुआ
24. पोलैंड
25. पुर्तगाल
26. रूस
27. स्लोवाकिया
28. स्वीडन
29. स्विट्जरलैंड
30. सीरिया
31. संयुक्त राज्य अमेरिका
32. उरुग्वे
33. होली सी
34. वेनेजुएला

जनसंहार के कुछ दृश्य

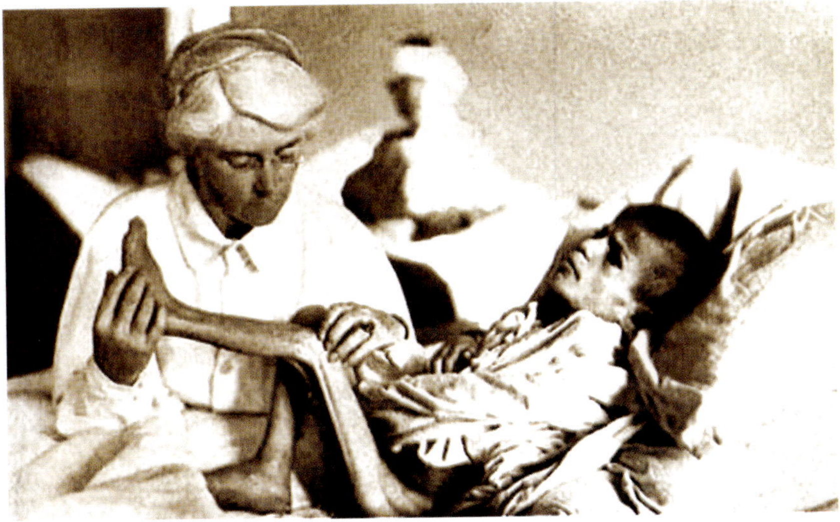

'अलाइव स्केलेटन' (जीवित कंकाल), जेम्स एल. बार्टन द्वारा 'स्टोरी ऑफ़ नियर ईस्ट रिलीफ़', न्यूयॉर्क, 1930, पृ. 262
आर्मेनियाई नरसंहार संग्रहालय-संस्थान के सौजन्य से

हार्पूत की ओर बढ़ते निर्वासित आर्मेनियाई महिलाएँ और बच्चे, 1915, अमेरिकी वाणिज्य दूत लेज़ली ए डेविस के संकलन से, कॉर्नेल यूनिवर्सिटी लाइब्रेरी के सौजन्य से

'इग्दिर के अमेरिकी राहत शिविर में अनाथ आर्मेनियाई बच्चे भोजन पाते हुए',
नेशनल ज्यॉग्रैफ़िक पत्रिका, खंड 36, अंक 5, नवम्बर 1919, पृ. 412,
आर्मेनियाई नरसंहार संग्रहालय-संस्थान के सौजन्य से

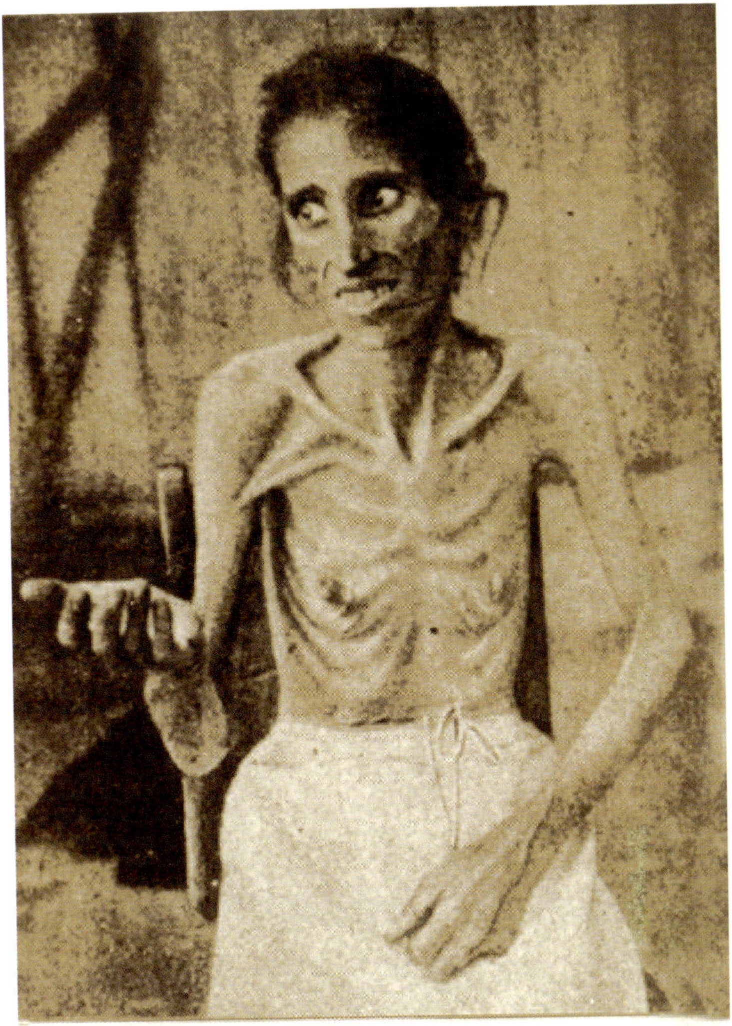

"Living Hunger"

A Photograph of an Armenian Woman, taken by

a German Officer at Deir ez Zor in 1916.

'लिविंग हंगर' 1916 में एक जर्मन अधिकारी द्वारा देर एज़ ज़ोर में ली गई आर्मेनियाई महिला की तस्वीर
आर्मेनियाई नरसंहार संग्रहालय-संस्थान के सौजन्य से

'सामूहिक हत्याकांड', मेस्रोप लेवोन के संकलन से, 1915 येरेवान इतिहास संग्रहालय के सौजन्य से

'कत्लेआम', आर्मिन टी. वेगनर द्वारा लिया गया चित्र, वालस्टीन वेरलाग, जर्मनी, आर्मेनियाई नरसंहार संग्रहालय-संस्थान के सौजन्य से

कांस्टेंटिनोपल की एक सड़क : फाँसी पर लटकाए गए आर्मेनियाई, जून 1915, आर्मेनियाई नरसंहार संग्रहालय-संस्थान के सौजन्य से

'खार्बेर्द, 1915: कंकाल में बदलते बच्चे', मारिया जैकबसन की डायरी, 1907-1919, खार्पूत-तुर्की, आर्मेनियाई नरसंहार संग्रहालय-संस्थान के सौजन्य से

ग्यारहवीं शताब्दी में पश्चिमी आर्मेनिया के वान शहर के समीप आर्त्सुनी वंश के राजा सेनेखेरिम-होवानेस द्वारा निर्मित वारागावान्ख गिरजाघर जिसे 30 अप्रैल, 1915 को तुर्क सैनिकों ने नष्ट कर दिया

जनसंहार में मारे गए आर्मेनियाइयों को समर्पित आधिकारिक स्मारक,
त्सित्सेर्नाकाबेर्द, येरेवान, आर्मेनिया, 1967

आर्मेनियाई जनसंहार को समर्पित स्मारक
टोरंटो, कनाडा, 1985

आर्मेनियाई जनसंहार को समर्पित स्मारक मोंटेबेलो, कैलिफोर्निया, संयुक्त राज्य, 1968